M. JE-SAIS-TOUT

"Lettres anglo-américaines"

Titre original :
Mr. Know-It-All
The Tarnished Wisdom of a Filth Elder
Éditeur original :
Farrar, Straus & Giroux, New York

ISBN 978-2-330-14880-5

JOHN WATERS

M. Je-sais-tout

Conseils impurs d'un vieux dégueulasse

récit traduit de l'anglais (États-Unis)
par Laure Manceau

ACTES SUD

Sommaire

Il sait de quoi il parle…

M. JE-SAIS-TOUT

Caricature de J. W. (Dessin de Ken Ingels)

Bizarrement, je suis devenu quelqu'un de respectable. Je me demande bien comment. Le dernier film que j'ai réalisé s'est fait descendre par la critique et a été interdit aux moins de dix-sept ans. Six de mes contacts personnels ont été condamnés à la réclusion à perpétuité. Et puis j'ai produit une œuvre d'art intitulée *Douze trous de balle et un pied sale*, composée de gros plans extraits de films pornos, et un musée l'a acquise pour sa collection permanente sans que personne se fâche. Qu'est-ce qui a bien pu se passer, bordel ?

On me méprisait, et voilà qu'on me demande de prononcer des discours aux remises de diplômes dans de prestigieuses universités, d'assister aux rétrospectives de mon œuvre à la Film Society of Lincoln Center (devenue Film at Lincoln Center) et au British Film Institute, et que le gouvernement français me remet une médaille pour "contribution au rayonnement des Arts et des Lettres en France". Cette maturité insensée me rend dingue !

Soudain, la pire chose qui puisse arriver à un artiste me tombe dessus : je suis accepté. Comment est-ce que je pourrais encore "galérer" alors que mes films autrefois underground sont désormais disponibles partout ? Même *Multiple Maniacs* est rentré dans la légalité du point de vue des droits musicaux et ressort en salle grâce à Janus Films, le premier distributeur américain de Godard et de Truffaut, rien de moins. *Pink Flamingos* est passé à la télé ! Comment est-ce que je peux me plaindre que mes films sont difficiles à voir maintenant que la Warner Bros. gère la plupart de mes titres et que Criterion, le plus classe des distributeurs DVD, restaure les pellicules de mes plus grossières atrocités ? Mes tout premiers films en 8 mm qui n'ont jamais bénéficié d'une réelle sortie ont même intégré les collections du MoMA, et, la vache, sept des livres que j'ai écrits continuent à se vendre et deux d'entre eux figurent dans les meilleures ventes du *New York Times*. Comment est-ce possible ? Comment ?

Je ne peux même plus me faire passer pour un artiste écorché. J'ai des amitiés qui remontent à une cinquantaine d'années et certains de mes dîners n'entrent pas dans le cadre de mes frais déductibles – ce qui est le signe d'une vie personnelle réussie. Touchons du bois, je suis en bonne santé. Bon sang, j'ai soixante-treize ans et mes rêves ont été exaucés. Est-ce que c'est pas à gerber ?

Contrairement à ce que vous pensez quand vous êtes jeune, le succès n'est pas un ennemi, mais s'il survient trop rapidement, il peut devenir un problème de privilégié. Certes, vous devriez éprouver une légère panique si on prend au sérieux votre première œuvre déjantée sans vous opposer de résistance, mais sachez que le concept de l'artiste crève-la-faim est dépassé. Il n'y a rien de mal à gagner de l'argent en faisant ce qui nous plaît. On peut être heureux, à la masse, et réussir, je vous le garantis.

Mais supposons que l'échec s'éternise, que vous ayez un mal de chien à trouver votre voie. Il faut alors vous demander : suis-je la seule personne au monde à trouver que ce que je fais a de l'importance ? Si la réponse est oui, bon, vous êtes mal barré. Il vous faut au moins deux personnes – vous plus quelqu'un d'autre (pas votre mère). Un engouement même très limité peut faire décoller votre carrière, et si vous faites assez de bruit, les portes commenceront à s'ouvrir, et c'est seulement à ce moment-là que vous pourrez accéder à un degré de démence supérieur. M. Je-sais-tout est là pour vous dire très précisément comment mener votre vie à partir de ce jour-là.

Je ne me trompe jamais – demandez à Joan Rivers – enfin non, vous ne pouvez pas parce qu'elle est morte, mais quand elle était en vie, je l'ai présentée au mec avec qui j'étais allé la voir sur scène à Provincetown et elle lui a demandé : "Vous êtes ensemble ?" Il a répondu oui, et elle lui a conseillé : "Faites tout ce que John vous dira de faire." Joan savait que j'étais infaillible. Elle en était convaincue.

Tout d'abord, acceptez qu'il y a un truc qui cloche chez vous. C'est un bon début. Moi aussi, j'ai un truc qui déconne, depuis toujours. On forme une sorte de club, les marginaux dérangés fiers de se rassembler. C'est tellement jouissif de courir à sa perte, et si vous m'acceptez comme gourou en conneries, je vous apprendrai à réussir dans la folie et à tirer parti de votre complexe d'infériorité. Rien de pire que de gâcher les troubles de la personnalité.

Être fou dans la joie et la créativité, c'est avant tout une question de famille. Vous aurez beau faire de gros efforts, en vieillissant, vous deviendrez une version déformée de vos parents. Non, ce n'est pas juste. Mais manque de bol, on ne choisit pas la maison dans laquelle on naît, alors autant envisager son sort comme un carton de loto : parfois on a tiré le bon, et d'autres fois il faut improviser, changer de carton, voire tricher si on ne veut pas perdre. C'est la vie.

Les enfants ne peuvent pas plus exiger une bonne éducation que les parents ne peuvent demander à leur progéniture de les rendre fiers. Moi, j'ai eu de la chance. Dès le début, mon père et ma mère m'ont soutenu dans mes rêves bien qu'ils aient dû avoir peur de leur fils aîné, venu au monde avec six semaines d'avance – un préma. Un bébé miniature. Un petit garçon avec un pète au casque, qui déjà n'obéissait pas aux règles, né avant la date prévue et paré pour l'aventure. On m'a peut-être baptisé trop souvent, dépouillé de ma doublure intérieure de péché originel. Il n'y a qu'une chose qui cloche avec le bébé Waters – il est vivant !

Tout ce que je sais, c'est que je suis né avec un boulon en moins. Je me rends compte de tout le mal que mes parents ont dû avoir à comprendre mes premières excentricités. Petit, quand je rentrais de l'école maternelle, je parlais à ma mère de ce gamin qui ne faisait que dessiner au crayon noir et qui ne parlait jamais aux autres enfants. Je jacassais tellement à propos de cet ami sans jamais le nommer que ma mère a fini par en parler à l'institutrice qui, perplexe, a bredouillé : "Mais c'est de votre fils qu'il s'agit !" Très tôt, je me suis inventé des personnages, et vous devriez laisser vos enfants faire pareil. Avoir plusieurs personnalités quand on est jeune est indispensable à une enfance épanouie.

Quelques années plus tard, tous les matins à la maison je descendais les marches en chaloupant pour aller à l'école, me prenant pour le *Nu descendant un escalier*, à propos duquel j'avais lu un article dans le magazine *Life*. "Qu'est-ce qui t'arrive, encore ?" marmonnait mon père, dubitatif, et à juste titre. "T'as jamais entendu parler de Duchamp, bouffon ?" je crânais intérieurement, sans jamais expliquer tout haut les fondements de mon comportement fantasque. Sans piquer de crise, mes parents prenaient une grande respiration et ouvraient un peu plus leur esprit.

Mais supposons que vos parents aient flippé. Ça ne veut pas dire qu'il faut vous punir en répétant leurs humiliations pour le restant de vos jours. Comprenez bien que tout le monde a eu une enfance semée d'embûches, et que les années d'adolescence qui suivent sont une torture supplémentaire. En fin de compte, devenir adulte devrait être un soulagement. Ne perdez pas votre temps à vouloir trouver un moyen de vous venger de vos parents. Émerveillez-vous plutôt du fait qu'ils étaient bien plus névrosés à l'époque que vous ne l'êtes maintenant. Les torts sont partagés, quelle que soit la personne qui mène la danse, mais pourquoi ne pas danser tout de même ?

Soyons honnêtes. Vous leur avez peut-être tapé sur le système aussi. Après l'adolescence, arrêtez de vouloir les choquer. Est-ce qu'ils n'en ont pas vu assez ? Très tôt vous avez su tester leurs limites parce qu'eux-mêmes ont passé leur temps à tester les vôtres quand vous grandissiez. Mais c'est une bataille perdue d'avance. Dans la chronologie des dingos, c'étaient eux les premiers.

Disons par exemple que vous êtes gay, tendance *bear*, et que non seulement ils ont accepté votre préférence sexuelle mais aussi la sous-culture homo à laquelle vous appartenez. Vous êtes un homme poilu en surpoids qui s'apprête à convoler avec le nounours de son cœur et vos parents sont d'accord pour assister aux noces velues censées avoir lieu pendant la "Bear Pride" annuelle de votre ville natale. C'est bon, n'en rajoutez pas. Inutile d'expliquer aux invités que les demoiselles d'honneur sont des "marinières" (actifs efféminés). Laissez-leur la surprise. Ils n'ont pas non plus besoin de savoir que le témoin est devenu un "dauphin" *bear*, c'est-à-dire une ancienne boule de poils qui, lassée de son rôle masculin, s'est entièrement rasé le corps et s'est mis à jouer les grandes folles en agitant ses bras dans tous les sens comme Flipper lui-même… ou devrait-on dire elle-même ?

Les gamins radicaux oublient d'avoir pitié de leurs parents progressistes qui, malgré tout le mal qu'ils se donnent pour comprendre la vie sexuelle des jeunes en perpétuelle mutation, sont parfois simplement désemparés. Ces gens de gauche bien intentionnés ont dépensé une fortune pour envoyer leurs enfants dans des écoles privées très chics, ils acceptent qu'il n'y ait pas de carnet de notes et que les danses traditionnelles de Nouvelle-Guinée soient bel et bien une matière enseignée. Quand leur fille rentre de ses vacances de printemps affublée d'une barbe de vieux trappeur en leur annonçant qu'elle prend des hormones mâles, a subi une ablation des seins, demande à ce qu'on l'appelle Fred et a besoin de 25 000 dollars d'acompte pour la première étape de la "chirurgie du bas", eh bien, c'est la panique à bord.

Je veux dire à ces parents dépassés, pères et mères, mères et mères, pères et pères, que, de nos jours, ils n'ont plus vraiment le choix. La réponse adéquate à la question "Vous avez un fils ou une fille ?", c'est "Ça change tout le temps". Deux enfants peuvent en réalité être quatre si l'on prend en compte leur identité de réassignation sexuelle. Il ou elle peut également se déclarer gay après avoir changé de sexe, et même changer d'avis et redevenir hétéro, changer de sexe à nouveau et finir gay.

La minorité à venir ? Les rares transgenres qui auront l'impression de s'être trompés une fois qu'ils auront changé de sexe et demanderont à revenir à leur tuyauterie d'origine. Est-ce que "chatte indécise" sera un nouveau mode de rébellion ? "Bite exilée" la nouvelle frontière ? C'est tout à fait possible, et plus que probable. Ça arrivera plus tôt que vous ne le pensez. Être une fille ou un garçon, ça n'existe plus. Il va falloir vous y faire.

Alors c'est quoi être un vrai homme aujourd'hui ? Un mâle hétérosexuel doit comprendre (même s'il a été une femme) que Freud ne s'est planté que sur un point : ce sont les hommes qui éprouvent l'envie du pénis, et non les femmes. Ou du moins le devraient-ils. Avoir envie de tous les pénis qui se dressent pour les femmes fortes, sans se recroqueviller de peur ou s'amollir face à celles qui revendiquent "aimer ça". Être jaloux de tous les pénis qui ont appris à exercer le *male gaze* avec humour, lubricité, et pourquoi pas domination, tant qu'ils sont prêts à inverser les rôles et à laisser n'importe quelle femme se montrer invasive avec eux à son tour. Toute entité pubienne qui se respecte devrait envier les pénis à l'intellect plus développé de ceux qui ont envisagé et essayé de comprendre tous les comportements érotiques tant que cela reste entre adultes consentants et curieux.

Il faut que les gays acceptent que, oui, les hommes hétérosexuels à cent pour cent existent, et qu'ils ne devraient pas avoir à supporter cette inlassable drague libidineuse sous prétexte qu'elle est le fait d'autres mâles. Un hétéro, ça peut vouloir dire "non", tout comme une femme, mais au moins ces derniers comprendront désormais ce que vit leur petite amie tous les jours de sa vie en marchant dans les rues de n'importe quelle grande ville. Les jeunes homos branchés apprécient par ailleurs le fait que vous les hétéros modernes vous vouliez parfois tenter une expérience avec nous, mais soyez avertis que, malgré la bonne volonté dont vous faites preuve, vous restez pour la plupart nuls en fellation, et devez éprouver ce que le défunt acteur et artiste de scène Spalding Gray a décrit dans son journal après avoir essayé de tailler sa première pipe avec un coup d'un soir en Grèce, juste pour voir ce que ça faisait : "J'ai eu l'impression de m'étouffer avec un bout de tuyau d'arrosage vide."

Mais de la même manière, les hétéros, ne vous attendez pas à ce que votre petite amie feigne le lesbianisme rien que pour satisfaire vos désirs voyeuristes. Et votre pénis n'est absolument pas ce dont les Sappho de ce monde ont "besoin", sinon elles ne seraient pas homosexuelles, n'est-ce pas ? Ça vous plairait que votre dulcinée vous demande de pomper votre coloc hétéro beauf pour son plaisir et ses beaux yeux ? *A priori*, non. Et au passage, si vous espérez des gâteries de votre "patronne", soyez prêts à vous adonner au cunnilingus à la demande avec le même enthousiasme que vous attendez de sa part.

Mesdames, je comprends votre colère. Nous devrions tous aimer les femmes qui détestent les hommes et détester les hommes qui détestent les femmes, ce qui ferait de nous des féministes radicaux parfaitement équilibrés. Lisez Andrea Dworkin, qui compte parmi les militantes féministes les plus virulentes, et qui écrit que les rapports hétérosexuels sont “l’expression formelle, pure et stérile du mépris masculin envers les femmes”. “Le coït”, poursuit-elle, communique à la femme “son statut d’infériorité, en le lui inculquant, en l’imprimant en elle par scarification, poussant et poussant sans relâche jusqu’à ce qu’elle cède – ce que le lexique mâle qualifie d’« abandon »*”. Devrait-on croire ce que Dworkin suggère : que toute pénétration hétérosexuelle est un viol ? Bien sûr que non ! Nous, le peuple éclairé, nous savons qu’une femme peut se faire doigter et ne rien perdre de sa liberté, mais nous devons nous vautrer dans tous les mouvements radicaux de libération sexuelle, même les plus fous, afin de comprendre pleinement la condition humaine. Nous considérons ces vérités et contre-vérités comme allant de soi. Absolument.

Vieillir en beauté est ce qu’il y a de plus ardu pour un rebelle. À mesure que les années passent, il vous reste deux possibilités : être gros ou émacié. Préférez l’option numéro deux. Les gens pensent que je suis maigre, mais depuis que j’ai arrêté de fumer il y a 5 965 jours (chiffre que j’écris quotidiennement), rien n’est plus faux. Je suis obligé de me surveiller et vous devriez en faire autant. Mangez raisonnablement en semaine et lâchez-vous le week-end. Pesez-vous le vendredi matin quand vous serez le plus léger, jamais le lundi matin quand vous serez le plus lourd, et tenez un journal pour suivre votre perte de poids. Après quoi on peut *Manger à s’en rendre heureux*, comme l’annonce le titre hilarant de ce bouquin dont je garde une édition de poche bien en vue dans ma cuisine à Baltimore. En cas d’échec, j’ai aussi découvert que si vous arborez quelque chose de bizarre sur le visage (une moustache) et aux pieds (des tennis violettes à bout pointu), personne ne regardera votre ventre, où le moindre gramme de mes excès semble finir.

Cooking Light aurait dû être votre bible. J’ai toujours cuisiné (même pour des invités) à partir des recettes de ce magazine, et non, on ne me paie pas pour le dire. En fait je leur en veux de ne

* *Coïts*, d’Andrea Dworkin, paru en 2019 aux éditions du Remue-ménage, dans la traduction de Martin Dufresne. *(Toutes les notes sont de la traductrice, sauf mention contraire.)*

pas m'avoir recruté comme ambassadeur publicitaire. Me considérait-on comme l'ami des gros à cause de *Hairspray*, et donc suspect, pour les lecteurs qui essayaient de mincir ? J'aurais dit à ces Twiggy-coincées-dans-le-corps-de-Tracy-Turnblad que *Cooking Light* fonctionnait – en suivant leurs recettes à la lettre, je n'ai jamais pris de poids. Mais mon magazine culinaire préféré ne paraît plus, alors c'est trop tard. J'aurais pu garder mes numéros si seulement ils m'avaient prévenu.

Bon, je vous glisse autre chose. Nora Ephron avait raison de s'inquiéter à propos de son cou, comme le suggère le titre d'un de ses livres, et avec l'âge vous devriez en faire de même. C'est pour ça que les cols roulés ont été inventés, et cette pièce devrait être la base du vestiaire de toute personne sortie de l'adolescence. Un tee-shirt sur un homme de plus de quarante ans ne sert qu'à lui en faire paraître cinquante. Je suis tombé récemment sur des photos de moi en tee-shirt et j'ai eu envie de crier. C'est un vêtement à éviter même lorsque la température extérieure est de trente-deux degrés. Même dans l'intimité de votre maison. Je veux bien faire une exception pour Bruce Springsteen, mais vous n'êtes pas Bruce, que je sache ? Le jean moulant quand on a plus de vingt ans, c'est également interdit – ça vous donne l'air d'avoir mis un déguisement des Ramones pour Halloween. Et se balader en short et sans chaussettes en hiver, ça ne fait pas jeune, ni viril, c'est juste aussi crétin que l'expression “température ressentie”.

Si on la remarque, une intervention de chirurgie esthétique est ratée. Une opération est réussie à condition que personne ne la soupçonne, et c'est très rare, sauf en Suisse, où la discrétion est un sport national. Bientôt, à Los Angeles, tous les gens se ressembleront : sans âge, moitié poissons, moitié androïdes – l'air désespéré et constamment surpris.

Rien ne renseigne mieux sur la crise de la cinquantaine que vous traversez que le cabriolet que vous conduisez. Or, toute personne âgée sensée sait que le vent est l'ennemi des cheveux, quelle que soit la quantité qu'il vous reste. “Échevelé” et “vieillir en beauté”, ça ne va pas ensemble. Quant aux teintures pour homme, elles ne trompent personne. Aucun humain n'a cette couleur de cheveux uniforme que Just For Men produit en série.

Il paraît que certains se teignent la barbe avec le même produit, pour une question d'harmonie, ce qui est doublement fâcheux. L'idée de poils pubiens à l'agonie est insupportable, mais j'ai entendu dire que ça se faisait aussi. Et il va sans dire que le postiche est l'infraction suprême. Tout le monde remarque illico votre moumoute, sait que ce sont de faux cheveux, et se marre dans votre dos. Pire, vous risquez d'être sujet aux OP (odeurs de perruque), un mélange nauséabond de sueur et de colle. Beurk !

Bien, je vous ai filé des tuyaux sur la famille, l'éducation des enfants, l'identité sexuelle, les régimes, la beauté et le vieillissement. Vous voilà bien partis pour atteindre une sorte de sérénité ultramoderne, mais quel que soit votre âge, il vous faut encore des conseils sur les affaires de cœur. Tomber amoureux est un boulot à temps plein sans grande sécurité de l'emploi. Le chômage romantique, ça n'existe pas. "Il y en a toujours un plus amoureux que l'autre dans un couple, m'a toujours dit mon amie Pat Moran, alors faites en sorte que votre moitié ne sache jamais si c'est vous ou non !" C'est un bon conseil, même s'il est difficile à suivre. Bafouiller "je t'aime" est toujours hasardeux parce que ça exige une réponse. Un petit conseil : ne dites jamais "je t'aime" tout haut à la personne concernée à moins qu'elle ne soit endormie. Ça met moins de pression. Ça évite les réponses non désirées. Et vous serez entendu, de façon subliminale. Quand votre moitié se réveillera, elle aura intégré ce que vous lui avez dit. Elle sentira votre amour sans pression, sans contrôle, sans disparité, et elle pourra vous aimer en retour. Et si c'est à vous qu'on le dit dans votre sommeil, vous l'entendrez sans en avoir conscience, vous vous réveillerez de meilleure humeur, sûr de votre bien-être, éveillé par cette confession subconsciente, curieusement émotionnellement satisfait, et, oui… oserai-je le dire ? Content. Ça peut ne durer qu'une seconde et s'évanouir, et alors ? Tout un tas de gens n'ont jamais droit à cette seconde. Faites-le. Chuchotez "je t'aime" ce soir, tout bas. Mais surtout, qu'on ne vous entende pas.

AU REVOIR, UNDERGROUND

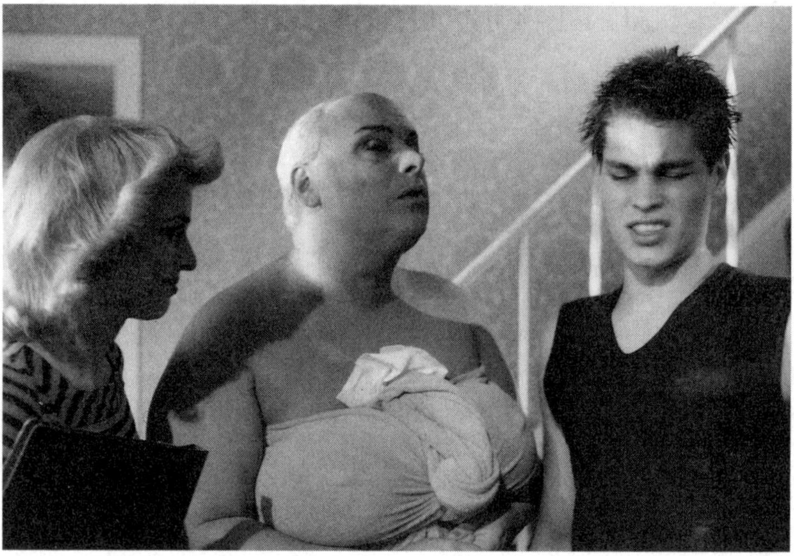

Répétition avec Divine (Photo de Larry Dean)

Avant, les journalistes me demandaient sans cesse, "Vous imaginiez que vous feriez des films à Hollywood un jour ?" "Ben… ouais, je pensais, un peu agacé, je ne suis pas une espèce d'idiot savant. Vous saviez que j'avais une brillante carrière de marionnettiste à l'âge de douze ans ? je voulais brailler. Que je lisais *Variety* à quatorze ? Que j'ai réalisé mon premier film underground à dix-sept ? J'étais pas une feignasse", je me retenais de crier. Tout mon être vibrait d'une ambition déchaînée, j'étais prêt à me cramponner et à atteindre le sommet.

Vous devriez ressentir la même chose. Si vous devez demander "Comment je fais pour réussir dans le showbiz ?", vous n'y arriverez jamais. La question n'est pas de savoir comment, mais quand. Toujours. Les amochés et les obsessionnels comme vous et moi, on est tellement déterminés qu'on n'accepte pas les refus. Croyez en votre propre mérite et faites fausse route pour mettre votre carrière sur les rails, comme je l'ai fait.

Dans l'introduction d'une édition enrichie des premiers Mémoires que j'ai écrits, j'expliquais : "*Shock Value* se termine avant le tournage de *Polyester*, et un jour je continuerai cette histoire dans un autre livre." Mais depuis, n'ai-je pas déjà exploité dans le détail la fabrication des films suivants, dans des interviews accordées à la presse et les bonus des DVD ? C'est épuisant de regarder en arrière (j'en sais quelque chose, j'ai trié des centaines de cartons de coupures de presse et de correspondance professionnelle de mes archives à Wesleyan University), et pourtant, le bénéfice de ce recul est impressionnant. On ne se fait jamais beaucoup de fric avec les projets qu'on monte quand on est jeune

– les plus originaux, ceux qui vous font sortir du lot. Non. C'est plus tard que vous en profitez, une fois que vous vous êtes fait un nom et que le déclin vous guette.

J'ai toujours voulu être "commercial", et ce n'est pas forcément un vilain mot, si vous y ajoutez un zeste de fantaisie. Gagner de l'argent ne devrait pas être votre priorité – mais surprendre le monde, oui. Pour autant, faire des entrées doit arriver en seconde place. On n'est pas dans un pays comme la France, l'Allemagne ou même le Canada, où le gouvernement subventionne les films d'auteur les plus choquants. Ici, en Amérique, même si votre idée est étrangère au public qui se déplace habituellement en salle, il faut trouver un moyen de la présenter comme un succès potentiel pour se faire financer. Après quoi un certain nombre de personnes doivent payer leur ticket.

Après le bide de *Desperate Living* en 1977, j'ai compris qu'il me fallait un nouveau *business plan*. C'était le début des cassettes vidéos et, tout à coup, plus personne n'avait envie d'aller au cinoche à minuit pour voir un film bizarre. Les gens voulaient voir les films quand ça leur chantait, chez eux, avec leurs potes, en fumant leurs joints qu'ils n'avaient plus besoin de cacher aux ouvreuses fouineuses. Mieux, ils pouvaient se branler pendant le visionnage – la véritable raison du succès des vidéocassettes.

À l'époque où j'étais un jeune réalisateur sûr de lui fort de quelques… enfin, d'un succès au box-office *(Pink Flamingos)*, j'avais toujours en tête l'air de "You Gotta Get a Gimmick", la chanson des strip-teaseuses dans *Gypsy*. Arc narratif, fin inattendue, marketing, pourquoi pas les vedettes elles-mêmes – tout ça ce sont des gimmicks, et si vous y avez recours dans la vraie vie, alors les dernières paroles de la chanson, "Toi aussi tu seras une star", se réaliseront. Tout le monde a besoin d'un truc, d'une astuce. Dégotez-vous ça fissa.

Archer Winsten, l'ancien et désormais presque oublié critique cinéma du *New York Post*, mordait toujours à l'hameçon des films indépendants ou de série B, et les miens ne faisaient pas exception. Après avoir vu l'un de mes films, il a écrit : "Si vous voyez le nom de Waters à l'affiche, changez de trottoir et bouchez-vous le nez." Pan, dans les dents. Je n'ai jamais cru les réalisateurs qui disent qu'ils ne lisent jamais les critiques de leurs films ; il faut toujours toutes les lire – les bonnes deux fois, les mauvaises une seule, puis tout ranger et ne jamais s'y replonger. Mais dans ce cas, elle était tellement mauvaise que j'ai dérogé à ma propre règle et l'ai lue trois fois, et c'est ce qui m'a immédiatement donné l'idée de faire un film qui pue pour de vrai. J'allais peut-être empocher le pactole.

Aucun des films "odorants" du passé dont j'avais entendu parler n'avait fait beaucoup d'entrées, pourtant. *Scent of Mystery*, ce récit de voyage de 1960 en Smell-O-Vision, avait fait un bide parce que la machine sifflait et avait des ratés : les spectateurs se plaignaient que les odeurs arrivaient à leurs narines avant que leur référence n'apparaisse à l'écran. Et sans possibilité de renouveler l'air entre les séances, à la fin de la journée le cinéma entier était une boule puante géante, pas la meilleure des publicités.

Parmi mes connaissances, personne n'a vu ou senti *Behind the Great Wall*, documentaire sorti en AromaRama, mais j'ai rencontré le gars qui prétendait posséder les droits de cette invention compliquée et était prêt à me la "vendre pour rien". Je n'ai pas mis longtemps à comprendre que ce qui clochait avec ces idées odorantes de mise en scène, ce n'était pas la technologie. Le problème, c'est que tout sentait bon. Je me suis dit que des exhalaisons douteuses me garantiraient un succès olfactif. J'allais réinventer le film d'odeur et le monde entier me paierait pour renifler des baskets qui puent.

J'ai voulu écrire un script qui soit un hommage à la fois à *Papa a raison* et à Douglas Sirk, une parodie de mélodrame sur une femme au foyer alcoolique que les relents du quotidien rendent dingue. Je savais que, cette fois, il fallait que je casse l'image des membres de ma troupe. Divine jouait dans un registre totalement différent : au lieu de la femme monstre que nous avions créée par le passé, il incarnait la victime, le personnage triste, l'épouse et mère bourrée de bonnes intentions mais catastrophique. Mink Stole, notre actrice de genre attitrée, devenait la bombe sexuelle, une Bo Derek bercée d'illusions qui attirait dans ses filets le mari de Divine, propriétaire d'un cinéma porno. Mary Vivian Pearce, qui incarnait Cotton dans *Pink Flamingos*, jouait une nonne, nom de Dieu. On a même réinventé Edith

Massey (hélas dans son dernier rôle avant sa mort) en jeune première un peu gourde – à l'opposé de la propriétaire de friperie édentée qu'elle était dans la vraie vie.

Mais qui serait d'accord pour financer un film pareil ? Bob Shaye avait supervisé la distribution de *Pink Flamingos* et de *Female Trouble* par le biais de sa société, New Line Cinema, mais il avait des doutes sur mes capacités à m'extraire de l'underground comme je l'avais déjà tenté avec *Desperate Living* en 1977. Il trouvait que j'avais régressé avec ce film. Je connaissais la recette de l'abjection mais soudain on ne me faisait plus confiance pour faire recette. "Allez quoi, John, ronchonnait Bob, fais un film qui peut sortir partout. Faisons-nous du fric !"

Je me suis dit, "OK, c'est maintenant ou jamais". J'avais lu quelque part que le magazine *Hustler* de Larry Flynt avait déjà publié en double page centrale un vagin à gratter et à sentir (odeur lavande). J'avais aussi entendu parler de livres pour enfants qui mettaient les mauvaises odeurs à l'honneur avec la même technique. Au cours de mes recherches menées avec la big boss de l'équipe de Bob, Sarah Risher, une cadre de New Line que j'adorais et avec qui j'avais beaucoup voyagé pour faire la promotion de mes opus précédents, j'ai découvert que la compagnie 3M détenait plus ou moins le monopole de ce nouveau terrain de jeu olfactif. Leur "bibliothèque d'odeurs" était très inspirante. En même temps que le script, j'ai présenté à Bob l'idée d'un film avec des pastilles à gratter et à renifler (Mesdames et messieurs, un film en Odorama !) et il a dit Banco ! Vous imaginez, un budget de 300 000 dollars, un montant inédit pour moi à l'époque. Enfin, je pouvais tourner en 35 mm. Plus d'agrandissements de 16 mm avec du grain et mal cadrés. Un vrai film !

Bien sûr, il y avait des conditions. New Line mettait sur la table la moitié du budget, et Bob a obtenu de Michael White, un des producteurs du *Rocky Horror Picture Show*, qu'il participe, mais il fallait que je récolte 50 000 dollars par mes propres moyens. Je me suis dit, "Ce n'est que justice, je n'ai aucune fierté, j'ai l'habitude de demander de l'argent à mes amis friqués".

Lever des fonds de façon non conventionnelle est l'une des leçons les plus utiles que vous apprendrez dans ces pages. De nos jours, il y a Kickstarter, mais en plus d'être gênante, souvent l'aumône publique ne marche pas. Les investisseurs privés cinglés et discrets ne sont pas toujours disponibles. Parfois, il faut vraiment sortir des sentiers battus pour récolter de l'argent. Pendant que je mettais sur pied des partenariats temporaires pour un de mes tout premiers films, je suis tombé sur un animateur avec qui j'étais parti en camp de vacances quand j'avais dans les quatorze ans. Je me souviens de lui parce qu'il me branlait sous les couvertures dans notre chalet collectif pendant qu'il nous racontait des histoires de fantômes avant qu'on s'endorme. Ça m'était égal. Ça ne m'a pas traumatisé. En fait, j'étais ravi, parce que j'étais en quête de ce genre de truc depuis un moment mais je ne savais pas où chercher. Cela dit, en vieillissant, je me suis rendu compte que ce n'était pas franchement un comportement approprié de sa part. Il avait l'air content de me voir, quoiqu'un peu nerveux. "Alors, quoi de neuf ?" il m'a demandé pendant que mes yeux se posaient sur le garçon bien trop jeune qui l'accompagnait. Je me suis dit que le moment était venu de changer la paille en or. "Je fais un film et j'ai besoin d'argent pour boucler mon budget", j'ai fait d'une voix vaguement menaçante. Il m'a filé 30 000 dollars. Que je lui ai remboursés. Dans le cinéma indépendant, on apprend très tôt à travailler avec ce qu'on a.

L'Odorama, ça ne suffisait pas. On avait besoin d'une vedette. Quelqu'un de *bankable*. Une star de Hollywood qui jouerait Todd Tomorrow, le premier rôle masculin. Un acteur dont le nom serait connu des propriétaires de salles, et qu'ils n'auraient jamais imaginé tourner avec les "gens les plus cradingues qui soient", comme on était encore perçus dans certains cercles. Tab Hunter faisait parfaitement l'affaire. Il portait encore beau, savait jouer, avait été une star de cinéma dans les années 1950, et profitait d'une certaine notoriété dans la presse à scandale. Encore mieux, à l'époque il n'avait pas d'agent pour le dissuader de nous rejoindre.

J'avais lu quelque part que Tab adorait faire du cheval, alors j'ai fureté dans les rares contacts que j'avais parmi les vieilles familles bourgeoises du milieu équestre du Maryland et j'ai trouvé son numéro de téléphone personnel. Je l'ai appelé direct, et quand il a répondu, je me suis lancé à fond dans mon pitch, en espérant qu'il ne me raccroche pas au nez. Il a peut-être été surpris par le ridicule de l'intrigue et les détails sur l'Odorama, mais il a simplement ri de bon cœur quand je lui ai annoncé que son épouse serait jouée par un homme qui s'appelait Divine et qu'ils avaient une scène d'amour à l'écran.

Par chance, il n'avait jamais vu *Pink Flamingos*. Je lui ai expliqué que je n'avais besoin de lui qu'une semaine, que je pouvais tourner le reste du film sans lui. "D'accord, il a dit en riant, je vais réfléchir. Envoyez-moi le scénario." Je n'en croyais pas mes oreilles.

Quand vous proposez un scénar à une vedette, faites en sorte qu'il soit très bien présenté ; une belle couverture avec une éventuelle esquisse de campagne publicitaire, et pourquoi pas un pitch d'un paragraphe ultra-accrocheur pour les agents qui n'ont pas le temps de lire au-delà des premières pages (comment un film obtient son feu vert) ou qui ne lisent que les dernières (ce qui en fait un succès). Mais le plus important, c'est de mettre au point un rituel vaudou porte-bonheur à accomplir avant envoi du script.

J'ai couru chez moi, mis le scénario sous pli et, comme toujours, j'ai léché l'enveloppe plusieurs fois, humectant le papier de ma salive pour chasser la malédiction du refus du showbiz, avant de le glisser dans la boîte aux lettres. Même si je ne suis pas physiquement présent, tous ceux qui travaillent avec moi savent qu'ils doivent lécher tous les colis qu'on envoie pour étude. Après tout, si le destinataire nous oppose un refus, leur boulot est autant compromis que le mien.

Le rituel a dû marcher parce que Tab a dit oui. Je lui ai proposé le cachet le plus élevé jamais envisagé pour les acteurs avec qui j'ai travaillé, et lui a sûrement accepté la somme la plus ridicule qu'on ait jamais voulu lui donner. Après avoir raccroché, j'ai poussé un cri de surprise. Tab Hunter allait jouer dans mon film ! La vache ! Ma boîte de production venait de se réinventer ! La seconde ère de Dreamland s'ouvrait.

En fait, je déteste les tournages, même si tout se passe bien. En tant que réalisateur et scénariste, vous êtes constamment angoissé à l'idée de ne pas "faire votre journée" (sans compter que vous n'avez jamais le temps de faire tous les réglages caméra nécessaires). Tous les gens de la prod vous harcèlent de questions. Si c'est un petit budget, vous ne mangez pas parce qu'il n'y a rien à bouffer, et si c'est un gros budget, vous consacrez votre heure de déjeuner aux relations presse exigées par le studio. Si les futurs auteurs ne doivent retenir qu'une chose, c'est qu'ils n'auront jamais le temps d'aller aux chiottes quand ils réaliseront un film.

De façon générale, il vaut mieux procéder à une dernière réécriture avant le début du tournage. Le troisième acte de *Polyester* est tellement grotesque que même Divine a marmonné "Absolument pas crédible" avant qu'on tourne la scène paroxystique dans laquelle son personnage surprend Tab Hunter en train de la tromper avec la grand-mère. Qui sait, si j'avais pu corriger ce détail bancal de l'intrigue, *Polyester* serait peut-être devenu une série à l'heure qu'il est.

Essayez de repérer en amont les éventuels voisins qui pourraient perturber votre tournage. Leçon que j'ai apprise à mes dépens. Pour *Polyester*, on a loué une maison en banlieue, on y a pris nos quartiers et on s'est mis à tourner vingt-quatre heures sur vingt-quatre sans penser un seul moment que le générateur, les scènes nocturnes, et le chaos ambiant d'un film à petit budget puissent déranger qui que ce soit. À part quelques-uns (qui ont rejoint l'équipe), la plupart des voisins nous ont haïs. Il leur a fallu un certain temps pour comprendre que le mec en surpoids et mal rasé qui se pointait en combinaison d'éboueur tôt le matin et celui qui plus tard sortait de la maison affublé d'une robe en courant et en gueulant "Au secours !" étaient la même personne : Divine. Tab n'était attendu en plateau que vers la fin du tournage, et bien qu'on se soit servi de son nom pour essayer d'impressionner les râleurs, je ne crois pas qu'ils aient cru qu'il allait venir, puisque je ne pouvais pas encore annoncer sa participation dans la presse, mon film se faisant sans les syndicats professionnels du cinéma. Avant qu'il arrive, j'avais prévenu Tab de la potentielle rupture de contrat liée à cette réalité, mais il n'avait pas conscience qu'en tant que membre de la Screen Actors Guild, le simple fait qu'il mette un pied sur mon plateau constituait une infraction à leur règlement (ce qui lui a valu une amende à la sortie du film). Le bon côté de la chose étant que Christine Jorgensen, la première femme transgenre dont j'avais entendu parler et que j'avais adorée étant gamin, avait poliment décliné le rôle de la mère de Divine dans le film. Imaginez un peu ce que les voisins auraient pensé de cet ajout au casting !

La venue du rocker punk Stiv Bators sur le plateau n'a rien fait pour calmer l'inquiétude des riverains de cette petite impasse de banlieue que nous avions prise en otage. Malgré son professionnalisme et sa conduite de gentleman, sa maigreur et l'air féroce qu'il affichait à l'écran n'ont pas spécialement séduit les familles voisines. Je me demande si parmi les opposants à *Polyester* qui ont décidé de mépriser le film avant de le voir, il y en a qui ont suivi sa carrière après la sortie en salle. Ont-ils su que Stiv avait ensuite laissé tomber le *s* final de son nom de famille, s'était fait renverser par une voiture à Paris et qu'il était mort de ses blessures peu de temps après ? Ont-ils lu qu'il avait été incinéré et que sa copine de l'époque avait sniffé ses cendres ? J'espère qu'au moins l'un d'entre eux sait maintenant que Stiv Bator était un mec super, et que leur rencontre fortuite avec lui était unique, joyeusement perverse et fugitivement historique.

Notre nouvelle découverte, Ken King, n'a pas été mieux perçue dans le quartier. Sharon Niesp, petite amie de Cookie Mueller et actrice Dreamland, et moi l'avions déniché dans un bar du Lower East Side à New York à la dernière minute, juste avant le début du tournage à Baltimore, et à la différence de Lana Turner, perchée sur son tabouret au drugstore Schwab's à Hollywood, ne demandant qu'à être découverte, il était assis là à se mêler de ses affaires, à mille lieues de s'imaginer une carrière dans le cinéma. On l'a pour ainsi dire kidnappé. Trois jours plus tard, il était sur le plateau et jouait le fils de Divine, Dexter (baptisé ainsi bien avant la série du même nom), alias l'Écraseur de Pieds de Baltimore, personnage inspiré d'un authentique cinglé reconnu coupable d'avoir écrasé, à plus de quarante reprises, les pieds de femmes ingénues qu'il suivait dans la rue. Kenny savait à peine ce qui lui arrivait, mais il s'est immédiatement glissé dans la peau de son personnage. Était-il un acteur de l'Actors Studio sans même s'en rendre compte ? Tout ce que je sais, c'est qu'à partir du moment où j'ai dit "Action" et où les voisins l'ont vu déambuler dans leur petite rue paisible, en train de sniffer du poppers et de se gratter les couilles, ils ont pris peur, et quand il a écrasé le pied de Divine dans une scène et gémi de plaisir avant de rire comme un fou, tout empourpré d'assouvissement fétichiste, la communauté entière a compris qu'il ne s'agissait pas là d'un film normal pour lequel ils paieraient. Je ne comprends pas pourquoi Kenny King ne leur a pas plu. Toute l'équipe de *Polyester* (Divine, Mink et moi compris) est un peu tombée amoureuse de lui – alors pourquoi pas eux ?

Pour ne rien arranger, en plein milieu de notre planning de tournage, la presse locale a publié un long article sur l'interdiction de *Multiple Maniacs* décidée par le comité de censure du Maryland, film que j'avais réalisé dix ans plus tôt, parce qu'il bénéficiait enfin d'une exploitation commerciale dans un cinéma d'art et d'essai du coin et avait donc besoin d'une autorisation officielle. "Même une poubelle ne mérite pas ce film", a fulminé Mary Avara, à la tête du comité de censure et ennemie jurée de ma carrière depuis le début, après qu'un juge l'avait déclaré "odieux mais pas indécent d'un point de vue légal". "Les yeux de la Cour ont été agressés (…) par cette horreur abjecte", poursuivait le jugement. J'imagine qu'ils n'ont pas trop aimé. "J'ai remué ciel et terre pour faire interdire ce film", a postillonné Mary Avara, vaincue. J'avais beau rire intérieurement à l'idée qu'elle avait dû se taper la scène polémique du chapelet dans le cul, je savais que comme on essayait de convaincre les voisins de *Polyester* qu'on travaillait sur une production hollywoodienne, ce n'était pas le moment de débattre de la révérence socialement rédemptrice de cet acte sexuel sacrilège entre Divine et Mink Stole. Ça schlinguait déjà pour nous sans l'Odorama.

Le temps que Tab Hunter débarque, les gens du quartier se fichaient pas mal de savoir à quel point il avait l'esprit d'équipe. À quel point il s'est montré prévenant avec Divine, comment il s'y est pris pour le calmer et le rassurer leur premier jour ensemble sur le plateau quand ils devaient danser un slow. Personne d'autre que notre clique n'a vu à quel point il était adorable le jour où on a tourné la scène d'amour, lorsqu'il a tendrement orienté le visage de Divine pour qu'il prenne la lumière avant de le faire basculer à terre et de l'embrasser sur la bouche (cette bouche qui avait bouffé de la merde, comme l'ont braillé certains après).

La goutte d'eau, ça a été le dimanche matin où on a tourné la scène de l'accident de voiture au cours de laquelle se déroule la rencontre improbable entre les personnages de Tab et de Divine, alors qu'ils se sont tous les deux arrêtés pour regarder bouche bée les cadavres mutilés. Pour nous c'était de la comédie, mais les paroissiens en chemin vers l'église ont vécu ça comme une tragédie, et beaucoup de pasteurs ont demandé à leur congrégation de prier pour les victimes. Ils ont cru que c'était réel. Quand après la messe le bruit a couru que c'était nous, ils étaient en pétard ! Des prières pour rien ! À leurs yeux, Tab Hunter était aussi irrécupérable que Divine. On était des raclures underground qui s'étaient abattues sur leur communauté au nom de l'ignominie.

Jeunes réalisateurs, payez vos droits musicaux, et faites-le dès le début de la postproduction – plus vous attendrez, plus ça vous coûtera bonbon. Si vous saviez les migraines et les chagrins pécuniaires que j'ai traversés lors de mes premiers films parce que je n'ai pas tenu compte de ces démarches administratives, vous ne rêveriez même plus de voir figurer la moindre chanson sur votre bande-son. Apparemment, les réalisateurs en herbe commettent toujours la même erreur : utiliser l'une de leurs chansons de jeunesse préférées dans leur film et se dire qu'ils s'occuperont de la question des droits une fois qu'ils auront obtenu un peu d'attention dans un festival.

Imaginons que votre film soit bel et bien acclamé à Sundance. Le public du festival a adoré votre fin à la fois porteuse d'un message de vie et subversive, surtout avec cette chanson géniale dont les paroles collent si parfaitement à l'histoire. Les distributeurs vous proposent de grosses avances, vous pourriez même rembourser vos partenaires immédiatement. Vous omettez simplement un tout petit détail : vous n'avez pas réglé la question de la musique. Les droits d'utilisation d'une chanson coûtent dans les 25 000 dollars, et c'est à vous d'aller trouver la maison de disques et l'auteur (pas le chanteur) pour passer un accord. Devinez quoi ? Vous êtes baisé. Pour toujours.

Quand Chris Stein et Debbie Harry, qui avaient à l'époque le vent en poupe avec leur groupe Blondie, nous ont rejoints pour écrire la musique et les paroles de la plupart des chansons originales, j'étais sur un petit nuage au paradis rétro. Enfin, la musique d'un de mes films serait dans la légalité dès le départ ! Tab avait chanté quelques succès préfabriqués dans les années 1950 ("Young Love", "Red Sails in the Sunset"), et Debbie m'a dit qu'elle avait été une très grande fan. Si Tab était d'accord pour reprendre le micro et Debbie partante pour faire les chœurs, la *old wave* pourrait rencontrer la *new wave* et les auditeurs n'auraient plus qu'à entrer en transe. Michael Kamen, qui démarrait tout juste sa carrière et n'avait pas encore composé la musique des triomphes que seraient *Piège de cristal* et *L'Arme fatale*, a fait une fleur à Bob Shaye en acceptant de contribuer à la bande originale, ce qui a ajouté un degré de professionnalisme inédit à notre mélodrame de givrés. Lorsque Bill Murray a annoncé qu'il voulait bien chanter l'une des chansons d'amour les plus ridicules ("The Best Thing"), je me suis dit qu'on allait peut-être aboutir à un album qui pourrait avoir du succès. Mais hélas, le contrat de Blondie avec leur maison de disques leur interdisait de sortir quoi que ce soit sur un autre label, alors une fois de plus le bordel juridique nous a barré le chemin du hit-parade.

Assurez-vous aussi de prendre de belles photos de tournage à utiliser plus tard pendant la promo. Le photographe de plateau est un membre d'équipe d'une importance capitale. À mesure que le temps passe et que paraissent les livres sur l'histoire du cinéma, les spectateurs ne se souviennent pas des films, mais des photos de tournage. Personne ne se rappelle l'intrigue de *Tant qu'il y aura des hommes*, mais tout le monde a en mémoire le cliché de Burt Lancaster et Deborah Kerr en train de se peloter sur la plage. La photo de Divine en robe rouge braquant un flingue droit devant elle dans *Pink Flamingos* ? C'est à ce jour l'image la plus célèbre de tous mes films confondus grâce à Lawrence Irvine, le photographe qui se pointait tous les jours sur le plateau alors que j'avais à peine une équipe digne de ce nom. Ce portrait de Tab Hunter embrassant Divine qu'on avait pris en marge de la scène a été gardé secret jusqu'à ce que tout soit dans la boîte et que New Line Cinema fasse paraître son annonce traditionnelle dans *Variety*, "Le tournage principal est à présent terminé", assortie de cette photo. Les lecteurs n'en croyaient pas leurs yeux. Tab Hunter et Divine amoureux ? Impossible !

Mais c'était pourtant vrai et le film a été un succès. Quoique modeste. Ça a bien commencé. La première projection en Odorama avec les cartes à gratter a eu lieu au Festival international de Hof en Haute-Bavière, et le public est devenu dingue. J'étais présent, et j'avais envie de gueuler les instructions du Dr Quackenshaw en même temps que lui lorsqu'il explique aux spectateurs au début du film comment gratter et renifler les pastilles. "Ça marche, qu'il crie une fois que le public a senti une rose, ça alors, ça marche !" Et c'était rien de le dire. Les spectateurs entendaient un personnage lâcher une caisse, voyaient le #2 clignoter à l'écran, et même s'ils savaient qu'ils allaient sentir une odeur de flatulence artificielle, ils se jetaient sur leur pastille pour la gratter et émettaient un cri de dégoût collectif. Le besoin irrépressible de renifler une odeur de pet est universel. Souvenez-vous de ça.

Quand New Line a mis *Polyester* sur la place du Festival de Cannes en 1980, j'étais on ne peut plus fier. À l'époque, le milieu du cinéma traînait surtout à la terrasse du Carlton, et c'était nous qui apparaissions sur le panneau d'affichage juste au-dessus. L'affiche s'offrait aux yeux du monde entier – cette photo géniale de Tab et Divine enlacés, agrandie, et moi assis en dessous à rayonner de mon aura internationale. Tant de gens se sont pointés à la projection qu'il y a eu une mini-émeute et que les portes en verre du cinéma ont volé en éclats sous la pression des cinéphiles acharnés. Les droits étrangers se sont arrachés ("Je n'ai pas besoin de voir vos films, a bougonné le commercial de la vieille école à mon intention, juste de les vendre"), et Bob Shaye, Sara Risher et moi sommes rentrés tout excités, fin prêts pour la sortie américaine.

On ne touchait plus terre quand *Polyester* est sorti dans des salles qui diffusaient les exclusivités et avaient même des séances en matinée ! C'était la première fois qu'on était projetés en plein jour, et je remercie la notoriété de Tab Hunter d'avoir rendu cela possible. Au début, le film s'en est bien sorti dans les grandes villes. Les critiques étaient également très bonnes, bien que certains de mes fans de la première heure aient eu l'impression que je m'étais vendu. Ha ! Si seulement. Quand New Line a décidé d'élargir la sortie aux villes moyennes d'Amérique profonde, les entrées n'ont pas tardé à chuter. Fallait-il que je me réjouisse que mon film sur un gérant de cinéma porno, sa femme obèse et alcoolique, leur fille adolescente défenseur de l'avortement et leur fils fétichiste du pied ait parcouru tout ce chemin ? ou que je sois déçu qu'une histoire d'amour entre une drag-queen et la star Tab Hunter agrémentée d'odeurs de pet et de pizza n'ait pas fait salle comble à Peoria ? Autre problème : les exploitants de salle n'ont jamais payé au distributeur leur facture d'Odorama, or ces petites merdes n'étaient pas données. Mais qu'est-ce qu'on y pouvait ? Faire appel à un agent de recouvrement en pastilles à gratter ? Ça n'existe pas. On a bien essayé de les menacer, "Si vous ne payez pas votre facture d'Odorama, on ne vous en donnera pas d'autres pour votre prochain film odorant", mais ils nous ont ri au nez.

Au fil des ans, *Polyester* a suivi son bonhomme de chemin. Il a même rapporté un peu d'argent ("Comment tu te débrouilles pour toujours te faire bien voir du comptable de New Line ?" a râlé Bob Shaye un jour). Des années après la première projection en salle, le DVD est sorti, incluant une version plus petite de la carte en Odorama ; en France le film est passé à la télé et vous pouviez vous procurer votre carte au comptoir de supérettes de quartier. Le plus grotesque, c'est qu'une suite hollywoodienne des *Razmoket* a plagié mon idée de carte en 2003 et a aggravé son cas en utilisant le même nom, Odorama, et le même logo, après que New Line avait oublié de renouveler le dépôt de la marque. J'ai constaté avec horreur que, selon une sorte d'accord de placement de produit, le studio distribuait les cartes à gratter dans les Burger King ! Les enfoirés ! Quand je me suis plaint de cette infraction auprès de l'équipe marketing, ils m'ont dit "Mais on l'a fait pour vous rendre hommage !" Mais bien sûr. À Hollywood, tout le monde sait que "hommage" égale argent. Bon, après tout, l'imitation est peut-être le compliment le plus sincère. Encore récemment, de nouvelles cartes en Odorama ont été produites et *Polyester* est ressorti en salles. Vous avez dit odeurs tenaces ?

ACCIDENTELLEMENT COMMERCIAL

Ricki Lake en Tracy Turnblad (Photo de Henny Garfunkel)

Tout ce qu'il vous faut, c'est une excellente idée. Et, ma foi, une grosse Blanche engagée dans la lutte contre la ségrégation raciale a suffi ! Le miracle de *Hairspray* est un cadeau sans cesse renouvelé. Il y a d'abord eu mon film en 1988, inspiré de mes souvenirs exagérés du *Buddy Deane Show*, une émission télévisée de danse qui n'était diffusée que dans la région de Baltimore. *Hairspray* était un film de danse et non une comédie musicale. Aucune des chansons un peu dingos de rhythm and blues que vous avez entendues sur la bande originale (à part le titre principal de Rachel Sweet) n'a été écrite pour le film. Elles étaient tapies dans ma collection de disques à attendre qu'on les redécouvre.

Bien que je n'aie pas encore eu d'agent à l'époque, j'ai tenté ma chance à Hollywood lorsque mon ami de L.A. Jeff Buhai, très branché depuis son film à succès *Les Tronches*, m'a proposé de me faire faire la tournée des studios pour que je présente mon nouveau projet. Je ne savais même pas ce qu'était un pitch, mais Jeff m'a appris. Il m'a expliqué qu'il fallait aller dans le bureau du producteur et, en gros, faire un sketch : lui chier une pendule pendant un quart d'heure sur votre prochain film ; pourquoi il va être génial, rapporter du fric, et gratifiera le studio d'une touche de cool. Je me suis dit qu'avec tout ce que j'avais vécu et toutes les fois où j'avais mis en avant mes aventures trash, ce nouveau numéro vaudevillesque serait emballé en moins de deux.

On s'est montrés partout : à la Geffen, la Fox, la Paramount, Columbia, chez David Madden, Laurie MacDonald, Dale Pollock – que des refus. Je n'avais pas encore écrit le scénario, mais j'avais l'intégralité du film dans ma tête, jusqu'aux pas de danse les plus obscurs, que j'ai exécutés en direct, sous leurs yeux. Mais personne n'a mordu à l'hameçon. Pas une seule prise. Il faut dire que j'avais un passif susceptible d'effrayer les producteurs les plus téméraires. Certes, ils respectaient ce que j'avais accompli – l'Odorama avait été un joli coup marketing et la plupart d'entre eux avaient vu *Pink Flamingos* à minuit à un moment donné de leur jeunesse, mais cela ne voulait pas dire pour autant qu'ils étaient prêts à risquer leur boulot en finançant ma prochaine production. J'étais encore trop risqué.

Bon, pas de contrat. J'ai dû écrire le script sans filet, mais puisque j'avais réfléchi à un pitch très détaillé, ça n'a pas été si dur. Larry "Ratso" Sloman, rédacteur en chef du *National Lampoon*, qui avait publié certains essais qui ont fini dans mon bouquin *Crackpot*, m'a mis en relation avec un de ses amis, le producteur new-yorkais Stanley Buchthal, qui pourrait me fournir le budget de *Hairspray* après que New Line s'était montré réservé. Bucky, c'était son surnom, ne m'a jamais obtenu le moindre dollar d'investissement, mais ses belles paroles et l'éventualité qu'il se lance dans le projet ont incité Bob Shaye à monter au créneau et à inclure Bucky dans le contrat.

On a réussi à convaincre New Line de nous suivre pour un budget de 2,7 millions de dollars, et je me rappelle avoir retenu mon souffle avant d'avoir le culot d'en demander 100 000 à Bob Shaye pour l'écriture et la réalisation, plus une partie des bénéfices (le film a mis vingt et un ans à rentrer dans ses frais selon les rapports que je continue à recevoir). Quand il a accepté ma requête sans broncher, j'ai bien cru que j'allais tomber dans les pommes. On est aussi allés trouver la Screen Actors Guild, ce que j'avais toujours redouté, à tort, parce qu'ils ont fait des efforts pour nous proposer un accord avantageux étant donné qu'on recrutait beaucoup d'acteurs afro-américains. Comme un imbécile, je n'ai pas adhéré à la Directors Guild of America ni à la Writers Guild, ce qui a vraiment été naïf de ma part. Adhérez aux syndicats, toujours ! Plus tard, vous touchez des royalties sur les DVD, les droits étrangers et les cessions télévisuelles sans les frais déduits habituellement par les studios. Même si votre film a fait un bide ! Si j'avais fait partie de la Writers Guild à l'époque de *Hairspray*, le contrat d'adaptation en comédie musicale avec New Line m'aurait automatiquement rapporté plus. Le plus gros avantage qu'il y ait à être syndiqué ? Les membres doivent voler en première classe aux frais des studios quand ils partent en tournée promotionnelle. Et moi qui volais toujours en classe éco ! Mais de quoi se plaindre ? J'étais sur le point de tourner un film à Hollywood !

Réaliser *Hairspray* a été l'un des moments les plus heureux de ma vie. Le tournage s'est miraculeusement bien passé, bien que, cet été-là, l'invasion tant redoutée des cigales cycliques ("cigales dix-sept ans") ait battu son plein. Ces insectes moches ont gâché les prises de son avec leur chant infernal et ont écrasé leurs petits abdomens dégoûtants sur l'objectif de la caméra par centaines. Ricki Lake ne s'est pas laissé impressionner ; elle incarnait pleinement Tracy Turnblad, et même si quelques grosses se sont pointées à l'audition en 1987 et toute une ribambelle d'aspirantes Tracy ont fait la queue devant les studios NBC quand ils ont annoncé l'ouverture du casting pour la version de 2016, à mes yeux, aucune ne lui arrivait à la cheville. Elle mérite tout le succès qu'elle a eu par la suite. Je n'ai pas parlé au Link Larkin original, Michael St. Gerard, depuis des dizaines d'années, mais je sais où il est. Cet ancien sosie d'Elvis a été pasteur à Harlem pendant un temps, et Ricki est toujours en contact avec lui. Colleen Fitzpatrick (Amber) est devenue la pop star Vitamin C, et Clayton Prince (Seaweed) s'est engagé chez les Guardian Angels, les vrais – pas la version cinématographique. Jerry Stiller (Wilbur) est vivant*, en forme et a joué dans *Seinfeld* et beaucoup d'autres succès à la télé et au cinéma. Leslie Ann Powers (Penny) semblait avoir disparu jusqu'à il y a peu, lorsqu'elle a décidé de sortir du programme de protection des témoins de *Hairspray* qu'elle s'est elle-même imposé et a fait une apparition à la projection des trente ans du film à l'IFC à New York, m'accompagnant sur scène pour une séance de questions-réponses. Hélas, Ruth Brown n'est plus de ce monde mais ma parole, quelle légende, quelle carrière. Sonny Bono a trouvé la mort dans un tragique accident de ski, et la seule fois où j'ai rencontré Cher, elle m'a remercié pour les choses gentilles que j'avais

* Depuis l'écriture de ce récit et sa publication aux États-Unis, Jerry Stiller est malheureusement décédé, le 11 mai 2020. *(Note des éditeurs.)*

dites à son sujet dans l'émission de Ted Koppel au moment où la nouvelle était tombée. Debbie Harry est toujours en activité et même plus que ça, c'est une légende vivante, et j'étais parmi les premiers à acheter mon ticket pour son numéro de cabaret au Café Carlyle à New York. On est toujours potes et il nous arrive même de nous filer rencard pour assister à des avant-premières. Elle donne beaucoup de sa personne au rayon glamour.

Pia Zadora a eu bien du mérite d'avoir fait *Hairspray* avec moi alors qu'elle était au sommet de sa gloire. Je suis fier de lui avoir dégoté de bonnes critiques pour sa performance en tant que beatnik. Allen Ginsberg a eu l'air blessé quand je lui ai demandé s'il était d'accord pour que Pia lise "Howl" tout haut dans le film. Relax, Allen, je ne me moquais pas du poème ni de Pia. Les deux ont toujours été emblématiques, sans ironie de ma part. Est-ce que j'ai évoqué ton appartenance à la NAMBLA, le groupe de défense des droits des pédophiles ? Non. Arrête avec tes jugements à l'emporte-pièce. Pia n'a jamais été comme ça, elle.

J'ai eu un premier aperçu de l'enfer du marketing hollywoodien quand New Line a décidé de procéder à des projections tests de *Hairspray* en Californie avant la sortie nationale. Bien évidemment, je n'avais jamais testé aucun de mes films jusque-là (imaginez le nombre de scènes de *Pink Flamingos* qu'on aurait été obligés de refaire ; Divine aurait mangé des bonbons en forme de vers pour la scène de fin !), alors je ne craignais pas le résultat autant que j'aurais dû. Par chance, je n'étais pas présent à Long Beach, mais je n'ai pas tardé à avoir des nouvelles. Sur les 293 spectateurs sélectionnés, 55 sont sortis avant la fin. Dans l'ensemble, le film a obtenu une note inférieure à la moyenne. Ricki Lake a été beaucoup plus appréciée par les hommes que par les femmes. 57 % des gens ont trouvé le film "ringard", et 23 % l'ont jugé "invraisemblable". Le moment où Amber vomit dans le parc d'attractions a été élu "scène la moins appréciée". Sans déconner.

Lorsque la MPAA* a proposé un simple "accord parental souhaitable", au début, j'ai cru que je ne retravaillerais plus jamais,

* Motion Picture Association of America. Il s'agit de l'association interprofessionnelle américaine qui défend les intérêts des six plus grands studios hollywoodiens sur le territoire des États-Unis.

et chez New Line, qui avait les boules aussi, ils m'ont suggéré d'ajouter le mot "merde" quelque part sur la bande-son pour obtenir une interdiction aux moins de treize ans. Mais alors je me suis dit qu'une classification "film familial" était l'électrochoc dont j'avais besoin pour changer radicalement de carrière. Je ne le savais pas encore, mais *Hairspray* était un cheval de Troie. J'avais le pouvoir de m'introduire dans les foyers petits-bourgeois et de soutenir le mariage homosexuel et les relations adolescentes interraciales sans que personne s'en aperçoive. On n'allait pas tarder à découvrir que les résultats de la projection test n'avaient aucune valeur. Même les racistes ont adoré *Hairspray* !

Mais New Line était toujours inquiet à l'idée de lancer un film de John Waters destiné à un public traditionnel. Au lieu de montrer notre héroïne en surpoids ou sa drag-queen de mère dans nos annonces publicitaires, on s'est servi d'une photo de deux paires de jambes vaguement habillées à la mode des années 1960 pour l'affiche. Aucun membre du casting n'apparaissait. J'avais pensé à une formule, "Pas un de leurs cheveux ne dépasse mais ça décoiffe", mais je suppose que les tests auprès du public n'ont pas été concluants non plus parce qu'elle n'a été utilisée que beaucoup plus tard, pour la sortie au Royaume-Uni.

Bref, tout ça a été oublié dès les premières critiques. À part celles de Lou Cedrone du *Baltimore Sun* ("Il faut reconnaître que faire une comédie sur le racisme n'est pas si facile, alors c'est peut-être pour ça que le film est raté. De toute évidence Waters essaie de donner dans le *camp* mais ça ne marche pas") et de Rex Reed ("dégoûtant"), toutes ont été grandioses. Divine a été particulièrement touché que Pauline Kael salue sa performance. Ma bonne critique préférée est celle de David Edelstein, parue dans *Rolling Stone*, qui a décrit *Hairspray* comme un "film familial pouvant plaire aux Brady comme aux Manson". Les recettes aussi ont été bonnes – la première semaine, on a encaissé une moyenne de 10 000 dollars par salle, la diffusion a été élargie la semaine suivante et les chiffres ont continué sur leur lancée. "Pourrait rester à l'affiche ici pour l'éternité", a claironné *Variety* à propos des recettes du Waverly Theater de Greenwich Village (qui est désormais l'IFC). J'avais enfin fait un film qui allait décoller.

Et puis Divine est mort. Je suis encore sous le choc de son décès à ce jour. Il n'avait que quarante-deux ans. Les enfants de mes amis sont plus vieux que ça. Ça faisait tout juste deux semaines que *Hairspray* était sorti en salle. La dernière fois que je l'ai vu, c'était quand on a dîné ensemble à l'Odeon Restaurant (dernière table à droite contre le mur du fond) à New York. Il est arrivé en limousine (Dieu seul sait aux frais de qui), et on a mangé tous les deux, étonnés et émerveillés de notre succès. Après, je l'ai raccompagné à sa voiture, je l'ai embrassé sur la joue, et je lui ai dit au revoir. La fois suivante, je l'ai vu dans un cercueil ouvert.

J'étais chez moi à Baltimore, dans mon ancien appartement près de Druid Hill Park, quand j'ai reçu l'appel. Divine est mort d'une crise cardiaque dans son sommeil, au petit matin, dans une chambre du Regency Plaza Suites Hotel à Hollywood, la veille de son premier jour de tournage avec l'équipe de *Mariés, deux enfants*, série dans laquelle il devait jouer un oncle de la jaquette, l'un des premiers rôles gays à figurer dans une émission de télé grand public. Ça aurait pu révolutionner sa carrière. Divine avait dîné dehors avec le photographe Greg Gorman, et après que Greg l'avait déposé à son hôtel, il était sorti sur le balcon de sa chambre et lui avait chanté "Arrivederci Roma" tandis qu'il retournait à sa voiture. Quand Greg a appris la mort de Divine le lendemain matin, il a appelé son pote Thomas Noguchi, le "coroner des stars", pour s'assurer que le corps de Divine reste hors de portée des meutes de paparazzi. À ce jour, Greg Gorman demeure un de mes plus proches amis.

Pat Moran a été la deuxième à appeler, elle venait d'apprendre, elle était sous le choc, accablée. Je lui ai dit de venir à la maison avec son mari, Chuck. Et puis le téléphone s'est mis à sonner sans s'arrêter. Avec tous les appels qui encombraient les deux lignes, le répondeur était saturé. Les journalistes sont arrivés au pied de mon immeuble, et une équipe de télé locale a fait savoir qu'elle ne partirait pas avant que je descende. Mais on était trop sonnés pour leur parler. C'était comme une tragédie off-Broadway, *Le Jour où Divine est mort*, sauf que personne n'avait envie de jouer dedans. On est restés assis là, incrédules, à écouter les messages de condoléances à mesure qu'ils arrivaient. Je ne crois pas avoir décroché une seule fois.

Les attachés de presse du film m'ont convaincu de répondre aux questions des médias dans un hôtel quelques jours plus tard, mais je me suis enfui du pupitre au beau milieu de la conférence de presse. L'entreprise de pompes funèbres a su gérer l'affluence, et Divine était allongé dans un cercueil ouvert, vêtu d'un costume luxueux, tel l'homme fier qu'il était devenu. En voyant son ventre protubérant, beaucoup de personnes présentes ont songé à Alfred Hitchcock. Aucune œuvre de bienfaisance n'était mentionnée dans le faire-part de décès mais les fleurs étaient bienvenues (jonquilles et gardénias étaient cités dans la presse comme étant les préférées de Divine). Tant de bouquets ont été livrés ce jour-là que les fleuristes eux-mêmes ont envoyé des fleurs pour remercier le défunt de si bien faire tourner les affaires. Certaines cartes accompagnant ces bouquets étaient très drôles. "Tu vois ce que ça fait une bonne critique maintenant ?" disait celle de Whoopi Goldberg. "Pourquoi tout simplement ne pas nous avoir dit que vous ne vouliez pas jouer dans la série ?" demandait l'équipe de *Mariés, deux enfants*.

Toutes les personnes qu'on connaissait, de près ou de loin, sont venues, y compris la mère et les tantes de Divine. Mais notre revenante préférée a été une copine qui s'appelle Diane, qu'aucun de nous n'avait revue depuis des dizaines d'années, le choc ! Elle avait la particularité douteuse d'être la "petite amie" de David Lochary, une appellation bien étrange puisque David était tellement gay que même les flics lui avaient inventé le deuxième prénom "Gaylord" sur son procès-verbal d'arrestation quand on s'était fait choper pour préméditation d'outrage à la pudeur sur *Mondo Trasho*. On gardait d'elle un souvenir très affectueux, marqué par son look extrême. À l'époque, elle crêpait ses cheveux longs et les bombait de laque de façon à ce qu'ils tiennent droit sur sa tête, et ne les peignait jamais ; elle portait des pantalons noirs, des tennis rouges à bout pointu jamais lacées, et se baladait en permanence avec une couche de crème dépilatoire Nair au-dessus de la lèvre supérieure. On avait aussi l'impression qu'elle avait un accident de voiture par jour. Elle est arrivée à la maison funéraire en ambulance, bénéficiant d'une permission de sortie d'un institut psychiatrique. La vache, j'espère qu'elle est encore en vie et en bonne santé !

Pendant le service funèbre avant l'enterrement, j'ai prononcé un éloge dans lequel j'ai rappelé que Divine avait été "un ami de toujours, un partenaire professionnel, un confident, un complice, et un acteur qui pouvait dire les mots que j'écrivais mieux que quiconque". Le pasteur de la paroisse de la famille de Divine, le révérend Leland Higginbotham, a essayé d'expliquer à quel point ça avait été difficile pour Glenn (son vrai prénom, que je n'avais pas prononcé depuis des années) de passer du "garçon qui s'était toujours montré d'une grande sensibilité et empathie à Divine, la star de cinéma culte" que connaissaient la plupart des personnes présentes. "Ses parents et moi avons passé des heures à tenter de comprendre ce qui se passait, a-t-il confié. C'était une période déchirante et, en tant que pasteur, je me sentais totalement impuissant à les aider." Même moi je comprenais à quel point ça devait être compliqué pour un parent d'être fier que son fils ait tourné dans un film en travesti et joué une scène où il mangeait une vraie merde de chien. "Mais bien que Glenn ait emprunté un chemin tortueux pour se trouver, a poursuivi le révérend Higginbotham tandis que la mère de Divine était tout ouïe, la réconciliation a pu avoir lieu." Il a fait remarquer que "le plus tragique était que Divine venait de se faire faucher au moment où il allait devenir qui il était vraiment, et le monde n'aurait jamais l'occasion de voir la fleur qui se serait épanouie".

L'enterrement au cimetière de Prospect Hill à Towson dans le Maryland a été une véritable marée humaine. Là, dans le petit cimetière où Divine volait des fleurs parce qu'il n'avait pas les moyens de s'en acheter quand il invitait à dîner, où on se retrouvait adolescents avec d'autres petits délinquants de banlieue pour boire de la bière le soir même quand il y avait cours le lendemain, là, dans la petite ville d'où on avait fini par s'échapper, se trouvait le dernier repos de Divine. Sa dernière apparition publique s'est vue paralysée par un embouteillage de fans, d'amis et de parents endeuillés. On était de retour à la case départ. Même ses parents avaient fini par le comprendre. Ils ont fait graver "Divine" sur sa stèle juste à côté de son vrai nom. Quel meilleur signe d'acceptation que celui-là ?

Divine aurait été ravi de l'ambiance mélodramatique qui régnait ce jour-là. Je ne me rappelle pas grand-chose de l'enterrement en lui-même à part les paparazzi perchés sur la colline avec leurs téléobjectifs, la mère de Divine qui observait la scène depuis sa limousine, Pat Moran en noir des pieds à la tête avec une capeline immense dont la voilette lui couvrait entièrement le visage, sanglotant devant la tombe telle Kim Stanley dans *La Déesse*, et ma propre mère arrivant seule, l'air à la fois apeurée et très, très triste.

La mort n'est pas toujours une évolution professionnelle judicieuse. J'ai eu beaucoup de mal à m'intéresser au box-office après le départ définitif de Divine. À l'époque le choc était tel que je ne me suis pas rendu compte que cette tragédie avait aussi tué les chances qu'avait *Hairspray* d'atteindre davantage de spectateurs de l'Amérique profonde. Certes, son décès a eu un retentissement médiatique immense (couverture du *New York Post* et du *Daily News* de New York) et respectueux (grandes notices nécrologiques dans le *New York Times* et le *Los Angeles Times*), mais qui a envie d'aller se bidonner devant une comédie dont la vedette est morte la veille ? Pratiquement toutes les chaînes de télé du pays avaient diffusé des photos de Divine et moi faisant joyeusement la promo du film, et maintenant elles ne passaient plus que des images où on me voyait soutenir le cercueil avec d'autres porteurs.

New Line a bien tenté de faire perdurer le succès, mais après une diffusion élargie à 227 salles suite au décès de Divine, l'élan a faibli, tendance qui s'est confirmée la semaine suivante. Fini de rigoler. Au final, le film a enregistré une recette de 8 266 397 dollars pour un budget de 2,7 millions plus les copies et la publicité. Personne n'est devenu riche et personne n'a perdu d'argent. Tout le monde était trop sonné et attristé pour se plaindre.

Il a fallu des dizaines d'années avant que je fasse réellement l'expérience du sentiment d'euphorie que *Hairspray* aurait dû me procurer à l'origine, mais avant cela il y a eu pas mal de détours : New Line a développé un projet de série télé inspirée de mon film, mais je n'avais pas grand-chose à voir là-dedans et ça n'a pas abouti. En 1990, Scott Rudin, génial producteur ayant le goût du risque, a acquis les droits d'adaptation de *Hairspray* pour en faire une comédie musicale, mais ça non plus ça n'a jamais rien donné.

C'est alors qu'un miracle est arrivé. Clouée au lit par la grippe, la productrice Margo Lion, originaire de Baltimore que je n'avais jamais rencontrée et qui avait quitté la ville des dizaines d'années auparavant sans un regret, avait regardé *Hairspray* en VHS et avait eu la même idée géniale que Scott Rudin – en faire une comédie musicale sur Broadway. Sauf qu'elle, elle a réussi.

Parfois dans le showbiz il suffit de faire confiance aux gens, et je sais que c'est difficile. Mais en de rares occasions, le chemin du paradis est pavé de bonnes intentions. Quand Margo est venue me pitcher son projet, elle avait déjà acquis les droits d'adaptation de New Line et demandé à Marc Shaiman et Scott Wittman d'écrire deux, trois chansons alors que rien n'était encore signé. Devinez qui chantait le rôle de Divine sur cette première cassette de démo avant que Harvey Fierstein l'interprète avec talent ? Nathan Lane, eh ouais.

Margo m'a dit qu'elle tenait à garder mon intention originelle intacte dans son spectacle et à m'impliquer dans son projet dès la première lecture. Je lui dois, ainsi qu'à Marc et à Scott, une fière chandelle. La comédie musicale *Hairspray* a fait un carton, raflé huit Tony Awards, et m'a rapporté plus d'argent que n'importe quel autre de mes projets. Enfin, mes parents ont pu dire qu'ils avaient adoré sans que leur nez s'allonge comme celui de Pinocchio. Le spectacle a tourné dans le monde entier et est toujours monté dans des lycées un peu partout. Je l'ai vu interprété par des adolescents souffrant de déficience mentale, et ça marchait. Le test ultime de mélange des genres, n'est-ce pas ?

Bien sûr, ça n'a pas été un long fleuve tranquille. La Corée du Sud a maquillé en noir ses acteurs, et quand on a gueulé, ils se sont défendus en disant qu'ils n'avaient pas de personnes à la peau noire chez eux. Alors on leur a dit, "Ayez recours à une autre minorité", ce qu'ils ont fini par faire. Dans un lycée du Texas, tous les rôles de Noirs étaient joués par des Blancs, et quand la presse locale s'est plainte, l'école s'est défendue en disant qu'au départ aucun Noir n'avait passé les auditions, et qu'après que quelques-uns s'étaient enfin décidés, ils avaient fini par claquer la porte. Et donc Seaweed chante "Plus le fruit est noir, plus son jus est sucré", mais il est blanc, c'est ça ? L'idée d'une Motormouth Maybelle jouée par une fille blanche avec une perruque de boucles blondes et chantant “Je sais ce que j’ai enduré” est un pur blasphème à mes yeux et il devrait en aller de même pour vous. Pas étonnant que les gamins noirs aient pris leurs jambes à leur cou. C’était sûrement pour sauver leur peau.

Il n’est pas rare non plus que dans le débat sur le costume d’obèse je sois l’opposant solitaire, systématiquement contre le fait d’attribuer le rôle de Tracy à une maigrichonne pour ensuite la déguiser. Le faux ventre est aussi insultant pour les filles en surpoids que le maquillage noir, non ? Il y a des tas de gens gros et talentueux aux États-Unis. Tout le monde est obèse, merde ! Dénichez une vraie grosse qui sache chanter et danser. Une Tracy mince, c’est comme une L’il Inez blanche ou une Edna jouée par une femme. Ça ne colle pas.

Mais je suis peut-être vieux jeu. Depuis que j’ai écrit dans le *New York Times* en 2002 que “ce sont enfin les grosses et les drag-queens qui vont décrocher les rôles” dans les spectacles de fin d’année, tout le monde s’acharne à me faire mentir. Avertissement. À cause du politiquement correct, les profs de théâtre des établissements publics ne peuvent plus attribuer de rôle en fonction du poids ou de l’origine ethnique, alors j’ai assisté à l’inverse du casting 100 % blanc du lycée texan, soit une fille mince et noire qui jouait Tracy. Bizarrement, ça m’était égal. C’est peut-être aberrant – comment Tracy peut-elle chanter à propos de l’injustice qu’il y a à ne pas laisser les gamins noirs danser dans une émission de télé où ne figurent que des Blancs alors qu’elle participe à l’émission et qu’elle est noire ? – mais qu’est-ce qu’on en a à foutre ? C’est le retour du théâtre de l’absurde – l’endroit où j’ai commencé. Mais allons donc plus loin – pourquoi ne pas inverser toutes les origines ethniques lors des auditions pour *Hairspray* ? Les genres aussi ! Pour créer le spectacle de la diversité ultime, terriblement politiquement correct. Pour le peuple, par le peuple, avec une distribution non binaire et qui ne s’arrête pas à la couleur de la peau !

New Line a ensuite retransposé la comédie musicale en film hollywoodien à gros budget, et il se trouve que j’ai adoré ce qu’ils ont fait. J’ai même joué l’exhibitionniste dans la chanson d’ouverture. Parmi mes fans de longue date, certains se sont plaints, par fidélité déplacée, de l’aspect trop lisse de la version d’Adam

Shankman, mais je trouve qu'il a fait ce qu'il fallait – il a encore changé *Hairspray*. Cette fois, mon petit film indépendant devenait ambitieux, effronté, et grouillait de stars hollywoodiennes et pas des moindres ; parce que, bon, John Travolta jouait Edna, quand même. C'est pour ça que ça a marché. Les adaptations cinématographiques de *Rent* et *Les Producteurs*, elles, se sont plantées, parce qu'elles se contentaient de reproduire le spectacle exactement tel qu'il était joué sur scène à Broadway. Souvenez-vous que si vous cherchez à tirer profit d'une œuvre qui a déjà eu du succès, réinventez le concept, faute de quoi la photocopie s'affadit au fil du temps, jusqu'à devenir illisible.

Ce troisième *Hairspray* n'était même pas filmé à Baltimore, et bien que j'aie eu envie de leur crier "Jamais vous ne ferez passer Toronto pour Baltimore !", eh ben si, ils ont réussi. Leur film avait la classe, sans pour autant renier l'esprit de ma version originale, et en plus ils m'ont payé ! Qui étais-je pour cracher dans la soupe ? Je suis remonté à bord du train en espérant ne plus jamais en descendre.

Ce que je n'ai pas eu à faire. Craig Zadan et Neil Meron, les producteurs de la version de Shankman, m'ont alors commandé l'écriture d'une suite à la fois de la comédie musicale et de mon film, qui serait donc une nouvelle version cinématographique de *Hairspray*. Je l'ai intitulée *White Lipstick*, et j'avais déjà l'accroche quand j'ai remis mon traitement : "Quand les barrières raciales s'estompent, c'est le crêpage de chignons !" "Nous sommes en 1965, expliquais-je, et la révolution *mod* bat son plein. Les coiffures bouffantes sont has been et les Beatles ont ringardisé la Motown. Le *Corny Collins Show* est toujours à l'antenne et ne pratique plus de ségrégation, mais les petits Blacks veulent une émission 100 % noire dont Motormouth Maybelle serait la présentatrice." Tracy a les cheveux plats. Penny est une gauchiste qui milite chez les Weathermen, Seaweed a rejoint les Black Muslims et L'il Inez les Black Panthers. Tracy a minci grâce à un régime, et Wilbur a inventé des lunettes fantaisie qui permettent de voir à travers les vêtements et qu'il vend dans sa boutique de farces et attrapes. Link est obsédé par la *British Invasion* et, sous sa coupe de cheveux à la Beatles, il a des boutons qui lui chantent des chansons, comme des Chipmunks. Il y a des émeutes capillaires, des attaques de méduses, des *bad trips* au LSD, et de vrais miracles, le tout agrémenté de chansons comme "Grinding My Love", "Purple Bone", "Bedhead", "Contact High" et le bouquet final, "Hairdo Paradise". Je ne sais pas. Je suis peut-être allé trop loin. Je pensais que ça pourrait marcher. Eux, non.

Je dis toujours qu'il faut passer à autre chose. Ne pas rester bloqué. Dans le show-business, les projets voient le jour et meurent à toute vitesse. Mais les contrats autour de *Hairspray* n'ont cessé de pleuvoir au fil des ans et j'espère que ça ne s'arrêtera jamais. En 2010, la Warner Bros. Television m'a commandé un scénario pilote et une "bible" pour une série inspirée de mon film (pas de la comédie musicale), mais le projet n'a jamais abouti. Dans cette version, Tracy en a marre de se faire exploiter par M. Pinky et de se plier aux publicités "obésistes" qu'elle doit faire à l'antenne, et tout à coup la direction souhaite la voir partir. Edna est devenue une mère imprésario exigeante obsédée par la carrière de Tracy, tandis que Wilbur essaie de rediriger son épouse sur le chemin de la politique. Après s'être incrustée aux auditions et avoir épaté les derniers sceptiques avec une version torride de "The Ubangi Stomp", Penny est enfin acceptée au sein du comité, mais elle scandalise ses soutiens en tentant aussitôt de syndiquer les jeunes danseurs de l'émission. Seaweed intègre une bonne fois pour toutes le *Corny Collins Show* en se déguisant en chanteur soul célèbre qu'on autorise à chanter en playback à l'antenne devant les membres du comité composé à 100 % d'adolescents blancs, jusqu'à ce qu'il révèle son vrai visage aux caméras, celui d'un Noir de Baltimore. Il y a même un espion de l'émission de Dick Clark *American Bandstand*, qui rôde sous tout ce mélodrame adolescent, mais ni Corny Collins ni l'activiste Motormouth Maybelle ne le remarque. "C'est reparti pour un tour !" disait mon accroche cette fois, mais malheureusement, le projet n'a jamais vu le jour.

Mais en 2015, tel un vampire qui refuse de mourir, l'idée d'une nouvelle série événement, *Hairspray 2 : la suite "separate but equal"*, a été présentée à HBO et ils m'ont payé pour écrire un énième script, qui faisait faire à l'histoire un bond vers le futur. Allez, moi, je suis toujours partant ! Ça fait trente et un ans que je vis avec ces personnages – je les connais mieux que mes propres frère et sœurs, et je suis toujours prêt à ressortir mes vieux dossiers de notes, mettre de la musique et laisser Tracy et sa clique danser à en casser la baraque.

Cette fois, le *Corny Collins Show* n'est plus ségrégué, Seaweed et Penny sont tous les deux membres du comité, mais il n'y a qu'une seule autre jeune Noire dans l'émission, et c'est la personne de couleur la plus ringarde que la direction ait pu trouver. Pire, Penny et Seaweed n'ont pas le droit de danser ensemble à l'antenne. Tandis que tous les scripts précédents se concentraient sur l'intégration, cette suite traite des préjugés sur le métissage, les couples interraciaux et leur lutte pour la liberté. Il y a également un nouveau personnage important du nom de Lotta Wishbone, dont l'existence même menace la réputation de Tracy et le couple heureux qu'elle forme avec Link. Sérieux, ça vous donne pas envie de savoir ce qui va se passer ? HBO, en tout cas, non. Bref. Ils m'ont bien traité, et ils m'ont payé.

Mais ce n'était pas encore terminé. Le jour où ma suite mordait la poussière, NBC a annoncé qu'une version live de la comédie musicale *Hairspray* allait rejoindre tous ces programmes diffusés en direct à la télé qui faisaient péter l'audimat : *La Mélodie du bonheur*, *The Wiz*, *Peter Pan*, *Grease*, et à présent, nous. Dans le milieu, personne n'a pris la peine de me contacter à propos de cette version. Pas une seule fois on ne m'a demandé d'intervenir dans le choix des acteurs, l'écriture, la promotion. Il a même fallu que je contacte moi-même le service de presse pour leur demander quoi répondre aux appels que je recevais concernant leur projet. Leur attaché de presse ne semblait pas trop savoir mais a proposé que je rencontre vite fait la nouvelle Tracy quand ils sont venus faire le casting à Baltimore (pour m'endormir, si on me demande mon avis) sans faire appel à Pat Moran, ma directrice de casting de toujours, qui a supervisé d'innombrables castings de films hollywoodiens et de séries télé dès qu'il y a eu un tournage à Baltimore. Bon, quoi qu'il en soit, j'ai eu droit à un bon dîner, gratos. Et pour la seule et unique fois de ma vie, à une somme symbolique.

Le *Hairspray Live !* de NBC était correct – mais la plus médiocre de toutes ces productions dérivées, à mon humble avis. Difficile de rater ces personnages, et pourtant, pourquoi faire de

Motormouth Maybelle une nana toute mince avec une poitrine digne d'une danseuse de Vegas ? Quant à la prof de sport, elle n'est plus lesbienne, mais tout de même incarnée par Rosie O'Donnell ? Je serais encore prêt à fermer les yeux sur ces décisions douteuses, mais ce que je n'ai pas supporté, c'est que pendant les pauses du direct ils sont allés à Philadelphie parler avec les danseurs originaux d'*American Bandstand*, l'émission de Dick Clark ! Hérésie ! Cette émission n'a jamais été diffusée à Baltimore – seul *Buddy Deane* l'a été. Mais est-ce que NBC s'est entretenue avec les membres du comité, comme on les appelait ici, ceux-là mêmes qui ont appris à Ricki Lake à exécuter les pas de danse du film ? Non, évidemment ! Franchement, ça me dépasse.

Mais impossible n'est pas *Hairspray* ! J'ai dit en déconnant à la télé que je rêvais d'un *Hairspray sur glace*, mais des producteurs de spectacles sur glace m'ont pris au sérieux et fait des propositions. *Hairspray dans l'espace*, m'a suggéré un ami récemment. Pourquoi pas ? Ça pourrait devenir une réalité dans un futur pas si lointain. J'imagine que la seule chose qui resterait à faire alors serait la version porno : *Hairspray pubien*. À bien y réfléchir, la boucle serait merveilleusement bouclée.

RALLIER HOLLYWOOD

Cry-Réalisateur (Photo de Greg Gorman)

Jeunes réalisateurs, ralliez Hollywood dès que vous le pourrez. On ne se sent pas seul au sommet, je vous le promets. La possibilité de faire du chiffre ne dure pas longtemps, alors saisissez votre chance, comme disait Bobby Seale. Mon *Hairspray* n'a pas fait exploser le box-office, mais pour moi c'était comme si, et c'est tout ce qui compte au final. Le sentiment d'avoir fait un carton, c'est tout ce qu'il vous faut – la vague impression d'un nouveau genre de succès, même si ça ne s'est pas vraiment passé comme ça. Tout à coup, j'étais branché. Enfin, vaguement. Il était temps que je retourne pitcher mes projets.

Mais cette fois, j'avais besoin d'un agent. Un agent est nécessaire pour deux raisons : un, on ne peut pas chanter ses propres louanges, il faut que quelqu'un d'autre vante vos mérites ; et deux, vous ne pouvez pas annoncer vous-même la somme astronomique que vous réclamez pour vos services. Mon vieux copain Jeff Buhai, qui n'en revenait toujours pas de ne pas avoir réussi à m'obtenir un contrat de développement sur *Hairspray*, m'a conseillé son agent Bill Block, qui a accepté de s'occuper de moi parce qu'il connaissait mon passé et avait eu vent du battage autour de *Hairspray*. Bill était très *Hollywood insider* : beau, audacieux, aussi taré que moi, avec une tendance à balancer aux producteurs des trucs du genre "Allez quoi, je couche le premier soir !" – ce qui veut dire, m'a-t-il patiemment expliqué, "Faites-nous une offre conséquente tout de suite et on n'ira pas chez votre concurrent". Sans compter qu'il m'a mis en contact avec l'avocat spécialiste du showbiz Tom Hansen, le meilleur dans le milieu, à mon humble avis – apprécié, puissant, hétéro mais très *gay friendly*, sexy dans le genre ancien motard, et coriace sans en avoir l'air. Tom est toujours mon avocat à ce jour, et il s'occupe des pires méchants en exercice – David Lynch, Robert Downey Jr, Charlie Sheen, Al Pacino et Mel Gibson. Ce que je préfère chez Tom, c'est que, quelle que soit l'urgence de l'affaire pour laquelle il appelle, il commence toujours la conversation sur une note personnelle, partageant les ragots de bon cœur, prenant de vos nouvelles, voulant savoir quel film vous avez vu dernièrement, avant d'entrer dans le vif du sujet. Avec un avocat comme Tom, l'emploi d'un "manager" est superflu.

Faire un pitch à Hollywood, c'est comme rendre un devoir capital à un prof ultra-strict. Prendre la parole en public est l'une des rares choses apprises à l'école qui m'ait réellement servi plus tard dans la vie. Et les Boy-Scouts d'Amérique avaient raison à propos d'une chose – il faut être "toujours prêt". Vaut mieux pas déconner quand on fait son pitch à un producteur délégué. Il faut connaître l'histoire en entier, surtout la fin. Mettez aussi au point une campagne de promo, histoire de faire savoir au studio que vous vous rendez bien compte qu'ils doivent lancer votre film dans le monde entier. Et si vous voulez un bon point, réglez la note du resto après la réunion suivante et dites, "On est tous dans le même bateau". Croyez-moi, ils n'auront jamais entendu un truc pareil et la récompense sera bien mieux qu'à l'école. Au lieu d'un A +, ça peut vous valoir une avance à six chiffres. Et vous ne serez même pas obligé de rendre l'argent s'ils décident finalement de ne pas faire le film. Mais signons donc ce contrat !

Après *Hairspray*, tous les studios voulaient m'entendre pitcher *Cry-Baby*, une comédie musicale sur des délinquants juvéniles au début des années 1950, avant la naissance du rock'n'roll. Et cette fois, ils n'ont pas eu peur. Les producteurs ont applaudi des deux mains (ils ignoraient que tous les visuels dont je me suis servi pour vendre ce projet étaient des photos soft de modèles masculins gays puisées dans l'Athletic Model Guild, le petit studio de Bob Mizer, vivier d'armoires à glaces, pionnier en la matière). Quand les studios se sont mis à surenchérir, Bill Block et moi étions sur un petit nuage. Même Dawn Steel, productrice au tempérament notoirement explosif, voulait le projet pour Disney, ce qui était proprement ahurissant vu la réputation de cinéaste de mauvais goût que je me traînais. C'est finalement la Paramount qui a emporté le morceau, et après l'écriture du scénario et une année de remaniements et de revirements en haut lieu, j'ai fini par obtenir un feu vert d'Imagine Films, l'enseigne de Brian Grazer et Ron Howard au sein d'Universal. Pour plus de fric que je n'aurais jamais osé l'imaginer. Difficile de faire plus hollywoodien que ça. Enfin, je pouvais engager un assistant. Et m'acheter une maison.

Tout ça, je le dois à Johnny Depp, parce que c'est quand il a accepté de jouer dans *Cry-Baby* que l'affaire a été emballée. Je me suis rendu compte du pouvoir qu'il détenait lorsque Brian Grazer, le gars typique de L.A. très en forme, qui mène une vie saine, nous a autorisés à fumer clope sur clope dans son bureau quand on se réunissait pour discuter du projet. En tant que star de la série télé *21 Jump Street*, Johnny était à l'apogée de son statut d'idole des jeunes. Mais il détestait être le Justin Bieber de son époque et s'est dit que faire un film avec moi était une façon infaillible de casser cette image, et c'est exactement ce qu'il a fait en tournant en dérision son rôle de "beau gosse" dans *Cry-Baby*. Traci Lords, fraîchement échappée du monde du porno et à l'origine du scandale qui ébranlait l'industrie du film pour adultes en révélant qu'elle était mineure à l'époque des tournages de toutes ses célèbres vidéos sauf une, a fait la même chose, au fond. En se moquant du rôle de fille délurée qu'elle incarnait à l'écran, elle cessait d'en être une dans la vie. Quant à Patty Hearst, elle avait entamé sa propre réhabilitation en purgeant sa peine de prison pour braquage de banque (quelle mascarade) après avoir été kidnappée par l'ALS*, et en avait ras le bol d'être une victime célèbre. Qui aurait voulu être, comme je l'appelais, le "bébé Lindbergh qui avait survécu" ? Elle a écrit un bouquin, *Mon voyage en enfer*, qui retraçait l'histoire de son enlèvement de son point de vue, en espérant clore le débat et passer à autre chose. Paul Schrader en a acquis les

* L'Armée de libération symbionaise est un mouvement armé d'extrême gauche américain des années 1970 qui se considérait comme l'avant-garde d'une armée révolutionnaire. L'auteure Lola Lafon revient sur ce mouvement dans son roman : *Mercy, Mary, Patty*, paru chez Actes Sud en 2017. *(Note des éditeurs.)*

droits et a tourné un très beau film intitulé *Patty Hearst*, sorti en avant-première au Festival de Cannes en 1988 alors que j'y étais moi-même pour la promo auprès des distributeurs internationaux qui achetaient les droits de *Hairspray*. Mon meilleur ami en Europe, Matthias Brunner, qui a failli aller en prison pour avoir diffusé *Pink Flamingos* en Suisse dans les années 1970, m'a incrusté au dîner d'après projection et placé pile à côté d'elle. On a tout de suite accroché malgré mon entrée en matière maladroite ("J'ai adoré le film. Pour la première fois, on a réussi à me faire croire à votre innocence"). "Merci infiniment, elle a soupiré avec un sens de l'humour qui pétillait sous la lassitude de devoir revivre cette histoire macabre à cause du film, tout favorable que soit le jour sous lequel on la présente, c'est à cause de gens comme vous que j'ai fini en prison." J'ai demandé à Patty de jouer dans mon prochain film. Elle a cru que je plaisantais. Alors que pas du tout.

La famille de Patty était horrifiée quand elle a accepté d'apparaître dans *Cry-Baby* ("Mais pourquoi cherches-tu encore à attirer l'attention après tout ce que tu as subi ?" lui a opposé une de ses sœurs), et son père a proposé de la payer pour qu'elle ne joue pas son rôle. Mais Patty savait pourquoi elle y tenait. Elle était célèbre pour des raisons qui ne lui convenaient pas. Elle était fatiguée de faire les gros titres en tant que criminelle. Pourquoi ne pas jouer un peu avec cette notoriété qui pesait comme une enclume autour de son cou ? Une fois qu'elle aurait tourné en dérision sa prétendue conversion criminelle, ils ne pourraient plus s'en servir contre elle. Faire un film était une façon bien plus sûre de se rebeller. Et en plus, elle était bonne actrice. N'avait-elle pas joué un rôle avec l'ALS pendant tout ce temps pour rester en vie ? Cette fois, au moins, elle aurait droit à un buffet traiteur.

Le reste des acteurs ? Des cinglés. J'ai peut-être contribué à inventer l'expression *stunt casting**, mais je n'ai jamais fait figurer dans mes films quelqu'un que je trouvais si nul qu'il en serait parfait. Non, les acteurs de *Cry-Baby* étaient tous tellement

* Faire appel à une star pour jouer un petit rôle dans le but de gagner en visibilité et faire des entrées.

géniaux que c'était parfait, comme un dîner dans l'institut psychiatrique pour célébrités de mon choix. L'incroyable Iggy Pop nous est arrivé fraîchement sobre et prenant son rôle très au sérieux, et aujourd'hui encore je le remercie d'avoir donné ce ton au tournage. Je m'en suis voulu que sa partenaire à l'écran, Susan Tyrrell, qui jouait sa femme et apparaissait à côté de lui à presque toutes les prises, soit ivre en permanence. Su-Su, comme elle voulait qu'on l'appelle (ce que je refusais), disait à tous les membres de l'équipe et de la distribution à qui on la présentait : "Salut. J'ai la chatte d'une gamine de dix ans." C'est sûr, c'était un personnage, mais le rôle de la mégère alcoolique qu'elle jouait dans *La Dernière Chance* et lui a valu une nomination aux Oscars n'était pas si éloigné que ça de qui elle était en vrai. Parfois, elle était tellement bourrée qu'elle était incapable de se concentrer sur mes indications avant une prise. Un jour, elle m'a dit au beau milieu d'une scène que sa mère était morte, ce qui était en fait un mensonge : elle voulait simplement une pause à cause de sa gueule de bois. Ses "amis" lui rendaient visite sur le plateau et ont même volé la veste de la scripte posée sur une chaise. Je n'ai jamais revu Susan après le tournage, mais certains acteurs sont restés en contact avec elle et m'ont parlé de *My Rotten Life*, spectacle qu'elle jouait seule sur scène avec son chien empaillé sur les genoux. Quand elle a été amputée des deux jambes en 2000 à cause d'une maladie rare du sang, des anciens de *Cry-Baby* lui ont rendu visite à l'hôpital et elle les a accueillis en disant "Ça te dit de baiser avec un tronc ?" Elle est décédée en 2012, enfin heureuse, à ce qu'il paraît. Certes, elle avait du talent, mais quelle fatigue cette fille !

Joey Heatherton est un autre cas qui restera dans les annales. "La recruter dans cet état confine à l'exploitation", m'a dit Polly Bergen, toujours distinguée, alors qu'elle jouait au poker entre deux prises avec les gars chargés des transports de matos. Et elle n'avait peut-être pas tort. Juste avant que je donne à Joey le rôle de la mère ultra-religieuse d'une des filles du gang de Cry-Baby, Joey avait été arrêtée pour agression sur une employée administrative du bureau de l'immigration de New York après une querelle concernant le montant exact de monnaie à rendre. L'employée a prétendu (bien que Mlle Heatherton ait finalement été acquittée) que la vedette caractérielle l'avait "empoignée par les cheveux par-dessus le guichet et lui avait cogné la tête contre la paroi de séparation en plastique avant de la gifler". Oui, bon, on a tous nos mauvais jours.

Pendant l'audition, Joey s'est montrée très convaincante quand elle a parlé dans une langue de son invention, comme l'exigeait le scénario, mais a semblé incapable de s'arrêter quand je lui ai dit que la lecture était terminée. Pendant que l'assistant de casting la raccompagnait doucement vers l'ascenseur, Joey continuait son charabia, bien que je lui aie annoncé qu'elle avait le rôle. Elle n'a peut-être jamais arrêté.

Quand elle est arrivée pour le tournage à Baltimore, Joey était très maigre, quoique adorable et coopérative, même si le directeur artistique m'a prévenu qu'il avait surpris notre actrice du jour en train de réparer au scotch les fissures du mur de sa loge et de parler toute seule. Quand on m'a amené Joey sur le plateau pour la scène du tribunal avec son mari à l'écran, Joe Dallesandro (ravi d'être à contre-emploi dans son rôle de pasteur homophobe tout habillé), elle se cramponnait à son sac à main, qu'elle refusait de laisser au vestiaire. Chris Mason, notre coiffeuse lesbienne *butch* à l'immense talent (hélas morte d'un cancer du col de l'utérus en 1999), très appréciée par notre clique mais crainte au début par la faune hollywoodienne, semblait elle-même avoir peur de s'occuper de Joey, qu'elle disait avoir vue parler à son sac à main comme s'il s'agissait d'une personne. Une fois tout le monde prêt à tourner la scène, Joey refusait toujours de donner son sac au costumier, mais on a fini par trouver un compromis. Il se tiendrait juste en dehors du cadre et dès que je crierais "Action !", Joey lui tendrait son sac, prononcerait son texte, et à la seconde où je dirais "Coupez !", le sac reviendrait à l'abri dans ses bras. Je n'y voyais pas d'objection. Tant que la prise était bonne.

Je n'ai jamais revu Joey après ce jour-là, mais elle a dû se rétablir au moins pour un temps parce qu'elle a posé nue dans *Playboy* sept ans plus tard, et croyez-moi, ça n'aurait pas été possible si elle avait été dans le même état physique que celui dans lequel nous l'avions vue sur le tournage. Puis elle a disparu des radars. Je n'ai pas entendu la moindre chose sur elle jusqu'en 2014, quand elle s'est à nouveau fait pincer. Apparemment, sa voisine du dessus à Sherman Oaks, en Californie, avait un blender dont elle se servait invariablement tous les matins bien que Joey l'ait prévenue que ses vzzzz incessants lui tapaient sur le système. Elle s'est plainte. Elle a tapé au plafond. Mais la voisine a continué. "Fait chier !" a dû se dire Joey. Elle l'avait pourtant prévenue, non ? Mais le bruit revenait et sa voisine répondait à ses protestations par du mépris. À bout de nerfs, Joey a attendu en embuscade à l'extérieur de son immeuble, et quand Miss Tapage Ménager est sortie, elle l'a attaquée avec une chaussure à talon haut. Ça vous rappelle un truc ? J'avais eu recours au même objet comme arme du crime dans un de mes films précédents, *Desperate Living*. Est-ce que ça fait de moi un médium ?

En ce qui concerne le casting de *Cry-Baby*, mon plus joli coup a été d'y faire figurer David Nelson, d'*Ozzie et Harriet*. J'ai grandi dans les années 1950 avec cette série dans laquelle David et Ricky, son frère très mignon, jouaient, et leur image était gravée dans mon esprit. Et David était là, dans mon salon (grâce à Kathy Nelson, sa cousine par alliance, directrice du département musique du studio Universal, qui, j'en suis certain, l'a persuadé d'embarquer avec nous), en train de répéter pour incarner une version déjantée du rôle que son père jouait dans la série, mais à la place de Harriet Nelson, ce serait Patty Hearst qui serait son épouse, et ils auraient Traci Lords pour fille ! Quel bonheur ! Comment on avait pu en arriver là ?

Quant à Troy Donahue, il était ravi qu'on lui demande de jouer le mari du personnage de Mink Stole car, pour une fois, il devait avoir l'air méchant, et non correspondre à l'image vieillotte de l'ado beau gosse des années 1950 qu'il avait en horreur. À un moment donné, il paraît qu'il avait été sans-abri, et dormi sur un banc dans un parc de New York, mais on s'en fichait. Chaque membre de la distribution avait ses problèmes psychiques – on n'était pas là pour juger. Comme le reste des acteurs du film, Troy avait l'esprit d'équipe, et rappelait toujours avec bonhomie à ses collègues qu'il était "l'hétéro", par opposition à Tab Hunter, "l'homo", avec qui il savait que j'avais déjà travaillé.

Ricki Lake était de retour parmi nous, sous les traits de Pepper, sœur de Cry-Baby, délinquante juvénile en cloque, et s'est bien adaptée à son rôle secondaire après avoir été l'héroïne de *Hairspray*. Elle a seulement regretté le fait que les journaux à scandale publient des photos d'elle affublée de son faux ventre de femme enceinte comme preuve qu'elle avait pris énormément de poids dans la vraie vie, ce qui était une pure connerie. Le fils de Norman Mailer, Stephen, a également fait partie de l'aventure, dans le rôle de l'infâme Baldwin, l'ennemi "coincé" de Johnny Depp. Je connaissais la famille Mailer de Provincetown, où Norman et son épouse Norris vivaient, mais si Stephen a eu le rôle, c'est parce qu'il était le meilleur acteur que j'ai auditionné, et de loin.

Venant parachever le casting du côté des jeunes, Kim McGuire incarnait Délit de Faciès, une fille dotée "d'un visage inquiétant et d'un corps magnifique" comme l'agence de casting l'avait poliment formulé. Ce qu'on entendait par là, c'était "moche". Quand des filles tristes avec des malformations physiques se sont pointées, j'ai commencé à craindre qu'on ne trouve jamais notre perle, jusqu'à ce que Paula Herald, qui bossait avec Pat Moran, remarque une photo en portrait envoyée pour de la figuration sur un autre projet. Kim n'était pas à proprement parler moche mais elle avait une allure étonnante – presque albinos chic – et on savait qu'avec l'aide de Van Smith (notre expert en mocheté), elle pourrait correspondre à ce qu'on voulait. On ne savait pas du tout quel âge avait Kim quand elle est venue passer son audition, mais elle a su nous vendre le rôle et nous a autorisés avec joie à la transformer en joyeux monstre adolescent. Après ça, elle a travaillé avec David Lynch, puis elle est devenue avocate en Californie en 1997 avant de retourner dans le Sud où elle s'est littéralement fait balayer par l'ouragan Katrina et a reconstruit sa vie ensuite (elle a écrit un livre à ce sujet intitulé *Flashback Katrina 10 Years After*). J'ai été surpris de la voir en interview dans les bonus de la version intégrale de *Cry-Baby* sortie en 2005. Elle était méconnaissable, absolument pas la Kim McGuire que je connaissais. Pas mal, normale, sympa. Est-ce que c'est possible, une greffe de tête ? Malheureusement, Kim est morte d'une crise cardiaque en 2016. Je n'ai même pas pu lui dire au revoir.

Je suis peut-être le seul réalisateur à avoir refusé un rôle à Brad Pitt. Totalement inconnu à l'époque, il est venu auditionner pour le rôle de Milton. On savait tous que quelqu'un d'aussi séduisant ne pouvait pas jouer l'acolyte comique de Johnny Depp – il nous fallait quelqu'un de plus excentrique (c'est Darren Burrows qui a eu le rôle). Quand Brad Pitt est reparti sans avoir été choisi, tout le monde est tombé d'accord : quiconque était ce mec, il allait devenir une immense star de cinéma. Les rares fois où j'ai croisé Brad lors d'événements du show-business au fil des ans, il s'est montré adorable avec moi. Peut-être parce que je suis le seul réalisateur à lui avoir dit non.

Incroyable tous les grands noms du cinoche qui sont venus auditionner pour *Cry-Baby*. Carol Channing voulait jouer Ramona Rickettes – la grand-mère plouc de Cry-Baby – et même si je savais qu'elle était à côté de la plaque (c'est Susan Tyrrell et sa chatte de gamine de dix ans qui ont eu le rôle), j'ai accepté d'écouter les raisons déconcertantes pour lesquelles, selon elle, elle devait jouer ce rôle en tant qu'Amérindienne. Euh, pardon ? "Cyd Charisse en personne" (comme Divine appelait Ricki Lake dans *Hairspray*) est aussi venue, dans une tenue bien trop élégante, égarée là à cause de son agent qui m'a confié vouloir réinventer son image en lui dégotant un rôle à contre-emploi. Elle n'avait pas la moindre idée de qui on était, de la teneur du projet, ni de ce qu'elle foutait là, mais j'ai fait preuve de délicatesse et de respect. Cyd Charisse en personne ! Je ne pouvais plus m'arrêter de le dire !

Avec le recul, c'est l'histoire d'Amy Locane qui remporte la palme de la tristesse, l'adorable actrice de dix-sept ans qui jouait Allison, la princesse coincée de Cry-Baby, qui finit par "mal tourner" pour gagner son amour. Choisie alors qu'elle était encore au lycée, elle a dû obtenir une permission pour terminer son année plus tôt afin de nous rejoindre à Baltimore pour commencer le tournage. Elle n'a même pas pu aller à son bal de promo.

Amy est arrivée avec sa mère le premier jour des répétitions, dans mon salon, et elle devait embrasser Johnny Depp devant tous les autres acteurs du film. Elle s'est évanouie, et je ne lui jette pas la pierre. Elle était innocente, trop jeune pour traîner dans les bars avec ses partenaires déchaînés, mais on n'a pas tardé à s'apercevoir que c'était une pro du playback et une excellente actrice. À l'époque, sur le plateau de tournage, on avait un jeu, qui consistait à demander à tout le monde : "Tu t'es déjà fait arrêter ?" Il semble qu'Amy ait été la seule à répondre que non. Elle était si naïve qu'elle a confié à Patty Hearst, dont elle n'avait jamais entendu parler, "Tu es la seule personne normale dans les parages". Je m'en voulais qu'elle n'ait personne avec qui se lier d'amitié.

Amy a poursuivi sa carrière à Hollywood, a joué un temps dans *Melrose Place*, mais elle a fini par tout laisser tomber et retourner dans sa ville natale du New Jersey, où elle s'est mariée et a eu deux filles. Malheureusement, c'est là qu'elle a égalé les autres acteurs de *Cry-Baby* et s'est fait arrêter, pour une véritable tragédie – un accident de la route dans lequel, en état d'ivresse, elle a tué une femme et blessé le mari de cette dernière. Pour ne rien arranger (en ce qui me concerne), un de mes amis très chers connaissait la femme qu'a tuée Amy, et sa famille.

Si atroces que puissent être les faits, est-ce que ça n'aurait pas pu être vous, ou moi, cher lecteur ? Nous avons tous conduit sous l'emprise de l'alcool une fois dans notre vie. Tout comme ça aurait pu être nous les victimes de ce genre d'accident, un jour en rentrant chez nous. La vie n'est jamais juste, c'est une loterie truquée à notre désavantage. Je n'avais pas eu de contact avec Amy pendant vingt-cinq ans, mais quand j'ai lu qu'elle avait été condamnée à une peine de prison, je lui ai écrit pour lui exprimer mon soutien, tant en ce qui concernait sa sobriété, son chagrin sincère, que ses remords frappés du sceau de la honte. Quand le pire arrive, j'essaie d'être un ami.

Amy est sortie en liberté conditionnelle au bout de trois ans, et nous avons déjeuné ensemble près de mon appartement de Manhattan. Elle était très anxieuse de se retrouver dans une grande ville, mais elle était éblouissante, et enfin, tous les deux adultes, on a pu se lier d'amitié. J'espère qu'elle retrouvera le chemin des plateaux un jour – elle est vraiment bonne actrice –, mais je comprendrais qu'après un tel événement elle préfère faire profil bas. Ce n'est pas joli joli ce que peut faire une petite ville sans pitié.

En revanche, tout le monde n'a pas gardé de bons souvenirs du tournage de *Cry-Baby*. Quand je faisais *This Filthy World* – mon one man show – à Sweet Briar College en Virginie (ma mère et mes deux sœurs en sont diplômées), une jeune femme est venue me voir à la fin de la séance de questions-réponses et m'a dit :

"Avant, j'avais une dent contre vous parce que le petit bébé à qui Ricki Lake donne naissance sur la banquette arrière d'une voiture pendant la course dans *Cry-Baby*, c'était moi. Pendant des années, j'en ai énormément voulu à mes parents de m'avoir mise dans cette situation alors que je n'avais pas mon mot à dire." J'ai dû la regarder avec un air confus parce qu'elle s'est empressée d'ajouter : "Mais après vous avoir entendu ce soir, je leur pardonne." Waouh. Je suis bien content que les saloperies que je raconte sur scène aient réconcilié cette famille. Qui l'eût cru, hein ?

Dans l'ensemble, le tournage s'est plutôt bien passé, malgré une pluie incessante qui nous a légèrement fait dépasser le budget. Rachel Talalay, jeune productrice de Baltimore ayant également coproduit *Hairspray* pour New Line Cinema, avait une troupe d'acteurs et une équipe technique immenses à superviser, ainsi qu'un réalisateur (moi) qui n'avait jamais fait l'expérience des règles syndicales (Writers Guild of America ; Directors Guild of America ; Syndicat des chauffeurs et transporteurs), du déplacement fastidieux des camions, rampes d'éclairage et mobile homes, et des producteurs du studio présents sur le plateau qui gardaient les yeux rivés sur la pendule. Bien sûr, on a eu notre lot de drames. Johnny Depp (qui m'appelait constamment monsieur Waters et ne bronchait pas quand je l'appelais Cry-la-Rondelle) devait sans cesse repousser des hordes de paparazzi et de groupies sauvages qui laissaient des petits mots à son hôtel, du genre, "J'aimerais te sucer la bite à travers un tuyau d'arrosage". Une meute d'adorables adolescentes a même approché des membres de l'équipe technique pour leur proposer une somme rondelette en échange des eaux usées du mobile home de Johnny Depp. Les fédéraux ont fait une descente sur le plateau pour remettre des papiers à Traci Lords et essayer de la contraindre de rentrer à L.A. pour témoigner contre les mafieux qui distribuaient ses films pornos illégaux. Je n'oublierai jamais le moment où Patty Hearst, peut-être dans son personnage, a consolé hors champ sa "fille" en larmes.

Susan Tyrrell a eu une liaison passionnée avec l'un des transporteurs les plus instables, et ils se baladaient sur le plateau en roucoulant et en se pelotant comme des versions adolescentes de David et Lisa. L'attaché de presse que nous avait assigné

Universal, qui avait fort à faire pour que les problèmes des acteurs ne s'étalent pas dans les journaux, s'est lui-même fait pincer par les flics en train d'acheter de l'héroïne dans les rues de Baltimore entre ses heures de présence. Ma meilleure amie, Pat Moran, qui était responsable du casting et prêtait main-forte dans tous les autres domaines, a bien accueilli le fait que son fils, Brook Yeaton (le chef accessoiriste qui travaille désormais avec Vincent Peranio), était en couple avec Traci Lords. Ils ont fini par se marier (et divorcer). Tous les deux se sont remariés de leur côté à des personnes ne faisant pas partie du showbiz et ont un enfant chacun. Katherine, la fille de Brook, ne s'est pas envolée très loin du nid ; elle a joué le rôle de Cotton à l'âge de dix ans en 2015, quand j'ai tourné ma vidéo *Kiddie Flamingos*, pour laquelle j'ai réécrit le script de *Pink Flamingos* en version tous publics et filmé les acteurs qui sont tous des enfants s'adonnant, déguisés, à une lecture du scénario.

Ricki Lake a perdu sa virginité pendant le tournage de *Cry-Baby* et semblait tout feu tout flamme dans son nouveau statut de femme du monde. Moi, j'ai eu une aventure avec un mec branchouille incroyablement mignon qui est entré au bras d'une femme dans le Club Charles de Baltimore un soir où on était de sortie pour un casting sauvage. Il m'a regardé, je l'ai regardé, il m'a fait "On y va", et on s'est tirés. À Washington, DC, dans une chambre d'hôtel. Mais qu'est-ce qui m'a pris ? Je ne sais pas ce qui est advenu de sa nana. Alors que le tournage se poursuivait et que je continuais à le voir, ma grande amie Henny Garfunkel, la photographe de plateau, m'a confié non sans nervosité : "John, il faut que je te dise, ton petit copain, là. Il m'appelle pour me dire des obscénités au téléphone. Je sais que c'est lui, je reconnais sa voix, mais je ne sais pas comment réagir." "T'as qu'à raccrocher", lui ai-je conseillé.

Pour la première fois de ma carrière, j'ai dû monter le film à Los Angeles. Je me suis immédiatement lié d'amitié avec ma monteuse, Janice Hampton, et son assistante, Erica Huggins (qui, par la suite, a produit de nombreux films pour Imagine Films), mais disons que la vie dans la cité des anges requiert quelques ajustements. S'il y a une chose à en retenir, c'est que nos goûts changent. Des trucs que vous ne porteriez jamais dans la vraie vie commencent à vous faire de l'œil à L.A., jusqu'à ce que vous rentriez chez vous à Baltimore et que vous vous regardiez dans le miroir. Bon sang ! J'ai acheté ça, moi ? Il me reste une paire de mocassins en daim jaunes dénichés à Beverly Hills qui illustrent parfaitement ce que j'avance.

Cette fois, la projection test m'angoissait encore plus, mais quoi de plus normal ? Plus les mecs en costard vous donnent de l'argent, plus ils vont avoir leur mot à dire. C'est une formule mathématique élémentaire. Si vous ne voulez pas de "mémos", de panel de spectateurs, ou de scènes à refaire, faites un film avec votre téléphone portable, sans fric, et personne ne vous emmerdera. Mais moi, ils m'avaient filé une somme à six chiffres pour écrire et réaliser *Cry-Baby*, alors je me suis préparé à mériter ce salaire. Si vous voulez gagner de gros chèques dans le showbiz, soyez prêt à pleurer. Ça fait partie du boulot.

Brian et Ron m'ont bien traité. La première projection test a eu lieu aux Studios Universal de Los Angeles, et les fans de Johnny Depp recrutés pour l'occasion ont réagi à merveille – ils hurlaient à chacune de ses apparitions à l'écran comme pour les films d'Elvis dans les années 1950. Le problème, c'est que ça ne s'est plus jamais passé comme ça après. Plus les projections tests s'éloignaient de Hollywood, plus les résultats empiraient. À juste titre, les fans ont flairé l'embrouille. On se moquait de la célébrité de Johnny auprès des ados, et même si son public télé n'a pas vraiment pigé au début, leur inconscient a compris qu'on se foutait d'eux par la même occasion. Et comme ils n'avaient jamais vu un film d'Elvis, ils sont également passés à côté de cette lecture satirique. Après une énième projection test de *Cry-Baby*, le directeur du National Research Group m'a franchement demandé : "Quelle est la norme à l'aune de laquelle on vous teste ?" – reconnaissant par là la futilité de l'objectif même de sa société. Dès qu'on retire ce que mon film a de plus extrême (et qui correspond toujours à ce que le public a "le plus" ou "le moins" aimé), alors plus personne ne l'aime, même pas les plus bêtes, trop lâches pour avoir leur propre opinion.

Mais je me suis prêté au jeu – j'ai lu tous les questionnaires détaillant les réactions du public (dé)testé et j'ai accepté, à la demande de Brian et de Ron, de retourner certaines scènes pour clarifier les nœuds de l'intrigue qui posaient problème aux spectateurs. En échange, ils m'ont permis de garder une de mes scènes préférées, celle où le personnage d'Allison (Amy Locane) boit à grands traits ses propres larmes, qu'elle a récoltées dans un bocal, bien que les spectateurs aient été perplexes ou dégoûtés face à ces images. Est-ce que tout ce bricolage a fonctionné ? Est-ce que ça a valu le coup de dépenser des millions de dollars pour faire venir tous les acteurs de Baltimore et de New York à Los Angeles, construire les décors, et se déplacer aux projections tests pour que le public de grande banlieue qui n'avait jamais vu mes films coche toutes les bonnes cases du questionnaire ? Une fois le nouveau montage terminé, les résultats des tests ont été exactement pareils !

Il existe tellement de montages différents de *Cry-Baby* que même moi je m'y perds, entre la version sortie en salle (un peu courte), le DVD pour le Royaume-Uni (pas sûr de l'avoir vu), la version diffusée sur les chaînes nationales (la pire – des tas de scènes coupées réintroduites sans notre contribution pour gonfler le temps d'antenne), celle pour les chaînes câblées (correcte), et enfin la version intégrale du DVD américain (ma préférée je pense, mais un peu longuette cela dit). Elles sont peut-être toutes semblables à la longue.

L'avant-première mondiale a eu lieu dans ma ville natale, au Senator Theatre, et les bénéfices ont été reversés à Aids Action, mon association caritative préférée. Toutes les vedettes du film sont venues, y compris Johnny, avec Winona Ryder, qui était devenue sa petite amie pendant le tournage. Des photos du couple qu'ils formaient ce soir-là continuent de ressurgir dans les journaux à scandale dès que les rédacteurs en chef essaient d'exhumer des saloperies sur leur compte. Avant que toutes les scènes soient dans la boîte, les avocats de Johnny avaient rempli la paperasse nécessaire pour me faire ordonner pasteur de l'Universal Life Church parce que le couple voulait que je préside la cérémonie de leur mariage, mais j'ai réussi à les en dissuader : Winona était tellement jeune. Ses parents m'ont remercié.

Après la projection au Festival de Cannes, suivie par une *standing ovation*, toujours appréciable mais parfois trompeuse, le film est sorti un peu partout en Amérique. Grand panneau sur

Sunset Strip. Un autre à Times Square. En tout, 1 229 salles. Publicité à l'échelle nationale pendant des semaines. Et on a fait un bide. Les critiques allaient de remarquables ("*Cry-Baby* a une folie pure, c'est comme un opéra épique pour ados écrit par un Berlioz pop", Jack Kroll, *Newsweek*) à mitigées ("génial mais épuisant", David Danby, *New York Magazine*) à carrément mauvaises ("il serait peut-être temps qu'il sorte de Baltimore et qu'il commence à redéfinir l'avant-garde", Owen Gleiberman, *Entertainment Weekly*). On s'en est bien sortis dans les grandes villes, mais pour ce qui est de transformer l'essai dans les multiplexes, on entendait plutôt les mouches voler. Le premier week-end, on a fait trois petits millions de dollars, soit une moyenne de 2 445 dollars par écran. *Cry-Baby* était considéré comme le petit frère inintéressant de *Hairspray*, une réputation dont il s'est partiellement débarrassé des années plus tard lorsque de nouveaux fans l'ont vu à la télé dans le monde entier grâce à Johnny Depp.

Et puis en 2008, *Cry-Baby* s'est encore planté, cette fois à Broadway. Après l'immense succès de *Hairspray* sur le Great White Way, les producteurs de spectacles allaient forcément se pencher sur l'adaptation de mon unique vrai film musical en show grandiose. Et j'ai adoré ce que l'équipe en a fait. Je dirais même que la version Broadway de *Cry-Baby* était plus proche de l'esprit de mes films que ne l'avait été celle de *Hairspray*, mais c'était justement le problème. C'était la comédie musicale tous publics la plus sexy de Broadway. Hommes nus de face. Des garçons reprenant en chœur : "Girl, Can I Kiss You with Tongue ?" Un numéro incroyable sur la schizophrénie, intitulé "Screw Loose", mélangé à une scène de vaccination DTPolio dansée et un slow de hard rock qui s'appelait "I'm Infected". Pour moi, franchement c'était un spectacle magique. Malheureusement, le critique du *New York Times* Ben Brantley n'était pas de cet avis, et malgré nos quatre nominations aux Tony Awards (Meilleure Comédie musicale, Meilleur Livret, Meilleure Chorégraphie et Meilleure Musique), on est repartis bredouilles et on a quitté l'affiche peu de temps après. Au moins, l'album avec le casting d'origine a fini par être enregistré et sortir en 2015, soit sept ans plus tard. Écoutez-le, vous êtes passé à côté de quelque chose.

Après toutes ces années, j'ai enfin compris pourquoi *Cry-Baby* n'a pas remporté autant de suffrages que *Hairspray*, et c'est ma faute. C'est à cause d'Allison. J'ai écrit un personnage d'ingénue classique, et si bien qu'il ait été incarné, c'était un défaut. Mes héros et mes héroïnes ne devraient jamais tomber amoureux de quoi que ce soit de classique ! Cry-Baby aurait dû tomber amoureux de Délit de Faciès. Là, on aurait cassé la baraque.

L'échec peut-il être bienvenu ? Bien sûr que oui. Vous reculerez de deux cases dans le jeu de l'oie auquel se résume le show-business, mais ça vous laissera le temps de souffler, d'accepter que vous n'êtes pas le génie que vous pensiez être. Aucun agent ne vous appellera, mais n'est-il pas temps de profiter d'un peu de calme ? Vous vous prenez à rêver que les recettes grimperont en flèche la deuxième semaine, mais ça ne décolle pas. Si vous avez la chance d'avoir de "vrais" amis qui ne font pas partie du milieu du cinéma, ils seront bien contents de vous voir de retour au bercail sans l'agitation habituelle. David Lynch a dit un jour dans une interview, "Ce serait merveilleux de faire des films et de les garder pour soi. J'adore arriver au stade où ils sont parfaits pour moi – c'est un moment magnifique. Puis il est temps de les sortir, et c'est là que le déchirement commence." Une fois que vous avez fait un four, respirez un grand coup et acceptez le fait que, parfois, un flop est bénéfique pour votre santé mentale.

Pédaler dans la semoule, c'est comme la natation : il faut d'abord apprendre à nager sur place avant d'être à l'aise dans le grand bain. Tout de suite après l'échec de *Cry-Baby*, j'ai eu l'idée d'un autre film qui était l'opposé de la nostalgie : "*Glamourpuss*, un film insolent façon *« whitesploitation »* qui brocarde les vaches sacrées sexuelles, raciales et économiques d'aujourd'hui." Est-ce que je croyais vraiment que Hollywood apprécierait Trent Marlowe, membre d'un gang d'un nouveau genre (on était cinq ans avant Eminem) qu'une bande de skinheads nazis au look bizarroïde prend à tort pour un homo et passe à tabac, ensuite sauvé par un gang de militants gays exterminateurs de préjugés ayant à sa tête une déesse de la mode doublée d'une rappeuse afro-américaine connue dans le milieu underground sous le nom de Glamourpuss ? "Elle n'a plus besoin des hommes", j'annonçais de la voix off de bande-annonce la plus grave que je puisse sortir à quiconque voulait bien m'écouter. "Elle baise le système !"

J'ai pitché cette histoire à tous les directeurs de studio de Hollywood prêts à m'accorder un rendez-vous. "Quand un dealer blanc et une fille à pédés noire s'associent, attention les yeux ! je gueulais. Cette bombe est pas là pour rigoler, et ses petits rappeurs marginaux branchés et à l'identité sexuelle trouble veulent les années 1990 rien que pour eux. Et que ça saute !" Les producteurs me regardaient l'air interdit une fois que j'avais terminé. L'un d'eux m'a fait, "John, si je ne te connaissais pas, je te prendrais pour un fou". Et moi je me suis dit, "Mais tu ne me connais pas". Je crois qu'en fait il a juste voulu me dire non.

Mais un non ne coûte rien, alors je ne me suis pas laissé démonter par un refus. Je suis rentré chez moi ventre à terre en 1991 et j'ai réfléchi à un tout nouveau projet : *Raving Beauty*, comédie mélodramatique grinçante à propos d'une star du cinéma en tournage à Baltimore que tout concourt à rendre folle : les fans qui la harcèlent, les journalistes prêts à tout pour un potin, le réalisateur dirigiste et mégalo, son ex-mari revanchard, un assistant personnel atteint du syndrome de la Tourette, une fille adolescente attirée sexuellement par les sans-abris, et son fils homo militant à Act up qui passe son temps à draguer les transporteurs sur le plateau. "Alors que la folie menace de s'emparer d'elle, notre héroïne trouve miraculeusement l'amour dans les bras d'un bel égoutier (l'employé d'une entreprise d'assainissement qui « fait la chasse aux grosses commissions ») appelé pour vider les toilettes sous sa loge de star." Et, euh, oui, lui se prend pour un extraterrestre. Et moi qui pensais que c'était vendeur ?!

Vous savez quoi ? J'avais raison. David Kirkpatrick, de Paramount Pictures, a acheté mon idée pour 300 000 dollars, et c'était reparti pour toutes les étapes du "développement". Mais le temps que j'écrive tout le script et que je le remette, le producteur qui m'avait donné le feu vert était parti depuis un bail et aucune personne d'influence chez Paramount ne partageait mon enthousiasme quant à ce projet. *Raving Beauty* ne serait pas tourné, mais j'ai quand même gardé le fric qu'on m'a filé pour l'écrire. À Hollywood, se faire saquer, ça rapporte. À votre place, je postulerais.

TOUJOURS PLUS HAUT

Serial Mother (Photo de Greg Gorman)

Ma mère a toujours dit que *Serial Mother* était mon meilleur film, et je pense qu'elle a raison. C'est aussi le seul où j'ai obtenu assez d'argent pour faire croire à une production hollywoodienne. Nouveaux producteurs, nouveau directeur de la photographie, et puis bon, Kathleen Turner. Tout un tas de gens du milieu ont blêmi quand je leur ai dit qu'elle serait à l'affiche, et m'ont prévenu : "Elle est extrêmement difficile", "Elle picole", "C'est une casse-couilles". Tissu de mensonges. Elle s'est avérée très pro, dotée d'un vrai esprit d'équipe, et les performances de chaque acteur se sont améliorées d'un iota à son contact. Ma direction d'acteurs était bien plus sobre et naturelle – finis les personnages qui gueulaient tout le temps comme dans les films marginaux de mes débuts. Il n'y a qu'à voir comment Mink joue – très réaliste, loin d'en faire des tonnes, tellement drôle. Je crois que c'est sa meilleure performance sous ma direction. La scène en *split screen* où Kathleen et Mink s'insultent par téléphone interposé est parfaite à mes yeux. "Je suis bien chez la suceuse de bites ?" rugit Kathleen, qui joue la mère déviante Beverly Sutphin, avant que Mink Stole, dans le rôle de la voisine pimbêche Dottie Hinkle, aboie : "C'est encore vous !" Imaginez ma joie lorsque, des années plus tard, Boy George m'a donné son numéro de portable et quand je l'ai appelé et que je suis tombé sur sa messagerie, la première chose que j'ai entendue était la voix rauque de Kathleen dans *Serial Mother* annonçant "Suceuse de bites", puis la sienne : "Bonjour." Mon dialogue était devenu une référence.

Certes, Kathleen n'était pas du genre à cracher sur un cocktail, mais elle n'a jamais bu pendant le travail. Je la rejoignais pour un verre les jours de relâche, et parmi mes images et mes bruits préférés figurent Kathleen aspirant sa première gorgée de martini et le "Rhaaa" féroce qui s'échappe de sa bouche juste après. Difficile, elle ne l'a jamais été avec moi. Les vedettes ont besoin d'être dirigées. La pire chose que j'aurais pu lui dire quand on abordait ensemble une nouvelle scène aurait été "Qu'est-ce que tu en penses, Kathleen ?" Autre chose : ne laissez jamais votre premier rôle féminin livré à lui-même une fois qu'il est en costume et sur le plateau. C'est avant tout grâce à elle que votre film se fait. Le moindre temps mort pour votre vedette peut la conduire à remuer la merde. Soyez aux petits soins pour votre star, comme si votre vie en dépendait. Parce que c'est le cas.

Au début, les tractations avec les studios de Hollywood sur *Serial Mother* étaient un rêve devenu réalité. Quand j'ai annoncé "une parodie de fait divers racontée à la manière d'un docufiction pince-sans-rire à propos d'une adorable tueuse en série qui pourrait être votre mère", les producteurs ont dressé l'oreille. "Je vous propose une histoire « vraie » avec de « vraies gens » qui vivent au bout de votre rue, ai-je poursuivi. Ce n'est pas le film de John Waters habituel, sur des fous dans un monde de cinglés, mais un film sur une personne normale dans un monde réaliste qui se livre aux actes les plus déments sous les encouragements du public !"

Lorsque, après avoir pitché mon projet en ces termes dans les locaux de Columbia Pictures, je suis sorti, avec mon producteur John Fiedler, du bureau de Barry Josephson (dont on dit qu'il a inspiré le personnage du patron de studio de *Swimming with Sharks*), on a attendu l'ascenseur dans le couloir. Tout à coup, Barry a déboulé en courant : "Vous voulez bien revenir dans mon bureau, s'il vous plaît." On s'est exécutés. Et le rêve de tout auteur-réalisateur s'est exaucé. "Bon, on vous fait signer un contrat d'écriture si vous n'allez voir aucun autre studio aujourd'hui, et essayez pas de nous baiser !" Je n'en croyais pas mes oreilles. *Serial Mother* allait se faire. Comme ça. On couchait le premier soir.

Mais c'est la seule chose positive qui se soit passée en ce qui concerne la méthode Hollywood. Naturellement, Barry bossait pour un autre studio au moment où j'ai terminé l'écriture du script, et bien que j'aie eu la chance que le film soit sélectionné par Savoy Pictures dans un revirement de situation, tout a été cauchemardesque à partir de là.

Pas le tournage – de ce côté-là, tout s'est relativement bien passé. Pour une fois, Vince Peranio avait le budget pour créer de magnifiques décors d'intérieur, et Van Smith a prouvé qu'il savait faire des costumes "réalistes" avec autant de style et d'esprit que les tenues déjantées. La lumière de Bobby Stevens a apporté une patine superbe au film, exactement comme je le souhaitais. On a déniché la demeure idéale pour la maison familiale de notre Serial Mother et le vieux propriétaire nous a même autorisés à rester lorsque sa femme est décédée en milieu de tournage. Towson High School (où Divine s'était fait ridiculiser par des professeurs et martyriser par des petites frappes) nous a permis de filmer le meurtre d'un prof suffisant qui critique le fils de Beverly Sutphin parce que c'est un mordu de films d'horreur. Juste retour des choses ? On a payé une fortune pour avoir le droit d'utiliser "Tomorrow", chanson de la comédie musicale *Annie*, sur l'une des scènes de meurtre les plus horribles du film (Kathleen tabasse même sa victime avec un gigot d'agneau en rythme avec la musique), et j'ai appris comment faire en sorte qu'un chien lèche des pieds humains à la demande à l'écran. C'est très simple. Il suffit de beurrer les orteils et le chien les léchouillera prise après prise.

Kathleen Turner s'est bien entendue avec ce qu'il restait de Dreamland, et Pat Moran et Paula Herold ont fait des choix de casting très judicieux, en particulier en ce qui concerne Matthew Lillard qui, après avoir incarné Chip, le fils de Serial Mother, s'est lancé dans une grande carrière dont la série *Scooby-Doo* a fait partie. Sam Waterston, oui, celui de *New York, police judiciaire*, nous a étonnés en acceptant de jouer le mari crédule de Kathleen et a ajouté une touche de classe à la production. Patty Hearst s'est de nouveau jointe à nous et nous a prouvé qu'elle était non seulement une actrice talentueuse mais aussi une cascadeuse hors pair. "Personne n'est plus convaincant qu'elle quand il s'agit d'encaisser les coups", s'est émerveillée Kathleen après la scène où elle casse la gueule à un membre du jury qui a eu le mauvais goût de porter des chaussures blanches alors que le 1er septembre est passé (un crime vestimentaire capital dans lequel je crois toujours, peu importe qui pense le contraire – oui, c'est à vous que ça s'adresse, Anna Wintour). Suzanne Somers a volontiers tourné en dérision sa propre image télévisuelle en acceptant de jouer une version fictive d'elle-même dans la scène du tribunal. Brigid Berlin, la superstar de Warhol, a fait la première de ses apparitions dans mes films dans le petit rôle d'une fan de l'accusée au procès, mais a surpris le coordinateur des transports quand il a dû lui réserver son voyage. Au lieu d'un aller-retour en train depuis New York, Brigid préférait prendre un taxi ! Ce qu'elle a fait. Est-ce que le compteur a tourné sur tout le trajet, je l'ignore. Elle a bien voulu payer la course elle-même. Aller et retour.

L7, un groupe punk entièrement féminin que j'adore, a été engagé pour jouer les Camel Lips, groupe fictif encore plus agressif, dont les membres enragées portaient des pantalons blancs moulants avec des lèvres vaginales rembourrées cousues au niveau de l'entrejambe. "Là, on dépasse les bornes", a fulminé, outrée, ma directrice artistique Mary Ellen Woods, avant de se calmer. J'ai demandé à L7 de coécrire une chanson avec moi, intitulée "Gas Chamber" et au début elles ont semblé hésitantes. Est-ce qu'elles étaient pour la peine de mort ? Je ne l'ai jamais su, mais quels que soient leurs penchants en matière de peine capitale, la chanson qu'elles m'ont aidé à composer était géniale (je touche encore des royalties en tant que coauteur) et la scène dans laquelle elles font leur petit numéro avec Sam Waterston porté à bout de bras par la foule des figurants qui pogotent dans le Hammerjacks, club de Baltimore désormais disparu, est l'un des moments marquants du film.

Joan Rivers a également incarné une version détournée d'elle-même animant son propre talk-show sur le thème "Harpies en série : ces femmes qui aiment les mutilateurs". Je ne suis même pas allé sur le plateau à New York le jour où elle a été filmée car j'étais à Baltimore pour diriger une autre scène, mais je pense que Joan a bien saisi le concept de film à petit budget. Plus tard dans la salle de montage, je l'ai entendue qui beuglait entre deux prises, "La forme la plus indigente de cinéma – le réalisateur n'est même pas là !"

Mais quand le studio a projeté le premier montage, tout est parti en vrille. Ils étaient littéralement horrifiés. "On ne peut pas montrer la mère faire cramer un copain de son fils !" s'est étranglé un producteur, tout rouge et postillonnant. "Cette scène figure dans le script que vous avez approuvé, exactement comme nous l'avons tournée", me suis-je défendu, ahuri qu'il s'emporte comme ça. Voilà ce que j'ai appris : cet argument ne marche jamais. La plupart des producteurs délégués qui bossent sur votre projet ne faisaient pas partie de la boîte à l'époque où on vous a donné le feu vert, et de toute façon ils ne lisent jamais les scripts, seulement le "ressenti" de leurs assistants.

Quand Savoy a annulé la première projection test programmée en banlieue de Los Angeles, je les ai suppliés : "Organisons une projection informelle à la Directors Guild of America à Hollywood pour des spectateurs qui aiment mes films, pas une projection officielle avec un recrutement du NRG [National Research Group]." "D'accord, ils m'ont dit, mais ça ne comptera pas."

Évidemment, le public a acclamé le film, ri et applaudi à la fin, mais ça n'a fait qu'emmerder le studio davantage. "Ça ne veut rien dire, ils ont râlé, ces gens savaient que vous avez réalisé ce film." Pardon ? "Pourquoi avoir fait appel à moi, alors ?" J'ai essayé de me défendre en gardant mon sérieux, sans avoir droit au moindre compliment sur la séance qui venait de se dérouler. Ils ont illico programmé une projection test officielle plus tard dans la semaine dans un quartier de très lointaine banlieue, à des kilomètres de Hollywood, probablement à l'endroit où vivaient les jurés de Rodney King. Et lors du recrutement des spectateurs, ils ont éliminé tout cinéphile reconnaissant qu'il savait qui j'étais !

Le studio a eu ce qu'il voulait. Ce public-là a détesté le film. Les producteurs de Savoy ont même eu l'air ravis de m'annoncer les résultats. À peine trois mois plus tard, j'ai lu avec effarement un article du *Wall Street Journal* qui disait que les panels du NRG falsifiaient parfois leurs résultats pour aider les studios à obtenir les changements qu'ils désiraient de la part de leurs réalisateurs. Ça alors ! Même dans mes pires cauchemars je n'aurais jamais imaginé une chose pareille !

La bataille s'est aggravée. Le studio voulait faire venir un autre monteur (plutôt mourir ! J'étais très attaché à Janice Hampton avec qui je travaillais pour la deuxième fois) et remonter le film sans nous de façon à ce que notre Serial Mother soit reconnue coupable à la fin, et non libérée comme le script le stipulait depuis le début. Le public testé en Mongolie, ou du moins l'endroit d'où on revenait, semblait perplexe dans ses réponses au questionnaire – ils ont pris l'avertissement du début pour argent comptant : "Ce film est une histoire vraie. Le scénario s'inspire de déclarations faites sous serment et de centaines d'interviews menées par les réalisateurs. Certains noms de personnages innocents ont été modifiés dans un souci de vérité accrue." Ha ha ! "Aucune personne impliquée dans les crimes n'a reçu de compensation financière" (à part moi, les acteurs et l'équipe technique). Je suppose que le mot de conclusion (que j'ai réécrit des tas de fois avant de trouver la formule parfaite) – "Beverly Sutphin a refusé de collaborer à la réalisation de ce film" – a été la goutte d'eau. Le panel de spectateurs voulait qu'elle grille sur la chaise électrique.

Je me suis pointé avec mon agent, Bill Block, à la réunion de confrontation, ce qui a emmerdé les producteurs, parce qu'ils comptaient me maltraiter tranquillement. J'ai dit non à leur version. En gros ils m'ont répondu que je ne travaillerais plus jamais dans cette ville. À quoi j'ai répondu, "Si je refais la fin selon vos désirs, ça sera tellement nul que je ne travaillerais plus jamais dans cette ville de toute façon, alors qu'est-ce que j'ai à perdre ?"

Par souci d'équité, j'ai bel et bien écouté certains de leurs conseils. J'ai essayé différentes structures en salle de montage, mais puisque je rejetais leur *"happy ending"*, toutes les idées de réécriture semblaient impossibles. Le script n'était tout simplement pas écrit comme ça. En plus, quoi qu'on tente, certains adoreraient, d'autres détesteraient. Jamais on n'atteindrait de consensus. L'histoire de ma vie. Le pire scénario envisageable à Hollywood.

Je me suis vite retiré à Salt Lake City, où nous avons enregistré la superbe musique du film composée par Basil Poledouris, jouée par l'Utah Symphony, en nous assurant de ne fournir à l'orchestre que les partitions, pas les visuels violents qui allaient avec, au cas où il compterait des extrémistes mormons. En pleine séance d'enregistrement, je reçois un coup de fil surexcité m'annonçant que Liz Smith, la journaliste potins la plus puissante du pays à l'époque, avait intitulé sa chronique du jour "Laissez *Serial Mother* tranquille". J'avais raconté à Kathleen le cauchemar que je vivais avec les producteurs, et sans rien me dire, elle avait tout déballé à son amie Liz. Dieu merci ! Ça a marché. Les gars du studio étaient désormais les méchants qui voulaient gâcher une comédie grinçante que des spectateurs très cools avaient adorée. Merci, Liz ! Merci, Kathleen, pour cette magnifique attaque-surprise contre l'interventionnisme hollywoodien. Chez Savoy, ils ne décoléraient pas. Les directeurs fulminaient ! Les producteurs délégués s'égosillaient ! Me menaçaient. Sauf qu'ils ne pouvaient pas s'en prendre à Kathleen parce qu'ils l'avaient payée des millions (bien mérités) pour faire ce film et avaient besoin d'elle pour en faire la promotion à l'étranger (exercice auquel elle s'est prêtée, exigeant même un van Mercedes d'une émission de télé allemande, qu'elle a fini par obtenir après avoir refusé la berline qu'on lui proposait). Mon producteur m'a rendu personnellement responsable, mais puisque le studio croyait désormais que l'Amérique profonde détesterait le film (d'autres tests à Garden City, dans l'État de New York, avaient abouti à des résultats "sous la moyenne", avec des panels de spectateurs se plaignant que le film était "de mauvais goût"), le marketing s'est dit qu'il valait mieux me garder pour le public qui restait.

Et j'imagine que le studio a eu raison. Bien que nous ayons bénéficié d'une projection hors compétition au Festival de Cannes ("La vache, c'est mieux que les Oscars", m'a chuchoté Kathleen pendant qu'on se la pétait en montant les marches du palais pour aller saluer le président du festival, Gilles Jacob – qui a toujours soutenu mes films), *Serial Mother* a fait un bide lors de sa sortie nationale américaine, la première belle journée de printemps de l'année 1994. Après un long et rude hiver, personne n'est allé au cinoche ce week-end-là, tout le monde est resté dehors pour communier avec la nature. Même une charmante critique du *New York Times* n'a pu nous sauver la mise. On a tenu à peu près cinq semaines dans les salles pour une recette finale de 7 820 000 dollars sur un budget de 13 millions plus les copies et la publicité.

Mais mes films, c'est comme les anciens ouvrages disponibles, dis-je toujours quand je tâche de minimiser les dégâts. Ils ne se démodent pas. Ils durent bien au-delà de leur date limite de vente. J'aime souligner que *Serial Mother*, qui, avec le recul, a prédit la folie O. J. Simpson, est toujours diffusé à la télé le jour de la fête des Mères. Je me paie même une bonne tranche de rire quand il ressort dans les salles spécialisées en reprise d'anciens films et que l'une des victimes potentielles dit "J'adore les films de Bill Cosby", bien avant qu'il ne soit accusé d'agressions sexuelles. Une raison de plus pour que *Serial Mother* l'achève. Mais les studios s'en fichent. Un film culte, c'est vraiment la dernière chose dont ils ont envie, et je ne leur en veux pas. "Culte", ça veut dire que trois intellos ont aimé et que personne n'a payé pour le voir. Moi non plus je ne voulais pas faire un film culte !

Est-ce que ça m'embête que Savoy Pictures ait perdu du fric sur *Serial Mother* ? Je me serais senti coupable si les amis à qui j'ai emprunté pour réaliser mes premières épopées trash n'avaient pas récupéré leur argent, mais tout le business des studios hollywoodiens repose sur le risque. Moi, j'ai fait le film que j'ai écrit et qu'ils ont approuvé. Au lieu de vouloir le rendre appréciable à ceux qui ne l'aimaient pas, ils auraient dû chercher comment en rendre encore plus dingues ceux qui l'aimaient déjà. Mais je dois admettre qu'ils faisaient leur boulot. Si l'un des films auxquels les gars ont donné leur feu vert perd de l'argent, ils perdent leur place. C'est pour ça que je ne nomme jamais les mecs en costard qui m'ont donné tant de fil créatif à retordre. On m'a donné beaucoup d'argent pour écrire et réaliser *Serial Mother* (même s'il a fallu que je les menace de poursuites judiciaires pour obtenir mon dernier versement). J'ai encaissé tous les chèques, non ? En amour comme à la guerre, tous les coups sont permis, une fois que la poussière du show-business est retombée. Savoy Pictures a déposé le bilan il y a trois ans. Moi, non. Mais ma période hollywoodienne était terminée. J'étais peut-être parvenu au sommet à la force de mes bras, mais il était temps pour moi d'apprendre à redescendre dans les bas-fonds en douceur.

ACCUEIL MITIGÉ

Pecker et sa bande (Photo de Michael Ginsburg)

À partir de là, aucun de mes films n'a rapporté d'argent. Mais vous pensez que ça m'a arrêté ? Quand on arrive en milieu de carrière, il est temps de prendre conscience qu'échouer en beauté est le seul chemin à suivre, mais c'est assez délicat d'y parvenir. Le monde du spectacle ne se situe jamais dans la réalité ; il se consume dans la chaleur de l'instant, alors allumez le gaz, craquez une allumette et faites exploser votre réputation. Vous devez adorer la presse. Lisez-la tous les jours. Faites des articles des journaux à scandale votre petit feuilleton personnel. Faites semblant de participer à un talk-show quand vous êtes tout seul dans votre appartement. Essayez de ne parler qu'à coups de petites phrases-chocs toute une journée à votre boulot. Une fois que vous aurez compris le fonctionnement des médias, vous pourrez vous servir l'un de l'autre – l'un pour avoir du matériau gratuit, l'autre pour de la publicité gratuite. C'est une danse d'exploitation mutuelle où les deux partenaires sont gagnants. Si vous faites autant de tapage que possible dans les médias et que vous gardez votre sens de l'autodérision, alors le public et les investisseurs futurs ne prêteront pas attention à vos flops au box-office. On pourrait s'attendre à ce que les décisionnaires soient plus avisés à ce stade, mais heureusement pour nous, ce n'est jamais le cas.

Si *Pecker*, mon film "gentil", s'est fait, c'est avant tout parce que les adolescentes japonaises adoraient Edward Furlong et qu'il a accepté de jouer le rôle principal. Eddie était jeune, imberbe et androgyne, exactement ce pour quoi on fait la queue au cinéma dans ce pays. Il était tellement en vogue au Japon qu'une maison de disques l'a persuadé d'enregistrer un album rock qui n'a été distribué que là-bas. Il m'a confié qu'il avait terriblement honte du produit fini, mais je l'ai forcé à m'en donner un exemplaire, qui trône encore sur une étagère de mon bureau, toujours sous cellophane et vénéré.

En 1997, les ventes à l'étranger comptaient encore. Bon, c'est toujours le cas, mais uniquement pour la Chine. Je tiens d'ailleurs la Chine pour responsable du naufrage du business mondial du film indépendant tel que je l'ai connu à une époque. Les producteurs de cinéma chinois ne veulent plus de comédies, ils ne veulent plus de vedettes casse-pieds qui engloutissent les bénéfices, et, surtout, ils ne veulent pas d'esprit. Ce qu'ils veulent, c'est une bonne grosse superproduction du genre comics / jeu vidéo / science-fiction à cent millions de dollars et à la gloire d'une seule chose : les effets spéciaux. Ils veulent des exposés de science.

Cam Galano, qui était responsable des ventes à l'étranger chez New Line Cinema, est l'unique personne grâce à qui *Pecker* a existé. J'étais de retour au Festival de Cannes avec toute l'équipe de New Line pour vendre à la criée les droits internationaux de la version intégrale de *Pink Flamingos* sortie à l'occasion des vingt-cinq ans du film. À chaud, en plein dans les magouilles du festival (toujours le meilleur moment pour se faire surpayer), Cam a persuadé un distributeur japonais de prendre part au budget de *Pecker*. Une fois ces gars embarqués dans notre projet, d'autres pays se sont alignés, et Bob Shaye, Dieu bénisse sa mine renfrognée, a accepté de le financer pour l'Amérique. On a même signé des ébauches de contrat sur des serviettes en papier à la terrasse du Majestic. Oui, les clichés sur le milieu du cinéma sont parfois véridiques, et quand ça vous arrive, ce sont de beaux moments !

Mais bon, avant même le début du tournage, les emmerdes ont commencé. Dès qu'on a voulu déposer le titre *Pecker**, la Motion Picture Association of America a rejeté la demande de New Line en bloc, au motif qu'il était "obscène, vulgaire ou

* Mot enfantin traduisible par "zizi", ou "quéquette". *To peck* signifie par ailleurs "picorer".

salace". On a immédiatement riposté : *Pecker* n'avait rien de pornographique, le titre n'étant qu'une référence au surnom du personnage principal, dû, comme expliqué dans le script, à son appétit d'oiseau quand il était petit – il picorait toujours dans son assiette.

Quand le grand jour de l'audition au siège de la MPAA à Los Angeles est arrivé, je m'y suis rendu en qualité de témoin vedette. Je n'en revenais pas. Moi, à mon âge, obligé de défendre devant un tribunal mon droit à utiliser le mot *pecker* : je m'étais bien préparé. "Aucun gamin furax ne grave le mot « zizi » sur son pupitre à l'école. Aucun misogyne ne demande à une femme de lui « sucer la quéquette », ai-je beuglé tel Clarence Darrow au visage stupéfait de ces arbitres handicapés de l'humour. Et que dire de tous les autres titres aux sous-entendus graveleux que vous avez approuvés par le passé ? ai-je ajouté d'un ton de défi, tel un Perry Mason scandalisé. *Shaft* ? *Octopussy* ? *Spaceballs* ? *In and Out* ? Et même *Nuts* avec Barbra Streisand !" ai-je martelé comme si je concluais mon plaidoyer pour un client risquant la mort.

Et vous savez quoi ? On a gagné ! Pour la seule et unique fois de ma vie, j'ai vaincu l'inflexible MPAA, qui a accepté "à l'unanimité" d'annuler le rejet de mon titre. Le *Pecker* de John Waters était donc prêt à se hisser en haut de l'affiche.

Les critiques ont toujours cru que *Pecker*, "l'histoire de l'ascension sociale fulgurante d'un prolo beau gosse de dix-huit ans qui gagne sa vie en vendant des sandwiches dans un snack de Baltimore et en parallèle prend des photos de ses amis et de sa famille, tous sympas mais un peu bizarres, pour devenir, accidentellement, une star du milieu artistique new-yorkais", était autobiographique, mais pas du tout. Je n'étais pas naïf. Pecker, si. Moi, je voulais que New York découvre mes premières œuvres, sauf que c'est arrivé bien plus tard. Je n'étais pas non plus prolétaire, mais j'aurais bien voulu. Certes, il y a eu à une époque des plaintes provenant du noyau dur de ma troupe d'acteurs, selon lesquelles je m'enrichissais avec mes films et eux non (comme Pecker avec ses photos), alors les huit personnes qui étaient le plus impliquées dans ces premières productions se sont rassemblées et ont décidé à qui devaient aller les bénéfices, et j'ai accepté de leur verser 25 % des bénéfices à se partager. Aujourd'hui encore, ils touchent, eux ou leurs héritiers, 3 % chacun des titres jusqu'à *Female Trouble* compris, et les ayants droit de Divine 4 %. Je pense que, sur le long terme, ils s'en sortent mieux avec moi que s'ils avaient eu droit aux miettes de la Screen Actors Guild.

En réalité, ce sont les vies de Diane Arbus et Nan Goldin qui m'ont inspiré *Pecker*. Qu'a ressenti ce gamin qui tient une grenade dans sa main sur cette photo d'Arbus, quand il a vu le montant à six chiffres de l'enchère pour ce moment fugace de ses jeunes années dans Washington Square Park ? De la fierté, à ce qu'il paraît. Je savais que beaucoup de sujets de Nan Goldin s'étaient plaints du succès qu'elle avait rencontré avec leurs portraits témoignant des ravages de l'alcoolisme, de dépendance à la drogue, et même de suicides, mais j'ai toujours fait remarquer que Nan avait payé la note de leurs dîners au restaurant pendant des années, donné à nombre d'entre eux des tirages de leurs portraits qui vaudraient aujourd'hui une fortune, et peu reçu en retour.

Cela dit, d'une certaine façon, je savais ce qu'ils éprouvaient. Une fois, j'ai invité Nan Goldin à prendre le petit-déjeuner chez moi à Baltimore le lendemain de ma fête annuelle de Noël et elle s'est pointée avec son appareil photo. "Alors là, pas question, j'ai fait. Je n'ai aucune envie de voir ma tronche avec la gueule de bois accrochée dans la galerie Matthew Marks l'année prochaine, même si c'est une photo d'art." Elle a eu l'air de comprendre.

Le *Japan Times* a décrit *Pecker* comme étant "un film Disney pour les pervers" et je trouve que c'est plutôt bien vu. Le casting était formidable : Christina Ricci, Martha Plimpton, Brendan Sexton III, Mary Kay Place, et Lili Taylor. Avant Eddie, j'avais essayé d'avoir Beck, qui était à l'aube de sa carrière musicale, pour le rôle de Pecker, mais il semblait amusé et déconcerté par le fait que je le veuille dans mon film alors qu'il n'avait jamais joué la comédie, et il a gentiment décliné ma proposition.

Dès qu'on a commencé les répétitions, je me suis aperçu qu'Eddie était déprimé. En vrai. Il s'était fait un nom en incarnant des jeunes hommes mélancoliques, abîmés par la vie, et bien qu'il fût un grand acteur, la comédie ne lui était pas très naturelle. Diriger Edward Furlong, c'était de la mise en scène ultra-sportive. À chaque prise il fallait que je gonfle son énergie au niveau de celle d'un acteur normal avant de pouvoir crier "Action". Il était toujours en couple avec Jackie, qui avait commencé son histoire avec lui à l'époque où il avait seize ans et elle trente-deux, engagée comme professeur personnel sur le tournage d'un film. "Ils ont essayé de me foutre en prison", s'est-elle plainte un jour sur le plateau, et bien que Pat Moran ait articulé "Pas étonnant" dans son dos, je ne l'ai pas jugée. J'aimais bien Jackie. Grâce à elle, Eddie était à l'heure sur le plateau et il a assuré la promo du film pendant la production, ce dont il n'aurait peut-être pas été capable tout seul. Tout ce qui compte, c'est le résultat final, pas comment on y est arrivé. Et Eddie Furlong *était* Pecker ! Rien d'autre n'avait d'importance.

Presque tout le film a été tourné dans un coin de Baltimore qui s'appelle Hampden. Quartier blanc populaire connu pour ses logements ségrégués à une époque, c'est aujourd'hui un repère de hipsters en passe de devenir notre Brooklyn local. Presque aucun des lieux filmés dans *Pecker* ne subsiste, à part le snack où Pecker était censé avoir travaillé. Pecker's Place, le bar de ploucs que veulent à tout prix visiter les New-Yorkais snobs dans le film, a disparu depuis longtemps. Connu à l'origine sous le nom de B-J's, c'était un tripot vaguement célèbre où je traînais dans la vraie vie, et à propos duquel j'ai écrit plus tard dans *Role Models*, mais il a été détruit et remplacé par un H&R Block. La maison familiale de Pecker dans le film a été réduite en cendres après que le fils de la propriétaire y a mis le feu pendant que sa mère était partie chez le coiffeur. Quoi de plus typique de Baltimore, comme anecdote ?! La laverie Spin n' Grin est désormais un salon de coiffure, et le Fudge Palace, l'Atlantis de son vrai nom, l'ancienne boîte de strip-teaseurs située juste à côté de la prison, est aujourd'hui le Scores, un bar à hôtesses seins nus prétendument très sélect.

Toutefois, j'ai gardé la statue parlante de la Vierge dans mon grenier, dont la grand-mère de Pecker (jouée par l'excellente Jean Schertler, paix à son âme) croyait qu'elle s'adressait à elle. J'ai parfois l'impression de l'entendre marmonner "Pleine de grâce" à l'étage comme dans le film, mais je m'aperçois que ce ne sont que mes oreilles qui me jouent un tour.

S'il y a une chose que j'ai apprise, c'est qu'on peut devenir trop économe une fois qu'on se remet à faire des films sans les studios. En 1998, *Pecker* a coûté 6 millions de dollars, ce qui semble une sacrée somme aujourd'hui, mais était à l'époque (c'est-à-dire avant ces putains de Chinois) un budget plutôt habituel pour un film indépendant. Vers la fin du tournage, un des producteurs très radin de *Pecker* a dit qu'on n'avait plus assez d'argent pour filmer la scène à l'intérieur du bus dont on avait besoin pour le générique, alors on a dû dire adieu aux scènes où Pecker prend en photo les deux filles noires à la coupe afro hallucinante, où la femme blanche se rase les jambes. Environ une semaine après que toutes les images étaient en boîte, Janice, ma monteuse, m'a épouvanté en m'annonçant qu'elle venait de faire un bout à bout rudimentaire des scènes du film et qu'il ne durait que quatre-vingt-quatre minutes – et cela avant qu'on ait procédé à la moindre coupe. Un cauchemar ! En proie à la panique, j'ai prévenu le producteur, qui n'était plus à Baltimore. Sans mettre New Line au courant, il a pioché dans la réserve qu'il destinait à la postproduction et a ramené Eddie Furlong à Baltimore. On a recruté des figurants pour remplir le bus, fait appel aux mêmes techniciens et filmé toute la scène à l'insu de New Line.

Une autre blague qu'on n'avait jamais eu le temps de tourner tellement l'emploi du temps était serré, c'était la scène où Chrissy, la petite sœur de Pecker accro au sucre qui devient végétarienne enragée, sniffe un petit pois avec une paille comme si c'était de la cocaïne. J'ai supplié le producteur de m'autoriser à retourner sur place faire la prise et il a accepté. Quand le film est sorti, c'est ce gag qui a le plus fait rire. Ce que j'ai retenu de cette expérience, c'est que ne pas dépenser tout le budget alloué à un film, c'est vraiment stupide.

On a caché d'autres choses à New Line. Pendant le tournage, moi aussi j'ai fait une "photographite aiguë", comme Pecker. J'ai remarqué dès le premier jour que les machinistes et le premier assistant caméra dessinaient une image chaque fois qu'ils posaient du Gaffer par terre pour que les acteurs prennent leurs marques. Conscient que ces esquisses rapides, avec un code couleur correspondant à chaque personnage, seraient arrachées et détruites sitôt la prise terminée, je me suis mis à photographier ces schémas involontaires dans leur contexte. Je pouvais rendre compte de la dernière chose qui n'est pas censée se retrouver sur les photos de tournage – les marques des acteurs. Une façon pour moi de mettre à l'honneur cette espèce de contrôle passif que permet la mise en scène et qu'on ne pouvait soumettre à un test de marché. Ou alors j'étais simplement parano quant aux chances de succès de mon film. Ceux qui ne paieraient pas pour aller le voir seraient peut-être tentés d'acheter un de mes "anti-clichés" à accrocher chez eux ? Quand le producteur qui, plus tard, nous a permis de tourner la scène du bus s'est aperçu en milieu de tournage que je me préparais une carrière artistique à côté, il a dit en plaisantant à moitié : "Puisque vous prenez ces photos sur le temps que vous devez à la société, est-ce que j'obtiendrai un pourcentage des ventes si vous les exposez dans une galerie d'art ?" Heureusement, j'ai dit non direct, et donc quand j'ai bel et bien eu mon expo des années plus tard chez Gavin Brown à New York (organisée par mon marchand d'art Colin de Land), personne de la prod ne s'est pointé pour réclamer sa part.

Bien que *Pecker* ait été le seul de mes derniers films à ne pas avoir été retenu par Gilles Jacob dans la sélection officielle du Festival de Cannes, au motif qu'il n'était "pas aussi offensant" que ce que je faisais d'habitude, le film comportait pas mal de scènes de sexe. Le *tea-bagging* ou "mouillette" est devenu le tout nouvel acte sexuel vulgaire que je faisais découvrir au public. Ça suppose de laisser tomber vos couilles sur le front de votre partenaire en guise de préliminaires. Certes, ça ne dure pas longtemps, mais c'est une pratique sûre, sans risque de grossesse, et c'est plus répandu que vous ne voulez bien le croire. Après tout, beaucoup de femmes n'ont-elles pas droit à un furtif *tea-bagging* le matin quand leur mari les enjambe à poil pour sortir du lit ? Au Royaume-Uni, la pratique du *tea-bagging* consiste à tremper vos couilles dans la bouche de votre partenaire, comme un sachet de thé dans une tasse, mais moi j'ai opté pour la version américaine tous publics, familiale. Quand parmi les républicains a émergé un mouvement d'extrême droite dont les membres se sont baptisés les *tea-baggers*, les médias ont vite pigé que ces conservateurs n'avaient pas la moindre idée de ce que le terme signifiait pour une minorité de membres du Parti démocrate, certes petite, mais sexuellement plus avant-gardiste. Rachel Maddow a essayé de l'expliquer dans son émission sur MSNBC mais elle s'est mise à pouffer et on entendait toute son équipe derrière elle éclater de rire en pleine antenne.

Une scène de sexe, ça peut être très compliqué à filmer, surtout avec des animaux. Dans *Pecker*, il y a une scène où notre personnage principal tombe sur deux rats en train de copuler et les prend en photo, au nom de "l'art". Mais comment faire pour que des rats s'excitent devant la caméra ? Est-ce qu'on leur montre *Willard* ou *Ben* ? S'ils entendent Michael Jackson chanter sur la bande originale *"Ben... you've got a friend in me"*, est-ce que vos rongeurs se sentiront tout chose ?

J'ai engagé un dresseur pour la scène, mais au final, ç'a été une perte d'argent. Les dresseurs vous disent toujours qu'ils peuvent faire faire aux animaux tout ce que votre scénario exige, mais souvent ils échouent. Le mec a tout essayé pour que les rats s'y mettent, mais même l'idée de leur tartiner les parties génitales de beurre de cacahuètes n'a pas marché, parce que je voulais une position du missionnaire, pas une fellation ou un cunnilingus entre rats. J'étais posté face à l'intérieur reconstitué d'une poubelle, près de l'écran, histoire de voir ce que ça donnerait à l'image si jamais ils se décidaient à se chevaucher. J'entendais hors champ le dresseur qui essayait de les inciter, mais je ne le voyais pas. Comme on filmait en MOS (sans le son), de façon à pouvoir intégrer de faux halètements de rongeurs par la suite, je pouvais parler tout haut sans gâcher la prise. Dans l'unique but de détendre un peu l'atmosphère pendant l'attente pesante, je me suis essayé à un langage cochon, enfin plutôt rat, pour les encourager à passer à l'acte. "Oh oui, baise-moi, mon campagnol ! T'en veux de mon fromage, salope ? Mon trou à rat est tout à toi !" ai-je grogné de ma voix la plus sexy. Sur le plateau, personne n'a ri, ce qui m'a semblé bizarre. Après avoir quitté mon fauteuil de réalisateur pour aller voir ce qui se passait, je me suis aperçu, mortifié, que le dresseur était venu avec sa fille pour lui montrer comment se passait un tournage. Elle avait entendu mes cochonneries *pornoratiques* jusqu'au dernier mot. Brook Yeaton, mon chef accessoiriste, a compris qu'il fallait prendre les choses en main. Il a saisi les deux rats par la peau du cou, les a mis l'un sur l'autre, et m'a dit de cadrer serré de façon à couper ses mains pendant qu'il agitait les bestioles avec acharnement. On aurait cru dur comme fer que les rats s'envoyaient en l'air et chaque fois que cette scène apparaît à l'écran, elle suscite des éclats de rire. Je crois que j'ai quand même payé le dresseur animalier. Si vous deviez vous retrouver dans la même situation, je vous conseillerais de faire pareil.

Le véritable thème de *Pecker*, c'était l'éradication de l'ironie. J'ai dit un jour "On ne trouve aucun génie à la nullité quand on est pauvre", et un critique m'a fait remarquer que c'était en soi une déclaration élitiste, ironique. Mais est-ce que c'est le cas ? Peut-on trouver une chose kitsch quand on a la dalle ? Est-ce que les boat people plaisantent sur leur situation ? Y a-t-il quoi que ce soit qui puisse être tordant pour des réfugiés syriens ? Je suppose que oui, c'est en effet ironique que je trinque à "la fin de l'ironie" dans la scène finale de *Pecker* étant donné que toute ma vie ça a été mon gagne-pain. Je suis quasiment un revendeur d'ironie, mais *Pecker*, en fin de compte, n'est pas ironique. Dans le film, une fois que la presse l'adoube comme "un talentueux adolescent qui utilise un vieil appareil d'occasion trouvé chez sa mère", l'ironie vient dévaster les relations tendres qu'il entretient avec sa famille et ses amis, désormais moqués parce qu'ils manquent de culture. Son père et sa mère sont soudain humiliés par toute cette attention nationale, ses amis commencent à avoir des complexes, et sa copine prolo qui tient une laverie se sent tout de suite à côté de la plaque quand elle se compare à ses homologues new-yorkaises. Quand elle jette à la face du monde "Je déteste la photographie contemporaine !", on peut rire bien sûr, mais comment ne pas comprendre exactement ce qu'elle ressent ? Tout est dit dans l'accroche que j'ai trouvée pour la campagne de promo : "Il est pauvre. Il est blanc. Mais certainement pas un pauvre petit Blanc. Tout ce qu'il voulait, c'était vous prendre en photo."

La sortie de *Pecker* a démarré "doucement". C'est la façon polie avec laquelle votre distributeur vous annonce, quand il vous appelle le dimanche soir du premier week-end, que vous avez fait un bide. On a eu droit à des critiques vraiment très mitigées (quoiqu'il y en ait eu une très bonne dans le *New York Times*), et dans le noyau dur de mes fans, certains ont été atterrés par la gentillesse du film. Certains l'ont même trouvé gnangnan. Cela dit, d'autres, et c'est assurément une minorité, l'ont préféré à tous mes autres films, et avec le temps, *Pecker* a trouvé un large public à la télé, où il semblait mieux passer. Moi, il me plaît bien. Et d'ailleurs, il a fait un tabac au Japon. Mais j'ai su qu'on ne rentrerait jamais dans nos frais quand la parodie porno est sortie peu de temps après. Son titre ? *Pecker*.

REDESCENDRE EN DOUCEUR

Cecil B. Demented (Photo d'Abbot Genser)

Parmi les films que j'ai réalisés, *Cecil B. Demented* est l'un de ceux que je préfère, mais peu de gens sont de mon avis. C'est toujours celui-ci que je choisis quand on me fait venir dans une université et qu'on me demande lequel de mes films je voudrais pour la séance qui précède. J'imagine que tous les réalisateurs ont un faible pour un de leurs films qui ont le moins bien marché au box-office, un peu comme un parent prend la défense de son enfant handicapé mental ou physique. J'ai volé le nom Cecil B. Demented au magazine gay *The Advocate*, c'était le titre de l'interview que Lance Loud, sans doute la première vedette de la téléréalité, avait réalisée de moi. *Cecil* fait partie de ces films que les critiques ont crus autobiographiques, mais franchement, rien n'est plus faux. Demented est un réalisateur de films cultes et tourne à tombeau ouvert. Ma clique cinématographique et moi, on faisait pareil avant, mais j'espère avoir eu de la dérision quant à ma propre importance à cette époque-là. Cecil, non. Comme tous les fascistes, Cecil B. Demented, le personnage, manque cruellement d'humour sur ses illusions artistiques.

J'ai présenté *Cecil* à tous les studios de Hollywood comme étant un "film d'action et thriller tous publics sur un jeune réalisateur cinglé qui, avec l'aide de son gang de fidèles, kidnappe une star de Hollywood et la force à jouer dans son film underground tourné en super-8". Cette fois, même Bob Shaye de New Line a dit non, alors j'ai imité tous les chanteurs de rockabilly blancs d'Amérique qui partaient à l'étranger dans les années 1960 après le déclin de leur carrière, pour trouver de nouveaux fans et de nouvelles mannes financières. Si les vrais Drifters peuvent à la fois être finis et tourner en Europe comme ils le font aujourd'hui à l'insu de tout le monde, alors vous aussi vous pouvez vous faire passer pour un réalisateur excentrique et incompris que le système hollywoodien a pratiquement broyé. Outre-Atlantique, les producteurs européens prétendent n'avoir d'yeux que pour l'art, alors rafraîchissez votre garde-robe, achetez un billet d'avion et mettez-vous dans la peau de ce représentant de commerce prétentieux dont le produit ne peut être compris que sur "le Vieux Continent", où le cinéma est réellement respecté.

J'ai vendu mon pitch au gros distributeur français Canal +, qui avait à l'époque la réputation de financer les œuvres d'auteurs givrés que j'adore comme David Lynch et Jim Jarmusch. Je me rappelle très bien la réunion à Cannes avec toutes ces huiles du cinéma français. "Un tas de jeunes rêvent de faire un film, me suis-je lancé, exalté, entre deux bouchées du succulent buffet, mais seuls ceux qui sont prêts à mourir réussissent." "Oui", ont-ils répondu. Je n'ai pas eu besoin de sous-titres pour comprendre que j'avais mon feu vert. J'étais tellement excité à l'idée de devenir, enfin, un vrai réalisateur de film étranger ! Hé ouais, on m'a filé un million de dollars pour l'écriture et la réalisation. Je ne plaisante pas. Voilà ce que j'appelle échouer en beauté. Bon sang, c'était le bon vieux temps.

Stephen Dorff avait toujours été mon choix de départ pour incarner Cecil, et à l'époque il était *bankable*, concept ridicule qui a encore cours de nos jours. Alicia Witt l'était elle aussi, choisie pour jouer Cherish, la petite amie de Cecil, star du porno dont la carrière a culminé avec le film *Rear Entry*, dans lequel elle s'insérait une gerbille vivante du nom de Pellet dans le cul pour le plaisir des voyeurs. Je vous le dis, ces acteurs en avaient, du courage ! Melanie Griffith a elle aussi laissé sa réserve au vestiaire et signé pour incarner notre victime, la capricieuse star de cinéma Honey Whitlock. Le public ne sait pas à quel point c'est difficile de jouer une mauvaise actrice quand on n'en est pas une, et je trouve que Melanie s'en est spectaculairement bien tirée. À l'époque, elle venait de tomber amoureuse d'Antonio Banderas, qui s'était fait un nom dans les premiers films de Pedro Almodóvar, et je crois que c'est Antonio qui a encouragé Melanie à tenter sa chance avec moi.

Le reste de la distribution était à la hauteur. Les Sprocket Holes étaient la troupe de terroristes cinéphiles de Cecil, qui avaient chacun tatoué sur le corps le nom de leur réalisateur préféré (Kenneth Anger, William Castle, Sam Peckinpah…). J'ai toujours pensé que, dans la vraie vie, rendre le tatouage de son réalisateur préféré obligatoire pour tous les citoyens non mariés faciliterait drôlement la drague sur le long terme. Moi ? Je me ferais encrer le torse au nom de JOSEPH LOSEY illico.

Kerry Barden, en charge du casting du film avec Pat Moran à Baltimore, a mis sur la table de nouveaux noms qui étaient presque inconnus du public à l'époque mais sont par la suite devenus des vedettes (Maggie Gyllenhaal, Adrian Grenier, Michael Shannon). Larry Gilliard Jr est passé par *The Wire* et *The Deuce*, ainsi que d'innombrables autres films et séries, et Harriet Dodge (telle qu'elle était connue avant de devenir Harry) a acquis plus tard un statut d'artiste plasticienne saluée dans tout le pays. J'ai tellement appris aux côtés de Harriet, qui, malgré son prénom féminin, arborait une longue barbe. Elle m'a expliqué à quel point ça la traumatisait de mettre la robe que je voulais qu'elle porte dans le film pour montrer les jambes velues de son personnage. Pas facile d'être une star de cinéma quand il faut tourner avec moi. Je suis très heureux qu'il soit Harry maintenant. Il l'a toujours été.

Mink Stole avait un plus petit rôle que dans mes autres films, ce qui ne lui a pas trop plu je pense à l'époque, mais c'était le cas de Ricki Lake également, et à mes yeux elles ont irradié dans *Cecil*. Le public sait que Mink est talentueuse, mais le succès du talk-show de Ricki Lake a tendance à éclipser le fait que sous sa personnalité pleine de vitalité se cache une très bonne actrice qui ne demande qu'à jouer.

Mary Vivian Pearce se remettait d'une opération d'une tumeur au cerveau mais elle a répondu présente, tout comme Roseanne Barr (qui était de gauche quand je l'ai rencontrée) et Eric Roberts, pour de brèves apparitions qui ont ajouté une touche de folie hollywoodienne supplémentaire. Eric Barry, acteur alors inconnu qui jouerait ensuite le livreur de pizzas dans des publicités pour Domino's Pizza diffusées à l'échelle nationale, incarnait Fidget, le moins engagé des membres du gang de Cecil, toujours les mains fourrées dans ses poches pour jouer avec ses couilles. C'était le portrait craché du jeune homme qui avait été le premier amour de ma vie, et Pat Moran a su que je le choisirais à l'instant où il est arrivé aux auditions, à condition bien sûr qu'il sache jouer la comédie, et heureusement c'était bien le cas. C'est à lui que revient de prononcer ma réplique préférée du film. Tandis que Cecil et ses potes kidnappeurs intègrent de force leur victime hollywoodienne dans des films diffusés en drive-in pour subvertir son image de vedette commerciale, il lui murmure : "On est au-delà de la critique." Ah ! C'était totalement faux mais je pouvais toujours rêver, non ? À bien y réfléchir, il y a peut-être une autre réplique que j'aime tout autant. Michael Shannon joue le rôle de Petie, un terroriste cinéphile qui voudrait être gay mais ne l'est pas, et exige que la star enlevée lui parle de "la queue et des couilles de Mel Gibson". Je ne sais pas quelle phrase je préfère. Match nul, je suppose.

Ce que ce casting a de plus scandaleux, c'est qu'on a fait jouer à Patricia Hearst (comme elle préfère être appelée aujourd'hui, plutôt que Patty, même si elle sait au fond que c'est une bataille perdue d'avance) le rôle de la mère d'un des kidnappeurs de la bande. Le doigt d'honneur ultime à son passé prétendument criminel ? "Est-ce que ma mère a prononcé ces mots-là ?" m'a-t-elle demandé sur le plateau après une prise qui incluait un dialogue à propos de son fils fictif qui virait révolutionnaire. "Bien sûr que non ! ai-je répondu. Ç'aurait été te demander de faire quelque chose de très mauvais goût."

Le tournage s'est déroulé sans problème, bien que toutes les nuits passées sur le toit de la buvette du drive-in du Bengies à filmer la scène finale aient semblé interminables et fastidieuses. Stephen Dorff, qui avait compris le personnage de Cecil à la perfection, ne faisait jamais de clin d'œil au public – il l'incarnait avec un subtil mélange de Jim Jones, Charles Manson et Otto Preminger. Il m'arrive parfois de mettre la perruque warholienne avec laquelle Cecil se déguisait dans le film et de surprendre mon partenaire juste avant de faire l'amour. Ça le fait toujours rire.

Quant à Melanie Griffith, c'est peu dire qu'elle s'est prêtée au jeu. Elle m'a confié entre deux prises que les seuls moments où elle se sentait "en sécurité" étaient ceux qu'elle passait sur un plateau. J'imagine qu'elle sous-entendait qu'elle se sentait protégée du monde extérieur. Moi, non. Je ne me sens jamais en sécurité sur un tournage si c'est moi qui réalise. Est-ce que j'ai assez de prises ? Est-ce qu'elles concordent pour le montage ? Est-ce qu'une sanction pour pause repas insuffisante se prépare ? Le danger menace à chaque instant. La réalisation d'un film, c'est une zone de sables mouvants qui attend que vous tombiez dedans.

Au début du tournage, alors qu'on filmait la scène choc d'ouverture dans laquelle Melanie se fait enlever par Cecil lors d'une avant-première, elle est tombée dans sa loge pendant sa pause déjeuner et s'est fait une vilaine entaille au visage. Je ne lui ai jamais demandé ce qui s'était passé, mais c'était un gros problème. On avait toutes nos prises avec elle sauf la dernière, dans laquelle Cecil la traîne hors du cinéma parmi une foule en panique. À cause de sa blessure au visage, on ne pouvait plus la filmer de face, alors David Davenport, qui travaillait aux costumes, a fait bosser ses méninges, chopé un figurant tout mince qui faisait à peu près la taille de Melanie, lui a fait enfiler sa robe, et on a tourné la scène en filmant "Melanie" de dos. Impossible de savoir que ce n'est pas elle. Toujours faire savoir aux bombes et aux beaux gosses que personne n'est irremplaçable dans le cinéma indépendant.

Même si vous détestez *Cecil B. Demented*, la scène du générique est désormais localement historique car c'est un montage des devantures des derniers cinémas de Baltimore. Certains sont aujourd'hui désaffectés, d'autres ont été détruits, ou pire, convertis en églises. En musique d'ouverture, j'ai demandé à Moby de composer un mix d'extraits déformés et parasités évocateurs de musiques de film célèbres, et je pense que son thème parodique n'a fait qu'accentuer les prédictions de mauvais augure de mon script : syndrome de la suite foireuse, absence de succès pourtant annoncé, erreurs de doublage de classiques étrangers, et le pire titre qu'on puisse voir en devanture d'un cinoche – À LOUER.

J'ai ajouté beaucoup de musique punk et de *noise rock* (The Locust, Meat Joy) à la bande originale et renforcé le mélange des genres en incluant une chanson inédite de Liberace ("Ciao") qu'il avait enregistrée pour une pub de parfum jamais sortie. Et puis, bouge-toi de là Jay-Z, j'ai également coécrit deux titres de rap ("Bankable Bitch" et "No Budget"). Je suis toujours sur le cul quand je reçois des royalties de BMI (encore une fois, syndiquez-vous !) pour ces paroles obscures – 2,83 dollars pour diffusion sur une radio néo-zélandaise, trois *cents* pour passage à la télé au Brésil. Ça peut finir par faire un paquet. Si moi je peux me faire plus de mille dollars par an en royalties, imaginez ce qu'engrangent les Beatles !

Cecil a été projeté pour la première fois au Festival de Cannes, en présence de Stephen Dorff bien sûr, de Melanie également, qui exhibait son ANTONIO fraîchement tatoué sur le bras, un régal pour les paparazzi. Il n'est pas venu, cela dit. La cavalière de Melanie était Donatella Versace, elles ont monté les fameuses marches du palais, accompagnées de Stephen et de moi-même et ma cavalière Pat Moran. Donatella ressemblait à une vraie fille de Baltimore, toute peroxydée, indécente, décomplexée, modeste, et un brin vulgaire. Elle m'a plu.

Le film a eu droit à une *standing ovation* mais croyez-moi, ça a été la dernière. Une fois sorti aux États-Unis, il a récolté des critiques déprimantes. Pour *Entertainment Weekly*, les terroristes de Cecil étaient "à mi-chemin de l'Armée de libération symbionaise et de la rédaction de la revue *Film Comment*", ce qui m'allait, mais le *New York Times* a jugé le film "loin d'être hilarant" et comme toujours Rex Reed s'est montré négatif en estimant que "l'absolu mauvais goût de *Cecil B. Demented* [faisait] passer les frères Farrelly pour les frères Warner". Les avis positifs n'ont pas été légion. Dans les pages de *Time*, Richard Corliss a écrit que le film prouvait "qu'un soupçon de mauvais goût intelligent pouvait s'avérer très divertissant" et Kevin Thomas, béni soit-il, nous a sauvé la mise dans le *Los Angeles Times* en décrivant *Cecil* comme "un film mitraillette trépidant, drôle et déchaîné".

Les recettes ont été catastrophiques. On a fait un four retentissant à la fois en Amérique et en France, ne récoltant que deux millions de dollars sur un budget de dix ! Pitoyable. L'année dernière, quand j'ai été décoré par l'ordre des Arts et des Lettres sur décision du ministère français de la Culture, j'étais très honoré, mais surtout soulagé qu'aucun de mes anciens producteurs ne se soit incrusté à la cérémonie pour essayer de me voler ma médaille en compensation de ses pertes.

Je ne sais pas, j'aime toujours énormément *Cecil B. Demented*. Peut-être qu'un jour ce sera le cas d'autres personnes aussi, de la même façon que certains fans de Tennessee Williams ont fini par revoir leur jugement sur un de ses plus gros bides au box-office, *Boom*. De temps en temps, quand je marche dans la rue, il arrive qu'un fan qui me croise me chuchote le cri de ralliement de Cecil, *"Demented forever"* puis passe son chemin. Ça me met du baume au cœur et ça me rend tout chose.

RETOUR À LA CASE CANIVEAU

A Dirty Shame (Photo de Greg Gorman)

Ma carrière cinématographique s'est peut-être achevée là où elle a commencé – dans le caniveau. *A Dirty Shame* (2004) était ma satire *sexploitation* et je n'en reviens toujours pas qu'on ait réussi à faire ce film. Je n'ai qu'une personne à remercier pour ce miracle : Bob Shaye de New Line Cinema, qui était devenu la propriété de Time Warner, nom d'un chien. Il avait beau grommeler, "New Line n'est pas ton mécène, tu sais, on a une affaire à faire tourner, nous", Bob savait probablement que cette comédie absurde à propos de personnes qui deviennent accros au sexe suite à un traumatisme crânien représentait un risque. Qui sait, il était peut-être nostalgique des bars sadomasos dans lesquels on avait l'habitude de sortir avec ma troupe et même Eva, son adorable épouse, dans les années 1970. Quoi qu'il en soit, béni soit cet homme écorché, ami des pervers, pour nous avoir donné son feu vert. Même mon équipe de production de Baltimore était sous le choc.

En engageant une humoriste pour le rôle principal, j'ai enfreint mes propres règles. Avant cela, je martelais que les acteurs n'avaient qu'à dire mon texte, si absurde soit-il, comme s'ils croyaient à chaque mot prononcé. Je me suis rendu compte que des répliques telles que "Dresse la liste de ceux que tu as baisés et demande pardon à leurs parents" ou "Tu as ce qu'on appelle un vagin batifoleur" pouvaient leur rendre la tâche presque impossible, mais je ne pouvais m'empêcher de penser qu'un humoriste apporterait sa propre patte et diluerait la force du texte. Faire un clin d'œil au spectateur n'était pas nécessaire si on croyait, comme moi, que les répliques avaient suffisamment d'humour en soi.

Mais alors j'ai entendu dire que Roseanne Barr était rudement intéressée par le rôle de Sylvia Stickles, l'héroïne, mère issue de la classe ouvrière qui tient une supérette avec son mari (finalement incarné par Chris Isaak, que je savais bon acteur après l'avoir vu chez David Lynch dans *Twin Peaks : Fire Walk with Me*). Alors que j'étais à Seattle pour l'avant-première de la comédie musicale *Hairspray* avant la sortie à Broadway, Roseanne m'a rejoint et on a passé un week-end très bruyant à parler du projet. Je savais qu'elle était du genre téméraire et me suis dit que ça pourrait marcher. Avant ça, j'avais sollicité Pat pour qu'elle me suggère des actrices *bankables* à approcher pour le rôle, et elle avait lancé les mains en l'air dans un accès de désespoir et proposé Margot Kidder, qui venait de traverser une dépression nerveuse très médiatisée et qu'on avait retrouvée réfugiée dans un carton derrière une maison, en vêtements crades, sans sa prothèse dentaire. Personne à part moi ne croyait quiconque capable d'accepter ce rôle, mais Roseanne semblait avoir parfaitement compris l'humour qu'il y avait dans le fait qu'une femme inhibée détestant le sexe se transforme en diablesse prise d'une furieuse envie de baiser. Elle semblait prête à donner de sa personne. Après quoi chacun est rentré chez soi et je n'ai plus jamais eu de ses nouvelles. Souffrait-elle vraiment d'un syndrome de personnalités multiples comme elle le disait en interview ? Non, je ne pense pas. Je crois plutôt que ses enfants ont lu le script. Fin de l'histoire.

Mais alors un miracle s'est produit. Un des producteurs a suggéré Tracey Ullman et j'ai saisi ma chance. Certes, c'était une humoriste elle aussi mais je l'avais vue jouer tant de personnages que je la savais capable de s'oublier totalement dans un rôle sans laisser la vanité l'entraver, ce qui est pratiquement impossible chez les vedettes féminines de plus de trente ans. Elle m'a dit dès le début qu'elle n'avait "jamais participé à quoi que ce soit de polémique", alors je pense qu'elle était prête à bousculer un peu sa carrière, et je sais aussi que son mari, Allan McKeown, l'imprésario anglais qui a produit la comédie musicale inspirée de la vie de Jerry Springer, l'a encouragée à accepter le rôle.

Tracey était intrépide, pas vaniteuse pour un sou, et semblait prête à tout. Le film dépassait tellement les bornes qu'il lui suffisait d'un peu de sobriété dans son jeu pour être totalement crédible.

Elle “a foncé”, comme disait toujours Mink Stole lorsqu’on lui demandait comment nos acteurs pouvaient bien accepter de participer à nos films, alors que le public, lui, secouait la tête, perplexe. On a tous “foncé” sur *A Dirty Shame*, et c’est Tracey qui a ouvert la voie dès le premier jour. C’était peut-être les nouveaux producteurs très impliqués mais très appréciés, Christine Vachon et Ted Hope, ou alors l’attitude très ouverte de l’ensemble des acteurs. Mais c’était surtout Tracey. Elle a permis à *A Dirty Shame* d’être le plus détendu de tous mes tournages.

Johnny Knoxville est un autre grand nom qui a permis de financer le film. Il jouait Ray-Ray, le leader spirituel de tous les accros au sexe, et il s’est entendu à merveille non seulement avec Tracey mais aussi avec toute ma clique de Baltimore. Je pense que la série des *Jackass* dont il était la vedette sont les films qui ressemblent le plus aux atrocités cinématographiques que j’ai commises en début de carrière, mais je lui dis toujours, “Tu as fait la même chose que nous, sauf que tu te retrouves avec des couilles en or, et moi en carton. Comment tu as fait ?” J’ai vu le premier *Jackass* dans un cinéma de Baltimore, et dans la salle, des pères ouvriers et leurs fils adolescents hétéros riaient, complices, en regardant des mecs à poil et un casse-cou branché se foutre un camion en jouet dans le cul. Là encore, comment un truc pareil est possible ?

Je savais que Selma Blair avait tourné dans *Storytelling*, de Todd Solondz, où elle avait la scène la plus controversée, alors je me suis dit qu’elle serait partante pour *A Dirty Shame*. J’aime bien copier les choix de casting de Todd parce qu’il a déjà rodé les acteurs à d’éventuels problèmes de réception du public. Selma a semblé très à l’aise lorsqu’elle a accepté le rôle de Caprice, la fille du personnage de Tracey Ullman, qui arbore des nichons plus gros que sa tête et se retrouve assignée à résidence chez ses parents après avoir été inculpée pour conduite en état d’ivresse et de nudité. Les gigantesques faux nichons en silicone ont été fabriqués par Tony Gardner, qui a également créé Chucky, la poupée tueuse du célèbre film d’horreur, et bien plus tard le costume obèse de John Travolta pour le personnage d’Edna dans le remake hollywoodien de la comédie musicale *Hairspray*. Ces énormes seins très fragiles devaient être fixés sur le corps de

Selma avec le plus grand soin, sans démarcation, tous les jours de tournage. Chaque fois qu'on la filmait "nue", il y en avait pour cinq mille dollars, trois mille si c'était juste un décolleté, et mille pour une simple présence de la poitrine sous un pull. À cause de la chaleur dégagée par les projecteurs, le latex avait une durée de vie réduite, et en fin de journée, les nichons finissaient par traîner au sol, tout fripés et bons pour la poubelle. Mais un jour, les nichons destinés au rebut ont disparu. Un transporteur les avait fauchés. Je tremble d'imaginer à quelles fins.

Le dernier personnage à avoir été choisi était celui de Big Ethel, la mère du personnage de Tracey, qui a le sexe en horreur, et qui, avec Marge (incarnée par Mink Stole), mène la révolte des "Ordinaires" contre les créatures lubriques qui envahissent leur quartier. Suzanne Shepherd nous a été chaudement recommandée par Kerry Barden qui était de nouveau notre tête chercheuse à New York, et Pat comme moi avons adoré le bout d'essai qu'elle nous a envoyé. C'était une actrice new-yorkaise respectée, au CV aussi long qu'impressionnant et on commençait le tournage une semaine plus tard. "Prends-la", j'ai dit à Ted Hope, et bien que Suzanne n'ait lu qu'une scène (plutôt gentillette), il l'a mise dans le train pour Baltimore pour la première journée de répétition. Ce n'est qu'une fois à bord du train qu'elle a lu le script et, là, elle a balisé. "Je ne peux pas faire un film pareil ! qu'elle râlait en débarquant dans le bureau de la production. Remettez-moi dans le train sur-le-champ ! Non, je refuse de le faire !" Ted l'a prise à part et lui a expliqué qu'il s'agissait d'une comédie, qu'il n'y aurait pas de sexe explicite à l'écran, et il l'a suppliée d'accepter "rien qu'une répétition avec John et les acteurs pour voir comment ça se passe". Elle a accepté à contrecœur et Johnny, Tracey, Selma, Mink et le reste des personnages accros au sexe (Ronnie la Rondelle, Frank l'Enflure, Linda Chaudasse et Dave Crade) ont pris le relais pour initier Suzanne à notre façon de voir le cinéma. En chemin à bord du van, ils se sont mis à crier les pires répliques du film ("Je suis folle du cunnilingus et je suis ta mère", "Le *sploshing*, c'est le besoin érotique de se tartiner de nourriture", ou encore "J'ai une trique en or et la langue en feu") et à lui expliquer quelques termes du jargon sexuel qui émaillent les dialogues ("baise-déj" : baiser après le déjeuner) tandis que d'autres énuméraient les nombreuses variantes argotiques du mot cunnilingus ("yodler dans le canyon", "descendre sous la 14e Rue"...).

Le temps que tout ce petit monde débarque dans mon salon, la folie ambiante avait commencé à la contaminer et elle était prête à tenter le coup. On s'est assis et livrés à une première lecture de l'intégralité du script, et lorsqu'elle a balancé la réplique de Big Ethel "Les pervers ont envahi notre quartier", j'ai su qu'elle avait trouvé la voix de son personnage. Quand Mink a enchaîné par "C'est un monde dangereux. Les gens se font le maillot et les poils pubiens foisonnent dans l'air !", j'ai vu Suzanne éclater de rire. On la tenait. Elle avait basculé dans le camp des dévergondés. "Nous sommes tous des Ordinaires et jamais, jamais nous ne serons pas normaux !", a-t-elle lancé avec une conviction totalement crédible. En à peine une heure on lui avait retourné la tête. *La folie en famille** était totale. "Vive la baise !" a gueulé Johnny Knoxville pour reprendre le cri de guerre de son gang d'accros au sexe, et j'ai pensé à l'accroche que j'avais trouvée pour la promotion du film : "Ce qui arrive à Sylvia Stickles... c'est une honte, c'est dégoûtant." C'était arrivé à Suzanne aussi.

On a tourné la majeure partie du film dans le coin de Hartford Road juste de l'autre côté de la limite du comté, en bordure de Baltimore. Les voisins se sont avérés plus gentils et plus compréhensifs que dans tous les endroits où j'ai travaillé. Aucun ne s'est plaint quand notre équipe de décorateurs a paysagé leurs pelouses avec des buissons géants en érection ou ajouté de faux vagins et anus à l'écorce de leurs arbres. Une dame âgée qui nous regardait filmer une scène d'attaque d'accros au sexe juste devant chez elle m'a dit sans se démonter : "Je peux bien vous le dire, en fait, tout ça, ça m'excite." Des figurants qui ne se connaissaient pas ont dû s'embrasser à pleine bouche et se tripoter en arrière-plan pendant des heures. Quand je criais "Coupez", il y avait beaucoup d'éclats de rire, mais des plaintes, pas une seule fois.

Notre QG, c'était le Holiday House, un bar de motards hétéro où j'avais beaucoup traîné au début des années 1990. Juste avant la sortie de *Cry-Baby*, je me cherchais un nouvel endroit où boire un verre à Baltimore où je n'aurais pas à parler de mes

* En français dans le texte.

films, alors j'ai roulé jusqu'à Hartford Road parce que je savais que c'était un quartier inconnu de la branchitude qui hébergeait beaucoup de soi-disant rebelles. Dans tous les bars où j'allais, on me reconnaissait (je venais de passer chez Letterman) et tous les clients me donnaient le même conseil : "Il n'y a qu'un bar où vous devriez jamais foutre les pieds – le Holiday House." C'est donc naturellement l'endroit où j'ai choisi d'aller.

Je n'en croyais pas mes yeux. À l'époque, ça ressemblait à un bar de motards dans un film de Roger Corman. En musique d'ambiance, les Fat Boys, les Pagans ! Tout le monde vêtu de tenues bigarrées. Et des bastons ! Des tables renversées, qui volent comme dans les westerns. Des motards déchaînés, tous les soirs ! Et ils étaient on ne peut plus sympas avec moi, me payaient des coups à boire, et pour déconner me proposaient un large éventail de leurs copines amatrices de cylindrées. Ils savaient bien. Mais ils adoraient se foutre de moi.

J'ai continué à y retourner. D'abord toujours tout seul, puis j'ai fini par avoir le courage d'y amener des amis. Mais il fallait que ce soit des amis qui conviennent. "Forcez un peu sur le viril", je conseillais à mes amis gays qui voulaient passer incognito. Une fois, Paul Reubens m'a accompagné. Les motards le dévisageaient et l'un d'eux a fini par chuchoter, "John, c'est quand même pas Pee-wee Herman, si ?" J'ai acquiescé d'un air penaud en disant, "Eh si". Ils n'en revenaient pas, et Paul non plus, une fois qu'il s'est retrouvé entouré de motards costauds qui lui léchaient les bottes. "C'est comme le bar de motards dans ton film *Pee-wee's Big Adventure*", j'ai crié. "C'est vrai, il s'est écrié par-dessus le vacarme de ses fans, sauf que je ne savais pas qu'il existait en vrai !" Après ça, tous les ans, Paul a envoyé une carte au manager du Holiday House pour lui souhaiter un joyeux Noël. Elles sont encore visibles, encadrées au fond du bar près des toilettes des hommes, dans lesquels j'ai un jour vu un graffiti au-dessus d'un urinoir qui disait SUCE-MOI, TROU DU CUL. J'ai couru chez moi, chopé mon appareil, je suis revenu, j'ai pris une photo et l'ai vendue plus tard dans une galerie new-yorkaise pour cinq mille dollars. L'art est partout. Il suffit d'ouvrir les yeux.

Tout compte fait, le tournage s'est à peu près bien passé. Jean Hill, la seule habituée afro-américaine de Dreamland, qui avait joué son plus grand rôle dans la peau de la domestique meurtrière dans *Desperate Living*, n'était plus en très bonne santé. J'avais quand même envie de la faire jouer, ne serait-ce que pour une brève apparition. Pesant dans les cent trente kilos (ce qui était peu pour elle !) et affligée d'une canule nasale vingt-quatre heures sur vingt-quatre, elle a dû être transportée jusque sur le plateau (avec sa réserve d'oxygène) puis en haut d'un escalier de secours de trois étages où son personnage était censé surprendre son mari en train d'attirer une Tracey Ullman tout excitée (dont le vagin doué de parole criait sous sa jupe "Vas-y ! Vas-y tant que tu peux !") pour une partie de jambes en l'air puis le tabasser à coups de batte de base-ball. Pas une scène évidente à tourner. Une fois Jean en place, je criais "Action !", elle débitait ses phrases d'une voix sifflante, puis suffoquait. Je gueulais "Coupez", et les membres de l'équipe accouraient avec ses tuyaux d'oxygène, elle en aspirait de grandes bouffées, on les lui retirait, je répétais "Action", et Jean faisait de son mieux. Miraculeusement, j'ai obtenu une prise utilisable. Redescendre Jean en bas de l'escalier une fois que sa scène était dans la boîte fut une cascade que les spectateurs des salles obscures n'ont jamais pu voir.

Susan Allenback, une de mes assistantes de longue date (vous avez peut-être lu des choses à son sujet dans mon livre *Carsick*), avait quant à elle une cascade bien particulière dans le film. Je la savais bonne actrice, elle avait déjà une longue carrière dans le monde du spectacle derrière elle avant de travailler avec moi, et je lui ai donc demandé si elle voulait bien jouer le rôle de Betty Doggett, l'une des disciples accros au sexe de Ray-Ray. Elle a passé l'audition pour les producteurs et obtenu le rôle. Le seul pépin, c'est que dans une scène elle devait venir ouvrir sa porte d'entrée entièrement à poil, face caméra, à un Chris Isaak stupéfait. À la ville, Susan est une belle femme d'une cinquantaine d'années, et après avoir demandé l'approbation de ses deux grandes filles, elle m'a surpris en disant qu'elle tournerait la scène telle qu'elle était écrite. J'ai des employés courageux. La scène s'est avérée aussi hilarante que je l'avais espéré. Susan n'a qu'un seul regret aujourd'hui, c'est que si on tape son prénom et son nom dans Google, la première chose à surgir est cette scène de nu sur des sites qui rassemblent des "vedettes de cinéma à poil" – pas franchement le point de départ le plus gratifiant lorsqu'elle négocie un cachet pour une prise de parole pour moi avec un client. Qu'importe, elle est vraiment super.

David Hasselhoff a également rejoint l'affiche, quelle valeur ajoutée ! J'étais soufflé quand la star d'*Alerte à Malibu* a accepté de jouer son propre personnage en tant que passager d'un avion qui va couler un bronze. C'était peut-être parce que sa scène constituait un tournant décisif dans l'intrigue ; son étron tombe de l'avion, se congèle lors de son plongeon vertigineux, et atteint Chris Isaak à la tête, coup qui le transforme en obsédé sexuel et pas n'importe lequel : celui qui crée une nouvelle forme d'érotisme (le *headbanging*), signe d'une résurrection sexuelle qui suscite des lévitations en masse de la population. Ou c'était peut-être simplement parce qu'il était originaire de Baltimore et qu'il avait un grand sens de l'autodérision ? Tellement sympa qu'il n'a même pas rechigné quand j'ai trouvé le culot de lui demander lors de sa dernière prise : "Vas-y, force… et grogne maintenant" pendant qu'il était assis sur les fausses toilettes de notre décor de cabine d'avion. quel pro !

Ma "découverte" préférée dans la comédie musicale *Hairspray* a été Jackie Hoffman, une comédienne au visage très plastique, à la Imogene Coca, qui nous a rejoints entre deux représentations à Broadway pour jouer Dora, la militante atteinte de masturbation chronique qui se plaint à l'écran d'avoir une "migraine suédoise" (message codé pour "envie de sexe"). "Y a pas de mal à se secouer la touffe", déclare son personnage à une Tracey Ullman qui vient tout juste de retrouver une sobriété sexuelle. "Tu t'es déjà masturbée avec la main engourdie ? demande-t-elle avec son excellent sens du timing. Essaie, conseille-t-elle d'un air très sérieux. C'est comme si une autre le faisait !" Ah, on savait écrire les dialogues à l'époque !

C'est George S. Clinton qui a été engagé pour composer la musique rockabilly qui accompagnerait les chansons salaces du disque "pour adultes" ("The Pussycat Song", "Eager Beaver Baby", et "Itchy, Twitchy Spot") dont je me servais comme matière première sur la bande originale. Il a même composé un hymne intitulé "Let's Go Sexin'" (qui reprend le cri de ralliement du film) pour le générique de fin, qui à mes yeux demeure à ce jour un meilleur antidote que le Viagra. Et c'est bien sûr l'homme le plus beau et le plus talentueux que la Terre ait jamais porté qui l'interprète, James Intveld, dont la voix double également celle de Johnny Depp pour les scènes chantées de *Cry-Baby*. Je n'avais pas revu James depuis ce film-là, mais quand il est venu de Nashville, où il vivait à l'époque, jusqu'à L.A. pour enregistrer un titre pour *A Dirty Shame*, je me suis rendu compte qu'il était toujours une star absolue, Cry-Baby en personne, au point que je n'arrivais pas à le regarder dans les yeux quand on était dans la même pièce. James Intveld, je me prosterne devant toi.

Une fois le film soumis aux projections tests (et New Line a été raisonnable quant à la fiabilité des résultats pour un film si peu conventionnel), on s'est rendu compte que la fin originelle, où les accros au sexe vivent un second éveil sexuel et lèvent la tête vers les arbres qui reverdissent et bourgeonnent dans une réjouissance érotique, n'allait pas assez loin. Pour une fois, j'étais d'accord avec les panels de spectateurs. Il fallait qu'on répare ça.

Je me rappelle très bien la réunion qui a suivi. C'était dans un restaurant à New York, Bob Shaye était là, et toutes les huiles de New Line aussi. En général, la perspective de refaire une scène accroît ma paranoïa autour de l'idée de postproduction, mais cette fois j'étais enthousiaste et, avec un peu de chance, j'avais une longueur d'avance. "Allez, ai-je supplié Bob. On fait une nouvelle fin, dans laquelle le personnage de Johnny Knoxville lévite encore plus haut que dans la scène d'origine, il gueule Vive la baise une dernière fois, et alors sa tête explose comme un pénis duquel gicle du sperme et le jet en images de synthèse retombe majestueusement et atterrit avec un gros PLOC sur l'objectif de la caméra. Une éjac faciale à la tronche du public."

Après un silence, Bob a une fois de plus accepté. Je vous l'avais dit que c'était un producteur génial ! Dans le milieu, beaucoup se souviennent de lui pour sa décision visionnaire d'avoir autorisé le tournage simultané des trois films composant la trilogie du *Seigneur des anneaux*. Moi, non. Moi, je me souviens de Bob Shaye pour le feu vert qu'il a donné à ma scène de fin éclaboussante. Le tournage a coûté 100 000 dollars. Merci, Bob.

Ah, si j'avais su les emmerdes qui m'attendaient encore. Mon contrat stipulait que je devais livrer un film visible par les mineurs accompagnés d'un adulte, et je pensais avoir rempli la condition.

Il y avait peu de nudité et l'intrigue était tellement puérile que je pensais secrètement que les plus de dix-sept ans n'auraient même pas dû avoir le droit d'entrer.

On a envoyé le film à la MPAA et on a attendu. Et attendu. Finalement, ils nous ont porté le coup fatal de l'interdiction aux moins de dix-sept ans. Les producteurs exécutifs de New Line avaient essayé de me prévenir dans leur rapport de "recherche d'anomalies" et avaient voulu que la commission de classification jette un œil au script avant qu'on tourne. Même s'ils avaient raison et moi tort sur ce qui a été jugé inacceptable, si j'avais suivi leur conseil, le film aurait été annulé avant même qu'on fasse une prise.

Je dis toujours qu'il ne faut pas coopérer avec l'ennemi. Et croyez-moi, la MPAA est l'ennemie du cinéma radical. Leur accorder un droit de regard sur des scènes que vous souhaitez transgressives avant de les tourner revient à se présenter à un juge avant de braquer une banque pour savoir à quelle sauce vous serez mangé si vous plaidez coupable. Les avocats de la défense disent toujours qu'une fois qu'on a été arrêté, il ne faut jamais parler aux flics avant d'avoir engagé un avocat, et je suis bien d'accord. Commettez vos crimes d'insubordination cinématographique, tâchez de vous en sortir impunément, et si vous vous faites pincer, continuez à mentir et ne vous avouez jamais coupable.

J'ai eu vent de pas mal de cas où les réalisateurs étaient retournés voir la MPAA en ayant fait quelques retouches aux scènes de sexe litigieuses et avaient obtenu une reclassification sans plus de cérémonie. Ajouter quelques scènes à caractère sexuel en sachant qu'il faudra les retirer est une bonne stratégie, et c'est un secret de Polichinelle. Ça vous permet de feindre le scandale, de céder, repartir la queue du septième art entre les jambes en clamant haut et fort que vous compromettez votre intégrité artistique, et laisser croire aux décideurs en place qu'ils ont gagné.

J'ai essayé de me montrer coopératif. Joan Graves, à la tête de la commission de classification, a accepté de me parler au téléphone un jour et je l'ai saluée poliment. "Je suis surpris par votre décision, j'ai dit. Qu'est-ce que je peux couper ?" Elle a gentiment répondu : "Au bout d'un moment, on a arrêté de prendre des notes." Ces mots m'ont glacé le sang. Ça voulait dire que je n'avais aucune marge de manœuvre. On était coincés avec l'interdiction aux moins de dix-sept ans. Plein de salles allaient le refuser. On venait de me barrer l'accès au succès commercial. "Contenu global", a-t-elle expliqué tel un directeur de prison s'adressant courtoisement à un prisonnier condamné à mort quelques secondes avant de faire tomber les tablettes d'acide cyanhydrique dans la chambre à gaz. "Est-ce qu'on ne peut pas au moins tenter quelques coupes ?" ai-je demandé, en employant un euphémisme pour "boucherie". "Bien sûr que si", elle a fait, douce comme le miel. Les censeurs de gauche sont les pires. Ils sont intelligents. Ceux qui sont bêtes sont faciles à vaincre, mais ceux qui sont instruits vous mènent en bateau.

Panique à bord. Remonter une nouvelle version dans laquelle quelques-unes des scènes les plus extrêmes (et les plus hilarantes à mon avis) en plan serré sur Tracey Ullman pendant que Johnny Knoxville lui broute le minou hors champ disparaissent. Baisser le volume des effets sonores sexuels ridicules. Les coups de reins des écureuils animés pendant leurs scènes de sexe cartoonesques. Mais rien n'y a fait. On avait toujours notre interdiction aux moins de dix-sept ans. Même raison invoquée : "contenu global". Le temps était venu de se taper tout le cirque de la procédure d'appel. J'avais gagné une fois contre la MPAA à propos du titre de *Pecker*, mais là, l'issue était beaucoup plus incertaine.

New Line s'affolait. Ils m'ont expliqué que c'était très rare de faire changer la MPAA d'avis. Et cher. J'ai consulté des avocats spécialisés dans ce genre d'auditions et j'ai commencé à préparer ma défense. Grâce à une taupe compatissante qui faisait partie de la commission, on savait que ce qui avait particulièrement scandalisé Joan était l'emploi du mot *felching* dans les dialogues, et qu'elle s'était dégoté un expert pour lui expliquer de quoi il s'agissait : "en position soixante-neuf, deux hommes éjaculent chacun dans la bouche de l'autre puis échangent leurs fluides en s'embrassant". Alors bon, je veux bien admettre que là on flirtait avec l'interdiction aux moins de dix-sept ans, mais la MPAA était-elle en mesure de prouver que c'était la vraie définition de ce mot, en particulier si je montais au créneau pour affirmer : "N'importe quoi, le *felching*, c'est péter dans son bain et mordre dans les bulles" ? Au-delà de tout doute raisonnable ? Je me suis entraîné à réciter mon plaidoyer en faveur d'une classification “mineurs accompagnés d’un adulte” face au miroir, encore et encore. Bon sang, je déteste la censure.

Quand enfin je suis monté au créneau le grand jour du procès de *A Dirty Shame* devant les membres de la MPAA que j’étais loin de considérer comme mes pairs, avec Joan Graves dans le rôle du procureur général, on m’a permis de présenter mes arguments en premier. J’ai fait valoir que mon film était une comédie, destinée de surcroît aux jeunes. On ne voyait pas de sexe à l’écran. Les mots cochons étaient risibles, et non salaces. J’ai présenté des lettres touchantes d’adolescents qui m’avaient écrit que mes films leur avaient “sauvé la vie”, leur avaient permis d’assumer leur vraie nature pour la première fois, leur avaient procuré un sentiment d’appartenance. J’ai également montré des photos que j’avais prises à Los Angeles, représentant des panneaux d’affichage de cinéma clamant PARLEZ DE SEXE À VOS ADOS – LES AUTRES NE SE GÊNENT PAS ! J’ai enchaîné sur les marginaux, la diversité, et le pouvoir de l’humour chez les adolescents, mais je voyais bien à la tronche que les membres tiraient que je pissais dans un violon.

De toute façon le processus est cadenassé. Joan passe en dernier et impossible de passer après pour réfuter quoi que ce soit. Sans répondre au moindre point que j’ai soulevé, elle s’est contentée de déclarer que la classification devait demeurer inchangée car le vote initial avait été unanime. Elle a fait remarquer à son jury loin d’être impartial (après tout, elle était leur chef) que l’interdiction aux moins de dix-sept ans n’empêchait pas les jeunes des universités d’aller voir le film. Tomber de rideau.

Je n’ai pas pu me défendre en soulignant que l’interdiction aux moins de dix-sept ans était une appellation défectueuse, au même titre que le célèbre “dangereuse à toutes les vitesses” de la Chevrolet Corvair au début des années 1960, et devait être requalifiée. Ils avaient une vieille guimbarde obsolète sur les bras et refusaient de l’admettre. La MPAA possède des lobbyistes puissants et grassement payés à Los Angeles et Washington DC, qui pourraient aller trouver les gérants de salles et les responsables publicitaires de la presse pour leur faire changer leurs mesures d’interdiction aux moins de dix-sept ans, mais ils ne l’ont jamais fait. Je savais que j’étais condamné.

Pendant qu'on attendait le verdict, l'assistante de Joan a servi des cookies et m'a dit de faire attention à ne pas faire tomber de miettes par terre. Et, non, elle n'avait pas l'air de plaisanter. Les résultats n'ont pas tardé. Pas de jury sans majorité. On a perdu. Patty Hearst, en s'entendant déclarée coupable à son procès pour braquage de banque, avait soupiré, "C'était couru d'avance". J'ai ressenti exactement la même chose. Toute l'équipe de New Line et moi on est sortis avec un gros nuage noir menaçant au-dessus de nos têtes. On serait interdits aux moins de dix-sept ans à jamais (pour contenu sexuel omniprésent). Les enfoirés.

Et ensuite ? C'est Time Warner qui possédait New Line Cinema à l'époque, et ils avaient pour politique de ne pas distribuer les films interdits aux moins de dix-sept ans. Je m'en suis remis aux bons soins de Bob Shaye. Ne pouvait-il persuader les décideurs d'enfreindre leur règlement rien qu'une fois ? Pouvait-il invoquer notre passé commun, le fait qu'on s'était sortis de l'underground pour se forger une respectabilité hollywoodienne ? Ha ha ! Il a dit d'un air sévère qu'il essaierait, mais m'a enjoint de faire une croix sur mon accroche "L'esprit mal placé est une chose qu'il ne faut pas gâcher" car Dick Parsons, l'une des huiles de Time Warner, s'investissait dans le United Negro College Fund et mon accroche était justement une parodie de leur célèbre slogan "L'esprit est une chose qu'il ne faut pas gâcher". J'ai tout de suite accepté. Question de hiérarchie dans les priorités, tout ça. Ted Hope et Christine Vachon se sont également impliqués et Bob leur a confié que Jeff Bewkes et d'autres membres du conseil d'administration de chez Time Warner dînaient chez lui ce soir-là et qu'il essaierait de les convaincre de sortir *A Dirty Shame* tel quel – sauf si "l'ambiance ne s'y prêtait pas". S'il y parvenait, il faudrait qu'on minimise le fait que c'était la toute première fois que Time Warner autorisait un film interdit aux moins de dix-sept ans à sortir sous leur étendard.

Eurêka ! Ils ont accepté. On a eu pour mot d'ordre de ne pas jubiler, ne pas parler de la politique de Time Warner ni de faire tout un foin autour de cette classification. Oui, le film sortirait en salle frappé de son interdiction, tout comme le DVD, mais je devais consentir à monter une version "ordinaire" tous publics, qui s'est avérée d'une nullité affligeante, pour la franchise

Blockbuster*. J'espère que celle que vous avez vue est la version interdite aux moins de dix-sept ans, mais si vous voulez vraiment être atterré, regardez l'autre. Un désastre. C'est LE film à regarder si on veut expliquer à ses ados ce qu'est la coprophilie ou comment avoir des rapports consentants avec un arbre. Toute autre réplique vulgaire ou gag visuel à caractère sexuel a été coupé et remplacé par le plan de "remplissage" qu'on a dû fournir pour la version diffusée sur le câble et dans les avions. En général on ne se sert jamais de ces prises tournées à la va-vite, mais dans ce cas, le film n'est constitué que de ça.

Certains des aspects que nous avons dû édulcorer sont prévisibles : Frank l'Enflure est devenu Frank l'Enclume. Le graffiti T-R-I-Q-U-E peint sur le mur latéral de la supérette de l'héroïne n'est plus que T-I-Q-U-E. Quand le personnage de Tracey Ullman est oralement contentée par celui de Johnny Knoxville, ses gémissements de plaisir hilarants ont été remplacés par des gloussements et un "Ça chatouille". "Baise-déj" devient un banal "pique-niquer". Le chauffeur de taxi ne se plaint plus qu'on a essayé de le "choper par les couilles", mais de lui "coller la trouille" ! Quant à la scène finale de lévitation et de tête qui explose, elle est toujours là, mais sans les éclaboussures à la face du spectateur.

Mais ce qui est par ailleurs jugé acceptable pour une classification en "mineurs autorisés accompagnés d'un adulte" est ahurissant. Pas de problème pour que Big Ethel lance des regards noirs aux gays qui font leurs courses dans son magasin et se plaigne qu'ils "mangent la vie", c'est-à-dire du sperme. Expliquer qu'un *payday* est un étron qui flotte parce que la chasse d'eau n'a pas été tirée passe comme une lettre à la poste (vu que c'est en présence d'un adulte, on suppose). Le seul avantage que je trouve à ces atroces séquences de rechange que j'ai été contraint d'utiliser, c'est que même si Tracey Ullman n'aspire plus de bouteille avec son minou dans la scène de danse avec les vieux de la maison de retraite, elle esquisse des chorégraphies aguicheuses hilarantes qui ne sont visibles, donc, que dans cette version expurgée. Et que je ne me rappelle absolument pas avoir filmées.

* Enseigne de magasins de location de films en VHS.

Le pire, avec ce montage censuré, c'est qu'au moment de la sortie en vidéo, les magasins de location commençaient à se raréfier et le seul qui restait dans le quartier où on a filmé presque tout le film, c'était une boutique Blockbuster. Les vraies gens du film, les voisins qu'on a empêchés de dormir à cause de nos horaires impossibles et qui ne se sont jamais plaints, les familles qui ont posé de bon cœur pour se faire prendre en photo avec notre personnage de bébé adulte déguisé, les figurants du quartier qui ont travaillé jusqu'au petit matin pour prendre leurs marques et épeler le mot S-E-X avec leurs corps pour un plan filmé en plongée – bref, autant de personnes qui ne sont pas allées voir le film dans une salle d'art et essai du centre-ville – ont dû voir *A Dirty Shame* de la seule façon qu'il leur restait : en le louant chez Blockbuster. La version aseptisée, donc. Atroce. Ils avaient fait tout ça pour cette merde ?!

Et les ennuis n'étaient pas finis. Tracey Ullman n'avait pas encore vu le film, mais quand le bruit a couru à propos de l'interdiction aux moins de dix-sept ans, je crois qu'elle a commencé à baliser. J'ai harcelé New Line pour qu'elle ait droit à une projection privée, ce qu'ils ont accepté, et, à mon insu, ils ont aussi invité Mink Stole, ce qui ne me posait aucun problème, mais le fait qu'ils n'aient pas convié les autres acteurs qui vivaient à L.A. demeure à ce jour un mystère. Je sais que visionner mes films sans public est la pire façon de les voir. Les éclats de rire d'une foule de fans sont contagieux, en particulier pour les acteurs qui ont mouillé leur chemise pour me donner ce que je voulais voir à l'écran.

Je n'ai eu aucune nouvelle de Tracey après la projection. Inquiet, j'ai appelé Mink, qui m'a raconté que le projectionniste était arrivé en retard, que le son était atroce, et que le projecteur était tombé en panne plusieurs fois au début, et une fois le film lancé, il y a eu plein de ratés tout le long de la projection. Elle a dit qu'elle ne savait pas ce que Tracey en avait pensé. Oh oh.

Je n'ai pas tardé à déduire de son silence radio qu'elle avait dû détester. J'ai fini par recevoir un mail, certes poli, mais la connaissant, très réservé, émettant un avis évasif sur le film. Son "entourage" a ensuite fait savoir à New Line qu'elle ne pourrait pas participer aux interviews programmées lors des deux journées de rencontre avec la presse à New York, ni assister à l'avant-première mondiale au Festival de Toronto. J'avais déjà accepté qu'elle ne puisse pas être présente à notre projection au profit de Aids à Baltimore, mais ce nouveau refus me déconcertait. Panique à bord, la suite. Bien sûr, la rengaine de son attaché de presse consistait à dire que Tracey avait besoin de se concentrer pour son prochain rôle dans *Once Upon a Mattress*, avec Carol Burnett, mais je savais que c'étaient des conneries.

J'ai envoyé à Tracey un mail désespéré la suppliant de voir le film en salle avec un public (chose qu'à ma connaissance elle n'a jamais faite à ce jour) et lui ai fait passer des critiques très positives qu'on obtenait en retour des premières projections réservées aux professionnels ("fabuleuse et plus encore", "une merveille d'humour"). En gros, je me suis jeté à ses pieds et l'ai suppliée de nous aider à promouvoir le film.

Et ça a marché. Enfin, un peu. Elle n'a jamais ouvertement dénigré le film, et elle a fait une apparition à un des événements (où c'était moi, et non le film, qui était à l'honneur). Elle a accordé quelques interviews par téléphone et le public n'a jamais été au courant de son insatisfaction. Moi, je suis toujours anéanti. J'aurais tellement voulu qu'elle voie *A Dirty Shame* avec un public de fans. Je l'ai fait récemment à UCLA, et tout le monde était dingue d'elle. Tracey Ullman n'avait peur de rien, et c'est toujours le cas.

On a eu droit à quelques critiques excellentes. J. Hoberman du *Village Voice* a dit qu'il s'agissait de mon film "le plus radical des vingt-cinq dernières années", et le pape du cinéma dissident, Kevin Thomas du *Los Angeles Times*, m'a fait le plaisir d'un nouvel éloge : "hilarant à s'en décrocher la mâchoire" et "tapageur, sans concession et plein d'entrain, un film dont les répliques flirtent avec le porno mais pour Waters, c'est une vraie bouffée d'air frais".

Cela dit, mon commentaire préféré a été fait par un spectateur. Après que mon pauvre père de quatre-vingt-huit ans a été obligé de subir l'avant-première à Baltimore (avec tout un tas de gens qui se retournaient dans le public pour s'étonner de ses réactions aux scènes les plus choquantes), il m'a confié : "C'était vachement drôle, mais j'espère que je le reverrai jamais !" En voilà un beau soutien ! Mais Jeanne Moreau a fait encore mieux. J'avais été juré avec elle au Festival de Cannes en 1995, on s'était très bien entendus et on était restés en contact. Comment un petit garçon un peu bizarre de Lutherville, dans le Maryland, pouvait être ami avec Jeanne Moreau ?! Une question que je me posais régulièrement quand, désespéré par le monde du spectacle, j'avais besoin de me remonter le moral. J'ai emmené Jeanne à l'avant-première parisienne, accompagné de mon rencard habituel, Pat Moran. Alors que défilait à l'écran la fin du générique, j'ai cédé à la panique, me demandant ce que la vedette de *Jules et Jim* et *La Nuit* pouvait bien avoir pensé de ma petite comédie salace. Nerveux, j'ai bredouillé, "On a eu beaucoup de problèmes de censure". Elle m'a lancé un regard un peu interdit et répondu "Pourquoi ça ? Pour moi, c'était de la poésie". De la poésie ?! Croyez-moi, personne d'autre n'a jamais donné un tel avis, ni avant, ni après !

A. O. Scott du *New York Times* y compris. Refusant de mordre à mon hameçon, il a descendu le film, en terminant sa critique par ces mots : "Je désapprouve *A Dirty Shame* non parce qu'il est offensant – ce qui reviendrait à féliciter M. Waters pour son audace de pacotille – mais parce que c'est un film ennuyeux." Peu de temps après, mon bon ami Marcus Hu, copropriétaire de la société Strand Releasing, m'invitait à un dîner, et de façon inexplicable il m'a placé à côté de A. O. Scott. Mais en tant que professionnels, nous n'avons jamais mentionné cette critique, et avons échangé quelques banalités dans une ambiance légèrement tendue. Je trouve que les critiques cinéma du *New York Times* ne devraient pas avoir le droit de participer aux dîners du milieu. Leurs critiques gastronomiques ne le font jamais par exemple, et la plupart de leurs critiques d'art restent en retrait aussi. Bien sûr, les journalistes ont le droit d'écrire ce qu'ils veulent, mais dîner avec leur proie devrait leur être strictement interdit. C'est tout simplement contre nature.

Hé oui, on a encore fait un bide. À cause de la classification ? De moi ? Du film ? Allez savoir. En tout cas, *A Dirty Shame* est resté très peu de temps à l'affiche. C'est peut-être mon dernier film. Est-ce que ça me déprime ? Pas vraiment. Je n'ai rien d'un incompris. Tous mes films, de *Multiple Maniacs* à *A Dirty Shame*, sont désormais facilement accessibles au public. La plupart ont même été diffusés sur les chaînes câblées, y compris *Pink Flamingos* – en version intégrale ! *Il était une fois Hollywood*, c'est plus ce que c'était.

Est-ce que préférer mes derniers films aux premiers, qui m'ont valu d'être couronné “Roi du Vomi” fait de moi quelqu'un de retors ? Je les trouve plus faciles à regarder, et les acteurs jouent mieux (c'est moi qui ai demandé à tous les Dreamlanders que j'ai dirigés dans mes vieux films de gueuler leurs répliques et de surjouer leur personnage, alors ne leur jetez pas la pierre). Ceux pour lesquels j'ai eu de gros budgets ressemblent à de vrais films – une chose que j'ai toujours voulue sans en avoir les moyens. Je sais pourtant que mes 16 mm (même en 35 mm) apparaissent plus bruts, plus effrayants, plus proches d'une esthétique de *snuff-movie*, et le public jeune aimera toujours ce grain. Je suis content que mes films existent, circulent encore, rencontrent les nouvelles technologies. Je me fiche pas mal du support via lequel vous les visionnez, tant que vous continuez à les regarder.

Les temps sont durs pour le cinéma indépendant. New Line Cinema, tel que j'ai connu la boîte, n'existe plus. Je n'aurais jamais eu une telle carrière dans le show-business sans le soutien de Bob Shaye, et je voudrais le crier sur tous les toits. N'oubliez jamais les dirigeants qui vous ont aidé. L'influence, à Hollywood, est fluctuante, mais il ne devrait jamais en être de même pour la gratitude. Avant, il y avait dix ou quinze compagnies auxquelles je pouvais pitcher mes projets, et il n'en reste aujourd'hui plus que trois. Les cinémas d'art et d'essai n'enregistrent plus les mêmes recettes. Faut s'y faire. C'est fini et puis c'est tout.

À mes débuts à Hollywood, j'ai commencé à bien gagner ma vie, mais c'est en redescendant tout en bas de la colline que je me suis vraiment fait des ronds. Est-ce que toute ma carrière n'était qu'une vaste arnaque ? Suis-je un escroc de Hollywood ? Devrais-je me sentir coupable que beaucoup de mes films soient encore dans le rouge ? Je ne pense pas. Mes tournées promotionnelles ne cessent jamais car ces temps-ci j'ai toujours une apparition en chair et en os prévue quelque part – une exposition, un spectacle, un livre qui sort – et je n'arrête pas de signer de vieux DVD, ainsi que des neufs. Peut-être qu'un beau jour les studios rentreront dans leurs frais avec mes titres. Et puis quand je mourrai, la courbe des ventes connaîtra un dernier pic et ces films rapporteront enfin des bénéfices. Ce ne sera que justice.

LE RYTHME DANS LA PEAU

Un authentique *belieber* (Photo de Ryan Davies)

Il vous faudra avoir très bon goût en matière de musique pour vous en sortir dans la vie. J'ai de la chance, c'est mon cas. Ce qui ne veut pas dire que je danse en public à l'âge que j'ai. Le vieux qui se déhanche sur la piste, c'est en général un spectacle très déprimant, à moins d'avoir été vedette d'une émission télévisée de danse dans les années 1950 ou 1960 pendant son adolescence et de continuer à enchaîner les pas, sans ironie, qui vous ont rendu célèbre. Et non, les disques qui avaient du succès à votre époque ne sont pas meilleurs que ceux d'aujourd'hui. Dès que vous cessez d'écouter des choses nouvelles, c'est la fin des haricots. Vous êtes un vieux schnock.

Bien sûr, les premières chansons que vous avez aimées gamin et que vos parents détestaient resteront pour toujours la musique d'ouverture de la bande originale de votre vie. Faites une compilation des chansons qui ont fait germer la rébellion dans votre jeunesse et écoutez-les en boucle pour commencer à comprendre votre propre psychologie. Même si j'ai un vague souvenir de Johnnie Ray, chanteur sourd qui "pleurait" ses ballades au tout début des années 1950, c'est Elvis, et oui, c'est toujours lui le King, qui m'a fait comprendre que j'étais gay. Le simple fait de le voir bouger et gémir "Heartbreak Hotel" à la télé, ou encore mieux, l'entendre marmonner *"We're gonna kiss and kiss... and we're gonna kiss some more"* dans "I Don't Care If the Sun Don't Shine" m'a donné envie de me masturber pour la première fois alors que je n'avais que dix ans et demi et que j'étais encore prépubère. Personne ne m'avait dit ce qu'était une branlette ! Est-ce que d'autres gamins avaient déjà fait ça ? je me demandais, en proie à la panique. Quoi de plus rock'n'roll que de se branler pour la première fois de sa vie sur Elvis Presley ?

Quand j'ai vu des zazous de la cambrousse, j'ai su que j'avais un style : l'exact opposé de ce que j'étais. Élevé dans un esprit bon chic bon genre, inscrit à l'école privée, je rêvais de me frotter au sous-prolétariat. Tous ces chanteurs blancs aux déhanchements ultra-suggestifs que j'adorais (Gene Vincent, Billy Lee Riley, Warren Smith, Buddy Knox, Eddie Cochran) étaient "vulgaires", selon ma mère, qui voyait d'un mauvais œil les posters de "ces créatures" que j'accrochais au mur de ma chambre. J'ai vu des hommes de la classe ouvrière pour la première fois lorsque mon père m'a emmené voir le nouveau bâtiment de sa société dans le quartier de Remington à Baltimore. J'ai compris, le nez collé à la vitre de la voiture, qu'il se tramait un truc capital. Je n'avais jamais vu des mecs comme ça ! J'étais surexcité. Les rockabillies existaient vraiment et je voulais les côtoyer de près.

Un jour, mes parents m'ont emmené au bowling à Towson, près d'où on habitait. Ils ne savaient pas qu'il y avait également une salle de billard mais une fois qu'on était sur place, c'était trop tard pour faire demi-tour. C'est là que j'ai vu des délinquants juvéniles pour la première fois : des garçons avec leur col de chemise relevé, banane gominée, des filles en longue jupe noire moulante et ballerines, les cheveux coiffés à la Debra Paget relevés dans un foulard. J'avais tellement envie d'être avec eux ! J'ai jeté mon dévolu sur un type à l'air maussade, avachi sur le juke-box. Je savais en mon for intérieur qu'il avait volé des enjoliveurs dans sa jeunesse rebelle, et j'étais jaloux de son passé. Il n'arrêtait pas de mettre la même chanson, "The Joker" de Billy Myles, et il chantait les paroles tout bas, c'était très sexy. Ma mère a fini par remarquer. "Cette chanson commence à me taper sur les nerfs", a-t-elle râlé. Pas sur les miens. J'ai commencé à mémoriser les paroles et à chanter moi aussi. *"The Joker is what they call me. My friends say I've never seemed so gay"*, je roucoulais avec ma nouvelle idole, espérant qu'il me remarquerait. Aucune des personnes présentes, à commencer par moi, ne connaissait la définition moderne du mot "gay" à l'époque, mais il n'empêche que ces mots se sont gravés dans ma jeune mémoire pour toujours. "Remets-la", le suppliais-je intérieurement, et c'est ce qu'il faisait. On formait une équipe ! "Mais il ne peut pas changer de disque ?!" a fini par postillonner mon père, agacé. *"The Joker is crying over you"*, a poursuivi Billy Myles en pleine sérénade. Il parlait de moi, j'en étais convaincu.

Et puis Dieu a créé Roddy Jackson, un blondinet à la peau blanche de Fresno en Californie, versé dans la musique de "sauvageon", qui chantait avec des musiciens noirs et a enregistré son premier succès pour Sonny Bono (!) bien avant Cher, à l'époque où ce dernier était dénicheur de nouveaux talents pour la maison Specialty Records, le premier label de Little Richard. Doté de ce qui a été décrit comme "une voix de gorge carnivore", Roddy martelait son piano "comme si l'instrument constituait une menace pour sa propre vie". Quand je l'entendais prononcer les paroles *"Sometimes I think…"* de sa voix grondante, je dansais comme un fou dans ma chambre d'enfant comme le présentateur du hit-parade que je m'imaginais être, puis je chantais en chœur avec lui le refrain de son immense succès, "I Got My Sights on Someone New". C'était clair que j'avais des vues sur quelqu'un… Lui.

Je n'ai jamais voulu être une drag-queen. Mais si je devais chanter en playback une chanson d'artiste féminine, j'en choisirais une de Judy, Liza ou Cher. En fait non, ce serait Eileen Rodgers. Qui ça ? vous demandez-vous peut-être. Chanteuse de club assez peu connue, elle a également été la doublure d'Ethel Merman, qui a eu un tout petit peu de succès au milieu des années 1950. Bref, dès que je l'entendais chanter "The Treasure of Your Love" (même pas son plus grand succès), je prenais des allures de grande folle. L'air hautain, les épaules en arrière, je me mettais à beugler les paroles ridicules antiféministes pendant que derrière elle le chœur geignard dégoulinait d'harmonies *honky tonk**. *"The one thing I want, no riches can buy"*, je chantais en playback, ma bouche articulant les paroles avec un timing parfait, *"A love that is true and you by my side"*. Je savais que les autres garçons ne faisaient sans doute pas ça à l'époque. Qu'ils aillent

* Nom donné à l'un des principaux courants de musique country et à un style de piano qui lui est affilié. Ce style musical est né dans des établissements également appelés *"honky tonk"*. Destinés aux divertissements musicaux (piano, concerts de petits groupes de country ou piste de danse), ils sont très répandus dans le Sud-Ouest des États-Unis, et plus particulièrement dans le Sud.

se faire foutre. Pendant quelques minutes chaque jour, sur une courte période en 1958, *j'étais* Eileen Rodgers. Et j'étais belle.

Je n'ai pas tardé à me rendre compte que j'avais davantage besoin d'être drôle que d'être féminin. D'humour noir. Et "Transfusion", de Nervous Norvus, est le tout premier exemple d'humour noir que j'ai entendu. Gamin, j'étais obsédé par les accidents de voiture, et cette chanson macabre bourrée d'ironie qui avertissait les gens sur les dangers de certains comportements au volant a été comme un pieu que j'accueillais volontiers dans mon cœur de résident pavillonnaire. Avec des bruitages de pneus qui crissaient suivis de tôle froissée en guise de refrain, les paroles de petit malin de Nervous Norvus, telles que *"Slip the blood to me, bud"* ("Paye ta pinte de sang, Vincent"), raillaient la propagande anti-délinquants juvéniles qu'on nous fourguait quotidiennement dans les années 1950. Ç'a été ma première introduction à l'humour macabre. Sans lui, Lenny Bruce n'aurait pas pu exister.

Bien sûr, j'adorais les autres disques comiques pour adolescents qui reprenaient ce thème de l'accident de voiture, un genre qui serait impossible de nos jours. J'ai appris à cette époque qu'aucun sujet n'était trop tabou pour la musique si vous étiez le premier à y penser. "Teen Angel" est sorti en 1960 et je me passais le disque tous les soirs avant de m'endormir, me représentant la crétine dont il était question dans les paroles se faire écrabouiller par un train au moment où elle retournait en courant à la voiture de son petit copain qui avait calé sur les rails pour récupérer la chevalière de lycéen qu'il venait de lui donner. "SPLOTCH !" je m'écriais au moment de l'impact de la locomotive, imaginant la fille aplatie comme une crêpe.

"Tell Laura I Love Her", de Ray Peterson, est sorti juste après, entérinant à jamais le genre de la tragédie adolescente. Lorsque la voiture de notre héros fait des tonneaux et qu'il nous supplie donc, dans un dernier râle, de dire à Laura qu'il l'aimait, je me repaissais de tristesse, de chagrin adolescent, de l'injustice de nos vies juvéniles. Très tôt j'ai été une *drama queen*, et m'imiter ne pourra que participer à votre épanouissement musical.

En matière de feuilleton pour ados avec bruitages d'accidents de voiture, "Leader of the Pack" a atteint des sommets d'angoisse. Les Shangri-Las étaient des rebelles parfaites, et je veux bien me risquer à dire qu'elles étaient aussi coriaces, sinon plus, que les Ronettes. Leur chanteuse, Mary Weiss (qui, beaucoup plus tard, a sorti un incroyable album solo), était tellement sans cœur et pince-sans-rire que je me suis toujours demandé si elle n'avait pas fait exprès de desserrer les freins de la moto de Jimmy en cette soirée pluvieuse. Elle avait beau crier *"Look out ! Look out !"*, elle n'en pensait peut-être pas un mot. Elle l'avait peut-être bien assassiné, le chef de la bande !

Quoi qu'aient commis les Shangri-Las, elles ont inspiré à Jimmy Cross ce qui est probablement la plus délirante des chansons de ce genre jamais enregistrées : "I Want My Baby Back". Après avoir survécu à un terrible accident de voiture (avec les mêmes bruitages que dans "Leader of the Pack"), notre conducteur chante à propos de sa petite amie démembrée *("Over there was my baby... over there was my baby... and way over there was my baby")* et de la peine terrible qu'il ressent après le choc. Incapable de vivre sans son "bébé", il déterre son cercueil, s'y enferme, et chante les mots de la fin *"I've got my baby back"* depuis l'intérieur. L'écoute m'a choqué à l'époque, et elle me choque encore aujourd'hui. C'est l'unique morceau de rock'n'roll nécrophile à avoir infiltré le Top 100 de *Billboard.*

J'étais déjà bien parti pour développer un sens de l'humour un peu tordu parce que quand j'ai entendu l'album comique *It's in the Book* de Johnny Standley à la radio en 1952, je l'ai aussitôt acheté et me le suis passé en boucle dans ma chambre de petit garçon. Sur le ton d'un curé de campagne tatillon, M. Standley donnait une conférence à un public de personnes raffinées sur la logique à l'œuvre dans la comptine pour enfants "Little Bo Peep", suscitant des rires surjoués enregistrés. Ce monologue était la chose la plus drôle que j'avais jamais entendue, et je le pense encore aujourd'hui. Son élocution impassible, très drôle, m'a inspiré le ton comico-intello ridiculement exagéré qui, je l'espère, m'accompagne sur scène dans mes spectacles *This Filthy World* et *A John Waters Christmas.*

"It says here ("On nous dit ici"), se lance Standley d'une voix espiègle et théâtrale, *that Little Bo Peep, who was a little girl, has lost her sheep and doesn't know where to find them"* ("que cette petite bergère, qui est une petite fille, a perdu ses moutons et

ne sait pas où les trouver"). Là, il marque une pause comme si tout le monde excepté lui était un abruti fini, puis reprend. *"Now that's reasonable, isn't it ?* ("C'est fort raisonnable, n'est-ce pas ?"), demande-t-il, hautain. *It's reasonable to assume if Little Bo Peep had lost her sheep, it's only natural she wouldn't know where to find them !"* ("Je veux dire, il est raisonnable de penser que si notre petite bergère a perdu ses moutons, il est bien naturel qu'elle ne sache pas où les trouver !") Impassible. Hilarant ! *"Think for a moment, think !* ("Réfléchissez un instant, réfléchissez !"), conseille-t-il, donneur de leçons, au public. *If the sheep were lost and you couldn't find them alone, you'd have to leave them alone, wouldn't you ?"* ("Si les moutons sont perdus et que vous ne savez pas où les trouver, vous êtes bien forcé de les laisser tranquilles, non ?") Alors que je me roulais par terre pris d'un fou rire incontrôlable, il beuglait son refrain *"It's in the book"* ("C'est écrit comme ça"), et le faux public hurlait de rire en chœur avec moi. Au diable Oscar Wilde, Noël Coward, Oscar Levant ; à mes yeux, Johnny Standley était l'homme le plus drôle sur Terre et je voulais devenir comme lui.

La musique m'avait permis de développer mon sens de l'humour, mais il fallait à présent que j'apprenne à m'en servir dans l'écriture. Le sampling est né en 1956, le jour où les auteurs-compositeurs sans le sou Dickie Goodman et Bill Buchanan ont décidé de s'emparer des paroles célèbres des hits de leur époque et d'utiliser ces mots hors contexte dans un tout nouveau récit, idée ayant abouti à ce que certains n'ont pas hésité à appeler le premier disque comique de rock'n'roll, "The Flying Saucer, Part One and Part Two". Imaginez qu'un vaisseau spatial atterrisse sur le sol américain et commence à semer une panique digne de *La Guerre des mondes* d'Orson Welles, le tout raconté par les voix piratées de Frankie Lymon, des Platters, et Fats Domino. Une fois que la radio new-yorkaise WINS a pris le risque de passer le disque à l'antenne pour la première fois, tout est parti en vrille. L'Amérique adolescente a compris qu'un nouveau genre, unique, était né, et "The Flying Saucer" est devenu un succès monstre. Baltimore a été l'une des rares villes où il a supplanté le coup de maître à deux faces d'Elvis Presley ("Don't Be Cruel" et "Hound Dog") pour devenir numéro un.

Toutes les bandes originales de mes films, de *Hag in a Black Leather Jacket* (1964) à *A Dirty Shame* (2004), ont recours au même concept : la musique incarne le narrateur et raconte l'histoire avec les mots d'autres auteurs-compositeurs. Buchanan et Goodman se sont pris un procès pour violation du droit d'auteur, et moi pour utilisation de titres musicaux sans autorisation dans mes premiers films. Ils ont évité la condamnation grâce au juge qui a décidé que le travail produit était une "satire, une parodie, une nouvelle œuvre", décision qui ferait jurisprudence et instituerait la notion de *fair use* ("utilisation raisonnable") à laquelle tous les documentaristes ont recours désormais pour éviter de payer les droits d'exploitation de matériaux qu'ils s'approprient. Moi, par contre, j'ai perdu. J'ai peut-être volé ces 45 tours dans un premier temps, mais les labels et les auteurs de ces titres obscurs de groupes amateurs ont largement récupéré leur fric quand les distributeurs ont fini par leur payer les droits d'utilisation de leur musique des décennies plus tard.

Comme tout le reste dans le monde du spectacle, "médiocre" peut s'avérer être la clé du succès. En musique, une voix nasillarde est souvent une signature qui durera une éternité. C'est Shirley, du duo Shirley and Lee, qui a été la première dans ce domaine. Quand je l'ai entendue chanter "Let the Good Times Roll" dans les années 1950, je me suis demandé si elle était enrhumée. Est-ce que son timbre d'asthmatique signait le début d'une tendance ? Lorsque "I Feel Good", du même groupe, a remporté un succès phénoménal, j'ai essayé d'imiter le chantonnement de Shirley en me pinçant le nez avec une pince à linge, mais je savais que jamais je n'égalerais sa *joie de vivre** nasillarde.

Des années plus tard, Rosie, de Rosie and the Originals, faisait la même chose avec la ballade "Angel Baby". Est-ce qu'elle était enrhumée ou est-ce qu'elle le faisait exprès ? Si elle s'était mouchée avant d'enregistrer, est-ce que sa chanson aurait été numéro un ? Lorsque Kathy Young l'a imitée et a chanté "A Thousand Stars" dans ce style vocal encombré désormais familier, est-ce qu'elle a ouvert la voie à tous les futurs chanteurs grippés jusqu'à Rufus Wainwright ?

* En français dans le texte.

Chanter d'une voix de fausset a toujours été un "mauvais" gimmick qui s'est avéré payant pour les hommes, alors les mecs, si vous essayez de vous lancer dans la musique, je vous suggère de tenter le coup. Quand Lou Christie a explosé le cadre des gammes classiques en déboulant avec sa voix suraiguë sur le titre "Two Faces Have I" en 1963, j'ai cru que j'étais le seul adolescent de mon pays à tenir cette chanson pour un hymne gay secret. Frankie Valli a fait encore mieux avec son "Walk Like a Man", mais il n'y a qu'une voix de fausset qui m'a fait pleurer à chaque écoute, c'est celle de Donnie Elbert. Il n'a peut-être pas rencontré un succès populaire énorme, mais son premier titre de rhythm and blues, "What Can I Do", me colle encore des frissons chaque fois que je l'entends. Merde alors, lui, on peut dire qu'il sait geindre. Et quand le saxophone, plein d'émotion, accompagne son tout dernier refrain, *"What can I do, do, do, do, do, doo-doo ?"*, Donnie fait passer ses babillages pour de la pure littérature.

Cette mode ne s'est pas arrêtée à nos frontières ; elle a été encore plus extrême en Grande-Bretagne. "Bread and Butter", chansonnette *mod* de 1964, a tapé sur le système de tous les parents avec ses paroles simplettes haut perchées et son rythme puéril. C'est la fin de la chanson que je préférais, quand le chanteur, Larry Henley, pique une crise suraiguë en voyant sa nana qui mange avec un autre mec. *"No-no-no-no"*, hurle-t-il dans un accès strident de jalousie inégalé à ce jour dans l'histoire de la colère gastronomique.

Mais le chanteur anglais à la voix de fausset qui bat tous les autres, celui qui, je le crois, a possédé mon cœur et mon âme en 1964 (l'année où je me suis donné à fond dans les drogues, l'humour noir et la psychose politique), c'est Ian Whitcomb. Je rêvais d'être comme lui, à la fois un peu dégingandé et évocateur de Tony Perkins. En fait, il me ressemblait un petit peu, ou en tout cas il s'habillait comme moi à l'époque. Son succès, "You Turn Me On", résume parfaitement tout ce en quoi on devrait croire : la parodie de l'enthousiasme, la confusion des genres sexuels, et la critique de la norme par la dérision. Quand je l'ai entendu pour la première fois panteler de façon comique *"uh, huh, huh, huh, uh"* après chaque phrase, j'ai eu envie de chanter en chœur avec lui, tout en gloussant d'excitation et en tremblant de partager avec lui cet humour adolescent, enraciné dans le trop-plein d'hormones.

Son second titre, "N-E-R-V-O-U-S", peu connu, est sans aucun doute le summum de l'enregistrement "médiocre" réussi, réunissant tous les éléments indispensables à la formation de goûts musicaux parfaits : chant à bout de nerfs, narration excentrique, indifférence absolue face au rejet, et sens de l'à-propos combiné à une innocence décomplexée. Allumez votre ordinateur et regardez sa parodie de clip avant-gardiste, bien antérieur à MTV, et vous éprouverez la joie et le ravissement insoumis que je ressens encore quand je le vois. Regardez-le bégayer ses paroles, *"I get so n-n-n-n-nervous"* ou *"Come a little bit c-c... c-closer"* à la télévision française ou en direct sur *Hullabaloo* et vous verrez ce que je veux dire. C'est le gars délibérément maladroit qui transforme son handicap vocal en atout stylé. Il n'a pas honte de bégayer, il s'attend à ce que vous ne l'en aimiez que davantage, et pour moi c'est le cas. Ian est toujours vivant*, il habite à Playa del Rey, en Californie, mais je refuse de rompre le charme et le rencontrer en vrai. Je serais trop n-n-nerveux !

Il m'est absolument impossible d'évoquer les voix de fausset sans parler de ceux qui figurent dans mon panthéon personnel – Alvin et les Chipmunks. Je suis un fan de toujours, possède chacun de leurs albums, que je passe souvent chez moi (au grand dam de mes amis), émerveillé par leur mélange des genres naturel, entre musique pour enfants, pop, rock, grunge, punk, techno, rap et chants de Noël. Je les considère comme des dieux, alors imaginez comme j'étais aux anges lorsque, enfin, mon agent m'a appelé pour me dire que la Twentieth Century Fox voulait que je fasse une apparition dans le prochain opus de la série, *Alvin et les Chipmunks : à fond la caisse*.

Cette proposition n'est pas tombée du ciel. J'ai eu ce rôle parce que je m'étais lié d'amitié avec l'acteur Matthew Gray Gubler, qui était non seulement connu pour son rôle dans la série *Esprits criminels* mais aussi pour être la voix de Simon dans toute la série des Chipmunks. Sans vergogne, je l'ai supplié d'user de son influence pour m'obtenir un rôle et il a promis d'essayer. J'ai eu envie de dire aux producteurs que j'étais tout à fait disponible

* Depuis l'écriture de ce récit et sa publication aux États-Unis, Ian Whitcomb est malheureusement décédé, le 19 avril 2020. *(Note des éditeurs.)*

pour la promotion canapé, mais personne ne m'a pris au mot. J'étais pourtant prêt à le faire avec Alvin sur-le-champ.

*

Est-il possible d'aspirer à devenir deux personnes différentes en même temps, combinées en une seule ? Si la réponse est oui, on devrait me faire, au niveau de la colonne musicale, une greffe bicéphale : Ike et Tina Turner. Vous aussi. Ike et Tina, c'est le meilleur groupe de soul qui ait jamais existé. Pas Ike tout seul avant Tina, ni Tina seule après Ike. Ensemble. Pour toujours.

"Ike bat Tina même dans la mort", a claironné le *New York Post* quand Ike a fini par mourir d'une overdose des années après que Tina l'avait laissé tomber. Je ne lui jette pas la pierre d'être partie. Il la battait, la traitait comme un proxénète l'aurait fait et aurait même décoré leur maison avec un goût si douteux que Little Richard aurait dit après leur avoir rendu visite : "Je ne savais pas qu'on pouvait dépenser un million de dollars dans un magasin de discount." Je comprends. Tina n'aurait pas dû se contenter de le quitter. Elle aurait dû le tuer. N'importe quel jury au monde l'aurait acquittée.

Mais bon. Ai-je tort de souligner que Tina Turner n'a jamais été aussi bonne que lorsqu'elle chantait sous le contrôle de Ike ? Quand je l'ai entendue gronder pour la première fois *"Your lips set my soul on fi-i-r-re"* dans "It's Gonna Work Out Fine", j'ai cru que ma peau allait se couvrir de cloques sous l'effet de la chaleur. Ça m'a été bien égal de découvrir plus tard que ce n'était même pas la voix de Ike qui lui répondait sur cet album (c'était Mickey du duo Mickey et Sylvia, interprète de "Love Is Strange"). Je savais que Ike était le Svengali du rhythm and blues de Tina. Jetez un œil à la photo de Tina sur la pochette d'un de leurs premiers albums, *Dynamite !*, et vous verrez une gravure de mode qui m'a influencé à jamais. J'avais trouvé ma nouvelle déesse, qui posait telle une *show girl* de bastringue en manteau d'hermine miteux, robe fourreau ultra-moulante, perruque synthétique, et mules à talons aiguilles. Regardez de plus près. Au-dessus de ses lèvres retroussées, vous remarquerez un soupçon de moustache.

N'hésitez pas à être sélectif dans vos goûts musicaux à mesure que vous vieillissez. Si vous êtes du genre éclectique, tâchez de vous concentrer sur les tendances vraiment originales de la musique populaire que les gens trop sophistiqués oublient bêtement. Niveau mélodie, soyez plutôt fin connaisseur que compositeur. Un raté du temps frappé. Un insouciant obsédé. Un amoureux des harmonies à la pointe de la *dream pop*. Si vous n'influencez pas les tendances du hit-parade, vous êtes un loser, et pas à la Beck. J'entends par là médiocre, à la Prince. Vous voyez ? Polémique, je vous dis.

Ce n'est que bien après Ike et Tina, en 1981 pour être précis, que je me suis entiché d'un autre duo de soul. Cette fois, tout a commencé par une chanson "contexte" (ainsi que le milieu du rhythm and blues appelait les titres feuilletons chantés parlés) qui est devenue un tel succès dans les quartiers noirs qu'elle a engendré cinq enregistrements "réponse" en deux ans. "She's Got Papers on Me" avait ses racines dans le titre de 1974 de Shirley Brown "Woman to Woman", qui débute sur une sonnerie de téléphone, on décroche, puis une voix : *"Hello, may I speak to Barbara ?"* ("Bonjour, puis-je parler à Barbara ?") La chanteuse dit à l'autre femme que l'homme dont elle est amoureuse lui appartient, *"from the top of his head to the bottom of his feet"* ("du sommet du crâne à la plante des pieds"). C'est elle aussi qui paye ses fringues et ses frais de voiture. Voilà, c'est le contexte, ni plus ni moins.

Sept ans plus tard, Richard "Dimples" Fields a sorti un slow empreint d'émotion dans lequel il se plaint d'être amoureux d'une femme qui n'est pas son épouse, mais il est désemparé car celle-ci le tient par les papiers – "She's Got Papers on Me". Je n'avais jamais entendu cette expression avant, mais apparemment, dans la communauté afro-américaine, c'est un terme bien connu pour dire qu'on est lié par n'importe quelle forme de contrat écrit que ce soit : prêt immobilier, crédit auto, et surtout, certificat de capacité matrimoniale. J'ai fait mienne cette expression et je dois être le seul réalisateur blanc à avoir gueulé "J'ai des papiers !" à un directeur de studio auprès de qui j'essayais de récupérer des royalties qui m'étaient dues.

Mais ce qui a fait le succès de cette chanson, ce n'est pas le chant traînant de Dimples et sa voix de tombeur – non, c'est Betty

Wright, la "Clean Up Woman" en personne, qui arrive au bout de quatre minutes trente de chanson, parce qu'elle était en chemin pour aller travailler mais s'aperçoit qu'elle a oublié son pull. *"Well, well, well"*, se lance-t-elle en surprenant "Mr. Look So Good" en train de chanter dans la salle de bains à propos de sa douce, qui occupe toutes ses pensées. Tout comme Shirley Brown, c'est elle qui paie l'appartement, mais cette fois, non seulement elle jette le mec dehors, mais lui annonce qu'il doit la payer pour qu'elle le libère, parce que, dit-elle : *"I got papers on you but now I'm throwin' em' in the trash can of my memory."* ("Je te tiens par les papiers mais j'ai décidé de les jeter dans la poubelle de ma mémoire.") À la fin de sa tirade de rupture, et c'est ma réplique préférée, elle s'offusque : *"Now take your little albums and your little raggedy component set that never worked and you can scat !"* ("Prends tes petits albums et ton service trois pièces dépareillé qui n'a jamais marché, et du balai !") Quel sens du détail. C'est du joli, en effet.

Le premier disque "réponse" n'allait pas tarder. Barbara Mason a essayé de prendre l'avantage sur Betty Wright avec "She's Got Papers, but I've Got the Man", une fois que cette dernière avait largué Dimples. Qu'il aille se faire voir. On se fichait pas mal du mec, ce qui comptait maintenant c'était le crêpage de chignon, et les ongles acérés étaient prêts à passer à l'action. *"Betty, I'm addressing this directly to you"* ("Betty, je m'adresse directement à toi"), disait Barbara en guise d'avertissement, et on était prêts pour le deuxième round.

Après un début mollasson, au bout de trois minutes, notre chanteuse finit par nous donner ce qu'on attend – et ça débine sec ! *"You see, I've never been in position to give him any material things* ("Tu vois, moi, je n'ai jamais été en mesure de le chérir avec des choses matérielles"), explique Barbara sur un ton glacial, *but then I've never demanded... no papers, no rings"* ("mais je n'ai jamais exigé... de papiers, ni de bagues"). Oh oh, Barbara va régler ses comptes. *"I have his slippers, his bathrobe, and the component set you told him to take with him when he left."* ("J'ai ses chaussons, son peignoir, et le service trois pièces que tu lui as dit de reprendre quand tu l'as fichu dehors.") Est-ce qu'elle était obligée de mentionner le service trois pièces ? Que c'est mesquin. Et cruel. La compassion, c'est pour les chiens ?

Une certaine Jean Knight, qui n'avait pas non plus la langue dans sa poche, avec un succès à son actif, "Mr. Big Stuff", a elle aussi répondu à Betty. Apparemment ça se bousculait au portillon pour lui en remontrer. "You've Got the Papers, but I Got the Man" est sorti à peu près au même moment que la réponse de Barbara, mais le contenu était encore plus méchant et pour ne rien arranger, Jean chantait en compagnie d'un certain Premium, se faisant passer pour notre ami Dimples. Un nouveau coup de fil. Plus remonté. Plus mordant, mais aussi les insultes peut-être les plus drôles jusqu'alors. Jean a quelques trucs à dire à Betty et ne mâche pas ses mots, parce que l'homme pour lequel elles se battent "s'intéresse désormais à l'élégance, et non à la déglingue" *("dealin' in class now, honey, not trash")*. Elle traite Betty de "mauvaise maîtresse de maison", de "piètre cuisinière", l'accuse de se laisser aller, de grossir. Et voilà notre Premium tout ému, qui beugle sa joie d'être enfin avec sa douce, avec qui il compte rester pour toujours. Cette situation est en train de dégénérer !

C'est trop d'affronts pour Betty. Le temps de la riposte a sonné. Elle ne s'est tue que trop longtemps. En a assez de ces humiliations radiophoniques de seconde, troisième, quatrième main, qui durent depuis des mois ! Et puis bon, Dimples, c'est du passé ! Il ne chante même pas sur ce disque. D'ailleurs, elle a un nouveau mec, et une chanson à sa gloire ! Ça s'appelle "Goodbye You, Hello Him", et cette fois, les papiers disent seulement *"She's gone !"* ("Elle est partie !"). Les meubles aussi ont disparu. Elle a également laissé le chien, qui mâchouille ses vêtements – "enfin, ceux que je n'ai pas brûlés ou déchirés" *("all the ones I didn't burn up or rip up")*. Il n'y a pas pire colère que celle d'une femme bafouée. Et puis, le coup de grâce : *"And oh, by the way, there are no more pimples on my face."* ("Ah, et au fait, je n'ai plus de boutons sur le visage.") Moi, ça me bouleverse. Complètement. Au diable le grand répertoire américain. Ce disque est bien plus éloquent.

Apprenez à exploiter le moindre de vos succès. Rien ne vous empêche de continuer à faire la même chose encore et encore tant que vous gardez votre sens de l'humour sur votre manque d'inspiration. Alors que Dimples, Betty Wright, Jean Knight et Premium étaient en train de passer à autre chose, Barbara Twist a remis cette vieille histoire sur le tapis, avec une nouvelle approche.

Elle avait peut-être mis trois ans à le découvrir et elle le chantait en disco et plus en soul, mais elle s'était aperçue que l'homme pour lequel elles se battaient toutes était gay ! Eh oui, dans "Another Man", c'est le titre de la chanson, *"another man is beating my time, another man is lovin' mine"* ("un autre homme me bat à mon propre jeu, un autre homme aime le mien"). Mais quel rebondissement hilarant ! Du refoulement, et sans papiers. Imaginez seulement quelle réponse ce type gay aurait pu lui faire !

Et tenez-vous bien, c'est ce qui s'est passé ! Un groupe se faisant appeler Tout Sweet a aussitôt relancé Barbara avec une chansonnette intitulée "Another Man is Twice as Nice". *"You stole a man, but you wound up with two."* ("Tu as pris l'homme d'une autre, l'accusaient-ils, mais tu te retrouves avec deux mecs sur les bras.") Dans une interview qu'elle a donnée plus tard, Barbara Mason a avoué que la première fois qu'elle a entendu cette chanson, elle s'est écroulée de rire. Mais rira bien qui rira le dernier, et Tout Sweet lui a lancé un défi à propos du deuxième homme : *"He's got a lady too and I already know she's crazy about you."* ("Il a une nana aussi et je sais qu'elle est dingue de toi.")

Mais les choses se sont arrêtées là. "Je me demande bien ce qu'il va advenir maintenant ?" s'est interrogée Barbara en public, mais la série a fait pschitt. Dimples a succombé à une crise cardiaque en 2000. Sûrement qu'il ne supportait plus d'avoir causé tous ces problèmes. Mais il a fini par les récupérer, ces papiers. Un certificat de décès. Les papiers de la fin.

*

Si vous vous camez, le jazz est fait pour vous. Le be-bop, c'est le son de l'héroïne, n'est-ce pas ? Purement et simplement. Tous les maestros du jazz que j'ai jamais aimés étaient des drogués : Chet Baker, Bud Powell, Billie Holiday, Anita O'Day, Miles Davis, Charlie Parker. Ces mecs et ces nanas si cools, des notes de musique auraient pu suinter des traces de shoot qu'ils avaient sur les bras. Tellement dans le coup. Tellement de charisme. Tellement au goût du magazine *DownBeat*. Tellement Bleecker et MacDougal. À lancer des *All right* sans raison apparente pendant que vous les écoutez avec votre rencard qui n'a pas la même couleur de peau.

J'ai toujours eu de la peine pour ma mère parce qu'elle disait détester le jazz. Quand elle était très malade vers la fin de sa vie et qu'ils l'ont mise sous morphine à l'hôpital, je me suis dit "Enfin ! Elle va pouvoir apprécier Coltrane". Je me suis rué sur mon casque à écouteurs mais le personnel soignant m'a fait les gros yeux alors j'ai laissé tomber. J'aurais dû lui parler des Nutty Squirrels. Ils faisaient du jazz mais ce n'étaient pas des drogués. Ce groupe au chant accéléré qui imitait les Chipmunks a même débarqué à la télévision avant eux dans une émission animée intitulée *The Nutty Squirrels Present*, dans laquelle ils regardaient de haut la pop d'Alvin et de sa clique. Ils ont cassé la baraque avec "Uh Oh, Part One and Two", mais si vous remontez dans leur discographie, vous serez éblouis par certains de leurs riffs. Ce qu'ils envoyaient ! Si ma mère avait entendu du jazz pareil à la mauvaise vitesse, elle aurait pu adorer.

Voici le nom d'une autre chanteuse de jazz qui ne se droguait pas que vous pourriez aimer et grâce à qui vous pourrez impressionner votre famille en citant vos références musicales les plus obscures – Mildred Bailey. Ma chanteuse de jazz préférée. Malgré une longue carrière et un certain succès auprès des critiques de jazz qui l'ont placée derrière Billie Holiday en 1943, puis devant elle les deux années suivantes, Bailey est largement oubliée aujourd'hui. Peut-être parce qu'en dépit de deux mariages ratés, elle "préférait la compagnie des hommes gays". À moins que ce ne soit parce qu'on se souvient d'elle comme d'une femme "dure comme la pierre", au "tempérament violent", encline à de "vilaines crises" ? Est-ce que c'est ça qui l'a entravée ? Ah, et sinon, toute sa vie on l'a prise pour une femme noire à la peau très claire, alors que ce n'était pas le cas. Lorsque les services postaux ont émis une série de timbres commémorant les chanteurs de jazz et de blues en 1994, tous les artistes représentés étaient noirs et Mildred figurait parmi eux. Alors que, non, elle n'était pas noire.

*

D'une certaine manière, tous les titres country ne sont-ils pas des chansons parodiques ? De nos jours, beaucoup de gens se plaignent que la musique country, c'est plus ce que c'était, et j'étais assez d'accord, jusqu'à ce que je me mette à écouter la station Outlaw Country sur Sirius dans ma voiture. Dingue ce que cette musique de bouseux a produit comme pépites avant et après Patsy Cline, Loretta Lynn, Hank Williams, et Ferlin Husky – pépites que je n'avais jamais entendues. J'avais beau avoir traîné dans des bars de péquenauds toute ma vie, avec ma posture de p'tit Blanc, je sentais tout le poids de mon ignorance musicale. Tout à coup, je me rendais compte que j'étais un vieil auditeur caucasien qui avait besoin de décrasser ses oreilles citadines au son nasillard de la country pour qu'elles s'émoustillent à nouveau. Si je savais quelle conduite adopter à une fête de prison, je manquais cruellement d'expérience de plouc, ce qui me réservait une place de choix à bord de la charrette de foin en partance pour l'enfer musical sur Terre. Si vous n'aimez pas la musique country, vous n'avez pas d'âme. L'heure du ravalement de façade musicale est peut-être venue.

Comment injecter de la musique pour combler vos lacunes en musique country ? Commencez par faire une compilation des huit titres de chansons de ploucs que je vais vous recommander et écoutez-la en boucle jusqu'à ce qu'elles vous rentrent dans le crâne comme les leçons de catéchisme quand vous étiez gosse. Des airs qui vous feront paraître plus con dans le milieu universitaire mais plus intelligent dans la vraie vie, le premier pas de toute opération réussie de relooking en musique country. Il se pourrait même que ces chansonnettes vous aident à coucher.

Commençons par "Firebug" de J. D. McPherson. On dirait un vieux truc comme ça, mais ça date de 2010, ce qui prouve bien que le rétro, c'est une question d'état d'esprit, pas de date. Quelle importance que cette chanson parle de pyromanie ? La prévention incendie a toujours été l'activité commerciale de ma famille, alors c'est pas ma faute si pour moi un mec qui craque une allumette a des allures de prince charmant. *"Burn it up, burn it down"* ("Faut que ça brûle, faut que ça crame"), chante J. D., et on peut être sûr que si un pyromane excité est à l'écoute quelque part, il viendra glisser le long de votre perche de feu et se consumera d'un simple contact.

Si vos goûts sont un peu moins extrêmes mais que vous donnez quand même dans le glauque respectable, "Snake Farm"

(2006) de Ray Willie Hubbard est pour vous, un vrai chant nuptial pour les mal élevés. *"« Snake farm » – it just sounds nasty"* ("Une ferme aux serpents – ça me dégoûte"), grogne Ray, d'une voix un peu dégoûtante elle aussi. Alors si en plus sa copine dans la chanson s'appelle Ramona et qu'elle ressemble à Tempest Storm… Je parie qu'ils sont tous les deux tellement sexys et vicieux qu'au moins l'un d'entre eux est prêt à venir s'amuser un peu chez vous si vous le lui demandez. Il faut viser bas. Penser linoléum, monstres de Gila, mycose de l'entrejambe, morsures de serpent, venin qu'il faut aspirer en suçant la blessure pour sauver des vies. Écoutez bien "Snake Farm" et vous vivrez une expérience sexuelle musicale unique.

Il est impossible d'apprécier la musique country si on n'a pas été alcoolique à un moment donné de sa vie. "If I Could Make a Living Drinking" serait la chanson idéale pour draguer dans une agence pour l'emploi ou aux allocs. Cette chansonnette réaliste de 2014 de Kevin Fowler envisage donc l'alcoolisme comme plan de carrière. Si on le payait pour picoler, il ne se ferait jamais porter pâle, enchaînerait "les heures sup sans se faire prier" et serait "trop occupé à se biturer pour se syndiquer" *("wouldn't mind all this working overtime […] too busy boozin' to ever join a union").*

Parfois, la gueule de bois, c'est sympa : rester au lit toute la journée, prendre trop d'aspirine, se branler, bouffer des cochonneries, ne pas répondre au téléphone. Ces petits à-côtés de la picole sont un genre musical à part entière dans la country, et vous devriez y jeter une oreille. Même si vous avez touché le fond, comme on dit aux Alcooliques Anonymes, il reste un endroit prêt à vous accueillir : la "Hangover Tavern" (1961) de Hank Thompson. *"My head is heavy, my spirit's kind of low, and every time I feel this way, to Hangover Tavern I go."* ("J'ai la tête lourde, j'ai pas trop le moral, chante-t-il avec mélancolie, et chaque fois que c'est comme ça, je vais à la Taverne de la Gueule de bois.") Je vous ai bien dit qu'une gueule de bois peut pousser la chansonnette si on l'y encourage.

Si vous êtes abattu, écoutez encore plus de musique country. Il y a des milliers de chansons où ces ploucs parlent de se tailader les poignets qui vous feront rire de votre propre complaisance et vous remonteront le moral. On peut dénicher l'histoire la plus triste, la plus déchirante, la plus ridicule mais aussi tout simplement la plus touchante dans le succès country numéro un du hit-parade "Lonesome 7-7203", de Hawkshaw Hawkins. Quel morceau génial ! Le numéro de téléphone, c'est celui que le chanteur a créé exprès pour son ex-petite amie, au cas où elle voudrait l'appeler pour lui dire qu'elle avait changé d'avis, ne voulait plus le quitter mais revenir. Elle est la seule à connaître ce numéro. Il a résilié leur ancienne ligne parce que leurs amis n'arrêtaient pas d'appeler pour parler à la fille. *"If you ever long for love that used to be, just call Lonesome 7-7203."* ("Si jamais l'amour qui existait te manque, chante-t-il magnifiquement, appelle Lonesome 7-7203.")

Je pourrais fondre en larmes rien qu'à l'imaginer en train d'attendre ce coup de fil chez lui. Pendant des jours… des semaines… des mois ! Mais alors j'imagine un truc pire. Les répondeurs, ça n'existait pas en 1963. Supposons qu'il ait dû sortir de chez lui à un moment donné ? Pour acheter à manger ? Ou de l'alcool ? Et qu'il ait manqué l'appel ! Pire encore, et si le téléphone sonnait enfin mais que c'était une erreur de numéro ? Ou quelqu'un qui lui raccroche au nez ? Il y aurait de quoi aller se jeter d'une falaise. Mais attendez… il y a plus tragique. Trois jours après la sortie de sa chanson, Hawkshaw Hawkins a trouvé la mort dans un accident d'avion. L'insulte suprême dans tout ça ? Patsy Cline était également à bord, et sa mort a totalement éclipsé la sienne. Allez-y, riez. Votre anecdote triste, c'est du pipi de chat comparé à ça.

*

Au début, je détestais les Beatles à cause de leur fichue bonne humeur. Je n'ai pas écouté de musique pop de 1964 à 1976, jusqu'à ce que j'entende les Sex Pistols pour la première fois. Enfin un nouveau son anti-hippie qui emmerdait toutes les légendes de la musique qui avaient précédé. Avant qu'ils soient connus en Amérique, je me rappelle les avoir vus en concert près de Londres, à la fois choqué et fasciné par cette toute nouvelle culture. Du pogo ! Enfin l'opposé des bals de débutantes auxquels mes parents me forçaient à aller quand j'étais adolescent.

Et la déesse punk Jordan ! Bon sang, dans le genre beauté radicale, c'était une toute nouvelle donne. Cheveux "statue de la Liberté" en pointe ! Et ces tenues en latex et cuir ! Ce maquillage géométrique sur son visage. En plus elle gueulait ses paroles sur un ton aussi effrayant que les Sex Pistols. Il a suffi que Divine pose un seul regard sur Jordan pour se plaindre : "Me voilà redevenue quelconque." Jordan est toujours vivante ; elle vit avec sa mère en *éminence grise autoproclamée*, se reposant sur ses lauriers de première dame de la marge punk, et elle a bien raison. Personne ne pourra te renverser de ton trône, Jordan ! Tu es notre présidente émérite du style et tu règnes toujours en reine sur le monde punk.

J'adore le punk. Je me sens en sécurité dans cet univers et oui, je sais que ça n'a rien de nouveau à notre époque. En fait, ça fait maintenant quatre années de suite que j'accueille un festival nostalgique de punk rock à Oakland, en Californie, qui s'appelle le Burger Boogaloo, dont la programmation est assurée par le brillant organisateur Marc Ribak. Des groupes de punk rock du passé (The Dwarves, The Mummies, The Damned) réémergent et partagent l'affiche avec des poids lourds comme Iggy Pop et Devo, et d'autres groupes plus obscurs tels que The Spits et The Trashwomen qui se reforment et jouent ensemble – et cette scène n'a aucun mal à se souvenir d'où elle vient. Imaginez un peu – le punk rock a émergé dans les années 1970, donc beaucoup de fans ont la cinquantaine. J'ai vu des grands-mères pogoter à ce festival. Ça réchauffe mon petit cœur rabougri de me rendre compte que, pour certains, voir les Buzzcocks ou 5.6.7.8's, c'est comme voir un concert de Jerry Lee Lewis ou Fats Domino il y a des années. Le punk aussi a ses classiques, et ils n'ont rien perdu de leur mordant.

"On est le troisième âge et on a la rage", je gueule sur la scène de Mosswood Park à la foule de revivalistes *new wave*, et ça se veut drôle, mais ils ne rient pas, ils rugissent d'approbation. Ici, pendant deux jours entiers, des punks grisonnants peuvent faire la fête et revivre la rébellion de leur jeunesse sans avoir l'impression que l'eau a coulé sous les ponts. "C'est un chauve que je vois ou un skinhead ?" je lance aux mecs qui ont exhumé leurs tenues punks de leur penderie parfumée à la naphtaline, et ils m'adressent un doigt d'honneur bon enfant et se marrent. Bain de foule en plongeant de la scène ? Ouais, la plupart des presque séniors à épingle à nourrice tenteraient bien le coup, mais le problème à Burger Boogaloo, c'est que les punks qui ont de l'estomac en ont vraiment un gros, et que la plupart d'entre eux sont maintenant trop lourds pour qu'on les rattrape. Est-ce que ça fait plus mal de se ramasser dans la fosse à cinquante ans qu'à vingt ?

Le punk, ç'a toujours été des homos refoulés, pas vrai ? Encore aujourd'hui, certains des jeunes et cools adeptes de la *new wave* ne sont que de grandes folles s'échappant du monde gay trop carré pour pouvoir pogoter, ce qu'ils envisagent comme un moyen viril de toucher le corps d'autres hommes. Les filles n'ont jamais l'air grosses ou moches lorsqu'elles sont punks ; c'est le déguisement parfait qui transforme toutes les femmes à la beauté non conventionnelle en pin-up d'occasion. "Vous vous rappelez la première fois que vous avez gerbé dans votre sac à main ?" je lance à toutes les "grues et morues" pendant le festival, et elles entonnent un grand oui collectif tout fier. Les pédés ou les nanas punks, faut pas les faire chier. Ils vous botteront le cul. Ou mieux, ils vous dégueuleront dessus.

*

La pagaille musicale n'est pas seulement le privilège de la jeunesse ; c'est un club ouvert à toutes les générations auquel vous devriez vous inscrire. Mais bon, parfois, il faut savoir se calmer. La musique classique n'est pas que pour les grosses têtes. Elle est aussi destinée aux tarés, surtout quand ils ont envie d'être seuls, d'échapper à leur propre folie. Il n'est pas nécessaire de s'y connaître en musique classique pour que ça marche. Lisez simplement quelques critiques de disques, et s'il y en a un qui ressemble à votre tasse de thé, allez-y, achetez-le ou téléchargez-le et écoutez-le. Il vous suffira de deux achats (la note est en général bien salée) pour vous sentir à l'aise et enthousiaste.

Commencez par vous procurer le coffret *Glenn Gould : The Complete Columbia Album Collection*. Il est épuisé, mais trouvable sur internet – les quatre-vingt-un albums remastérisés sur

CD avec toutes les pochettes originales et un livre de quatre cent seize pages bourré de photos rares et d'essais. Glenn Gould est le mec le plus cool ayant jamais vécu. Le Maître. Le pianiste canadien hautement excentrique qui aimait le froid ; dans toutes les pièces où il mettait les pieds il se positionnait au nord pour être sûr d'être à l'endroit où la température était la plus basse. Oui, il marmonnait et fredonnait tout en jouant mais refusait de couper ces envolées de dérangé. Avare de performances en public, il vouait une adoration à son tabouret déglingué rafistolé au ruban adhésif et portait des gants et des vêtements d'hiver sur scène même lorsqu'on crevait de chaud dehors. Il trouvait aussi que, de toutes les chanteuses, c'était Petula Clark qui avait la plus belle voix. Écoutez ses récitals de piano élégants, parfois frénétiques, toujours maniaques, capables d'apaiser un schizophrène, d'exciter un zombie, d'embrouiller un violent psychopathe, de déboussoler quelqu'un de normal avant de lui faire éprouver un sentiment d'infériorité. Oui, Glenn Gould, c'est l'homme en G, et par là je n'entends pas seulement génial. Il est aussi glamour, c'est le génie (de la lampe), et un grand homme du gramophone avec de la matière grise à revendre. Un Gould.

L'autre achat que vous devez faire, c'est Maria Callas. Elle est tout ce dont vous avez besoin pour comprendre l'opéra. Quiconque ayant eu Pier Paolo Pasolini pour meilleur ami et s'étant fait larguer par Aristote Onassis parce qu'il voulait se marier avec Jackie Kennedy sait crier avec grâce, style, hauteur et abandon total. Les *Complete Studio Recordings, 1949-1969* vous encourageront vous aussi à faire des scènes lorsque vous aurez écouté chacun de ces soixante-dix CD (incluant vingt-six opéras entiers). Ça prend un bout de temps, mais une fois arrivé au bout, vous aurez l'impression d'avoir eu un orgasme musical incomparable. Maria Callas était la Biphétamine des voix classiques. Avant d'avoir entendu sa voix, vous vous êtes peut-être dit "L'opéra ça me soûle", mais après avoir fait l'expérience de l'œuvre de sa vie, vous réviserez vos préjugés méprisants. À présent, vous êtes "ivre d'opéra" et ce n'est pas la même chanson. Une chanson que vous ne pourrez jamais fredonner.

*

Beaucoup de gens de mon âge ont cessé d'aimer la pop une fois que le rap est apparu, mais pas moi. Je n'aime pas tout – les paroles *gangsta* de 50 Cent à base de "Ho, chatte, pédé, flingue" me tapent sur le système – je trouve qu'on dirait juste un gros pleurnicheur, un nouveau riche, un vantard homophobe – un Donald Trump croisé avec un Burger King du rap. Par contre j'ai un faible pour Ol' Dirty Bastard parce que même s'il s'est fait pincer pour vol, meurtre, possession de drogue et une fusillade avec la police de New York, et bien qu'après tout ça il ait succombé à une overdose, c'était plutôt marrant quand il avait emmené un journaliste et deux de ses enfants illégitimes en limousine au centre des allocs pour récupérer son chèque et choper des bons alimentaires. Voilà ce que j'appelle un coup de pub de génie.

J'adore aussi Eminem, et son ex-femme qui, avec son trait de crayon à lèvres noir autour de la bouche, a volé la vedette à ma moustache en arborant quelque chose d'aussi bizarre non seulement au-dessus de ses lèvres mais aussi en dessous. Je sais qu'Eminem n'a absolument aucune envie de me rencontrer, ce qui le renforce dans son statut de héros à mes yeux. "Puke" demeure la chanson que je préfère de son répertoire, et j'ai même demandé à Jill Fannon, qui a été mon assistante artistique à une époque, de remixer ce titre comme si les Chipmunks le chantaient. Cet air trafiqué à l'hélium me sert de musique d'ouverture chaque fois que je déboule sur scène pour mon spectacle de Noël.

Je devrais peut-être lancer un festival nostalgique de rap comme le Burger Boogaloo pour la musique punk, et faire revenir toutes les stars au succès éphémère des débuts du hip-hop. Une sorte de Wattstax de petits Blancs dont la programmation serait composée de tous les morceaux de rap qui me donnaient l'impression d'être une espèce de M. Rogers croisé avec une version précoce et vaguement en colère du poète LeRoi Jones. "I Wish" de Skee-Lo est un exemple parfait de ce genre de poèmes qui sortaient du lot parce qu'il était joyeux et optimiste – un rap qui vous mettait de bonne humeur. *"I wish I was a little bit taller"* (J'aimerais bien être un peu plus grand), se lamente Skee-Lo. *"I wish I was a baller. I wish I had a girl who looked good, I would call her"* (J'aimerais bien être basketteur. J'aimerais bien avoir une nana, bien roulée, je l'appellerais). Qui pourrait s'élever contre ça ? Il ne dit pas qu'il va descendre quelqu'un ou le harceler sexuellement. On pourrait presque pogoter sur ses paroles comme un touriste ethnique en vacances métissées en terres *gangsta*.

"The Vapors" est un autre morceau de rap qui m'a fait beaucoup d'effet. J'adorerais faire revenir Biz Markie sur le devant de la scène (et ça ne serait pas très difficile parce qu'il vit désormais dans le Maryland) pour qu'il chante en *freestyle* cet hymne hilarant à la maladie victorienne qui sévissait chez les dames de la haute à l'époque d'Oscar Wilde quand elles atteignaient un état de nervosité ou de frustration tel qu'elles ne pouvaient plus que tomber dans les pommes. Imaginer ces voyous et ces chaudasses agiter des mouchoirs imbibés de sels pour se remettre de leurs "vapeurs" a toujours figuré parmi les fantasmes que j'aurais aimé filmer.

Basehead, un groupe de rap alternatif jazzy de DC, ayant Mike Ivey à sa tête, serait tout en haut de l'affiche de mon nouveau festival Lollapaloser. Dès le début de leur carrière, ils ont embrouillé à la fois le milieu du hip-hop et celui des branchés grâce à leur *beat* subtil et très personnel. Aussi bon que A Tribe Called Quest, voire meilleur. Ils ont commencé par parler d'herbe et de dépression puis ils sont passés à Jésus et sont devenus une sorte de Kirk Franklin en plus branleurs. Le magazine *Billboard* n'a pas de classement pour le gospel de camé, mais s'il y en avait un, les vingt premières places seraient trustées par Basehead.

Tairrie B est mon artiste numéro un, la tête d'affiche de mon show. La première fille blanche dans le rap à avoir tenu tête à Dr. Dre, ce qui lui a valu deux pains dans la tronche, bien qu'elle ait été la petite copine d'Eazy-E à l'époque. L'histoire de sa vie est entièrement absente de *Straight Outta Compton*, et c'est injuste. Tairrie B était une *ruthless bitch*, comme l'indique le titre d'un de ses raps. Habillée comme Mae West, elle plastronne : *"I take apart men like I took apart Ken and Barbie dolls back when I was ten."* ("Je démonte les mecs comme je démontais Ken et Barbie quand j'avais dix ans.") Ouais, c'était peut-être une bombe platine infernale, mais ni "noire ni café au lait, en fait, je suis blanche !" se vantait-elle sans se rendre compte de sa provocation. Elle s'appelle Tairrie B – avec “un B comme *bitch* !”. J’adorerais qu’elle revienne et qu’elle se venge de NWA en répondant à leur succès monstre avec son humour bien particulier. Parce qu’ils lui sont redevables. Et pas qu’un peu.

*

Ne vous méprenez pas. Je suis tout à fait capable d’adorer la pop actuelle la plus commerciale. Justin Bieber, par exemple. Pour moi, il est meilleur que Sam Smith ou Adele. Vraie rock star, enfant prodige (regardez-le donc en train de chanter du Aretha Franklin avec des casseroles en guise de batterie sur ses premières vidéos YouTube), et idole des jeunes mondiale, d’une envergure inédite. Je l’ai rencontré un jour. J’étais au programme du *Graham Norton Show* à Londres et il était invité également. Quand ma voiture s’est garée devant le studio de télévision, j’ai été très surpris de voir des milliers d’adolescentes autour du bâtiment hurlant à pleins poumons – on se serait cru en pleine Beatlemania. J’ai toujours pensé que dans le show-business l’objectif ultime était de devenir tellement célèbre qu’on ne peut plus sortir de chez soi. Et c’était déjà ce que vivait Justin.

Je ne me suis retrouvé face à lui qu’une fois à l’antenne. Qu’est-ce qu’il était jeune ! Arborant la panoplie du gangster en pleine gloire, pantalon en cuir et boxer qui dépasse – une sorte de mélange de Jim Morrison et de Shirley Temple. Le talk-show de Graham Norton, c’est le genre d’émission où vous restez à l’écran même lorsque vous avez terminé et que ce sont les autres invités qui sont interviewés, et au fil de l’émission, j’ai remarqué que Justin me dévisageait, et tout à coup il a bredouillé, “Cette « stache », c’est la classe !” J’ai supposé qu’il parlait de ma moustache, alors je l’ai remercié en direct et lui ai offert mon crayon à sourcils Maybelline pour qu’il s’en dessine une aussi. Après l’émission, les paparazzi l’ont suivi en meute jusqu’au restaurant. Lorsqu’il en est sorti après dîner, il arborait la même moustache que moi, finement tracée, de toute évidence avec mon crayon Maybelline. Les photos ont paru dans tous les tabloïds de Londres avant d’être reprises partout sur internet. Merci, Justin.

*

On devrait peut-être tous devenir des rock stars. Avant, le fait que je ne sache pas chanter ou jouer d'un instrument me freinait, mais plus maintenant. Regardez David Lynch. C'est mon "nouveau" chanteur préféré. Mais oui ! Il chantonne sur les mélodies électroniques de la bande originale d'*Inland Empire*, sur son album *Crazy Clown Time*, et puis sur sa série géniale de dix-huit épisodes *Twin Peaks : The Return*. Parfois la voix de David Lynch est tellement déformée qu'on dirait celle du Géant Vert.

Et moi, à qui ma voix pourrait-elle ressembler ? Si Johnnie Ray pleurait, si Roddy Jackson grognait, quel pourrait être mon signe distinctif ? Voix de fausset, déjà fait et refait, alors il faudrait que, électroniquement, je sois hors gamme et atteigne le niveau vocal de Yma Sumac défoncée au crack pour raconter mon histoire.

"I Am Fifteen and I Don't Want to Die" serait le récit anti-suicidaire de J-Dog, un petit Blanc de Lutherville dans le Maryland (c'est-à-dire moi), qui grandit et devient une star du rap gay et péquenaud faussement soul. Plus tard, mes copines Beth Ditto, Iris DeMent et Mink Stole (qui, pour le coup, sait chanter – écoutez son album *Do Re Mink*) m'auraient rejoint en tant que choristes. Leur nom ? Les Honkettes. J'ai déjà gagné vingt-cinq ans de maturité musicale comparé à mes débuts à quinze ans. Avec leur aide, je me sens bien plus à l'aise dans mes baskets de musicien.

Je décale notre session d'enregistrement d'un mois et fais venir par avion l'ex-funeste médecin de Michael Jackson, fraîchement sorti de prison, où il a mis au point une technique de réassignation de cordes vocales permettant à n'importe quel Caucasien de chanter avec autant de profondeur qu'Al Green. Si l'opération n'est pas donnée, elle est en revanche relativement indolore, et je suis infiniment reconnaissant au détenu qui a fait don de son larynx, de sa pomme d'Adam et de ses cordes vocales avant que l'État ne mette fin à ses jours dans une chambre à gaz. Presto ! Maintenant, j'ai une voix à mi-chemin de celle d'Amy Winehouse et de Dusty qui prendrait de la testostérone. Bon sang, d'un coup j'ai quarante ans et je ne tiens pas à flinguer ma carrière musicale.

Puisque j'ai déjà aboli les frontières rythmiques, je m'entoure de rappeurs un peu ploucs comme Yelawolf, Hank III et Machine Gun Kelly pour injecter à mon son ce petit je-ne-sais-quoi de hip beauf. Imaginez ma surprise quand soudain Vanilla Ice se tape l'incruste dans le studio et se met à rapper en se pinçant le nez, ce qui rend pas mal du tout. Et voilà, tout à coup j'ai cinquante ans et je suis remonté comme un coucou. Cette nouvelle maturité cimente notre *crew* et on n'a plus peur de faire évoluer notre son vers des contrées vocales inexplorées.

Plus complices que jamais, nous commettons le péché musical caucasien ultime en reprenant l'album de James Brown *Live at the Apollo*, mais pas son chant, juste ce célèbre cri de fan complètement dingue qu'on entend au bout de dix-sept minutes et onze secondes, pendant "Lost Someone", et qui fait éclater de rire le public aguerri. Et si ce cri était un faux, comme l'ont avancé certains historiens de la musique, s'il avait été ajouté au moment de la postproduction par les ingénieurs du son ? Il n'en demeure pas moins le cri hormonal qui incarne le mieux la puissance et la gloire de ce qu'on appelait à une époque le Chitlin' Circuit*. Qui était cette fille ? Si James McCourt, le génial historien gay, peut se vanter d'identifier précisément quel homo a gueulé quelle requête de chanson depuis le public lors du concert le plus célèbre de Judy Garland, *Judy at Carnegie Hall*, pourquoi Stanley Crouch ou tout autre critique célèbre de musique noire ne peut-il pas retrouver la fille qui crie sans complexe son amour pour "l'artiste le plus bosseur du show-business" ? Je veux savoir comment elle s'appelle. Une fois que j'obtiens l'information, on samplera son cri et on le scratchera encore et encore jusqu'à ce que nos quatre choristes se joignent à elle depuis leur côté de la barrière raciale et que ces sons abstraits forment un *beat* de rap blanc et noir. J'ai soixante berges et je suis prêt à me réinventer.

C'est là que J-Dog entre en scène. Un jour, je m'étais fait faire des facettes dentaires incrustées de fausses pierres précieuses et de mes initiales, JW. Il faudrait que je fasse remplacer le W par

* Réseau de salles de concert et de dancings où se produisaient les bluesmen noirs de l'Amérique ségrégationniste.

un D, mais ce serait le moment tout indiqué pour les sortir du placard. Parce que J-Dog est un vieux schnock en années, mais un jeune gay dans sa tête. Ouais mec, je suis un artiste gay d'un nouveau genre. De la distinction, pas de la zonzon. Quoi de neuf ? Coincé ! Soulé ! Et taré !

Fini le bling et les flingues
C'est la tune sans la bringue
Y en a marre de votre antipathie !
J'ai acheté un tableau de Cy Twombly

Notre titre de rap intergénérationnel, pansexuel et hors-la-loi attire tellement l'attention que les responsables des Grammies sont alertés. Leur police du disque débarque avec des mandats et accuse J-Dog et son *crew* d'encourager un simulacre d'émeute raciale mais on se fout de faire l'objet d'un confinement musical. On chantera le rappel, fidèles à notre statut de vedettes, et ça sonnera comme un croisement entre Alvin et les Chipmunks et Johnny Cash en concert au pénitencier du Maryland. Je suis un gangster moqueur de soixante-treize balais et je vis comme un prince !

ACT BAD

Gay & Happy (Collection personnelle de John Waters)

Je suis un yippie* dans l'âme, un révolutionnaire en carton qui faisait son petit malin à la fin des années 1960 et qui pense encore aujourd'hui que les manifs sont un bon endroit pour choper. Un extrémiste réchauffé qui sait comment relancer les bombes lacrymogènes en direction des flics et qui pourtant ne se trouve jamais dans les premières lignes, où l'on est susceptible de se faire asperger par les canons à eau ou de se prendre des coups de matraque. Je suppose que, même plus jeune, j'avais compris que la révolution n'aurait pas vraiment lieu, mais l'anarchie qui bouillonnait autour de cette idée à l'époque était enthousiasmante. Étant blanc, je n'ai jamais eu droit à une petite balade en panier à salade. Les rares fois où je me suis fait arrêter, on m'a libéré en échange d'une simple promesse de comparaître et non sous caution comme une personne pauvre. Je suis qu'un sale gamin, même à soixante-treize ans, et je guette toujours avec impatience l'agitation politique. La désobéissance civile, c'est mieux que le Botox, haut la main.

Qu'est-ce que les yippies me manquent – ces "Groucho marxistes" comme on les appelait aux infos sur ABC. Des hippies de gauche en colère qui, lassés de donner sa chance à la paix, mettaient en scène des numéros impertinents et hilarants consistant par exemple à jeter des faux billets à la foule de la Bourse new-yorkaise et à regarder les gens se ruer par terre pour les ramasser. Ou menacer d'injecter du LSD dans l'eau courante

* Militant du YIP (Youth International Party), mouvement d'ultra-gauche caractérisé par son rejet de l'Amérique conservatrice et de ses institutions.

de Chicago. Faire léviter le Pentagone par contrôle de la pensée lors d'une manifestation pour faire flipper les républicains. Je crois même avoir pissé sur le bâtiment du ministère de la Justice à Washington avec une bande de yippies lors d'une manif. Vous auriez dû voir la tronche du procureur général John Mitchell pendant qu'il observait ce *"piss-in"* depuis la fenêtre de son bureau.

Les leaders du mouvement ont écrit des petits manuels très ingénieux qui ont davantage rompu avec les idéaux hippies de l'époque. *Volez ce livre* d'Abbie Hoffman est devenu le premier best-seller qu'il a fallu retirer des tables des librairies et garder sous le comptoir pour des raisons évidentes. Abbie était mon guide spirituel – un manipulateur des médias qui utilisait l'humour comme arme contre son ennemi. Feu Andrew Breitbart, activiste de droite, m'a même confié, un jour qu'on faisait l'émission de Bill Maher ensemble, qu'Abbie avait eu une immense influence sur lui – il utilisait les mêmes tactiques, mais dans l'autre camp. Abbie est resté pour moi un saint, même plus tard, lorsqu'il a été inculpé pour deal de cocaïne. Je veux dire, faut bien gagner sa vie. Je dois aussi dire que son suicide m'a beaucoup attristé.

Paul Krassner, lui, était notre "Citizen Kane". Il a non seulement inventé le terme "yippie", mais aussi écrit et dirigé le magazine qui faisait preuve de l'humour le plus radical de mon époque, *The Realist*. Son article de fond qui a fait scandale en mai 1967, "Les pages censurées du livre sur Kennedy", arrivait tellement à point nommé que certains médias ont cru qu'il avait réussi à se procurer ce qui avait été banni du bouquin de William Manchester sur l'assassinat de Kennedy. La théorie loufoque de Krassner selon laquelle Lyndon B. Johnson aurait pénétré avec son pénis le trou laissé par la balle dans la gorge de Kennedy a dû être le catalyseur qui m'a poussé à filmer toute la scène de l'assassinat de Kennedy avec Divine dans le rôle de Jackie, grimpant sur le coffre de la limousine dans son tailleur Chanel ensanglanté et son petit chapeau, trois mois plus tard pour mon film *Eat Your Makeup*.

Parmi les publications extrêmes d'utilité publique figure le *Berkeley Barb* – journal politique hebdomadaire qui comprenait des petites annonces de rencontre (considérées comme très progressistes à l'époque) et des conseils pratiques sur le démantèlement de l'ordre établi. Dans leurs petites annonces justement, ils cachaient de vrais codes des télécommunications AT&T, qui changeaient tous les ans, ce qui vous permettait de bricoler de fausses cartes pour passer des coups de fil longue distance gratuitement avant que les téléphones portables existent. Je me rappelle avoir fait de gentils canulars au Bell System depuis des cabines téléphoniques aux quatre coins du pays pendant des années grâce au guide du consommateur hors-la-loi du *Berkeley Barb*.

Bien sûr, nos révolutionnaires noirs étaient bien plus coriaces, et ils nous prenaient sûrement pour des lavettes, nous les petits Blancs, mais on les aimait bien quand même, enfin, au début. Eldridge Cleaver, violeur ayant avoué ses crimes et se vantant de s'entraîner sur des femmes blanches, était trop viril et violent pour être drôle, mais son livre *Soul on Ice* était pour nous tous une lecture obligatoire, ce qui est sidérant si on le lit aujourd'hui. On aurait dû se douter qu'il virerait au connard, mais on a mis le temps à le comprendre, hypnotisés qu'on était par ses métamorphoses : d'abord Black Panther ayant caché Timothy Leary à Cuba après que les Weathermen l'avaient aidé à s'évader de prison, puis adepte de la secte Moon, chrétien, toxico, et enfin républicain doublé d'un piètre créateur de mode dont le look emblématique était un pantalon avec une sorte de braguette-chaussette destinée, je suppose, à mettre en valeur sa grosse bite d'ex-révolutionnaire.

Sa femme, Kathleen, était très belle dans les années 1960 et elle a été une véritable inspiration pour les filles yippies aussi bien noires que blanches, avec sa mode militante et son immense coupe afro. Elle était éblouissante. Pourquoi les drag-queens de gauche ne la "faisaient" pas, alors ? Sylvester, des Cockettes, l'aurait interprétée à la perfection ! Kathleen était encore plus glamour qu'Angela Davis à l'époque. J'aurais adoré qu'elles soient en couple toutes les deux. Au diable les frères Soledad – des machos ! Angela et Kathleen auraient dû tomber dans les bras l'une de l'autre et inventer un nouveau genre de sororité. Kathleen a fini par divorcer d'Eldridge et elle est aujourd'hui avocate et enseignante à Yale. Elle ressemble un peu à un mélange des top-modèles Veruschka et Pat Cleveland si elles avaient laissé tomber les podiums pour les études universitaires. Je voue toujours la même passion à Kathleen Cleaver. J'ai rencontré Angela Davis il y a deux ans et je n'ai pas été déçu, mais Kathleen ? Non. C'est toujours une inconnue.

Johnny Spain m'a aussi énormément marqué. C'est le Black Panther mi-blanc, mi-noir, qui faisait partie des "Six de San Quentin", jugés en 1975 pour conspiration et meurtre dans la tentative d'évasion de George Jackson et d'autres militants noirs. Reconnu coupable, il a fait vingt et un ans de prison, et à sa sortie a participé à l'écriture d'un livre intitulé *Black Power, White Blood*. Est-ce que c'est déplacé de dire qu'à mes yeux il a toujours été le plus beau des Black Panthers ? Quand je faisais la promo pour mon premier spectacle de Noël qui devait avoir lieu au Castro Theatre de San Francisco, un journaliste m'a demandé, "Quelle célébrité aimeriez-vous voir dans le public ?", j'ai aussitôt répondu "Johnny Spain". Je doute que parmi mon public potentiel beaucoup aient su de qui il s'agissait, puis ça m'est complètement sorti de la tête. Le soir du spectacle, j'étais dans ma loge et l'organisateur est arrivé, perplexe, en disant : "Il y a un type en bas qui dit que vous voulez qu'il voie votre spectacle." J'ai demandé s'il avait dit son nom. "Johnny Spain", il m'a répondu en haussant les épaules. "Mais vous plaisantez ! Il est venu ?! je me suis écrié. Incroyable, laissez-le entrer et faites-le venir dans ma loge après !" Impossible d'imaginer ce que Johnny Spain a pu penser de mon public en majorité gay ou de mon genre d'humour, mais il est bien venu en coulisse après le spectacle, tout timide, charmant, et m'a remercié d'avoir milité en sa faveur et pour sa libération. On est devenus amis, et deux ans d'affilée, on a dîné ensemble au restaurant à San Francisco pour Pâques, après quoi il s'est évanoui dans la nature. Peut-être parce qu'il m'a demandé de l'aider à financer un projet, ce que j'ai poliment refusé. Est-ce que je me faisais rouler par Johnny Spain ? Ce n'était pas grave. Johnny, tu es toujours mon Black Panther préféré, et j'espère que tu vas bien. Pâques l'année prochaine ? Je suis dispo.

La gauche radicale était tellement homophobe que les gays étaient rares dans l'univers yippie, jusqu'à ce que Jim Fouratt, l'un des tout premiers activistes queer, se pointe à un rassemblement en soutien à Huey Newton à l'université de Yale à New Haven et prenne la parole, entre deux discours de Black Panthers, pour la défense des droits homos. Les Noirs avaient peut-être leurs lois Jim Crow contre lesquelles se battre, mais il était temps que celles de "Mary Crow" s'effondrent aussi ! Dans l'assistance, les hommes des Black Panthers comme les Blancs yippies ont blêmi face aux exigences de Fouratt. C'était un tout nouveau militantisme qui menaçait les idées machistes de la gauche. Sans moyen d'assimilation, ces leaders hétéros des deux ethnies se sont soudain retrouvés en retard sur leur temps. En l'espace d'un après-midi.

Les lesbiennes avaient toujours eu un problème avec la misogynie des hommes de gauche, mais avec la parution de *Rat Subterranean News*, mélange de "gouine *power*" et de rage militante hétéro féministe, mâtiné d'un humour dirigé contre les mecs qui se comportent en porcs avec les femmes, le mouvement yippie était porteur d'un nouveau message. Les photos en une de "déesses des bas quartiers" toutes nues annonçaient que certains mecs de gauche risquaient de se faire botter le cul si rien ne changeait. Les femmes ont adopté les poils sous les bras comme nouveau cri de ralliement contre le *male gaze* hippie. Gouines et pédés ensemble, c'était une frange radicalement nouvelle de l'opposition.

Pour autant, étais-je le seul gay du mouvement à me sentir exclu, et vexé qu'il n'y ait pas d'homo parmi les dirigeants des Weathermen ? Et chez les Chicago 7 ? Non plus. Que des mecs, hétéros. Le prophète John Africa a-t-il invité des homos noirs à rejoindre Move, son groupe de retour à la nature, avant ou après la première fusillade avec la police de Chicago ? Si c'est le cas, je n'en ai jamais entendu parler. Ai-je été le seul activiste gay au monde à me sentir ostracisé lorsque je me suis rendu compte qu'il n'y avait aucun homo dans la famille Manson ? Enfin quoi, Charlie, même le culte le plus dingue, le plus ridicule ou le plus dangereux a besoin de quelques pédales pour amorcer une révolution. Je suis bien content que tu sois mort. C'était toi le porc. Et hétéro avec ça.

Act up a fini par arriver à la rescousse, mais beaucoup de mes amis gays ont dû mourir du sida avant ça. Certes, il y a bien eu le groupe des Radical Faeries, mais elles étaient franchement trop hippies pour moi, et puis, j'aurais eu l'air ridicule avec des ailes, et je ne me voyais pas vivre dans les bois de Guerneville. Sur la base d'un militantisme anti-sida et de l'idée d'un théâtre public, Act up a uni la colère des lesbiennes et des gays et s'en est servi pour alerter le monde sur la crise que représentait ce virus. Certains ont pu trouver Larry Kramer fatigant avec ses vociférations, mais sans ses diatribes incessantes contre la lenteur des tests de médicaments, certains de mes amis séropositifs qui ont tout juste fait la jonction entre l'AZT et les nouveaux traitements d'aujourd'hui ne seraient plus parmi nous.

Act up, c'étaient les guerriers dont on avait toujours eu besoin, qui s'enchaînaient au balcon de la Bourse de New York pour protester contre le coût faramineux des traitements ou bloquaient la Food and Drug Administration toute une journée pour faire pression sur ses responsables afin de trouver un remède. Il fallait remonter au magazine *One*, la première publication gay radicale, et à son titre de couverture "Homosexuel et ravi de l'être" de 1958 (!) pour trouver un militantisme aussi direct, qui ne tortillait pas du cul. Lorsqu'un groupe new-yorkais "apparenté" à Act up a organisé une brève cérémonie à Judson Church en souvenir de la victime du sida Mark Fisher ("Je veux un enterrement politique sauvage et déviant", avait-il écrit avant de mourir), puis a défilé avec son cercueil ouvert de Greenwich Village au QG de campagne de George H. W. Bush, où il a "inculpé" Bush pour meurtre la veille de l'élection présidentielle de 1992, même les flics ont gardé leurs distances, peut-être sous le choc, peut-être par respect. Le lendemain, Bush a perdu contre Clinton, mais il n'a jamais été inculpé d'un crime : celui du silence.

Les soldats d'Act up étaient des chevaliers en armure souillée, qui livraient bataille à bord de "tanks tachés de foutre", comme l'a écrit si tendrement et si naïvement John Rechy dans les années optimistes avant les ravages du sida. Lors d'une descente d'extrémistes gays dans la cathédrale St Patrick de New York, venus à la messe pour s'en prendre à ce salaud de cardinal John O'Connor, ennemi de longue date de la communauté gay qui venait de s'exprimer contre la sensibilisation en milieu scolaire aux rapports sexuels protégés, la raison a fini par l'emporter et seul un manifestant a chopé une hostie, l'a cassée en deux et l'a jetée par terre.

Moi, j'emmerde la raison. L'Église catholique est notre ennemie. Ils m'ont descendu, moi, ma culture, et tout ce en quoi je crois depuis la naissance de Jésus-Christ, alors je n'éprouve aucune culpabilité à les descendre à mon tour. La marche antipapale organisée contre Benoît XVI à Londres en septembre 2010 était une grande fête à laquelle j'ai eu la chance de participer. Une foule on ne peut plus cool et adorable, faite de jeunes gays furax et de sympathisants de toutes les ethnies et de tout bord sexuel, unis par le sens de l'humour. Si les panneaux LE PAPE, ENCULÉ étaient attendus, celui qui clamait J'AIME AUTANT PAS ENCULER LE PAPE était encore mieux. J'ENCULE LE PAPE MAIS AVEC UNE CAPOTE reflétait une nouvelle approche du politiquement correct. Bien sûr, les sévices sexuels du clergé sur les enfants et la dissimulation complice de cette fraternité de pédophiles étaient sur d'innombrables pancartes (LOIN DE DIEU, PRÈS DES ENFANTS DE CHŒUR, par exemple) et de nouvelles théories fleurissaient, pleines d'esprit (JÉSUS AVAIT DEUX PAPAS ; L'OPIUM C'EST MIEUX QUE LA RELIGION). "Benoît ? Sans moi !" scandaient les manifestants et lorsqu'une meneuse a gueulé "Qu'est-ce qu'on veut ?" et que la foule, intelligente et non violente, a répondu "Une pensée rationnelle !" j'ai compris que la retenue naturelle des Anglais avait atteint un niveau inédit. Pensée rationnelle ? Pas franchement des mots aiguisés pour la révolution, mais on s'en fout, l'esprit peut s'exprimer avec douceur. LE PAPE A UN CHAPEAU DÉBILE, disait une pancarte décidément non agressive. L'euphémisme était-il la nouvelle violence ?

Le pape actuel, François, celui que tout le monde semble adorer, est encore pire, si vous voulez mon avis. Anita Bryant a plus fait en faveur des droits des homos que cet escroc récupérateur et faux ami des gays. Au moins, Anita nous a mis en colère, nous a poussés à la rébellion et à la fureur contre sa stupide homophobie (qui a d'ailleurs fini par ruiner sa carrière). Mais ce nouveau pape, là, il ne fait rien, et se prétend l'ami des homosexuels. Vous vous rappelez la chanson "Smiling Faces Sometimes" des Temptations, et des paroles *"Beware of the pat on the back. It just might hold you back"* ("Gare à la petite tape dans le dos, elle peut vous faire rester sous l'eau") ? Ça, c'est François tout craché. "Pas bouger, les homos" semble-t-il sous-entendre lorsqu'il dit, à propos du mariage gay, “Qui suis-je pour juger ?” Qui ? Sans déconner ? Mais tu es le pape, bordel de merde, voilà qui tu es !

Il est encore pire envers les femmes. L’interdiction d’ordonner des femmes prêtres dans l’Église catholique “durera éternellement”, a-t-il récemment décrété. Je suppose que son “jubilé de la Miséricorde” est censé apaiser le sexe faible ? Il autorise par exemple les prêtres à pardonner aux femmes qui ont eu recours à l’avortement – une sorte d’amnistie pour des PV de stationnement. Il est même allé jusqu’à expliquer qu’il prenait ces “dispositions étendues” pour que les fidèles “reçoivent l’absolution sacramentelle”. Sérieux ? Mais il déconne ou quoi ? Est-ce que tout ça n’a pas disparu avec la Réforme ? Là encore, rien ne change. Pour lui, l’avortement est toujours un “péché grave”. Est-ce que toutes les nanas qui ont avorté sans s’en repentir rejoignent les bébés non baptisés dans les Limbes, qui attendent toujours dans l’obscurité totale le privilège de voir Dieu, mais viennent pourtant d’être oubliés par l’Église, qui a récemment annoncé que le concept même de Limbes était annulé ?

Le pape François croit aux miracles, bien que sa canonisation précipitée de mère Teresa ait été examinée à la loupe lorsque des médecins et des autorités sanitaires ont déboulonné l’affirmation selon laquelle ses prières avaient guéri une femme du cancer. Le kyste en question, qui n’était pas cancéreux, était traité depuis des mois dans un hôpital gouvernemental et a été détruit grâce à la médecine et non un tour de magie catholique.

Et s’il nous faisait un vrai miracle, le pape François ? Il devient le premier homme à porter un bébé et on ne lui accorde aucune miséricorde dans la décision de ce que les femmes doivent faire avec leur propre corps. Ce n’est que lorsqu’il aura donné naissance à un petit Christ transgenre de sexe féminin et de couleur qu’on lui octroiera un peu de compassion queer.

Je suis un grand fan du Temple satanique. Ces partisans non religieux qui prônent la séparation de l’Église et de l’État et voient en Satan une “construction métaphorique” sont ce qui se rapproche le plus aujourd’hui des yippies. Je ne suis pas un vrai sataniste, bien sûr, surtout depuis qu’Anton LaVey et l’Église de Satan en ont fait un concept aussi tarte dans les années 1960. Pour être tout à fait honnête, je n’aurais rien à me mettre pour aller à un sacrifice de chèvre. Mais ces nouveaux adorateurs du démon, comiques en diable, estampillés "artistes de scène du Premier Amendement" qui apportent "un soutien ironique à l'ange déchu", savent que le mot "sataniste" est un piège à polémique qui peut servir d'activisme humoristique. Difficile de ne pas mordre à leur hameçon diaboliquement hilarant.

La première fois que j'ai entendu parler d'eux, c'était pour la "messe rose" qu'ils organisaient dans le Mississippi sur la tombe de la mère de Fred Phelps, folle, chrétienne et homophobe notoire. Un rite funèbre satanique réalisé après la mort d'un ennemi religieux dans le but de transformer l'esprit hétéro du défunt en esprit gay m'apparaissait comme le nouveau sacrement idéal. Le Temple satanique a également engagé une procédure judiciaire dans le Michigan et gagné le droit de faire figurer une scène de la "serpentivité" à côté de celle de la Nativité installée dans le siège de l'État. On voyait le regard un peu paumé des gamins qui passait de Belzébuth au petit Jésus.

Lorsque les bibles ont pu être distribuées dans les écoles publiques de Floride, le Temple a fourni aux élèves des livres de coloriage sataniques en retour. Et en Oklahoma, ils ont dévoilé leur projet d'ériger, juste à côté du monument des Dix Commandements du siège de l'État, une statue en bronze haute de deux mètres trente de Baphomet, le totem à cornes et sabots du satanisme contemporain, assis sur un trône tandis que deux enfants innocents sculptés lèvent vers lui des yeux émerveillés. Mais lorsque la Cour suprême de l'État d'Oklahoma a ordonné le retrait des Dix Commandements, le Temple satanique a laissé tomber son projet et a installé sa statue dans sa succursale de Detroit, où le pasteur local s'est plaint que le cimetière était devenu "une fête de bienvenue pour le diable". Elle repose désormais, mais pas en paix, dans les locaux flambant neufs du Temple satanique à… Salem, dans le Massachusetts.

Doug Mesner, alias Lucien Greaves, cofondateur et porte-parole de l'Église, possède un charisme tout démoniaque. Certes, il s'habille en noir et arbore des accessoires avec une croix inversée, mais ce qui complète à merveille sa personnalité, c'est un œil balafré immobile dans son orbite, un signe distinctif déstabilisant au premier abord mais finalement sexy en diable. Agitateur dans la lignée d'Abbie Hoffman, il reste un sérieux combattant pour le droit à se libérer de la religion, et un farouche opposant aux médecins qui croient au "trouble dissociatif de l'identité", également connu sous le nom de trouble de la personnalité multiple, ce qui a donné lieu à la Panique satanique qui a déferlé sur notre pays et à l'emprisonnement de nombreux employés de centres d'animation innocents suite à l'hystérie déclenchée par des rumeurs de pédophilie à l'école McMartin (ils étaient innocents, au cas où vous auriez oublié). Lucien défonce les conventions psychiatriques et affronte publiquement les médecins qui croient encore en ces absurdités. Vous devriez le rejoindre dans son combat. Envoyez de l'argent. Faites passer l'information avant que ce soit vous qu'ils enferment !

*

Il est temps d'aller au-delà de la Fraction Armée Rouge, de passer le sommet de la Brigade Venceremos et sous la vallée de la Ligue de défense juive pour créer un tout nouveau genre d'activisme capitaliste. Un mouvement qui utiliserait une forme positive de terrorisme comique radicalement originale pour humilier et embarrasser nos ennemis politiques et moraux. Que l'on fasse partie des riches, des pauvres ou de l'entre-deux qui ne cesse de s'amoindrir, il faut qu'on se rassemble, qu'on complote, qu'on attaque avec une précision au scalpel. Étudiants, arrêtez d'étudier ! Les lycéens ont déjà laissé tomber les cours et vous font passer pour des tire-au-flanc dans le domaine de la rébellion. Descendez votre cul sur-cultivé dans la rue, où vous devriez être depuis longtemps. "Indécis", ça n'existe plus. Cette fois, contrairement à ce qui s'est passé dans les années 1960, on va gagner.

Ne faites pas les idiots, faites les rebelles ! Quel que soit votre penchant sexuel, faites semblant de ne pas avoir couché depuis six mois et utilisez cette irrésistible envie de vous libérer de manière politique. Rejoignez notre petit coup d'État, bougez-vous, foutez la merde, quel que soit le pouvoir en place. L'agitation est une fontaine de jouvence. Qu'elle coule à flots.

Pourquoi ne pas lancer notre mouvement en réactivant Freaknik – vous vous souvenez de ça ? La fête des vacances de printemps organisée par des étudiants noirs qui, lors de sa première édition, a horrifié tout Atlanta avec sa prétendue débauche de rap, de mecs qui pissent n'importe où, de pillages, et de "lâchage intégral" au nom de l'éclate. Lorsque les organisateurs de Freaknik ont ensuite essayé de délocaliser leurs festivités dans une autre ville du Sud, les Blancs, de peur, se sont dressés sur leurs ergots, et après quelques maigres tentatives de renaissance, ce festival du désordre est mort sous les coups injustes du racisme. L'année prochaine, organisons un Freaknik gay et brûlons tous les drapeaux – celui des États-Unis, le drapeau panafricain, celui des confédérés – et même, brûlons les drapeaux de tous les pays du monde, après quoi nous pourrons mettre un terme au nationalisme tout en tournant en ridicule et en célébrant l'une des formes de protestation les plus démodées et kitsch qu'il nous reste. Soudain, brûler des drapeaux redeviendra à la mode.

Proclamons également notre propre fuseau horaire. Une heure différente de toutes celles qui existent sur Terre – surtout de l'heure d'été. On n'avance plus d'une heure, on ne recule plus d'une heure, merci bien. On serait à l'HDR. L'heure des rebelles. On refuse de se faire coincer par votre planification fasciste, surtout qu'on ne nous a jamais invités à participer à l'élaboration des règles. AM ? PM ? C'est d'un ennui. Qu'est-ce que c'est bourgeois. C'est fini tout ça.

L'étape de trop, ce sera la création de la plateforme politique d'Act Bad. On ne serait d'accord qu'avec les positions les plus radicales de PETA, comme lorsque sa codirectrice Ingrid Newkirk a déclaré en 1990 d'un air très sérieux : "Six millions de Juifs ont trouvé la mort dans les camps de concentration, mais six milliards de poulets mourront cette année dans les abattoirs !" Plus jamais ça. On manifestera aussi contre la vente de sapins de Noël en nous lamentant que d'un point de vue écologique, et celui du droit à la vie (pour une fois), presque un million de conifères sont avortés dans le monde au moment des fêtes de fin d'année : coupés, puis humiliés de façon païenne principalement par des fanatiques chrétiens qui se débarrassent ensuite des corps morts non réclamés pour qu'ils soient mutilés par des pyromanes ou emportés par des éboueurs jusqu'à la fosse commune des sapins de Noël – la décharge.

On accueillerait à bras ouverts de nouveaux groupes dissidents extrémistes comme les écosexuels, sexuellement attirés par l'environnement naturel, qui disent des trucs cochons aux plantes, embrassent et lèchent la terre, et s'y enterrent, entourés de danseuses nues pendant que l'environnement les mate. En d'autres termes, ceux qui autrefois prenaient les arbres dans leurs bras les prennent désormais tout court. Ce sont nos nouveaux frères, nos nouvelles sœurs. La vache ! Vous avez dit extrême ?

Les gays devraient peut-être arrêter d'être aussi sympas ! "Bon sang, s'est plainte récemment une avocate que je connais qui défend principalement des gays, ces mecs ne savent pas prendre de risques, de nos jours. Ils ne boivent pas, donc pas de plaintes pour violences conjugales ni de conduite en état d'ivresse, ils ne sortent plus dans les bars homos parce qu'ils passent leur temps sur Grindr, et donc aucun mineur ne se fait pincer pour consommation d'alcool illégale ou pour vagabondage avec intention de nuire après le dernier verre. Ils sont tous mariés, donc pas d'activités obscènes dans les peep-shows – ça fait des mois que je n'ai pas eu une affaire de *glory hole* ! Comment tu veux que je gagne ma vie !"

Mais les politiques seraient bien inspirés de nous craindre à nouveau. Je me rappelle être passé à côté de ma chance un jour en avion. Assis en première classe à côté d'un gentleman dont je n'ai pas croisé le regard de tout le vol à travers le pays, je n'arrêtais pas de me dire : "Je connais ce mec, mais qui c'est ?!" Ses bretelles particulières et son costume à la Brooks Brothers me disaient quelque chose, mais rien à faire, impossible de me rappeler. Après l'atterrissage, quand les gens ont commencé à sortir de l'avion, des passagers qui m'ont reconnu se sont marrés et l'un d'eux m'a dit :"Je n'arrive pas à croire que vous êtes resté assis tout ce temps à côté de Clarence Thomas !" Je me suis dit, "Tu te fous de moi". Mais bien sûr, il avait raison. Cet enfoiré de menteur ! "Je croyais Anita Hill !" j'avais envie de crier. Pendant le vol, j'aurais dû commander un coca l'air de rien, puis faire semblant de vouloir enlever un truc imaginaire sur ma canette avant de me tourner vers lui pour lui demander : "Excusez-moi, est-ce que c'est un poil pubien que je vois sur mon coca ?" Avec des si et des mais…

Vous vous rappelez le chroniqueur sexologue gay Dan Savage qui, atteint de la grippe, a essayé d'infecter le candidat à la présidentielle, anti-gay, Gary Bauer, en lui tendant le stylo qu'il venait de lécher pour un autographe ? Il a même obtenu un boulot de bénévole au bureau de Bauer, où il a léché tous les boutons de porte et combinés téléphoniques, menant ce que l'on ne peut qu'appeler une guerre bactériologique. Si par contre vous vous faites pincer, détournez cet acte terroriste et vantez-vous de procéder à une annonce du service public en faveur du vaccin anti-grippe.

Les Gays contre les flingues – Gays Against Guns, ou GAG, de leur petit nom chez nous – sont un gang que l'on se doit de soutenir davantage. Les armes, c'est faussement viril. Vous et moi, nous n'avons pas le droit de posséder un Glock 9 mm. Le terroriste musulman homo refoulé n'aurait jamais pu tuer les quarante-neuf personnes qu'il a tuées par balle au Pulse, la boîte d'Orlando, s'il n'avait eu qu'un couteau. Non, pour ça, il lui fallait une arme à feu. Et il n'aurait pas dû être en mesure d'en acheter une. Rejoignons le GAG dans sa campagne de dénonciation *"Shame, Name, Blame"* contre les politiques qui acceptent les contributions de la NRA. Les autocollants qu'ils collent sur leur bagnole sont peut-être marrants (NRA SASHAY AWAY*), mais au GAG, ils rigolent pas. Pourquoi tous les lycéens qui manifestent et le GAG ne s'unissent-ils pas pour organiser en secret une manif où on irait devant chez Oliver North, le nouveau dirigeant de la NRA, pour chier sur sa pelouse ? Comme l'a dit Elijah Muhammad, quand on a déféqué, je veux dire déclaré, ses intentions, il faut agir. Tout extrémiste qui se respecte doit savoir ça.

Je suis contre l'enlèvement politique, grâce à mon amie Patricia Hearst, mais j'ai du mal à ne pas en imaginer un dont William Donohue serait la victime, le Fred Phelps de l'Église catholique. On a dit de lui que c'était un "charognard des politiques identitaires", une "usine publicitaire de la droite", mais c'est surtout l'un des porte-parole anti-gays les plus virulents qui soit. Il répète que les agressions sexuelles commises par les prêtres sont le fait d'homosexuels et non de pédophiles, il pète les plombs

* En référence à l'émission du présentateur RuPaul, *RuPaul's Drag Race*.

contre Hollywood, qui selon lui est "contrôlé par des Juifs laïcs qui détestent la chrétienté en général et les catholiques en particulier", et s'en est même pris à George W. Bush quand il était président car ce dernier a parlé de "fêtes de fin d'année" sans explicitement mentionner Noël. En d'autres termes, Donohue est un détraqué. Une rançon serait inutile parce que, bon, qui voudrait le récupérer ? Je parie que même le pape trouve que c'est un enfoiré. Imaginons simplement qu'on l'attache et qu'on le force à regarder *Salò*, de Pasolini, en boucle. Est-ce que, là, il fermerait sa gueule ?

À bien y réfléchir, notre mouvement devrait piocher dans les idées de Richard Nixon et dresser sa propre Liste d'ennemis. En plus de Donohue, on peut dire du mal des morts et diffamer Nancy Reagan, qui a déclaré en 1981, "La libération des femmes et la libération homosexuelle font partie des mêmes choses : un affaiblissement des valeurs morales de ce pays. Je trouve consternant de voir des défilés dans San Francisco et ailleurs où l'on proclame sa *gay pride* et j'en passe. Mais de quoi peuvent-ils bien être fiers ?" Eh bien, notre mouvement vous le fera savoir quand nos drag-queens anorexiques les plus tarées se pointeront sur votre tombe, déguisées en vous, pour faire du playback sur vos déclarations les plus haineuses, encore et encore, jusqu'à ce que les morts eux-mêmes vous jugent.

La suivante sur cette liste serait la nièce encore en vie de Martin Luther King, Alveda King, pour ces propos : "L'homosexualité ne peut pas être élevée au rang de question de droit civique. Dieu déteste les homosexuels." Mais qu'est-ce qu'elles ont, ces pétasses de King ? Bernice, sa fille la plus jeune, a dit lors d'une marche contre le mariage gay, "Je sais au plus profond de mon âme sanctifiée qu'il ne s'est pas pris une balle pour que les gens de même sexe s'unissent". Et qu'est-ce que tu dirais d'une tarte au citron meringuée dans ta tronche sanctifiée, hein ? Chez Act Bad, on n'est pas des pacifistes. On donne dans le spectaculaire et la rancune.

L'homosexualité est illégale dans soixante-seize pays du monde. Ne serait-il pas temps que nous adoptions le slogan de ce nouveau groupe militant *"black bloc"*, Disrupt J20 ? "Nous allons entrer en guerre et vous allez perdre !" Parfaitement. N'a-t-on pas grand besoin d'un conflit armé humoristique sur la préférence sexuelle ? Nos flingues tirent peut-être des balles à blanc mais nos langues sont mortelles. Notre humour vous tuera.

Larguons une énorme boule puante sur l'Ouganda et envoyons nos escouades de marine qui "bêlent et rebêlent" rassembler tous les pasteurs évangéliques chrétiens américains qui sont allés dans ce pays et ont poussé le Parlement ougandais à essayer de passer une loi afin d'imposer la peine de mort pour les "coupables d'homosexualité". On vaporiserait de la laque industrielle sur leur chevelure clairsemée et on craquerait une allumette. Wooosh ! Adieu les tifs ! Après, on partirait à la chasse aux mouchards, ceux qui ont obéi à cette autre loi ougandaise, plus tolérante, qui exige que les hétérosexuels "dénoncent toute personne homosexuelle aux autorités dans un délai de vingt-quatre heures après avoir appris cette homosexualité, faute de quoi ils encourent une peine de prison allant jusqu'à trois ans". Pourquoi cet aimable délai de vingt-quatre heures ? Mystère. Pour que les hétéros aient le temps de se faire couper les cheveux, d'acheter leur bouquet de fleurs, de faire décorer leur intérieur avant que tous leurs commerçants gays les plus repérables se fassent rafler ? Les filles à pédés seraient forcées de passer dans la clandestinité, de mettre au point leur propre réseau de résistance pour faire la contrebande d'homos et de lesbiennes de tous les degrés de virilité, qui s'uniraient ensuite en nombre pour former les Vengeurs Lavande, en vue de mener une expédition punitive mondiale de revanche queer.

Première halte en Jamaïque, foyer homophobe de longue date. Largués par parachute, notre escadron de "queers à gages" envahirait le pays en chantant notre nouvel hymne national, "The Harder We Came", et ferait un raid dans la communauté anti-gay. Ces salauds qui attaquent les homos à la machette seraient capturés, ligotés et subiraient la torture du *teabag* pendant des semaines, jusqu'à ce que nos guerriers aient les couilles à vif à force de frapper les fronts ennemis de toute leur fureur testiculaire. Finissant par céder, ces anciens homophobes gueuleraient "Queer !" puis on les forcerait à entonner un petit air de reggae de notre cru, "A Hard-On Comes on You". Ce serait l'aube d'une ère de tolérance qui se lèverait en Jamaïque.

L'Iran ? Ils pendent les homosexuels dans le vide au bord des falaises puis les décapitent en public, il me semble ? On a besoin d'une intervention radicale dans ce pays ! Les musulmans gays, remontés, concocteraient une potion semblable au poppers qui serait distribuée sous le manteau et déversée dans le hijab des épouses des leaders religieux les plus homophobes : elles seraient alors prises de rires hystériques face au manque d'adresse au lit de leur mari. L'amnistie des queers est une possibilité.

D'autres bastions d'outrage aux bonnes mœurs, concept dépassé, commenceraient à tomber. Lors d'une attaque-surprise, notre armée gay, revancharde et explosive, pilonnerait les capitales proche-orientales de l'homophobie (Pakistan, Arabie Saoudite, Syrie) en larguant des dizaines de milliers de brochures explicatives, rédigées dans leur langue natale, sur la communauté *bear*, le mariage gay, et Walt Whitman, suivis des romans de Bruce Benderson, de DVD de *Maman très chère* et de la discographie complète de Judy Garland. Les pays d'Océanie (Samoa, Nouvelle-Guinée, Tonga) corrigeraient vite le tir dans leur appréciation des homos lorsqu'ils verraient débarquer notre cargaison de mannequins transgenres franchissant leurs frontières en formation militaire, vêtus d'uniformes couture inspirés des forces armées, balançant leurs nunchakus selon une chorégraphie rythmée par les scansions de "Gender Surrender". Ceux qui ne prennent pas leurs jambes à leur cou ou ne meurent pas d'une crise cardiaque rejoindront les rangs des citoyens libérés des contrées étrangères pour envahir sexuellement l'Afrique refoulée et libérer nos frères et sœurs favorables à l'homosexualité. Enfin, on anéantirait l'intolérance homophobe en se servant de l'humour comme arme ultime. On décimerait l'homophobie mondiale par l'agression vestimentaire. On abolirait la domination hétérosexuelle universelle en encourageant une vie d'abandon érotique total. Le jour du Jugement est arrivé. Nous avons remporté la bataille visant l'égalité des droits pour les homos, les hétéros, les transgenres. Ensemble, nous poussons le cri de la victoire, "Burn, Mary, Burn".

CARTILAGE

Huîtres au foutre (Photo de Marnie Ellen Hertzler)

Et si la révolution n'advient pas ? Ben, faut bien continuer à manger. Je ne me suis jamais trop soucié du goût de la nourriture quand je fumais cinq paquets de Kool longues par jour. Et avant ça, ma consommation récréative de speed ne m'encourageait pas franchement à m'intéresser aux cours de cuisine. Mais une fois libéré de la nicotine, j'ai commencé à sentir le goût de ce que je mangeais. Ça m'a plu, vous devriez tenter. Colleen Roome Shelton, ma première assistante, m'a expliqué : "Si tu sais lire, tu sais cuisiner – tu as juste besoin de patience et des ingrédients exigés pour la recette." Et donc aujourd'hui, je sais cuisiner, bien que je ne sois pas cuisinier. Un vrai cuisinier invente des recettes. Moi, je les suis.

Manger dehors, ça occupe une grande place dans la vie d'un adulte. Il vous faudra devenir un gourmet, jusqu'à un certain point. Mais pour un restaurant, la différence entre prétentieux et formidable est une zone grise ces temps-ci, que vous soyez en déjeuner d'affaires ou que vous vous serviez du repas comme d'un tremplin vers un rapport sexuel avec votre rencard. STOP LA FRIME, a écrit un hipster agacé à la bombe de peinture sur la porte d'un de ces restos tout nouveaux à San Francisco, dont la prétention n'a d'égale que la préciosité. Après y avoir dîné, j'ai compris ce que ce vandale voulait dire. Qui a envie d'un repas si sain que la police gastronomique lui donnerait cinq étoiles ? Tellement culinairement correct que des lanceurs de mode qui n'ont même pas faim se bousculent au comptoir pour réserver, font la queue pendant des heures, prêts à payer le double du prix pour le privilège de mettre un petit orteil à l'intérieur ?

Existe aussi l'autre versant – un restaurant radical qui réinvente le fait que vous mangiez ce que vous avez toujours mangé sans vous en apercevoir. Prune est toujours mon resto préféré à New York. C'est petit, voire exigu. Pas du tout sophistiqué, mais assurément sobre. Un peu snob bohème mais modeste. Plus cool que Coolio ne l'a jamais été. Dans quel autre endroit peut-on commander une unique carotte en guise d'accompagnement et se taper le cul par terre tellement elle est bonne ? Vous voyez le genre – en général esseulée, tombée d'une botte, casée dans une panière sale entre deux branches de céleri mollasses. Une grosse carotte toute moche dont même un cheval ne voudrait pas s'il la trouvait dans son auge. Mais chez Prune ? Miam !

Il est peut-être temps que j'ouvre mon propre restaurant à New York. Je suivrais l'exemple de Prune et choisirais un nom vaguement gourmet impopulaire. Comme Salt à Baltimore, un autre très bon restaurant qui malheureusement n'existe plus. Pourquoi pas Gras ? Non, trop transparent. Foie… marrant mais trop précis. Calories. Pas mal. Je sais ! Cartilage. Parfait. Cartilage s'implanterait dans la dernière rue mal famée de Manhattan. S'il en reste une. Si Gavin Brown n'a pas coiffé tout le monde au poteau comme il le fait toujours en y ouvrant une galerie d'art d'abord. On serait le resto le plus snob de la ville, à rebours du *fooding*. "Osez dîner ici !" serait notre devise. Et la bousculade commencerait.

L'extérieur serait volontairement trompeur pour les non-initiés. Fenêtres et portes barricadées en trompe-l'œil. En passant devant, on croirait le bâtiment abandonné, jusqu'à ce qu'on aperçoive une enseigne à moitié cassée, dont les tubes au néon clignoteraient à cause d'un "dysfonctionnement" savamment programmé. Le C de Cartilage représenterait un gosier, et une substance vaporeuse remonterait à l'intérieur, déborderait en vomissures en trois étapes animées avant de recommencer.

On aurait aussi des voituriers, mais ils seraient déguisés en sans-abris schizophrènes hostiles qui attaqueraient votre pare-brise à la raclette à l'instant où vous vous garez. Les habitués auraient compris depuis le temps que tous nos voituriers sont d'anciens taulards mais nos clients arrivant pour la première fois, peu méfiants, seraient tellement secoués en descendant de leur bagnole qu'ils leur laisseraient tout leur trousseau de clés sans se soucier que ces voleurs puissent ouvrir leur boîte à gants ou leur coffre. Pendant ce temps-là, nos clients gourmets seraient à l'intérieur en train de s'échiner à être assez cools pour manger nos plats, tandis que notre personnel conjuré aurait relevé votre immatriculation et se serait procuré votre adresse, qu'ils auraient transmise à une escouade de cambrioleurs qui videraient votre maison avant que vous soyez arrivés au dessert.

Nous prenons les réservations, mais il y a une règle inflexible chez Cartilage. Vous devez manger seul. Sans rien à lire sur votre table. En regardant droit devant vous. Sûr de vous. Un jour, j'ai vu un gentleman d'un certain âge – le genre à porter une lavallière et à qui ça va bien – manger en solitaire dans un élégant hôtel-restaurant de San Francisco, tiré à quatre épingles et affublé d'un appareil à oxygène qui lui couvrait le nez, avec un tuyau qui courait sous sa veste et sous son pantalon, jusqu'au réservoir discrètement posé sous sa chaise. "Oui, l'ai-je entendu dire au garçon d'un air légèrement agacé, évidemment que j'aimerais voir la carte des vins." L'élégance à l'état pur selon moi.

Toute mention d'éventuels "problèmes alimentaires" par des clients appelant pour se renseigner les empêchera *de facto* de réserver une table. "Si vous avez des problèmes alimentaires, répondrons-nous sur un ton glacial, vous devriez rester chez vous." Nous en ferions même une spécialité maison. "Nous sommes les gloutons du gluten en quête de cacahuètes", annonceraient nos pochettes d'allumettes. Car, oui, fumer est autorisé chez Cartilage. On sert également du foie gras, mais le nôtre est fait à base de maïs enfoncé dans le gosier de canards masochistes qui aiment bien se faire humilier par les fermiers foie-o-philes les plus virils de ce côté de la frontière française. Pas fan du goût ? Dommage. Ma mère m'a toujours dit : "Si tu n'aimes pas ce qu'il y a dans ton assiette, remue un peu le tout et personne ne saura que tu n'as rien mangé." Ici, chez Cartilage, on s'attend à ce que vous fassiez pareil.

Soyez courageux. Quand Stephen Dorff et moi étions à Tokyo pour la promotion de *Cecil B. Demented*, notre distributeur nous a emmenés dans un restaurant haut de gamme où on nous a servi une créature de la mer digne du *Désosseur de cadavres*, encore vivante, dans un saladier d'eau bouillante, qui essayait de s'échapper et de nous attaquer avant qu'on puisse la manger. "C'est quoi ce truc ?" m'a glissé Stephen tandis que la bestiole agressive s'élançait vers nous, en vain, se débattant dans le bouillon avec ses effrayantes petites griffes, prête à nous arracher les yeux. "J'en sais rien, ai-je chuchoté, mais frappe-la avec tes baguettes." Stephen s'est exécuté. "Vas-y !" a surenchéri quelqu'un. "Frappe-la ! Tue-la ! Mange-la !" avons-nous scandé ensemble, excités par l'agonie de notre pitance. La mort de cette pauvre créature dans nos gosiers est une expérience culinaire que j'espère bien renouveler dans notre restaurant.

Entrer chez Cartilage n'offrirait pas un sentiment de bienvenue. Accueilli par un maître d'hôtel antisocial, moche, et affublé d'une perruque, qui vous annoncerait que votre table est loin d'être prête, vous seriez dirigé vers un bar éclairé comme les urgences d'un hôpital, où l'on vous servirait un verre de vin "qui n'est pas sans rappeler le fumet vinaigré du trou de balle d'une sorcière". Le barman, employé grâce aux traces de brûlure qui balafrent son visage, pose alors sur le comptoir deux, oui, deux martinis, alors que vous n'avez rien demandé. Il explique qu'ils sont faits avec notre propre vodka, obtenue à partir de la fermentation de germes de patates pourries et vous les sert tièdes, avec beaucoup de vermouth, dans un verre qui ne convient pas, encore chaud puisqu'il sort du lave-vaisselle. L'olive noyée au fond du verre, récupérée selon un cycle immuable dans un verre laissé sur le comptoir la veille avant la fermeture, refoulerait un peu.

"Votre table est prête", vous murmure le maître d'hôtel monstrueux en vous prenant votre boisson des mains avant que vous ayez pu la goûter et la remplace par la note du bar, bien salée, sans que personne ne propose aimablement de l'ajouter à l'addition du repas. Pas le choix, vous devez payer. Vous remarquez qu'un pourboire de quarante pour cent a été ajouté, ce qui semble non négociable.

L'atmosphère dans la salle de restaurant perpétue le thème peu ragoûtant. La bande originale de *La Grande Bouffe*, le film franco-italien scandaleux de Marco Ferreri, passe en boucle, et si certains clients se font abuser par la musique de style tango, d'autres se souviennent des scènes éprouvantes où ça se gave, ça pète, ça vomit et ça se branle sur la musique de Philippe Sarde, agrémentée de bruits d'explosion de tuyauterie.

Le maître d'hôtel vous guide entre les nombreuses tables (toutes dressées pour une personne, bien sûr), décorées de bouquets de fleurs mortes. Pas de sel ni de poivre – tellement prévisible, tellement bourgeois, tellement convenu. On ne sert que la Red Dye n° 2, l'unique épice dont vous aurez besoin, et un shaker de ce condiment oublié est à disposition. Un grand tableau est accroché au mur, dans l'esprit du *EAT/DIE* de Robert Indiana, sauf qu'ici le mot *SHIT* a été intercalé entre les deux autres, trop classiques.

Vous êtes assis face au mur, ce qui au début est un soulagement car ça vous offre l'occasion de vous rassembler, mais lorsque votre serveur vient vous taper sur l'épaule et que vous vous retournez, un cri vous échappe. Il semble avoir refusé l'opération de chirurgie esthétique reconstructrice qu'on lui a proposée après qu'il a été victime d'une sorte d'explosion chimique. Ses deux yeux sont du même côté de son visage et il n'a pas de nez, juste deux trous. C'est un portrait cubiste défiguré par un ennemi de l'art moderne. Vous regardez autour de vous et remarquez que le reste du personnel est du même tonneau. La plupart ont dû être recrutés sur de vieilles publicités de l'association Smile Train* maintenant que leur carrière de "mannequins" est sur le déclin. Leur palais fendu et leur bec-de-lièvre donnent un tout nouveau sens au mot *monstrueux*, et pourtant leur dignité n'a pas de frein. Pour couronner le tout, Cartilage a copié l'uniforme des magasins bios Whole Foods, et exige que ses employés arborent des traces de mutilation corporelle, des lobes étirés à l'extrême, des implants en forme de cornes, ainsi qu'un plateau labial. Ceux qui ont la chance d'avoir encore un front se le font marquer au fer avec le logo du restaurant.

L'horrible serveur a été dressé pour ne jamais dire son nom. Vous êtes venu ici pour manger, pas pour vous faire des amis, et Cartilage respecte vos souhaits. Il vous sert cependant le petit laïus liminaire à propos du fait que tous les ingrédients du restaurant sont, et c'est une fierté, d'origine non naturelle. Toute la viande provient d'animaux pervers qui ont défié les lois de la nature avant l'abattoir : bœufs qui en sucent d'autres, cailles adeptes de l'anulingus, dindes amatrices d'excréments, et même

* Association proposant une chirurgie corrective aux enfants aux palais fendus.

veaux sadomasos excités par les minuscules cages dans lesquelles ils ont été confinés toute leur vie. Nos poulets sont tous homosexuels, et subissent le supplice de la baignoire quand ils sont à l'isolement, ce dont s'occupe notre chef blanc agressif avec un passif de consommation d'héroïne, que vous pouvez rencontrer dans les cuisines quand vous le désirez en vous émerveillant du fait que lui aussi, par solidarité avec les animaux que vous vous apprêtez à manger, se balade avec un thermomètre dans le cul. Vous voulez du canard ? Non seulement on en a, mais nous allons plus loin que ce restaurant japonais dont je viens de vous parler : nous vous l'apportons vivant à votre table de sorte que vous puissiez l'installer dans la petite chaise électrique de cuisson élaborée pour le plaisir de vos papilles et appuyer vous-même sur le bouton.

Avant d'énumérer la liste de nos spécialités, ou nos "rien de spécial" comme nous les appelons – nous appropriant en cela le nom que Warhol a toujours voulu donner à l'émission télévisée qu'il présenterait –, notre serveur vous expliquera que, chez Cartilage, nous ne servons plus d'eau, d'aucune sorte. Le couturier Valentino m'a un jour expliqué d'un air très sérieux que, "les bulles, ça fait grossir", alors l'eau gazeuse a été la première éliminée. Et l'eau plate ? Dites, il descend à combien de mètres, le puits d'Évian ? Comment ça se fait que je ne l'aie jamais vu en photo ? Je suis presque convaincu que ces bouteilles en plastique sont remplies d'eau stagnante qui ruisselle d'un fossé d'écoulement proche de l'aire de repos Walt Whitman du poste de péage du New Jersey, eau préalablement purifiée par quelques détenus en liberté conditionnelle qui ont réussi à décrocher un boulot payé au salaire minimum. Et l'eau du robinet, alors ? Tellement à la mode, soudain, d'une gratuité à vous écœurer, dotée de vertus hydratantes si agressives. On soulignerait que notre politique en matière de flotte s'inspire d'un article hilarant de Gerald Nachman paru dans mon magazine arriviste de San Francisco préféré, *Nob Hill Gazette*, dans lequel il se vante de boire aussi peu d'eau que possible, ce qu'il appelle "le doudou de la génération X" et demande son interdiction pure et simple "au motif que, l'eau, c'est exaspérant". "La cause principale de sécheresse, écrit-il, n'est pas le manque de pluie mais le culte que la jeunesse assoiffée voue à l'eau en bouteille." Et il a raison. L'eau, c'est tellement has been, tellement plébéien, tellement prévisible. “L’eau ne peut pas se mouiller”, a écrit Joy Williams, et ce n’est pas la première à remarquer les limites de ce liquide. “L’eau, je déteste ça”, a toujours dit mon amie Pat Moran, et avant je lui tenais tête. Comment peut-on détester l’eau ? Mais maintenant, je me rends compte qu’elle avait raison. On ne devrait jamais avoir envie de boire de l’eau. La soif, c’est la nouvelle “indigence”.

Enfin, le serveur monstre vous tend la carte. Les amuse-gueules sont presque exclusivement à base de foie, et nos tout petits caractères vous expliquent que les veaux et les poulets qui ont fait don de cet organe pour vos papilles avaient de gros problèmes d’alcool. Il y a des canapés au foie, du tartare de foie, et même du pâté de foie, tellement carbonisé qu’on ne sait pas ce que c’est, à part de goûteuses substances cancérigènes.

Puisqu’on met l’accent sur les légumes, les végétariens eux aussi sont gâtés chez nous. On ne sert que les parties crues dont on se débarrasse normalement avant de cuire le légume : bouts de carottes poilues, parties dures des asperges, feuilles extérieures d’artichaut défraîchies, pépins récupérés dans des tomates trop mûres, cœurs d’oignons. Les crudités n’ont jamais été aussi cru… elles ! Et vous avez intérêt à aimer ça, sinon gare !

Les plats de résistance sont un peu plus traditionnels. Ce que nous cherchons à faire, c’est remettre la “boue”, tradition culinaire du Sud, au premier rang de la gastronomie régionale. Ces plats “de terroir”, qui célèbrent le désir des populations pauvres du Mississippi rural de manger de la terre, sont très populaires chez Cartilage. On y servirait de l’argile fraîchement recueillie sur une colline (où elle est supérieure à celle des terrains plats), après une averse, lorsqu’elle exhale toute la richesse de ses arômes et prend une texture granuleuse, un goût âcre. C’est un mets si délicieux que nous l’appelons Caviar de terre, et c’est l’un des plats préférés de nos habitués. On a même poussé le vice jusqu’à ajouter des accompagnements parfaits pour les personnes atteintes de pica (papier, placo, craie, peinture écaillée). Ces substances couramment associées à ce trouble alimentaire sont devenues un groupe d’aliments à nul autre pareil. Vos papilles gustatives seront tellement revivifiées que vous ne vous plaindrez plus au serveur que votre table est bancale : vous vous pencherez et la raboterez avec vos dents. Les copeaux de bois sont les nouveaux pistils de safran si on ose leur donner une chance.

Tous nos plats de viande seraient tellement cuits que le résultat final ressemblerait à une semelle de Converse. Les légumes surgelés seraient décongelés, remis au congélo, sortis à nouveau puis tellement bouillis qu'ils seraient déclarés morts avant d'arriver à votre table, sans la moindre vitamine dans leur chair. L'un des desserts préférés de nos clients serait la crème au chocolat instantanée recouverte d'une fine couche de mousse crasseuse qui colle au palais et vous lève le cœur exactement comme ce qui remonte dans le gosier de notre enseigne. Il n'y aurait pas non plus de sucre avec votre café instantané, seulement de la saccharine. Votre mère avait raison lorsqu'elle vous disait que le gouvernement racontait des bobards quand ils ont interdit ce merveilleux produit amincissant en 1977. Les gastronomes oublient que cette interdiction a été formellement levée en 1991. Mais ne vous en faites pas, tous nos flacons de saccharine datent de 1970 à 1975.

Enfin, notre serveur daigne vous annoncer quelles sont les spécialités disponibles. Ce soir, nous servons des plats concoctés à partir du livre de cuisine *Natural Harvest*, un recueil de recettes à base de sperme, écrit par Paul Photenhauer. Vous pensez peut-être que nous plaisantons, ou que ces plats ne doivent leur présence à la carte qu'à leur capacité à choquer, mais nous sommes très sérieux. Ce livre de cuisine existe vraiment, et comme l'auteur l'explique : "Le sperme n'est pas seulement nourrissant, c'est aussi un produit à la texture incroyable et aux étonnantes propriétés culinaires." Une fois que vous aurez surmonté votre hésitation, poursuit-il, vous serez surpris de découvrir les merveilles que le sperme peut faire en cuisine. Dans les amuse-gueules on trouve "caviar et son supplément iodé" mais aussi "huîtres d'homme – coquilles propres remplies de divers spermes frais". Pour le client qui n'a jamais avalé un tel liquide, on peut dire qu'il s'agit là d'une initiation à l'éjaculation comestible, mais soyez prévenus : ce plat est servi chez nous tendance "marée haute".

Peut-être faites-vous partie de ceux qui font déjà des choix culinaires risqués. Comme ces skieurs de l'extrême qu'on largue d'un hélico sur des pentes neigeuses enclines aux avalanches pour qu'ils les dévalent, vous êtes en attente de goûts trop radicaux même pour les plus téméraires de nos clients, des saveurs qui rendraient les autres malades mais raviraient votre palais comme jamais. Vous avez de la chance. Ce soir justement, nous proposons des plats issus de *Unmentionable Cuisine*, comme l'historien de la gastronomie Calvin W. Schwabe nomme les recettes soi-disant les plus répugnantes qu'il a recueillies aux quatre coins du monde. Nous, nous les trouvons… disons, simples, humbles, presque élégantes dans leur insipidité.

Nous servons de la viande de chien et de chat. Bon, on n'encourage pas l'élevage d'animaux domestiques pour la consommation humaine, mais que penser des milliers de millions de chiens et de chats non désirés, non castrés, qui sont tués dans les fourrières et les refuges rien qu'aux États-Unis ? Quel mal y a-t-il à les manger ? Le chiot à l'hawaïenne, par exemple. La recette suggère d'"aplatir l'animal entier éviscéré avant de le griller sur des braises ardentes". Quelle chance ! Il est justement à la carte ce soir et non, ça n'a absolument pas le goût de poulet. Chat à la vapeur, une spécialité ghanéenne qui surprend le palais, nous en avons également. Le félin est dépouillé, détaillé en gros morceaux, puis frit jusqu'à coloration dans un mélange d'huile d'arachide et de beurre. Notre touche spéciale : agrémenter ce plat de chat perché de moustaches finement ciselées. Miaou !

Sans vous démonter, vous commandez à la carte. "Pour le plat de résistance, j'aimerais le ragoût de chien, mais est-ce que ce serait possible d'avoir la même recette avec une portée de chatons à la place ?" Le serveur grince des dents, refusant de laisser voir tout le mépris que vous lui inspirez, mais prévoyant en silence de se venger en cuisine. "Et à la place de l'aspic à la tomate « sorti direct de la boîte sans être touché par des mains humaines » lisez-vous avec le menu sous le nez, j'aimerais mieux la viande mystère de Lazy Susan : pâté de jambon en conserve, bouillie de maïs aux restes de porc, veau cru, le tout mélangé à de la mayonnaise achetée en pots industriels au marché aux puces de Baltimore et jamais réfrigérés lors d'après-midi d'août particulièrement chauds et humides." "Vous ne perdez rien pour attendre", se dit le serveur en secret mais il marmonne, condescendant, "Je vais voir ce que je peux faire".

Le regard braqué droit devant vous, bien sûr, vous attendez votre nourriture une éternité et commencez à craindre d'avoir offensé la direction. Il est toujours bienvenu de se repasser mentalement les bonnes manières à adopter au restaurant, juste au cas où il y aurait un questionnaire surprise avant que le premier plat arrive. Ne jamais renvoyer la nourriture – si vous n'aimez pas, ne revenez plus, point. On ne vous rembourse pas votre place de cinéma si vous n'avez pas aimé le film, que je sache ? Se montrer grossier envers le personnel est strictement interdit. Vous vous reconnaîtrez – ceux qui passent leur temps à râler dès qu'ils mangent dehors. Ces clients qui manquent d'assurance ne font que dévoiler au monde qu'ils ont grandi dans un milieu défavorisé au chapitre des bonnes manières, avec des parents qui ne leur ont jamais appris à faire preuve de respect envers le personnel. Les bonnes manières devraient être enseignées dans tous les foyers sans s'arrêter aux plus riches et transmises de génération en génération. Renvoyer la bouteille de vin après l'avoir reniflé d'un air ridicule ne fait pas de vous quelqu'un de sophistiqué ; ça vous donne juste l'air d'être un loup de Beverly Hills dans le manoir Playboy.

Si vous vous imaginez que quelqu'un d'autre que vous doive payer l'addition (une chose impossible chez Cartilage), ne commandez jamais le plat le plus cher de la carte, espèce de parasite. Et dans un pays étranger, si le malheureux serveur doit vous traduire le menu en anglais, dites oui à la première chose qui vous plaît – ne lui faites pas réciter tous les plats. Il y a toujours des clients pour afficher un air jaloux de votre assiette une fois le repas servi. Je vous en prie ! Ce que ça peut être agaçant – ayez confiance dans votre premier choix. La tergiversation gastronomique est le signe d'un amateurisme international avéré. Enfin, ne prenez pas votre carte de membre au Club de l'Assiette Vide. Laissez toujours un petit quelque chose dans votre assiette. Ça va, on n'est pas en Inde. Jamais vous ne devriez avoir l'air affamé à ce point.

Tenez, regardez qui voilà – le serveur. Ces chatons ont dû être bien mignons à une époque – tous les cinq. Est-ce que vous entendez des voix ou l'un d'eux ronronne-t-il encore ? Si c'est le cas, il a l'air bien content d'avoir été cuit vivant ! Mais oui, ce petit bâtard respire encore. Bam ! Le serveur l'achève à l'aide d'un maillet en bois qu'il garde toujours à portée de main pour ce genre d'urgence alimentaire. Voilà qui est réglé. Le dîner est enfin servi.

Le chat domestique, ça a un peu le même goût que le lapin, mélangé à un tartare d'animal écrasé sur la route, mais ce n'est pas difficile à manger. Une fois la viande revenue dans de la graisse hydrogénée et bien assaisonnée avec du sel non traité de Salton Sea, puis braisée dans de l'eau non filtrée des marais des Everglades, on ne remarque même plus les yeux, qui ont longtemps été un mets cantonais de choix. Il faut mastiquer ces saloperies caoutchouteuses une éternité pour les préparer à leur fantastique voyage, mais ces pupilles finissent par descendre dans votre gosier comme une énorme boule de chewing-gum.

Là, surexcitées, vos papilles gustatives bondissent dans tous les sens. Vous êtes sous le choc, gavé, le cœur au bord des lèvres. Toutes ces nouvelles saveurs répugnantes vous tournent la tête. Perplexe quant aux ingrédients qui bouchent les artères, et pourtant ravi d'être dans le cosmos gastronomique. Avant d'avoir eu le temps de jeter un œil à la carte des desserts, vous ressentez une douleur à la poitrine. Bien sûr, vous n'en dites rien au serveur et vous contentez d'acquiescer faiblement au café qu'il vous propose. "Oui, dites-vous d'une voix étranglée, noir." Une sensation d'oppression vous comprime le cœur – ce dernier chaton est peut-être encore en vie et il se débat pour sortir, tel Pinocchio à l'intérieur de la baleine. Tout à coup, un grondement infernal résonne dans votre estomac – pourvu que ce ne soit pas les huîtres au foutre !

Le serveur revient avec le café – de la marque Y en a marc, très caféiné, on peut d'ailleurs lire sur leurs paquets "Ne dormez plus jamais !" Vous avalez une gorgée et articulez à grand-peine un "merci". Votre cœur se met à battre à tout rompre, vous avez l'impression d'être un diapason sous amphétamines. Vous n'avez jamais eu autant la tremblote. Le serveur remarque vos pupilles dilatées et court chercher le flacon de Tylenol qui provient d'un lot rappelé, prétendument empoisonné par des terroristes alimentaires. "Tenez, dit-il en vous donnant une gélule dont il explique la provenance. C'est plus efficace que le citrate de bétaïne." "Mais ils sont mortels", objectez-vous, en pleine parano alimentaire. "Bah, répond-il en gloussant, on en donne tout le temps et personne n'est mort… enfin pas encore. Je vous donne la note maintenant par contre, au cas où."

Vous refusez l'antalgique et sortez votre portefeuille pour régler l'addition. La vache, 1 315 dollars, et vous n'avez pris qu'une boisson ! Sans demander, ils ont ajouté un énorme "pourboire alternatif". De quoi tomber dans les pommes. Vous tendez votre carte de crédit et essayez de vous lever mais votre corps est engourdi. Une migraine vous élance dans tout le crâne. Soudain, le restaurant se met à tourner. Comment est-ce possible ? En plein New York. Et pourtant ça tourne ! Comme ce Holiday Inn ringard qui a ouvert à Baltimore au milieu des années 1960 et a dû fermer peu de temps après parce que les clients se plaignaient d'un sentiment d'insécurité et du mal des transports. Vous tentez de vous la jouer danseur classique et de vous concentrer sur un point dans ce tour à 360° mais puisqu'il n'y a pas de fenêtres chez Cartilage, c'est impossible.

Le serveur vous presse de signer. Il faut que vous soyez sorti avant de vous effondrer. Votre vision commence à s'embrumer alors vous ne voyez pas ce que vous signez au juste, mais quelle importance ? Il faut vous tirer de cet endroit tant que vous le pouvez. Vous essayez de sortir, mais vous avez l'impression de marcher dans un tonneau roulant de parc d'attractions. Vous vous agrippez au serveur, mais pas de ça chez Cartilage. "Est-ce que je suis en train de faire une attaque ?" demandez-vous, réellement effrayé. "Probablement." Notre personnel a été formé pour répondre avec franchise. Soudain, un autre éclair de douleur vous transperce la tête, juste derrière les yeux. Vous criez. "Du calme", siffle le serveur, habitué aux urgences médicales, tout en ouvrant la porte et vous, l'ancien gourmet curieux, vous voyez le monde extérieur qui tourne. Vous visez et sautez dehors, atterrissant miraculeusement sur vos deux pieds flageolants. La porte de Cartilage claque derrière vous.

Repu, seul sur le trottoir, vous restez quelques secondes devant le restaurant. Les gens vous dévisagent, oh le chanceux, jaloux de votre expérience culinaire extrême. Soudain, une crise cardiaque et un anévrisme cérébral vous frappent au même moment. Vous vous effondrez, ayant enfin mangé un plat original à en crever. Le paradis des gastronomes vous tend les bras.

RETARDÉ

Comment évaluer une chambre d'hôtel (Photos de John Waters)

Vous devez voyager. “Le jour où tu arrêtes de tourner, ta carrière est finie”, m’a dit un jour Elton John, et il a raison. Tous les professionnels du showbiz savent qu’il faut rester sur les routes toute sa vie. Quand Jay Leno était au sommet de sa carrière avec *The Tonight Show*, il continuait à sillonner l’Amérique intérieure ses soirs de relâche pour faire son stand-up. Tout comme Bill Maher. On ne peut pas se reposer. Il y a toujours quelqu’un en coulisse prêt à prendre votre place. Debbie Harry a fait une petite pause juste après les premiers succès de Blondie, et Madonna, arrivée à ce moment-là, lui a volé la vedette. Ne vous posez jamais. Personne n’a dit que c’était facile d’être célèbre.

Vous devriez également toujours avoir un plan de secours sous le coude. Aucune carrière ne dure pour l’éternité. Si vous n’arrivez pas à faire un film, écrivez un livre ; si le bouquin ne se vend pas, faites une tournée de conférences. Encore mieux : faites les trois et arrangez-vous pour que ça marche. Il faut occuper l’espace. Aller à la rencontre de son public. Avoir des contacts physiques. Prendre des bébés dans vos bras. Faire des selfies. Signer des autographes. Quand vous êtes de sortie, vous êtes au boulot, faut vous y faire. “Désolé de vous déranger”, disent les fans, mais non, pas du tout. Ce sont eux qui ont payé la tenue que vous portez après tout, non ? Ils ont bien le droit d’avoir une photo de vous avec eux. Il n’y a jamais de pause dans le show-business.

Mieux vaut ne pas avoir la phobie de l’avion ; d’ailleurs, c’est ne pas prendre l’avion qui devrait vous faire peur. Si je n’ai pas de déplacement professionnel prévu au moins tous les quinze jours, je commence à stresser. Comme Joan Rivers dans ce documentaire qui en dit long sur sa personnalité, *A Piece of Work*, je n'aime pas voir plein de blanc sur mon emploi du temps. Franchement, on ne peut pas détester l'avion. Tous les autres moyens de transport sont pires. Le bus ? Pour les longues distances ? Hors de question. Même les bus de luxe qu'utilisent les vedettes country. Des bahuts de crétins, ni plus ni moins. Des cocottes en fonte ambulantes. Vous connaissez le sens caché de "cocotte en fonte" ? Vous êtes au lit avec l'élu de votre cœur, vous lâchez une caisse et remontez les couvertures au-dessus de vos têtes, de sorte qu'aucun de vous ne peut échapper à l'odeur. C'est le coup de la cocotte en fonte. Tous les bus longue distance sont des cocottes en fonte. Ou des trains fantômes. Vous avez sûrement déjà lu ces articles terrifiants sur des voyages en bus de compagnies low cost dont le chauffeur est ivre, ou bien roule trop vite, et doit tamponner une voiture pour pouvoir s'arrêter. Comme vous avez dû voir ces photos horribles de passagers blessés avec leurs bagages abîmés, voire éventrés, assis sur la bande d'arrêt d'urgence du péage du New Jersey après un accident de bus qui les laisse hébétés, et amochés. J'ai une nièce qui faisait un de ces trajets en bus quand l'engin a pris feu, et de nombreux passagers ont dû regarder leurs valises partir en fumée.

Même les services mieux organisés et moins chers ont leurs inconvénients. Je prends souvent le BoltBus avec un ami pour faire l'aller-retour Baltimore-New York. C'est bon marché, direct, et relativement sans peine. Le gros problème, c'est la ponctualité du chauffeur. Une fois, au beau milieu du voyage, il s'est garé après le péage, et sans un mot d'explication s'est dirigé sans se presser vers les toilettes au fond du bus. On a attendu. Les passagers ont commencé à se tortiller et à échanger des regards horrifiés. Est-ce qu'il était en train de chier là-dedans ? Mais oui ! On a entendu le froissement du papier-toilette, et même un grognement. Dégueu ! À gerber ! Après une éternité, le gars est sorti tranquillement puis il est retourné s'asseoir au volant comme si de rien n'était. Quel culot ! Comme si c'était son droit le plus strict de couler un bronze sur notre temps de trajet dûment payé. Et si j'avais pas payé, c'est sûr que je serais descendu de ce bus !

Avant, je préférais les trains Amtrak pour les voyages inter-États, et c'est encore un peu le cas, avec quelques réserves (conducteurs qui vont trop vite, s'endorment, provoquent des accidents ; rails vétustes ou non testés sources de déraillements), mais il y a aussi d'autres problèmes. Sur la côte Est, l'Acela est génial (et très cher), mais les trains régionaux dans les autres États ne sont pas aussi luxueux. Beaucoup d'arrêts. Lents. Gros retards. Et puis, ça secoue trop, merde. Une fois, j'ai renversé un verre d'eau sur un passager que je ne connaissais pas assis à côté de moi. Il était tellement excédé qu'il m'a forcé à lui donner onze dollars pour régler la note de pressing de son costume. Et encore, ce n'était que de la flotte, pas du vin rouge ! Pisser ? N'y pensez même pas. Les toilettes unisexes sont politiquement correctes, mais tous les hommes savent qu'orienter son jet vers la cuvette dans un train en marche est un Jackson Pollock en puissance. Mesdames, nécessaire de nettoyage de rigueur si vous envisagez de vous asseoir sur la lunette.

Prendre le train, c'est aussi pénible parce qu'ils n'arrêtent pas de balancer cette annonce enregistrée à plein volume : "Si vous voyez quelque chose, dites-le." Et moi, oui, je vois quelque chose, un autre passager, un arbre dehors, une valise. "Quelque chose ! je gueule. Quelque chose, quelque chose, quelque chose !" jusqu'à ce que le contrôleur, prévenu, ait envie de me tirer dessus avec une fléchette tranquillisante pour me faire taire.

La voiture ? Certes, il suffit de mettre ses bagages dans le coffre sans se prendre la tête, mais il y a ces saloperies de péage, où le conducteur doit entrer en contact avec les mains de l'agent qui récolte l'argent dans sa petite cabine, autant dire une aubaine pour le virus Ebola – imaginez tous les germes sur les doigts de cette personne, à force de toucher les paluches dégueulasses des gens à tout bout de champ. Je me fous bien qu'ils portent des gants, ils n'en restent pas moins contagieux. Je connais le principe du télépéage, je ne suis pas né de la dernière pluie, mais même si cela vous évite les microbes, que faites-vous des moustiques qui franchissent la zone magique du télépéage ? Et s'ils avaient le virus Zika ? Une piqûre et votre bébé est télédéformé.

Ce qui nous laisse l'avion, et le principal objectif de votre vie devrait être de pouvoir voler en première un jour. Je ne culpabilise pas de dire ça – quand je faisais la promotion de mes films, j'ai volé en classe éco dans le monde entier jusqu'à mes quarante ans. Maintenant, je ne pourrais plus, même si, croyez-moi, la première, c'est plus ce que c'était. Dans les vols inférieurs à deux heures, on ne vous sert plus de repas, juste un panier dans lequel picorer, rempli de sachets de chips et de bananes à moitié pourries, pour un supplément d'environ mille dollars. Mais ça reste mille fois mieux que la classe économique.

Je suis sidéré que le trafic aérien se passe aussi bien. Tous ces vols. Ces "conditions météo", comme ils s'entêtent à les appeler, ça m'agace ! Parce que ce que ça veut dire en vrai, c'est "mauvaises conditions météo". L'erreur humaine. Que cet énorme morceau de métal, parfois aussi grand qu'un terrain de football, puisse voler, au-dessus de l'océan, me laisse pantois. C'est une "excellente invention", m'a dit naïvement un ami un jour qu'on descendait d'avion, et on devrait peut-être tous s'arrêter deux minutes, réfléchir, et s'émerveiller de l'évidence de ses paroles, de leur vérité. Une putain de bonne invention, en effet.

Cela dit, les rituels pré et post-décollage suffisent à vous donner des envies de suicide. Oh, j'oubliais, c'est la priorité des pilotes. Plus personne ne parle de cet avion allemand qui s'est écrasé dans les Alpes françaises avec tous ses passagers à cause d'un pilote suicidaire qui a enfermé son copilote à l'extérieur du cockpit. "Il n'y a eu que cinq ou six vols dont on pense qu'ils se sont écrasés à cause de pilotes suicidaires", a minimisé un responsable. Cinq ou six ?! Mais on n'a pas assez de soucis comme ça à se faire (vols d'oiseaux aspirés dans les réacteurs, éclairs, aiguilleurs du ciel bourrés, godasses piégées aux explosifs) en plus des pilotes qui ont pas le moral ? Avant de monter soi-même à bord, on peut voir l'équipage lorsqu'il embarque, et moi j'essaie toujours de déchiffrer l'expression du pilote. Oh oh, il a l'air déprimé. "Bonjour commandant !" je m'exclame d'une voix enjouée dans l'espoir de lui remonter le moral. Souvenez-vous, un sourire n'est qu'une grimace à l'envers. Puis je marmonne dans ma barbe : "Je vous en prie, ne nous tuez pas."

J'aime arriver à l'aéroport en avance. Très, très en avance. Au moins deux heures avant un vol intérieur, trois si je vais à l'étranger. Au cas où quelque chose tourne mal, je suis le premier à obtenir une place sur un autre vol, mais ça n'arrive pas très souvent, parce que je prends en général le premier vol du matin même si je dois me lever à quatre heures pour être à l'heure à l'aéroport. Les vols tôt le matin sont toujours en partance, les équipages ne peuvent pas être retenus, et les tempêtes orageuses surviennent en général en fin d'après-midi ou en début de soirée.

Je suis à l'opposé de O. J. Simpson traversant l'aéroport en courant dans ces publicités pour Hertz. Moi, j'aime bien flâner. J'ai imprimé ma carte d'embarquement, je n'aime pas l'avoir sur mon téléphone – il ne fonctionne pas toujours très bien. J'ai déjà vu des gens se faire refouler à cause de ça, alors j'ai toujours un temps d'avance. Bien que la location d'un chariot à bagages soit susceptible de vous coûter une fortune, j'en prends quand même un parce que je ne sais jamais combien donner aux porteurs qui attendent sur le trottoir et j'ai peur qu'ils passent en revue le contenu de mes bagages et me volent mes produits cosmétiques La Mer.

J'apprécie énormément qu'à l'aéroport de Baltimore, on ait le droit de garder son chariot jusqu'à sa porte d'embarquement, malgré tout le bazar occasionné aux portiques de sécurité. Mais les contrôles sont aussi pénibles que partout ailleurs, surtout que les files de préenregistrement sont maintenant aussi longues qu'en classe éco. Je me divertis, comme tous les gays, en regardant d'autres hommes retirer leur pull ou leur manteau, ce qui offre toujours un aperçu de ventre ou de fesse qu'ils essaient de cacher. Chaque fois, je suis horrifié de voir la laideur avec laquelle la plupart des voyageurs s'habillent. Non, vous ne pouvez pas mettre un short. Vous croyez que les autres passagers ont envie de s'asseoir à côté de vos jambes velues qui pèlent ? En fringues de sport ? Berk ! Mais qui a envie de sentir vos aisselles qui puent ? Vos pieds nus ! Quelle horreur ! Que dire de ceux qui sont en pyjama ? Non mais franchement ! Vous êtes un bébé ? Est-ce que papa doit vous porter ? Mais habillez-vous, merde ! Le seul truc qui soit pire, c'est de voyager avec un animal de compagnie. Si vous êtes mentalement fragile au point de ne pas pouvoir partir de chez vous sans une pauvre créature que vous avez condamnée à une vie de petits câlins, alors vous ne devriez pas être autorisé à vous mêler aux autres. N'allez pas à l'aéroport, faites-vous plutôt interner en hôpital psychiatrique.

Moi, j'ai besoin d'être le premier à monter à bord de l'avion, et le premier à en descendre. Dans la zone d'embarquement, je choisis le siège le plus proche du comptoir et j'observe attentivement le visage des membres de la compagnie aérienne pour remarquer la moindre éventualité de retard ou d'annulation, comme ça je suis le premier dans la file pour faire une autre réservation. Une demi-heure avant le début de l'embarquement, je me lève et me poste dans la file prioritaire même si je gêne les passagers qui débarquent tout juste de l'avion à bord duquel je vais monter. Je veux mon espace bagage au-dessus de ma tête, et je le veux avant vous !

"Merci de votre patience", disent toujours les agents lorsqu'un avion a du retard, mais bien que je sois navré pour eux, je leur fais savoir sans mâcher mes mots que je n'en ai aucune, alors inutile de me remercier pour une chose que je ne peux pas offrir. Ils me regardent d'un air interdit, mais pas avec autant d'hostilité que lorsque je lève les yeux au ciel en voyant défiler sous mon nez les passagers "qui ont besoin de plus de temps pour embarquer" et passent devant moi alors que je voyage en première. Je sais que je vais vous paraître cruel mais franchement, ils sont si nombreux à faire semblant ! En particulier sur les vols de Southwest, qui pratique le placement libre une fois que vous êtes à bord. "Et elle, c'est quoi son problème ? je me retiens toujours de gueuler à l'hôtesse de l'air. Elle a un mot du médecin, d'abord ?" Ce n'est pas que je sois un sans-cœur, c'est que la plupart de ces soi-disant handicapés sont des menteurs ! Je les vois une fois qu'ils sont sur la passerelle – on se croirait à Lourdes ! Ils balancent leurs béquilles et piquent un sprint vers l'avion, morts de rire : "Youpi, à nous les places côté couloir à l'avant !" Salauds.

Ça m'est égal que "tout personnel militaire" embarque avant moi parce qu'ils sont parfois courageux, toujours mignons et ils me font de la peine ; ils risquent leur vie et peut-être bien qu'ils ont joué dans ces pornos militaires que je collectionnais avant. Certaines compagnies aériennes ont récemment, et à juste titre, changé leur politique, mais d'autres continuent à autoriser les "familles avec poussette" à passer devant les autres passagers. Et bien sûr, un bébé, ça crie toujours. Je n'en veux pas au gamin. Il doit sentir qu'on va l'installer en classe éco. Mais pourquoi sa mère se sent-elle obligée de me dire "Il est fatigué, c'est tout..." ? "Fatigué de quoi ? je rétorque toujours. Parce que, bon, il a un boulot ?" "Heu, non", répond la mère avec un mouvement de recul. "Est-ce qu'il a déchargé un camion avant que vous arriviez à l'aéroport ?" j'insiste, et c'est bon, elle comprend que je ne plaisante pas et remballe ses excuses débiles. Est-ce que moi je lui sors des conneries du genre "Fouettez ce petit morveux avec une antenne de voiture, il se la bouclera" ? Non, je ne me permets pas.

Quand je prends un vol international en première, j'ai toujours l'impression d'être dans *Hôtel international* avec Elizabeth Taylor et Richard Burton. Mais pourquoi tous les passagers sont moches en première classe ? C'est vrai. Observez les gens qui descendent d'avion, n'importe où dans le monde. Les premiers à débarquer sont ceux de la première classe, et ma parole, que les riches sont laids. On croirait qu'ils ont mis des masques de Halloween, mais non, ce sont leurs vrais visages ! À mesure qu'on remonte vers la classe éco, le facteur "charme" augmente. Pourquoi les passagers pauvres sont-ils plus attirants ? Pourquoi celui assis au milieu est-il plus beau ? Plus jeune ? Plus branché ? Souvenez-vous-en pour la prochaine fois où vous serez assis au dernier rang de la classe éco juste à côté des toilettes pleines de germes : vous êtes bien plus sexy que quiconque en première classe.

Et croyez-moi, à l'avant de l'avion, une fois que vous avez décollé et que vous avez mangé votre caviar gratuit (Ha ha ! Aller simple pour l'Australie, 13 605 dollars) et bu votre alcool offert par la maison, il faut que vous dormiez avec vos congénères. Dans la plupart des compagnies, le lit est à plat et il y a quelqu'un à côté de vous. Certes, vous avez droit à de vrais draps en coton, à des oreillers en plumes, à une liseuse orientable, mais quelle que soit la vie de paillettes que vous vous imaginiez, vous ne tardez pas à vous rendre compte que vous partagez en fait l'espace d'un lit deux places standard avec un parfait inconnu. C'est en général un homme et il ronfle à coup sûr. Sans compter qu'il est ivre. J'ai toujours peur qu'il roule sur le côté dans son sommeil et me pince le cul accidentellement. Mains baladeuses, quoi. Fais gaffe, mec !

D'autres compagnies font les choses différemment, mais les sièges semblent toujours mal conçus. De prime abord, les lits de Delta semblent attractifs, mais quand vous vous allongez et glissez les pieds sous les draps, impossible de ne pas avoir l'impression de passer une IRM. Même si Virgin appelle sa première la "classe supérieure" (est-ce que la classe éco est "inférieure" ?), ils ont des lits individuels disposés selon un angle qui permet un peu d'intimité, bien qu'on puisse parfois avoir l'impression d'être un anchois en conserve ou de faire des essayages de cercueil. Le plus gênant, ce sont les sièges de première classe de British Airways, qui positionnent les passagers assis en soixante-neuf, vous forçant à regarder votre voisin dans les yeux, dont le visage est à quelques centimètres de vous, à moins que vous ne tiriez une sorte d'éventail d'intimité qui bloque la vue entre deux sièges. Mais c'est une question de politesse très épineuse – qui tire le premier sur cette cloison ? Si c'est vous, est-ce que cela vous rend arrogant ? Hostile ? Est-ce que c'est une manière subtile de fermer la porte à un rapport sexuel ? Oui, j'ai bien conscience que c'est ridicule de se plaindre des sièges de première classe, alors estimez-vous finalement heureux de voler en classe éco. Là, vous n'avez à rejeter personne, ni, pire encore, à être rejeté.

La simple vue d'une famille de quatre personnes assise en première suffit à me faire voir rouge. J'ai trimé pendant des dizaines d'années avant de pouvoir demander à ne pas voler en classe éco, et je me retrouve avec des parents sur un vol international, dont les gamins grignotent du filet mignon sur leur couchette à l'avant de l'avion. Combien ça peut leur coûter ? Quarante mille dollars ? Indécent ! Est-ce que ces petits gosses de riches se rendent compte à quel point ils sont privilégiés et dorlotés ? Tous les enfants devraient voler en classe économique jusqu'à ce qu'ils puissent se payer un billet en première eux-mêmes ou trouver quelqu'un d'autre que leurs parents à faire cracher. Tu as douze ans et tu veux voler en première ? Participe à un jeu télévisé et gagne l'argent nécessaire. Inscris-toi à un concours, deviens mannequin – ne t'attends pas à ce que ce soit à tes parents de raquer. Que je ne t'y revoie pas.

Je prends toujours une place côté couloir au cas où il y aurait un problème. Comme ça, je peux attraper mon sac Comme des

Garçons (pas question que je le laisse !) et m'en servir pour frapper les vieilles qui voudraient descendre de l'avion avant qu'il n'explose. Je les ai vus, les passagers de classe éco assis près des portes de sortie d'urgence où il y a plus d'espace pour les jambes, qui acquiescent quand on leur demande s'ils pourront aider à ouvrir la porte en cas d'atterrissage en urgence. Oh, bien sûr ! Vous pourrez ouvrir ce machin énorme quand il n'y aura plus d'oxygène, que l'avion plongera vers la terre au son des cris et des prières, et que cette boule de feu se dirigera vers vous à toute allure pour vous cramer la gueule.

Pourquoi faut-il qu'avant le décollage il y ait toujours une personne qui parle beaucoup trop fort dans son portable ? Vous voyez le genre – ce trou du cul pourrait parfaitement baisser d'un ton pour énumérer ses recommandations dont tout le monde se fout à son vendeur qui tient la boutique, mais non. Un aparté, ça te dit quelque chose, mon pote ? Ça vaut pour vous aussi, ma petite dame.

Les membres de l'équipage n'ont absolument pas besoin d'être drôles ou tendance pendant l'énumération des consignes de sécurité. Il n'y a aucune matière à sketch dans "Veuillez attacher votre ceinture". Si vous vouliez faire carrière dans le stand-up, pourquoi être devenu chef de cabine ? Je ne trouve pas que "l'éventualité très improbable d'un amerrissage" soit hilarant, mais alors pas du tout. Et vous ne l'êtes pas non plus. Comme ces nouvelles vidéos de sécurité qui se veulent toutes plus cools les unes que les autres et que les compagnies diffusent pour essayer d'attirer votre attention avec des blagues sur les masques à oxygène – là encore, ce n'est pas drôle !

Je me tasse toujours dans mon siège quand j'embarque sur un vol très matinal et que le passager à côté de moi répond "Bloody Mary" à l'hôtesse qui lui demande ce qu'il voudrait boire avant le décollage. "Ben voyons, espèce d'alcoolique !" je pense au fond de moi. Qui pourrait bien vouloir de l'alcool à 6 heures et demie du mat' ? Un alcoolo de première doublé d'une grande gueule, je vous le dis.

Une fois qu'on a décollé, j'aime bien me délester. Puisque je reçois tous les mois plus d'une centaine de magazines auxquels je suis abonné (quoique, je vous assure, la liste ait tendance à diminuer), j'en apporte une chiée dans l'avion, je déchire l'encart de mon adresse postale pour éviter que d'autres passagers ou des membres d'équipage tordus usurpent mon identité, puis je les feuillette pour rattraper ma lecture en retard sur des sujets qui n'ont l'air d'intéresser personne de nos jours. Avant, je proposais des exemplaires de *Town & Country*, *BoxOffice* et *Vogue* autour de moi quand j'avais fini de les lire, mais à présent, les gens refusent poliment. Souvent, ils réagissent comme si je leur tendais un étron. Donc, juste pour faire mon ronchon, je prends tous mes magazines gays, en particulier ceux qui, comme l'*Attitude* anglais, affichent des photos de nu un peu racoleuses en couverture, et je les glisse entre les publications de la compagnie aérienne dans la pochette du siège devant le mien.

Qui peut bien avoir envie de s'essuyer le visage avec ces prétendues serviettes chaudes, pleines de produits chimiques et qui ressemblent plutôt à des torchons post-branlette ? Franchement. Avant, je les reniflais pour voir si je pouvais me défoncer à ces vapeurs mystérieuses, mais maintenant je refuse de toucher ces gants de toilette immondes que n'importe qui pourrait asperger de poison.

Où que vous soyez installé dans l'avion, les membres d'équipage conspirent pour se venger de vous si vous vous êtes montré un tant soit peu grossier à leur égard avant le décollage. Je ne leur jette pas la pierre. Ils savent qu'il est impossible d'entendre un pet en vol, alors lorsqu'ils servent les boissons, c'est ainsi qu'ils se vengent. En se penchant pour poser la boisson sur la tablette du passager de l'autre côté de l'allée par rapport à vous, ils pètent exprès sous votre nez et vous n'entendez rien. La chose est silencieuse et fatale. Vous ne me croyez pas ? Demandez à n'importe quelle personne navigante. Ils appellent ça l'épandage aérien. Ils vous diront tous que c'est véridique.

Je ne regarde jamais les films proposés à bord parce que c'est en général le pire de Hollywood, aggravé par la censure qu'imposent les compagnies aériennes. Moi, pendant mon voyage, j'ai envie de voir des films catastrophe d'avions qui s'écrasent. J'adore ça ! Imaginez un peu comme le vol serait plus excitant si les versions non censurées de *Destination finale*, *État second*, *Les Survivants*, *Sully* et même *Vol 93* surgissaient à l'écran. Je me suis toujours demandé quels films passaient à bord des avions qui se sont écrasés le 11 Septembre. Il m'a fallu des années d'enquête, mais j'ai fini par découvrir que sur tous les vols de United ce jour-là, deux films étaient programmés, *Chevalier* et *Docteur Doolittle 2*. Ça donne des frissons. Être parmi les passagers de ces avions détournés était une véritable tragédie, mais ils auront eu un peu de chance dans leur malheur – les avions ont percuté les tours avant que les films commencent. Imaginez l'horreur que ç'aurait été d'entrer en collision avec le World Trade Center en regardant *Docteur Doolittle 2*.

Il m'arrive d'apporter mes propres DVD pour les regarder sur mon ordinateur, mais ça peut s'avérer gênant. Supposons que vous vouliez visionner un classique restauré comportant des scènes de sexe explicites. Un rang derrière vous, le passager assis de l'autre côté de l'allée a une vue idéale sur votre écran et ne sait pas quel film vous regardez. Il voit des nichons, des culs, il pense que vous matez un porno ! Bon, imaginons que vous mettiez bel et bien un classique hardcore comme *Homo Alone*. Est-ce que quelqu'un pourrait s'ériger contre les scènes de fellation visibles par tous ? Un jour, je me suis retrouvé assis à côté d'un Japonais qui feuilletait un magazine porno avec plein de photos de vagins en gros plan. Comme il ne semblait absolument pas gêné, je ne l'étais pas non plus. "Jolie chatte", ai-je eu envie de lui glisser pour voir sa réaction, mais il vaut mieux tenir sa langue de nos jours dans les avions.

J'aime assez les turbulences. Tellement soudaines, inexplicables, c'en est presque drôle. Je raconte souvent aux gens qui n'ont jamais vécu de tremblement de terre que c'est exactement la même sensation, sauf que vous êtes dans votre maison et non dans un avion. Je n'ai jamais eu de vol très effrayant, et pourtant j'ai l'impression de prendre l'avion tous les jours. Les masques à oxygène ne sont pas tombés une seule fois. Jamais les gens n'ont hurlé. Les membres d'équipage n'ont jamais cédé à la panique. Ma sœur Kathy a une réelle phobie de l'avion, et après des années à s'entendre dire par notre famille que c'était bête de sa part, elle a fini par prendre un billet pour de courtes vacances. Et ça n'a pas raté, le vol a été apocalyptique. Turbulences d'une extrême violence. Les plateaux qui volent, les gens qui crient, qui pleurent, les masques qui surgissent – comme dans cette scène hilarante de *Toujours L.A.* de Bruce Wagner, où il arrive la même chose à un passager phobique. Kathy n'a pas remis les pieds dans un avion depuis.

Éliminer, c'est toujours délicat à bord d'un avion. Même en première classe, les toilettes restent des chiottes de fond de cour, sauf qu'on est en plein ciel et que la lunette est beaucoup trop petite pour les gros culs américains. Les hommes savent que s'ils s'assoient, leurs couilles peuvent effleurer un étron déposé sur un bouchon de PQ dans l'eau bleue de la cuvette jamais assez profonde. Se torcher en vol, c'est le bordel, on n'a pas la place, et le papier est aussi médiocre qu'à la prison d'État de San Quentin. Il y a toujours des essuie-mains dégueus qui dépassent de la poubelle, et puis ce lavabo répugnant grouillant de germes et sa mare d'eau qui ne s'écoule plus, empoisonnée aux produits chimiques, que les passagers non informés boivent naïvement comme si c'était l'eau du robinet de leur maison.

Je peux être un vrai connard en avion, et j'en ai honte. Vraiment. J'ai fusillé du regard les passagers qui ont osé franchir la frontière sacrée du rideau de velours en venant dans notre cabine pour utiliser nos toilettes de première classe. Mais allez chier dans vos chiottes de classe éco ! Gardez vos excréments pauvres en fibres pour vous ! Et je ferais pareil si j'étais à leur place, mais j'ai quand même dénoncé des clients de classe éco qui glissaient leurs bagages dans les compartiments de première en embarquant, sachant qu'ils ne trouveraient pas de place au fond de l'appareil. Et c'est quoi, ce bruit que j'entends au beau milieu du vol ? Un illettré qui joue aux jeux vidéos sans casque ! Vous croyez que je vais supporter ces bips-bips agaçants alors que j'essaie de lire le dernier roman de Rachel Cusk ? Quant à ceux qui éclatent de rire devant la comédie hollywoodienne pas drôle qui passe à l'écran : vous ne voyez pas que je suis en train d'écrire un sonnet ?

L'atterrissage est toujours un moment excitant, surtout quand les stores ne sont toujours pas relevés par le passager égoïste près du hublot, que vous ne savez pas que l'avion se rapproche de la terre et que, l'espace d'une seconde, vous croyez que vous vous crashez alors que les roues entrent en contact avec le tarmac.

Enfin, rien ne vous fait plus passer pour un amateur, un idiot ou un plouc que d'applaudir après un atterrissage standard. C'est le boulot du pilote de faire atterrir un avion, ce n'est pas une faveur qu'il vous fait. Alors bouclez-la, s'il vous plaît.

De nos jours, on dirait que les pilotes annoncent systématiquement une arrivée en avance sur l'heure prévue, mais le voyageur expérimenté n'est pas dupe. Il y a environ cinq ans, toutes les compagnies aériennes ont dû comploter pour allonger leur temps de vol de façon à pouvoir améliorer leur ponctualité. Comment je le sais ? Je vais vous le dire. Quiconque a déjà voyagé sur le même trajet plusieurs fois – disons de Boston à Baltimore – sait combien de temps dure le vol. Tout à coup, toutes les compagnies ont annoncé que ces mêmes vols duraient une demi-heure de plus. Or c'est faux : ils gonflent les durées de vol, ils n'arrivent pas en avance. En plus, à cause de ces horaires trafiqués, la porte d'arrivée est toujours encombrée par un autre avion et vous attendez quand même sur la piste, en retard comme toujours. Tout ça à cause de ces mensonges éhontés.

Moi, je défais toujours ma ceinture avant que l'avion ne s'arrête à la porte pour pouvoir bondir dès que le ding retentit, choper mon bagage dans le compartiment au-dessus de mon siège et être le premier à débarquer. Mais pour signaler à l'agent de passerelle que notre vol n'a pas été détourné et que tout va bien à bord, n'existe-t-il pas un moyen plus moderne qu'un toc-toc du membre d'équipage sur la porte puis un pouce levé au niveau du hublot ? Moi j'espère toujours un peu d'action, un agent de sécurité forçant la porte pour arrêter une star de cinéma complètement beurrée qui aurait dit à une hôtesse de l'air adorable d'aller se faire foutre, ou un fumeur qui ne tenait plus et aurait vraiment débranché le détecteur de fumée en plein vol. Intérieurement, je souhaite que la personne menottée que j'ai vue monter à bord de l'avion avec un flic en civil se fasse la malle à l'arrivée pour échapper à son extradition. Et si, rien qu'une fois, un enfant voyageant seul, humilié par tous les papelards d'identification qu'il doit se trimballer autour du cou, échappait à la vigilance de l'employée de la compagnie chargée de le surveiller et s'enfuyait dans le terminal, renversant les étals de snacks, chipant les roulés à la cannelle dans les mains de ceux qui s'apprêtent à les croquer, fauchant les cartes d'embarquement dans la poche des passagers assoupis ?

Récupérer ses bagages enregistrés, ça prend des plombes, n'est-ce pas ? Comme je suis le premier à arriver au tapis roulant, je reste planté là à marmonner dans mon coin "Bon, y a une grève ou quoi ?" Je tue le temps en lisant les tonnes de mails que j'ai reçus pendant que mon téléphone était éteint. Je n'ai pas un Samsung Galaxy S7, mais je suis très étonné que tous les téléphones n'explosent pas et ne prennent pas feu pendant qu'on attend ses bagages. Si ma valise n'est pas la première à apparaître, je me dis tout de suite qu'ils l'ont perdue. J'essaie d'espérer que le gamin agité jouant sur le tapis qui se met soudain en branle ne se fasse pas coincer à cause de son manteau avant de disparaître quelques instants de la vue de ses parents horrifiés, qui ne le surveillaient pas de toute façon, mais l'unique fois où j'ai vu ça arriver, certaines personnes ont dû tourner la tête pour glousser en cachette. Maintenant, depuis que ce terroriste a tué cinq personnes dans la zone de retrait des bagages de l'aéroport de Fort Lauderdale, on doit se soucier de ça en plus ? Je n'imagine pas d'endroit plus triste pour mourir. Pas étonnant que je sois agacé quand la personne qui vient me chercher me demande sur un ton enjoué "Alors, comment s'est passé ton vol ?" "Il ne s'est rien passé", je réponds platement. De nos jours, c'est tout ce qu'il nous reste à espérer.

Après vient l'hôtel. Jugez son standing en fonction des poubelles à disposition. Celles en plastique sont inacceptables, même dans la salle de bains. Doublées de sacs en plastique, elles sont dignes des pensions les plus médiocres. Les poubelles en métal sont passables, à condition d'être noires et présentes dans toutes les pièces de votre suite si vous avez la chance de séjourner en suite, et pas seulement à côté du bureau. Les corbeilles en cuir sont le signe que vous avez réussi – chaque fois que vous lancerez un kleenex dans ce genre de poubelle à l'hôtel, vous saurez que votre carrière est à flot. Prenez une photo des poubelles dans tous les hôtels que vous fréquentez, et plus tard, quand vous les ferez défiler, vous verrez que cette progression procure la même sécurité que la vue d'un fonds commun de placement qui grossit lentement mais sûrement sur le marché boursier.

Le seul avantage d'une chambre d'hôtel bon marché, c'est qu'il y a toujours une machine à café à disposition, donc vous pouvez vous en faire une tasse sans passer par le *room service*, où un simple café, avec la taxe, le pourboire et la livraison, peut facilement grever votre budget de 25 dollars. Mais bien sûr, ces machines ne comportent aucune instruction et sont souvent cachées le plus loin possible d'une prise de courant. En parlant de prises. Il devrait y en avoir partout dans la chambre, pour charger tous vos téléphones, ordinateurs, sex-toys. Parfois, les hôtels au charme suranné ne modernisent pas leur électricité et vous vous retrouvez à ramper sous votre lit ou à tirer les tables de chevet, et vous vous prenez une lampe sur le coin de la tronche juste parce que vous vouliez brancher un chargeur.

Les liseuses sont également un vrai problème dans les hôtels à notre époque. Oui, certaines personnes aiment lire des livres ! Vous en avez déjà entendu parler, les décorateurs d'hôtel ? De même, on devrait trouver des enveloppes frappées au nom de l'hôtel dans tous les tiroirs, mais c'est rarement le cas. Où peut-on alors ranger ses reçus pour ses notes de frais ? Et est-ce que ce serait trop demander d'avoir un bloc-notes et un crayon à côté du téléphone ? Le simple fait que personne n'ait passé un appel longue distance depuis une chambre d'hôtel ces dix dernières années ne veut pas dire que vous n'avez pas besoin d'un endroit où noter vos idées géniales. J'exige toujours une baignoire dans ma chambre, pas une simple cabine de douche. Mais une baignoire disposant d'un distributeur de savon qui vous oblige à vous lever pour l'atteindre, c'est comme la prison sans le charme des détenus à poil. Sordide. Médiocre. Très motel de seconde zone.

Ah, passer son temps à râler, c'est épuisant, hein ? En tout cas, affichez toujours le panneau NE PAS DÉRANGER sur votre porte et ne demandez jamais le service de la couverture. Sinon, au moment où vous descendrez à la réception pour imprimer votre carte d'embarquement pour votre vol du lendemain matin, des chrétiens évangéliques de droite ayant infiltré le personnel se précipiteront dans votre chambre pour planquer de la drogue dans vos bagages et ainsi vous punir, sale mécréant. Ou pire, des accros au sexe doublés de pédophiles, déguisés en remplisseurs de minibar, iront sur votre ordinateur, que vous avez laissé allumé, et lanceront une recherche de porno infantile. Et le mail que vous recevrez après avoir réglé votre chambre ne sera pas un sondage de satisfaction, mais un mandat d'arrêt de la police fédérale. Être réveillé par téléphone ? Non merci. Les punaises de lit s'en chargeront. Pas facile d'être un voyageur du monde, hein ? Estimez-vous heureux, quand même. Rester tout le temps chez soi, c'est bien pire. Bonne nuit.

SUREXPOSÉ

Kreskin et moi (Avec l'aimable autorisation de Kreskin)

Si vous apprenez à vous exprimer en public, vous ne connaîtrez jamais le chômage. Lobbyiste, avocat, humoriste, révolutionnaire, disc-jockey, autant de carrières qui vous tendent les bras si vous ne craignez pas de vous adresser aux foules. Je m'adonne à mon petit spectacle de variétés depuis quarante ans maintenant. Au début, je me pointais juste avant la projection de mes films dans des universités, déguisé en proxénète hippie, et je me répandais sur le génie des films sur les camps de nudistes, des scènes de gerbe dans les films d'Ingmar Bergman, d'Ann-Margret dans *La Chatte au fouet*, et d'obscurs films d'art et d'essai tels que *Toi, le venin* et *The World's Greatest Sinner*.

Après la sortie de *Pink Flamingos*, j'ai travaillé avec Barbara Meyer, du département conférences chez New Line Cinema, pour développer mes petites introductions en espèces de discours ; j'imagine que c'était le premier numéro de stand-up sur les films d'art et d'essai. Ça s'est parfois intitulé *Shock Value*, puis *An Evening with John Waters*, mais quand je me suis rendu compte que ça faisait peut-être un peu trop pépère, j'ai opté pour *This Filthy World*. J'ai proposé ensuite des titres alternatifs, comme *Going to Extremes*, *Negative Role Model*, *Cinematic Immunity*, *Loose Cannon*, *Ad Nauseam*, *At Wit's End* et *John Waters Is Certifiable*, mais *This Filthy World* est celui qui a le plus vite pris.

Puisque j'ai toujours envie de retourner là où le spectacle s'est bien passé, je mets à jour mes textes constamment et je renomme le tout *This Filthy World – Filthier and Dirtier*. Je sais que l'on peut refaire exactement le même spectacle et dire qu'il s'agit d'un spectacle de commande (le nom de code de la fainéantise), mais j'aurais l'impression de tricher. Certains comiques assurent que leur public adore entendre les mêmes vannes encore et encore et se justifient ainsi : "Sinon, pourquoi tant de gens achètent des disques comiques ?" Mais je crois que mon public est trop intelligent pour ça. Trouver de nouvelles vannes avant de revenir faire mon show dans votre ville, c'est une lutte sans fin. "Plus crade ! Plus cochon ! Plus saint ! Plus politique ! À poil ! En 3D, en Duovision, en playback !"

Après avoir écrit un essai intitulé "Pourquoi j'adore Noël" pour le *National Lampoon*, j'ai donné un spectacle que j'ai appelé pareil au Castro Theatre de San Francisco, titre que j'ai ensuite modifié pour en faire *A John Waters Christmas*, qui est le spectacle avec lequel je tourne tous les mois de décembre depuis quatorze ans. Avec des représentations dans dix-huit villes en vingt-deux jours, cela constitue une grosse partie de mes revenus. J'ai une liste de cadeaux de Noël impressionnante – comme ça je sais que j'ai les moyens pour tous les cadeaux que je veux acheter. C'est mon petit boulot de Noël à temps partiel, vous devriez en prendre un aussi.

J'ai aussi une version de mon spectacle réservée aux salons de l'horreur, que j'appelle *This Filthy World – More Horrible and Dirtier*. Ça fait des années que j'essaie d'usurper la carrière de Vincent Price et bien que je n'aie pas réussi, j'ai quand même détourné celle du présentateur des films d'horreur John Zacherle. "Mais vous ne faites pas de films d'horreur", se plaignent les obsédés du gore, ce à quoi je réponds simplement : "Demandez à ma mère, elle trouve tous mes films absolument horribles !" Il y a de véritables stars de cinéma (ou du moins l'idée que je m'en fais) présentes dans ces salons : Dyanne Thorne *(Ilsa, la louve des SS)*, tous les acteurs encore en vie de *Massacre à la tronçonneuse*, y compris Edwin Neal, qui jouait l'auto-stoppeur avec une tache de naissance sur le visage, carrément mon genre. Et, je n'en reviens toujours pas, j'ai récemment eu la chance de rencontrer the Amazing Kreskin* lui-même, mon idole. Un homme qui a plus de tournées à son actif que n'importe quel artiste et sait

* Mentaliste américain se produisant sur scène et à la télévision, devenu célèbre à partir des années 1980 pour ses prédictions dans divers domaines, comme les affaires internationales et le sport.

que son avion aura du retard avant n'importe qui. Il aurait pu lire dans mes pensées toute la nuit, je m'en fiche, je n'ai pas de secrets – tout ce qui me traversait l'esprit, c'était à quel point j'aimais le concept de sa carrière. Kreskin, tu es un roi !

Je sais bien que c'est redondant, mais si je fais un discours lors d'un festival de cinéma LGBT, j'ai une version gay également : *This Filthy World – Gayer and Filthier*. Souvent, des groupes gays dont les œuvres de bienfaisance que je soutiens, comme Glaad et Outfest, proposent de me rendre hommage, mais je sais bien qu'ils veulent simplement un discours gratuit, alors même si ça me flatte, je leur dis que "mes honoraires habituels devront faire partie de l'hommage". En général, ça marche. Je suis content d'être le gentil queer de l'année, mais je bosse pas gratis.

Je peux trouver une approche pour n'importe quelle prise de parole. J'ai mis à profit le thème de la Saint-Valentin et mon anniversaire quand je tournais à ces dates-là. J'imagine sans mal une version Nouvel An, une autre fête des Mères. Je n'ai aucun problème avec ça. Est-ce qu'*Un jour sans fin – plus crade et moins nuageux* serait celui de trop ? Je me produis beaucoup lors de festivals de musique. Oui, *This Filthy World* tourne à Coachella, Bonnaroo et Fun Fun Fun à Austin, et j'adore être la plus vieille personne à monter sur scène avec tous ces gamins qui crient et se prêtent au jeu de mon numéro de comédie musicale. Le John Waters Summer Camp a désormais lieu tous les mois de septembre à Kent, dans le Connecticut ; ça dure tout un week-end, et il faut vraiment le vivre pour le croire. Des invités comme Mink Stole ou Traci Lords nous rejoignent, moi et ma clique de fans déjantés, pour ce qu'on aime bien appeler un "Jonestown qui finit bien".

J'ai joué partout. Lors d'un festival autour du *Magicien d'Oz* à Chicago, j'ai décrit ma suite idéale : Dorothy rentre au Kansas, et comme elle n'arrête pas de parler de son voyage à Oz, sa tante Em perd patience, ça fait des mois qu'elle lui répète que ce n'était qu'un rêve, et oncle Henry tape du poing sur la table et oblige sa nièce provocatrice à voir un psychiatre, qui la traite par électrochocs, mais rien n'y fait : Dorothy se languit toujours de retourner dans cette contrée magique. Elle tente le LSD mais ses hallucinations ne ressemblent pas aux coquelicots d'Oz. Les champis, aussi, mais il n'y a rien d'aussi puissant qu'un magicien.

En désespoir de cause, elle sniffe du poppers, et enfin, ça marche ! Elle est de retour à Oz. L'Épouvantail a vieilli mais n'a rien perdu de son intelligence, l'Homme de fer-blanc est prof de yoga et le Lion peureux est une drag-queen nommée Roara. Ils lui donnent le balai magique de la Méchante Sorcière, avec lequel Dorothy rentre au Kansas, où elle se met à se travestir en Margaret Hamilton et ouvre un bar gay qui s'appelle La Biroute de Brique Jaune.

J'ai également pris la parole lors de la célébration du centième anniversaire de William Burroughs à Lawrence, au Kansas, et j'ai été l'intervenant principal du congrès national de la Public Library Association (les bibliothécaires sont toujours intelligents, un peu tarés, et savent faire la fête), d'événements artistiques (où l'on m'a accusé à tort d'inciter mes fans à vandaliser les sculptures de Donald Judd à Marfa, au Texas) et d'un rassemblement de tous les maires des États-Unis qui avait lieu cette année-là à Baltimore, dont l'hôte était donc notre maire de l'époque Stephanie Rawlings-Blake. Comme elle n'avait aucune idée de ce que j'allais dire, je dois saluer son audace. Qui réserve un spectacle intitulé *This Filthy World* pour un groupe de politiques dans la ville qu'il administre ? J'appréhendais un peu, mais la maire a ri, même lorsque j'ai suggéré un concours pour "gagner un rencard avec Marion Barry" puis quand j'ai dit que leurs propres enfants étaient en train de s'envoyer des SMS à caractère sexuel alors qu'Anthony Weiner venait de faire les frais des mêmes accusations quelques jours plus tôt. "Et moi qui croyais que Richard Pryor était fou", m'a glissé un maire âgé afro-américain une fois que j'avais fini mon numéro et que j'étais descendu de scène. Voilà ce que j'appelle une bonne critique.

Parfois, j'ai l'impression d'être un Oscar Wilde de bas étage en visite dans les villes minières d'Amérique, comme il l'a fait dans les années 1880. J'ai donné des représentations dans des nightclubs dans tous les États-Unis, et j'ai eu droit à toutes sortes de loges, de la plus classe à la plus sordide, mais celle dont je me souviens le mieux, c'est celle du Ice Palace de Fire Island, là où Carol Channing a tiré sa révérence. Il faisait une chaleur infernale là-dedans, il n'y avait pas de climatisation et traînait par terre un escarpin de drag-queen à talon aiguille taille 49, rien qu'un seul. Saugrenu, comme vision.

Je suis fier d'annoncer que j'ai fait salle comble au Royal Festival Hall à Londres et à l'Opéra de Sydney. *This Filthy World* a voyagé en Suède, en Belgique, au Danemark, en Finlande, en Nouvelle-Zélande, en Espagne, en Autriche, en Argentine, en Italie, en France, et dans des contrées encore plus étrangères, comme Las Vegas, où j'ai partagé l'affiche avec le groupe de metal Slipknot lors de la "Trinité de la Terreur" du *Fangoria* le soir de Halloween. Le lieu le plus extrême où je me sois produit ? Le Rotary Club de mon père à Baltimore. Quand la réunion a commencé par la "Hello Song" et que tous les membres ont bondi sur leurs pieds pour l'entonner *("Hello ! Hello ! Hello ! What a wonderful word hello !")*, j'ai pris peur. Est-ce que c'était une sorte de chant rituel vaudou ? Est-ce qu'ils allaient me cuisiner, me manger tout cru ? Le mélange des genres n'a jamais été aussi abouti.

Je me rappelle avoir vu étant gamin une prise de parole du photographe de journaux à scandale devenu artiste, Weegee. Warhol aussi, montant sur scène avec sa superstar Viva. C'était dans une université, il prenait le public en photo et Viva débitait toutes les insanités qui lui passaient par la tête, et le public a adoré. Ils sentaient la célébrité d'Andy dégouliner sur eux, bénir leur propre souhait de gloire. Andy, Viva et Weegee ont été pour moi des inspirations.

Avant, j'avais recours à des artistes pour assurer les premières parties de mes spectacles, et il y en a eu de super : Wanda Jackson, Elvis Perkins, Jonathan Richman, Matthew Gray Gubler (en animateur, déguisé en moi) et Peaches, l'artiste performeuse féminine (et non Peaches Christ, le producteur, et réalisateur de talent, par ailleurs drag-queen faisant partie de mes amis). J'aimerais avoir la personne qui se cache derrière Elena Ferrante ou Levi Johnston en personne, qui pourrait enfin honorer sa promesse de montrer sa bite pendant que je chante l'hymne américain en javanais.

Mais en ce moment, je suis seul sur scène, avec ma grande gueule. Je n'explique jamais mes vannes. Certes, tout le monde ne capte pas les références à Marguerite Duras, Michel Houellebecq ou Bruno Dumont, mais qu'est-ce que ça peut faire ? Cherchez une fois que vous serez rentré chez vous. Et puis, je parle vite. J'ai déjà eu des interprètes en simultané qui ont abandonné en cours de spectacle dans certains pays étrangers. Et la langue des signes ? À part l'interprète de San Francisco qui a eu droit à une *standing ovation* pour elle toute seule pour avoir signé les scènes sexuelles avec beaucoup d'humour, en général, les autres sont tellement mortifiés par ce qu'ils doivent transmettre qu'ils cèdent à la panique et quittent la scène en courant.

Si vous ne comprenez pas la blague que je viens de faire, aucune importance, je suis déjà en train de débiter la suivante. Soixante-dix minutes de texte écrit et mémorisé. Enfin, si je n'ai pas de trou de mémoire. Tous les soirs (et j'oublie toujours un truc différent à chaque représentation), ça se déroule de la même façon une fois que j'ai intégré les nouvelles parties. Je ne me sers pas de notes. Si j'en avais dans la poche au cas où, j'y jetterais probablement un coup d'œil. Je ne prends pas mes lunettes non plus sur scène, comme ça, impossible de lire mes notes même si j'en avais. La somme que réclame le lieu de spectacle au spectateur pour me voir est conséquente, donc j'imagine que le client s'attend à ce que je connaisse mon texte comme si je jouais une pièce sur Broadway. Bien sûr, quand il s'agit d'un one man show, il n'y a pas d'autre acteur pour vous souffler votre réplique. Vous vous livrez à un numéro de funambule sans filet.

C'est pour ça que je dois me trouver dans ma loge trois quarts d'heure avant le début du spectacle. Très tôt j'ai appris qu'il ne fallait pas que je boive avant de monter sur scène, ne serait-ce qu'un verre de vin. Sinon mon timing est complètement foutu. J'ai besoin de méthode. Il faut que je me retrouve. Que je me représente mon plan de mots et de dialogues abrégés, ce qui rythme tout le script et me permet de m'en souvenir. Même lorsque je suis au milieu de ma tournée et que je donne des représentations tous les soirs depuis des semaines, j'ai toujours besoin de ce moment intime avant de monter sur scène. Et chaque fois, je me dis “Et si j'ai un trou ? Qu'est-ce qui va se passer ?”

J'ai de la peine pour les groupes de rock. Ils sont obligés de partager les recettes entre eux, sans oublier l'équipe technique. Ça fait beaucoup de monde. Moi, je tourne tout seul. Enfin, l'agent ou l'organisateur prend un pourcentage, mais moi j'encaisse le reste : 50 % à la signature du contrat, 50 % le jour du spectacle. Le moindre détail de ma tournée est réglé par mon équipe d'experts (Ian Brennan, Susan Allenback, Trish Schweers, Jen Berg, Toffer Christensen et Barbara Meyer) avant même que je parte de chez moi, donc de façon générale, tout se déroule sans accroc. À part les trois fois où je me suis fait entuber : une fois par le Festival du film de Georgetown en 2002, une autre par le Shock Pop Comic Con de Fort Lauderdale en Floride, et récemment par le Go Cedar Rapids en Iowa. Ne vous en faites pas, je vous revaudrai ça un jour mes mignons.

Je ne suis pas Grace Jones – j'ai le contrat le plus simple qui soit. Rémunération. Voyage et hébergement première classe. *Per diem* (vous devriez toujours exiger un peu d'argent de poche). Trajet en voiture depuis la maison / jusqu'au lieu de spectacle. Micro sans fil. Un petit tabouret sur scène côté cour, sur lequel je pose mon minuteur (je ne sais pas pourquoi je continue à en utiliser un – la durée de mon spectacle est toujours strictement la même après le test du premier soir) et les accessoires que je lance dans le public (des crayons eye-liner Maybelline Velvet Black et des flacons de gel anal blanchissant en taille voyage).

Mes exigences en termes de loge n'ont rien de celles d'une diva. Pas de M&M's verts et uniquement verts en ce qui me concerne. Simplement de l'eau d'Évian, des cintres, des kleenex, des trucs sains à grignoter, plus une bouteille de vin et des bières pour les invités qui me rejoignent en coulisse après le spectacle. J'aime faire un tour sur scène quelques minutes avant le lever de rideau pour prendre le pouls de la salle, mais je n'aime pas qu'on me parle à ce moment-là parce que je suis dans mon truc, prêt à y aller. J'ai besoin d'une annonce faite par une grosse voix tonitruante en coulisse, qui prévienne le public que "l'enregistrement vidéo et audio ainsi que les photos sont strictement interdits pendant toute la durée du spectacle" parce que si ma représentation se retrouve sur YouTube, qui va payer pour venir me voir sur scène après ? Pour l'intro, plus c'est court, mieux c'est ; c'est moi qui dois faire rire les gens le premier, pas un sponsor. "Mesdames et messieurs, John Waters", ça me va très bien.

Je n'ai jamais annulé une date. C'est vrai ce qu'on dit dans le monde du spectacle – oui, *the show must go on.* Je suis monté sur scène avec un rhume carabiné, une rage de dents, une otite, même avec une grippe sévère. Sortir des vannes avec le nez qui coule, c'est pas évident, mais avec le temps, on apprend à coordonner le mouchage avec les rires du public.

Si votre pépin de santé s'aggrave, il faut trouver le moyen de voir un médecin entre deux représentations. Un jour, en pleine tournée de Noël, j'ai découvert que j'avais un calcul rénal. C'est tellement humiliant d'être reconnu dans une salle d'attente médicale dans une ville étrangère, quoique si vous n'étiez pas un peu célèbre, vous n'auriez pas obtenu votre rendez-vous d'urgence. "Hé, mais vous êtes John Waters", beugle un malade et je me tasse dans mon siège en continuant à remplir les formulaires d'assurance santé. Curieux mais perplexe, un autre patient lance à la cantonade "C'est qui, John Waters ?" J'essaie alors de faire profil bas en marmonnant poliment "Oh, j'ai réalisé le premier *Hairspray*, le film". Alors un autre puits de science vous lance "Mais qu'est-ce qui vous amène ici ?" Et là, j'ai envie de répondre "La lèpre", mais plutôt que de surenchérir, je me contente de "Une petite grippe" et je prie intérieurement pour que la secrétaire me dise "Monsieur Waters, le docteur va vous recevoir".

Le calcul rénal a fini par attaquer le lendemain de ma dix-huitième et dernière représentation de Noël. Enfin à la maison. La pire douleur que j'aie jamais éprouvée. Je criais. Je faisais peur aux gens qui m'entouraient. Je suis parti aux urgences. Et si j'avais été sur scène ? La colique néphrétique, c'est quasi instantané. Et si j'avais été à l'aéroport ? Ou pire – dans un avion ?

Personne n'aurait rien su de mon calvaire si ça ne m'était pas arrivé chez moi le 23 décembre, jour cette année-là de ma traditionnelle fête de Noël dans ma maison de Baltimore. J'étais à l'hôpital, le traiteur avait déjà livré la nourriture, et il était trop tard pour appeler les deux cents invités et annuler. "Festoyez sans moi", ai-je dit à mes assistants, et c'est ce qu'ils ont fait. Tout le monde est venu, a appris la nouvelle, et s'est dit que l'ambiance serait un peu différente sans l'histrion, mais beaucoup sont quand même restés jusqu'au petit matin. Ne pas être présent à la fête que vous donnez est peut-être la chose la plus chic qui soit. Je ne saurais que trop le recommander.

Bon, l'un des invités a quand même alerté la presse. Le lendemain, je suis sorti de l'hôpital avec un stent et rentré chez moi ; un journaliste local qui vivait dans mon quartier et rôdait près de la maison a repéré un ami qui vidait le seau de la veille, plein de mégots de cigarette. “Alors, il va bien ? Qu’est-ce qui s’est passé ?” a demandé le reporter. Mon ami a marmonné un évasif mais rassurant “Il va bien”. Après avoir appris que le journaliste allait publier un article sur “le gars qui rate la soirée qu’il organise parce qu’il est à l’hôpital” que j’accepte de faire un commentaire ou non, je me suis empressé de lui envoyer un mail dans l’espoir de lui couper toute envie d’écrire le moindre truc, disant que ce n’était pas grand-chose, que j’étais déjà rentré chez moi et que j’étais remis.

Mais son article est sorti dans la version en ligne du journal local, le *Baltimore Sun* l’a repris, et j’imagine que c’était une semaine où la presse n’avait pas grand-chose à se mettre sous la dent parce que la “Page Six” du *New York Post* l’a publié et ce scoop de Noël a été repris partout – au point qu’un tabloïd de Londres l’a publié également et que la nouvelle s’est répandue dans le monde entier. Mon agent de Los Angeles a même entendu dire que j’étais mort ! Absurde. Tellement exagéré. La plupart de mes invités ont commencé à appeler pour voir si j’allais bien, tout comme les associés avec lesquels je travaille et d’autres journalistes, et bien qu’ils aient été bien intentionnés, et que j’aie apprécié leur inquiétude, mon bureau était fermé pour les fêtes de fin d’année et j’étais le seul à pouvoir répondre – je n’ai pas tardé à en avoir plein le cul, ce qui accompagnait assez bien ma douleur au pénis. Mais j’allais bien. Je n’étais resté qu’une nuit à l’hosto !

Le lendemain, George Michael mourait. Puis Carrie Fisher. Et, oui, jamais deux sans trois – Debbie Reynolds a clamsé aussi. Bizarrement mon hospitalisation a été associée à tout ça. Mon non-événement est ressorti pour un second tour de piste. “Vous aussi vous êtes contents qu’il ne soit pas mort ?” demandait une publication gay à ses lecteurs. Arrrggghh !

Votre vie personnelle ne vous dispensera jamais d’une représentation. Même si vous perdez un proche, vous êtes tenu par contrat de vous pointer sur scène. Même s’il s’agit d’un membre de votre famille. Quand mon frère cadet, Steve, a tragiquement succombé aux complications d’un anévrisme cérébral, je suis parti de l’enterrement un peu en avance pour prendre l’avion car c’était la première date de ma tournée de Noël. Du cimetière à l'aéroport puis directement au théâtre, sans passer par mon hôtel. Personne n'était au courant. J'ai fait le show. Une autre fois, je suis parti pour une tournée en Allemagne sachant que ma mère était sur le point de mourir. Elle était à l'hospice, on s'était fait nos adieux, et les médecins nous avaient dit à mes sœurs et moi qu'elle ne reprendrait jamais connaissance. Le spectacle doit continuer, et je crois que ma mère aurait compris.

Au milieu de la tournée allemande, j'ai appris la mort de ma mère mais je ne l'ai dit à personne. Comment êtes-vous censé donner une représentation comique si vous annoncez au public que votre mère vient de mourir ? C'est impossible. Je suis allé au charbon, j'ai fait mon spectacle devant une salle comble et personne n'a rien remarqué. Ce soir-là, j'ai même assisté à une fête que Wolfgang Tillmans donnait en mon honneur dans son incroyable appartement berlinois. Il s'était donné beaucoup de mal et il était trop tard pour qu'il annule, alors comment pouvais-je me permettre de gâcher ses bonnes intentions ? Je ne lui ai rien dit avant qu'il soit temps pour moi de partir, un peu tôt car la fête battait son plein. "Ne dites rien, ai-je murmuré à la porte, ma mère est morte aujourd'hui. Merci infiniment pour cette merveilleuse fête." Il a eu l'air stupéfait. Mais j'ai agi comme il fallait. Je suis allé au bout de cette tournée et je suis rentré à temps pour prononcer l'élégie à l'enterrement de ma mère. Tout le monde s'est reposé en paix. Y compris le manager de la tournée.

Cela dit, le lieu du spectacle peut vous annuler, lui. Trop peu d'entrées vendues (ce qui ne m'est arrivé qu'une seule fois de toute ma vie) ou intempéries. Mais il y a longtemps de ça, j'ai découvert que si vous vous pointez quand même, ils sont obligés de vous payer. Une fois, j'étais avec un de mes meilleurs organisateurs, Ian Brennan, on venait de faire mon spectacle de Noël à Toronto, et on était censés faire le même à Montréal le lendemain. Mais le pire blizzard de l'histoire du Canada a frappé et tous les vols ont été annulés. On a pris le train. Dans une incroyable tempête de neige. Le train devait s'arrêter régulièrement pour que les employés ferroviaires dégèlent les aiguillages. Le temps qu'on arrive à Montréal, c'était en quelque sorte illégal d'être dehors. Couvre-feu d'urgence. "On est là !" on a dit au club. Le spectacle doit continuer !

La salle n'a même pas réussi à nous trouver un moyen de locomotion depuis la gare, mais deux fans complètement folles ont débarqué en voiture. Après de nombreux dérapages et tête-à-queue, on a trouvé un hôtel (le nôtre avait fermé). À l'heure où le spectacle devait commencer, c'était la cata. Congères. Vents violents. L'abominable tempête de neige. Mais nos fidèles accompagnatrices punks, plus téméraires que jamais, ont réussi à nous déposer au club et j'ai découvert avec étonnement que certaines personnes étaient venues ! Pas autant que pour une soirée normale, mais quand même une foule digne de ce nom. J'ai fait mon spectacle, peut-être en version blizzard adaptée vite fait, et le club, béni soit-il, n'a eu d'autre choix que de nous payer. On a mis des jours à sortir de la ville après ça, mais quelle importance ? J'avais rempli ma part du contrat, et encore une fois, le vous-savez-quoi a continué.

Il y a des événements auxquels je ne participe pas. Les défilés ? Non merci. John Waters sur un char, c'est une chose que vous ne verrez jamais. J'ai également refusé *Danse avec les stars*, deux fois, la première pour une somme rondelette, la seconde pour beaucoup moins. Assez étrangement, ma mère était horrifiée par cette proposition. "Si tu fais *Danse avec les stars*, je ne t'adresserai plus jamais la parole", a-t-elle plaisanté. Pourquoi ça, je ne sais pas trop. Elle a regardé l'émission quand Ricki Lake y participait, et elle adorait danser. *Hollywood Squares* aussi aurait bien aimé que je participe à leur émission, mais j'étais déjà assez proche de Paul Lynde comme ça. Quant à *Celebrity Jeopardy !* je n'aurais su répondre à aucune question car je ne fais pas de mots croisés, mais ma mère aurait bien aimé qu'ils me sollicitent. Elle était toujours impressionnée quand mon nom était cité comme réponse dans ce jeu. Pour elle, c'était une preuve bien plus tangible de ma célébrité qu'un portrait dans le *New York Times*.

Maintenant, quand je fais un spectacle, j'ai droit à une *standing ovation* au moment où j'arrive sur scène parce que je suis vieux. Or une *standing ovation* après que les gens ont entendu ce que vous aviez à dire est la seule qui compte à mes yeux. Une fois que je me mets à râler sur scène, c'est presque comme si c'était quelqu'un d'autre qui était face au public. Au bout de quelques soirs d'affilée, je peux sortir de moi-même et me demander où trouver un pressing, réfléchir à quelle heure partir pour l'aéroport, penser aux reproches que je dois faire à mon mec – le tout sans rater un mot de texte ou foutre en l'air mon timing. Quand j'ai sauté quelque chose, je le sens, et je me remue les méninges pour trouver ce que c'est tout en continuant mon monologue. Une fois que ça vous revient, vous recasez votre oubli sans problème – le plus dur, c'est de vous rappeler où vous vous êtes arrêté et trouver comment reprendre le fil de votre récit le plus naturellement possible. C'est un peu comme participer à un concours de saut à la corde en débarquant en plein milieu mais sans rater un saut et en chantant en rythme avec les autres.

Je n'ai presque jamais de chahuteurs. Avec les projecteurs braqués sur vous, vous ne voyez pas le public une fois sur scène, à part peut-être les deux premiers rangs. Souvent, je ne me rends même pas compte de la taille de la salle ou de la foule avant d'entendre les premiers applaudissements. Les rares problèmes que j'ai eus étaient le fait de spectateurs trop enthousiastes, souvent ivres dans les premiers rangs parce qu'ils sont arrivés trop tôt. Ils huent, ils gueulent alors que vous essayez de caler vos premières vannes et se marrent tant qu'ils peuvent alors qu'il n'y a encore eu aucune *punch line*. Ils ne sont pas méchants, mais le reste du public semble soulagé quand ils finissent par s'assoupir, en général un quart d'heure après le début du spectacle.

Une fois que vous avez fini votre monologue, c'est le moment le plus facile : les questions-réponses pour une vingtaine de minutes. Je crois qu'à l'âge que j'ai, j'ai tout entendu en termes de questions, mais il arrive encore qu'on me surprenne : "Monsieur Waters, je suis hétéro et je n'ai jamais embrassé un homme. Est-ce que je peux monter sur scène et vous embrasser sur la bouche ?" "Bien sûr", ai-je répondu – il était jeune et audacieux, alors pourquoi pas ? Une femme m'a coupé la chique un jour en annonçant que son père lui avait dit qu'il avait failli me suivre chez moi, à mon invitation, en sortant d'un bar de Baltimore. Comment ça, "failli" ? Je croyais qu'à la fermeture du bar, on ne faisait pas la fine bouche ? "Passez-lui le bonjour", ai-je répliqué, le cerveau tournant à plein régime. Il y a des questions qui exigent des réponses comiques improvisées. "Vous avez déjà sucé Tex Watson ?" m'a demandé un spectateur.

“Non, question suivante.” “Vous avez déjà brouté un minou ?” s’est enquis un autre esprit curieux. “Oui, mais je ne sais pas si j’ai fait du bon boulot”, ai-je répondu sincèrement. “Si vous deviez avoir un rapport sexuel avec un des candidats à la présidentielle, ce serait avec qui ?” se demandait un politicard avant l’élection de 2016. Houla, je me suis dit, terrain miné. Martin O’Malley, ancien gouverneur du Maryland, était de loin le plus séduisant de tous, et je le connaissais, mais j’ai craint qu’un petit malin de journaliste éventuellement présent dans la salle ne s’amuse à extraire une citation – “John Waters veut avoir un rapport sexuel avec Martin O’Malley” – alors j’ai fait dans le politiquement incorrect : “Pour changer, je tenterais Hillary.” Quand je sors de scène, je suis toujours désorienté, et je n’ai aucun souvenir d’où je me trouve ou de la direction à prendre pour regagner la loge dans laquelle j’étais une heure et demie plus tôt. Le personnel est au courant de ce petit problème et me ramène doucement à la réalité.

Je me brosse aussitôt les dents parce que “l’haleine de monologue” peut vite devenir un problème dans notre métier. Après quoi mes invités peuvent entrer, mais je ne les reçois pas très longtemps car en général j’ai une séance de rencontres avec les spectateurs après la représentation (d’ailleurs on tombe toujours malade à cause de ces contacts rapprochés avec les personnes “tactiles”). Initié à l’origine par les vedettes de musique country, ce rituel est devenu très répandu aujourd’hui parmi les artistes en tournée, bien que Chris Isaak m’ait dit un jour qu’il avait eu un manager pour qui “Les vraies célébrités ne rencontrent jamais leur public”. “Est-ce que Madonna prend ses fans dans ses bras ?” a surenchéri ce réaliste. “Non, c’est sûr”, a reconnu Chris. “Mais Dolly Parton, si !” ai-je répliqué. Et franchement, j’aimerais mieux être Dolly Parton que Madonna, pas vous ?

Je vends aussi des bouquins après le spectacle. Un jour, j’ai engueulé une fille qui avait tellement replié la couverture d’une édition poche qu’elle avait cassé le dos quand elle m’a demandé un autographe sur la page de titre, et elle s’est vexée. “J’ai acheté le livre que je sache, je peux faire ce que je veux avec !” En d’autres termes, va te faire voir avec ta science de bibliothécaire, monsieur Je-sais-tout.

J'ai signé des culs, des bites, des nichons, des ventres, des dos, et même des langues. Pendant un temps j'ai eu des transgenres qui m'ont demandé un autographe sur la cicatrice de leur mastectomie. Quand des fans me disaient qu'ils voulaient se faire tatouer ma signature sur leur corps, j'essayais de les en dissuader, mais maintenant je leur propose simplement de poser pour une séance photo en train de signer leur corps, et en réalité, ce que je devrais faire, c'est signer un bout de papier sur lequel je pourrais m'appliquer et que le tatoueur pourrait ensuite scanner pour l'ajuster à la bonne taille avant de passer à l'encre. C'est ce que font les personnes intelligentes.

Lors de la fête de lancement du CD *A Date with John Waters* chez Amoeba Records à San Francisco, j'ai aperçu tout au bout de la file d'attente un fan qui poireautait patiemment, entièrement nu. Quand son tour est arrivé, il a dit qu'il était hétéro mais a demandé à s'asseoir sur mes genoux pour une photo dont il voulait se servir comme carte de vœux de fin d'année pour sa mère. J'ai accepté avec plaisir.

Dans une autre ville, j'ai repéré de loin une fille énervée qui faisait la queue pour une dédicace, alors je me méfiais. Quand elle s'est retrouvée face à moi, elle a demandé "Vous signez vraiment n'importe quoi ?" "Bien sûr", ai-je répondu. Elle a passé une main sous sa jupe et a retiré de son vagin un tampon sanguinolent qu'elle a flanqué sur la table. Je l'ai signé. Après tout, elle avait acheté le livre, n'est-ce pas ?

Je n'encourage jamais ce genre de comportement, mais quelqu'un a réussi à faire plus fort que la fille au tampon, lors d'une séance de dédicace guillerette au John Waters Summer Camp de l'année dernière. Une fille m'a demandé si pour la séance photo elle pouvait manger de la merde de chien devant moi et les autres personnes qui attendaient. Ça m'a laissé sans voix, mais après tout – elle avait déjà tout préparé sur un petit plateau. Fais-toi plaisir, ma grande. Ce qu'elle a fait, mais j'ai tourné la tête pour ne pas voir.

Pour une raison qui m'échappe, ces derniers temps, des hommes demandent leur copine en mariage devant moi. Le couple fait la queue, et quand leur tour arrive, le mec pose un genou à terre, sort une bague d'un écrin et demande la fille qui ne se doute de rien en mariage. La foule applaudit. La fille dit toujours oui. J'ai parfois envie de l'avertir que son fiancé m'a l'air gay, mais je garde ma langue dans ma poche.

Un autre couple attendait patiemment de façon à être les derniers de la file. Une fois devant moi, ils ont dégainé un certificat de capacité matrimoniale et, comme ils avaient lu que j'avais été ordonné pasteur de l'Universal Life Church, m'ont demandé de les marier sur-le-champ. Ce que j'ai fait. Récemment, je me suis produit dans cette même ville sans me souvenir de cet événement, et ils m'ont fait la surprise de venir me voir, toujours mariés. Je ne sais pas pourquoi ça m'a étonné. Sur les dix-sept couples que j'ai mariés, un seul a divorcé jusqu'à maintenant. Le Pape du Trash a un meilleur palmarès que les papes de Rome. Mes bénédictions sont efficaces. Les leurs beaucoup moins.

Mes fans sont super ; intelligents, instruits, ils savent s'habiller. Que je sois à Paris dans l'Arkansas ou à Boise dans l'Idaho, ils se ressemblent tous – cools et sexys. Ils refont leur teinture avant de venir me voir ! Internet, Netflix et les réseaux sociaux se sont avérés très égalitaires dans l'éradication branchée de la couleur locale. De nos jours, dans le monde entier, tout le monde donne dans le chic bohème – en tout cas les gens qui viennent me voir. De nos jours, il n'est plus obligatoire de partir de la ville où on est né. En fait, vous ne devriez pas partir. Restez à l'endroit où vous êtes et améliorez-le ! Vous n'êtes pas en train de rater l'émergence d'un nouveau mouvement de jeunes à New York ou à Los Angeles. La vie y est bien trop chère pour que les idées révolutionnaires se paient un loyer.

Mes fans me font aussi des cadeaux géniaux, des portraits inquiétants de moi qu'ils ont peints eux-mêmes, des livres de poche d'anthologie tels que *From Here to Maternity*, *Those Hollywood Homos*, et, mon préféré, *Lights Out, Little Hustler*. Un jour, une lesbienne très subversive m'a donné le rembourrage qu'elle avait fourré dans son jean – un pénis en plastique mou que des filles fourrent dans leur pantalon pour donner l'illusion d'un "paquet". Il était encore tiède. Je l'ai rapporté à mon hôtel, mais je me suis rendu compte que je ne passerais pas les portiques de sécurité de l'aéroport avec ce truc ! Quel gay voyage avec un gode mou ?

Quelques conseils à mes fans. En tournée, je ne peux rien emporter avec moi. Je me bats déjà assez comme ça avec les employés des compagnies aériennes à propos de la limitation du poids des bagages chaque fois que je m'enregistre. Vous croyez vraiment que je peux porter cette sculpture hyper lourde que vous essayez de me fourguer ? J'aime vraiment vos œuvres d'art, mais ne les apportez pas au spectacle : envoyez-les par colis chez Atomic Books à Baltimore – ne vous en faites pas, tout m'est transmis. Et quand je vous demande à qui je dois faire la dédicace, ne me répondez pas "Moi". "Moi" ? Mais comment je suis censé connaître votre prénom ? Est-ce que je ressemble à Kreskin ? Et si vous me guettez à l'aéroport avec tout un tas de photos de moi volées sur internet sans photographe crédité et que vous vous attendez à ce que je les signe pour que vous puissiez les vendre sur eBay le lendemain, laissez tomber. Avant, je vous croyais quand vous me disiez que vous ne le feriez pas, mais à la minute où vous précisez que vous ne les voulez pas personnalisées, je sais que vous mentez. Trouvez-vous un boulot !

Je reçois de super-courriers aussi, et je les lis. Vite fait. Très vite même pour la plupart des lettres, sauf si vous me captivez dès les premières phrases. Pas d'écriture à la main minuscule, ça fait peur. Faites court. Pas non plus de lettre type pour votre collection d'autographes ou de demande de soutien à votre projet. Vous pouvez m'envoyer vos manuscrits, DVD et livres, mais mon avocat m'interdira de les regarder ou de les lire, faute de quoi vous pourriez me poursuivre en justice, à tort, pour plagiat.

Je signe et renvoie volontiers mes propres livres et portraits photos si vous joignez une enveloppe retour avec adresse et timbres adéquats. Si vous les emballez mal et n'incluez pas ce poids dans votre prévision d'affranchissement, vos produits reviendront abîmés, si vous les revoyez un jour. Je ne signe pas plusieurs exemplaires de photos de tournage, d'éléments piratés (oui, ça s'adresse à toi, Etsy !) ni de fiches Bristol vierges, et bien que certaines me plaisent, je ne réponds pas aux lettres de prisonniers (en tout cas… je ne l'ai pas fait jusqu'à maintenant).

Mais il arrive que les lettres de mes fans soient si géniales que je me sens encore plus important qu'une horrible Oprah, plus fier qu'un Gandhi macabre. Voici ma préférée – de la part d'une femme :

Cher monsieur Waters,

Vous m'avez sauvé la vie et je vous en remercie. Il y a quelques années, j'ai vu votre spectacle de Noël à ______. Vous avez fait un sketch sur l'anulingus et ça m'a encouragée à m'occuper un peu plus de mon trou de balle pendant la douche. Et donc, je suis tombée sur une petite boule. En l'espace de quelques mois, elle a grossi.

Il se trouve que c'était un cancer de l'anus. On m'a traitée à l'automne dernier, je sors à l'instant d'un scanner qui s'avère excellent pour la troisième fois d'affilée, et je n'en ai pas d'autre prévu avant un an.

Je tiens à vous remercier d'avoir partagé ce moment car il m'a sauvé la vie.

Si un jour je peux faire quoi que ce soit pour vous, n'hésitez pas à me le faire savoir.

Affectueusement,

____

Que les choses soient bien claires. Quoi qu'on vous ait dit, la célébrité n'a pas d'inconvénient. Absolument aucun.

FLASHBACK

En plein trip (Photo de Frankie Rice)

Le temps est peut-être venu de reprendre du LSD. Pourquoi ne pas revenir à nos racines rebelles, repartir pour un voyage intérieur psychédélique ? La plupart des septuagénaires seraient frileux à l'idée d'un trip sous LSD, peut-être à tort. Le troisième âge a parfois besoin d'un bon dépoussiérage, et quoi de mieux pour nettoyer la psyché de fond en comble qu'une bonne dose d'acide pur ? J'ai bien traversé le pays en auto-stop de façon à pouvoir écrire un livre sur cette aventure – est-ce que ça ne serait pas pareil ? Une combine pour me prouver, et prouver aux autres, que je suis toujours ouvert aux idées nouvelles et non engoncé dans une vie de privilégié ? Comme ça, quand je serai encore plus vieux et que je perdrai la mémoire, j'aurai une bonne excuse. Mais non, ce n'est pas l'Alzheimer qui pointe son nez – j'ai pris du LSD à soixante-dix ans !

J'ai déjà un certain passif en matière de drogues. Je pense avoir tout essayé et dans la plupart des cas les expériences ont été agréables. Je n'ai jamais été dépendant, mais on peut dire que j'ai tout testé avec beaucoup d'enthousiasme. Je m'étais toujours dit que je ne toucherais jamais aux drogues, mais dès qu'on m'en a proposé, j'ai sauté sur l'occasion. J'ai commencé par du hasch blond, en 1964, probablement acheminé en contrebande dans le port de Baltimore par la marine marchande, dont les matelots, toujours mignons, traînaient un air criminellement sympathique. Puis ç'a été la marijuana. J'en ai fumé tous les jours pendant les sept années qui ont suivi. Dès que j'ai entendu parler du LSD, j'ai su que c'était une drogue pour moi et j'étais impatient de m'en dégoter. Puis le speed a montré ses vilains crocs (la drogue idéale pour regarder trois ou quatre films par jour), les *black beauties* étant mes amphètes préférées. Dès qu'on m'a proposé de l'héroïne, j'ai dû essayer (par intraveineuse, bien sûr), mais par chance, j'ai détesté la défonce – rester assis, hocher la tête et gerber n'est pas franchement l'idée que je me fais d'un bon moment.

Voyons, j'ai sniffé de la colle (tellement bas de gamme, mais ça marche, dans le genre chimique, violent et moche), reniflé du détachant sur un tapis et me suis pris pour un torchon fou, inhalé du protoxyde d'azote (juste pour l'effet marrant sur la voix), fumé des bananes (ça ne marche pas) et mangé (après en avoir retiré les poisons par ébullition) le contenu de tout un tas de paquets de graines de belles-de-jour (Bleu gentiane, Blanc nacré et Soucoupe volante sont les seules variétés qui ont fonctionné). Après ça, on dégueule pendant des heures, mais soudain, on plonge dans un état psychédélique à la fois puissant et bas de gamme – un acide de seconde zone pour les prolos. J'ai même bouffé des feuilles de belladone – oui, je sais que c'est du poison, mais quelle importance. J'étais lancé dans une quête intrépide des limites de la santé mentale et on peut dire que je les ai trouvées, avec cette drogue. Plus jamais.

J'ai adoré le poppers (en particulier le "vrai", au nitrite d'amyle, qu'on pouvait se procurer sans ordonnance en pharmacie – on décapsule et hop on inhale) puis, après, les liquides qu'on sniffait dans des flacons à la fois pour se marrer (même sur les montagnes russes) et pour le sexe (oui, ça rend les choses plus intenses). Beaucoup plus tard dans ma vie, j'ai fait une sculpture imposante d'un flacon de poppers qui se déversait sur le sol de la galerie d'art. Le propriétaire de la société Rush a tellement apprécié que j'utilise sa marque dans une expo artistique qu'il m'a envoyé de quoi tenir toute la vie, et j'ai honte d'admettre qu'il ne m'en reste plus. J'ai eu de la peine quand j'ai appris que ce monsieur s'était suicidé. J'espère en tout cas qu'il n'a pas fait une overdose de Rush !

Même à "l'hiver de ma vie", j'organisais une *poppers party* annuelle en plein Festival du cinéma de Provincetown, où je présente des projections et interviewe le lauréat du prix du Réalisateur d'avant-garde. Finalement j'ai dû arrêter ce gala à taille réduite car le *Boston Globe* en a parlé dans ses pages, me surnommant la

Perle Mesta du poppers, et dans une scène tout droit sortie de *Mother !* toute la ville s'est incrustée à la soirée. Mais bon sang, que de souvenirs ! J'ai vu des réalisateurs, des acteurs, des chefs opérateurs, oscarisés pour certains, ainsi que des critiques cinéma de renom, prendre du poppers (souvent pour la première fois) dans mon appartement sur la plage. Une année, un hétéro plus jeune, beau gosse mais du genre naïf, a carrément bu un flacon, ignorant qu'on est seulement censé en sniffer le contenu et non l'avaler à grands traits. Après avoir vu ce pauvre invité pris de haut-le-cœur et se tamponner la langue en pure perte, un autre amateur de Rush a partagé une anecdote encore pire avec moi. Une de ses amies, hétérosexuelle, ayant entendu dire que les homos utilisaient le poppers pour se détendre en vue d'une sodomie, lui a glissé qu'elle aimerait essayer ce produit pour la même raison. Il lui en a donné un flacon, pensant qu'elle savait quel usage en faire. Mais il se fourrait le doigt dans l'œil. Elle se l'est vidé dans le cul ! C'est pour cela que nous avons besoin d'une véritable éducation au poppers à l'école, pour que vos enfants… nos enfants en fassent un usage correct et responsable.

Comme toutes les personnes d'un certain âge que je connais, j'ai adoré le Quaalude dans les années 1970 mais quand certaines victimes de Bill Cosby se sont plaintes qu'il leur avait donné ces pilules-là, ça m'a laissé perplexe. J'en donnais tout le temps à des gens, autant qu'on m'en filait. Et personne ne se réveillait le lendemain matin en se plaignant d'avoir mal au cul. Et on picolait, en plus de ça ! Je crois plutôt qu'il leur a donné des *roofies** (un truc que je n'ai jamais essayé) ou alors ce médicament que Michael Jackson aimait pour la sensation de bonheur qu'il lui procurait, à mi-chemin du sommeil et de la mort, jusqu'à ce qu'il en meure vraiment.

J'ai bien aimé la cocaïne, mais pas autant que tout le monde dans les années 1980. Je n'en ai acheté que quelques fois, ce qui ne m'a pas empêché d'en sniffer quand on m'en proposait en soirée. Le problème pour moi, c'est que j'adorais l'effet, mais il ne semblait durer qu'une dizaine de minutes, alors il fallait en reprendre sans cesse, et après on est bon pour un mois de descente.

* Rohypnol : médicament, autrement appelé "rup" et drogue du violeur.

J'en ai fumé une fois, donc j'imagine que j'ai pris du crack, mais si ça m'a plu, j'étais trop défoncé pour m'en souvenir.

Une fois, lors d'un dîner festif à San Francisco, comme les autres invités je suis allé aux toilettes entre les plats me "farcir" le cul d'opium, mais c'est l'un des derniers trucs que j'ai tentés. Et puis, je suppose qu'en raison de l'éducation maternelle très stricte que j'ai reçue sur les bonnes manières à table, cette histoire de "farce" me répugnait. Les champignons magiques, j'en ai mangé deux fois, mais ça m'a rendu légèrement parano alors je n'ai pas insisté. Voyons… je n'ai jamais pris d'ecstasy (franchement, qui a envie d'aimer la Terre entière ?) mais j'ai pris de la MD dans les années 1970 et je pense qu'elles sont très proches. Le PCP, je n'en ai pris qu'une fois et j'ai détesté, mais j'avais déjà un préjugé, parce que non seulement cette drogue avait causé la mort de David Lochary mais aussi celle de mon merveilleux ami David Spencer. Je rentrais dans son appartement à San Francisco où j'ai vécu quelques mois au début des années 1970, et je le trouvais en train de ramper au sol, en pleurs, défoncé au PCP. "C'est ça, être perché ? je me disais. Non merci !"

Je crois que j'ai arrêté de prendre de la drogue à l'époque où "Molly", "Tina" et le "G" se sont invités à la fête, d'abord parce que ça faisait motard craignos puis gay négligé. J'ai vu la vidéo de Miley Cyrus défoncée à la *salvia*, alors je ferai l'impasse sur ça aussi. Le "miaou miaou" m'a tenté au début (j'adore le nom) et puis j'ai appris qu'un jeune qui en avait pris s'était arraché un testicule ("Et après ?" je me suis demandé ; je déteste quand on en dit trop ou pas assez). Sans compter que le nom chimique du miaou miaou est méphédrone, et bonjour la honte d'être accro à cette drogue. Vous voilà parti scorer, et vous demandez aux toxicos "T'as de la méphédrone ?" Et eux, forcément, ils vous prennent pour un tocard. "C'est méthadone, ducon", ils vous disent, condescendants. "Mais non, je t'assure, c'est méphédrone… au secours… aidez-moi… méphédrone… miaou miaou…"

Les sels de bain, je n'ai jamais envisagé. J'ai vu le reportage aux infos sur ce mec qui a dévoré le visage d'un autre en Floride ("Ça ne lui ressemble tellement pas !" aurait dit sa petite amie. J'espère bien !), puis il y a eu un autre cas de cannibalisme à Baltimore. Apparemment, c'était toujours un jeune qui avait pris des sels de bain qui se jetait au visage d'un homme plus vieux. Est-ce qu'il y avait là quelque chose de sexuel ? Un nouveau mode de domination ? Est-ce que Jeffrey Dahmer se défonçait aux sels de bain ? Est-ce qu'il incarnait "l'actif" ultime ? Je n'avais pas envie de le savoir.

Franchement, j'aimais bien cette idée de "septième ciel" ou de "flakka" comme on l'appelle dans la rue. "Ça te dit, un septième ciel chez moi ?", tout de suite, c'est assez sexy, mais quand j'ai appris que cette drogue (qui ne coûte que cinq dollars) défonçait pendant trois jours en procurant des sentiments de toute-puissance et de paranoïa (oh, génial) et qu'elle était particulièrement prisée des sans-abris, j'ai décidé que j'allais y réfléchir. Une fille avait été arrêtée pendant qu'elle courait nue dans la rue, couverte de sang, déblatérant à propos de Satan. "Non, pas Satan, ça c'est Carrie", aurais-je eu envie de lui dire pour clarifier ses références cinématographiques, mais je crois que ça lui serait passé au-dessus de la tête. Un autre adolescent défoncé au flakka s'est empalé sur une grille en métal. Tant pis pour le septième ciel. Et un troisième adepte de cette drogue s'est fait pincer en train de baiser un arbre. Ça, par contre, je comprends. Les arbres n'incarnent-ils pas le porno de la nature ? Regardez-moi ces petits troncs vicieux avec toutes leurs ouvertures vaginales et anales. Même moi j'ai envie de baiser un arbre. Sans avoir pris une quelconque substance.

Mais reprendre du LSD ? Je me rappelle le temps que ça dure ! J'ai déjà des problèmes de dos, comment je les ressentirais après un trip sous acide à soixante-dix berges ? Et puis, j'ai beaucoup à perdre. Mon empire d'abjections. Mes amis. Ma santé mentale. Mon partenaire. Le LSD a pu me donner confiance en moi à une époque, mais est-ce que j'ai besoin de plus d'amour-propre maintenant ? Ça pourrait me rendre totalement imbuvable, je m'épuise suffisamment comme ça.

Imaginons que je pète un câble comme Diane Linkletter. Est-ce que ce serait un juste retour des choses puisque je me suis moqué de sa mort prétendument provoquée par un mauvais trip sous LSD qui l'aurait poussée à se jeter de la fenêtre de son appartement à Los Angeles en 1969 ? Faire une dépression nerveuse sous LSD à mon grand âge : s'agirait-il d'une vengeance karmique contre le court métrage underground *The Diane Linkletter Story* ("La fille… La tragédie… Le vide"), dans lequel Divine incarne Diane, que j'ai réalisé et qui a été projeté en avant-première dans l'auditorium de l'université de Baltimore à peu près le même jour que son enterrement ? Dieu me punirait-il d'avoir initié la mode éphémère des reconstitutions d'événements à portée politique par des drag-queens ? Ce n'est pas moi qui ai réalisé *Tricia's Wedding*, avec les Cockettes, sorti à la date et à l'heure exactes du vrai mariage de la fille de Nixon, mais je ne suis pas certain que ce film aurait existé sans le précédent sur Diane.

Bien que *The Diane Linkletter Story* ne soit plus dans le circuit de distribution depuis des dizaines d'années, les coïncidences ont continué. Ce n'est pas Diane Linkletter qu'on détestait, mais son père, Art Linkletter, le présentateur de talk-show républicain qui était pote avec Nixon et Billy Graham et a essayé de faire porter le chapeau à Timothy Leary pour la mort de sa fille, bien que l'autopsie ait révélé qu'elle n'avait pas pris de LSD quand elle a sauté par la fenêtre (à 10 heures du matin, après avoir lu *Histoire d'O* !). Elle n'avait rien pris du tout – on n'a retrouvé ni drogue ni alcool dans son corps – et donc Linkletter a changé son fusil d'épaule et prétendu qu'elle avait eu une "hallucination". Pendant des années, il s'en est pris à Leary. "Si jamais je lui tombe dessus, je le tue", répétait-il, et des décennies plus tard, lorsque Leary était malade, Art (à peu près à la même époque où il sortait des vannes sur le sida) s'est déclaré "bien content que Leary soit infirme". On aurait tellement aimé que Diane s'enfuie avec nous.

M. Linkletter a fait preuve d'un goût bien plus douteux que moi en ce qui concerne la mort de sa fille. Un mois après son suicide, il a dépoussiéré de vieux enregistrements qu'il avait faits avec sa fille dans lesquels ils évoquaient un *bad trip* qu'elle avait eu et il les a transformés en une espèce de disque comique où, de sa propre voix, il la supplie de "rentrer à la maison". En résulte un 45 tours à deux faces, "We Love You, Call Collect" et "Dear Mom and Dad". L'écouter, c'est se confronter à un niveau inédit d'insensibilité, à moins d'avoir déjà vu Joan Rivers et sa fille Melissa jouer leur propre rôle dans un téléfilm sur la mort d'Edgar, mari de Joan et père de Melissa. *"I've met a lot of weirdos* ("J'ai rencontré beaucoup de gens bizarres"), répond

Diane à son père sur le disque, *but I've found out how to tell the beautiful people from the phonies*" ("mais j'ai appris à distinguer les belles âmes des hypocrites"). "Reviens, la supplie Art depuis le monde des vivants, avant d'être prise au piège d'une vie qui devient tous les jours plus vaine et irréelle. *We love you* ("On t'aime"), sanglote-t-il, *call collect*" ("appelle en PCV"). Seigneur.

Quelles chances y avait-il pour qu'un de mes amis proches achète un appartement à Los Angeles et découvre le lendemain de son déménagement qu'il s'agissait de celui où Diane Linkletter s'était jetée par la fenêtre ? Ça l'a fait complètement flipper, il n'a pas trouvé ça drôle, mais alors pas du tout. Moi, je me suis dit qu'il y avait une prédestination, quelque chose de spirituel. Je l'ai supplié de faire une séance de spiritisme avec moi pour voir si Diane entrerait en contact avec nous. Il a refusé, mais il m'a autorisé à visiter l'appartement. Toutes les fenêtres avaient été redessinées et changées, je ne vois pas pourquoi il était si tendu. Je me suis dit que je devais peut-être lui proposer de se payer un trip avec moi quand j'ai décidé de le faire pour mon livre, mais je me suis rendu compte qu'il n'avait aucun intérêt à titiller le fantôme de Diane Linkletter qui, que ça me plaise ou non, était toujours sa colocataire et aurait pu être intéressée.

Mais alors avec qui je pouvais bien prendre du LSD ? Tout naturellement, j'ai songé aux survivants de Dreamland, les mêmes avec qui je tripais dans les années 1960. J'ai demandé à Pat Moran. Elle m'a hurlé au visage. "Non mais t'es taré !" Mary Vivian Pearce, au moins, y a réfléchi, mais elle a fini par décliner, en riant : "Franchement, à notre âge ?" Mais, alléluia, Mink Stole a dit oui. Elle s'est dit qu'on n'avait jamais fait de *bad trip* quand on en avait pris ensemble, et puisque c'était le cinquantième anniversaire de notre rencontre à Provincetown, pourquoi ne pas le faire là-bas ? Mais il nous fallait un troisième larron. Mink et moi, c'est sûr, on en a vu des vertes et des pas mûres, on s'est même un peu perdus de vue à un moment, mais c'est tellement lointain que je ne me rappelle pas pourquoi. Mais supposons que l'un de nous pique une crise ? Il nous fallait un garde-fou, une tierce personne neutre. Frankie Rice, un ami proche beaucoup plus jeune mais qui a toujours semblé à l'aise avec les vieux, serait parfait. Artiste, marié à un homme (c'est moi qui ai présidé la cérémonie), bel homme, drôle et, surtout, il vivait là-bas. Impeccable.

Mais où est-ce qu'on tope de l'acide en 2016 ? J'avais deux amis toujours en contact avec le milieu de la drogue, légale et illégale, en Californie du Nord, et je savais que je pouvais leur faire confiance pour nous dégoter ce qu'il fallait. Je veux dire, comment j'aurais su quelle quantité prendre ? Je ne voulais pas d'une microdose comme en prennent les férus d'informatique pour "explorer des pistes de travail", et je ne voulais pas non plus d'une dose de cheval qui me ferait perdre la boule. Enfin, via des voies quasi royales du monde de la dope, ils m'ont trouvé le dosage adéquat. Sur des petits buvards. Chacun était censé contenir 100 milligrammes, et on nous a conseillé d'en prendre environ 125 à 150 pour un résultat optimal. Je ne voulais le faire qu'une fois ! Ça ne pouvait pas être inefficace au point de signifier que je m'étais dégonflé ni puissant au point de me faire croire que je pouvais m'envoler depuis mon appartement du deuxième étage. J'ai même pris une photo de mon "gars" me tendant la drogue. Bon d'accord, c'était une femme. Et alors ? Elle s'était livrée à une vérification préalable. La dernière chose que mes contacts voulaient c'était être tenus pour responsables si jamais moi ou Mink on pétait une durite. Je ne leur ai même pas parlé de Frankie. Ils étaient sûrs à cent pour cent que la came était pure. Qui voulait être la Cathy Smith de John Waters ? Vous vous souvenez d'elle ? La fille qui a vendu à John Belushi la coke avec laquelle il a fait une overdose ? Mais non, nous, on était entre de bonnes mains. Au début de l'été, Susan, mon assistante, a conduit les petits bijoux psychédéliques jusqu'au cap Cod avec ma voiture sans se douter qu'ils étaient cachés parmi mes papiers habituels, et moi, plus tard, je les ai placés au congélateur. Ils y sont en ce moment, attendant de se faire gober.

Je suis un peu tendu. J'en ai parlé à mon psy, qui a semblé accepter la chose sans sourciller, et il m'a prescrit de l'Ativan au cas où je me mettrais à flipper, mais il m'a également dit une chose que je savais déjà : des amis qui vous parlent pour vous calmer est encore la meilleure solution si les choses partent en vrille. "T'en fais pas, ça ira", m'a dit un pote qui est aux Alcooliques

Anonymes, à ma grande surprise. Mink a dit qu'elle essaierait de fumer de l'herbe si elle faisait un *bad trip* parce que ça la détend. Frankie nous a confié qu'il avait bad tripé quand il était jeune parce qu'il pensait que sa dose était trop faible alors il en avait pris plus et tout était monté d'un coup et il avait flippé. Il a dit qu'il apportait son matériel d'artiste au cas où l'inspiration se pointerait.

Je me rappelle avoir écouté certains albums quand je tripais dans mes jeunes années, alors j'ai apporté les mêmes sur CD : Dionne Warwick ("Once in a Lifetime" est le titre dont je me souviens le mieux parce que Divine faisait toute la chanson en playback quand l'acide commençait à faire effet), la bande originale de *Juliette des esprits* de Fellini et, bizarrement, la musique sirupeuse du film *Vivre libre*. Se pouvait-il qu'ils fonctionnent encore ?

Je me suis rappelé que, sous acide, l'expérience du miroir était assez bizarre à l'époque ; maintenant elle pouvait s'avérer carrément horrible. Je ne crois pas avoir déjà vu ma moustache à moitié dessinée en plein trip – imaginons que je craque en voyant à quel point je me traîne un truc ridicule sur le visage depuis plus de quarante ans ? Pire, et si je voyais à travers mon crâne ? Suis-je assez équilibré pour ne pas voir les ravages du temps, mes cheveux clairsemés dans le miroir dépoli de la salle de bains qui déforme déjà un peu les reflets ?

Et si j'ai envie de chier ? Sous acide ! À la seule pensée de devoir forcer, m'essuyer et tout le bazar en plein trip, je panique. Est-ce que j'ai déjà fait un truc aussi dégoûtant sous LSD quand j'étais jeune ? Encore maintenant, je n'arrive même pas à poser une question aussi répugnante à Mink. C'est décidé, je ne bouffe rien pendant les deux jours qui précèdent la mise à feu.

J'imagine qu'on aura de quoi picoler à portée de main au cas où on aurait envie d'un petit cocktail pré-LSD, mais être bourré ET défoncé ne m'apparaît pas très judicieux, quel que soit le degré de rébellion visé. Des trucs à grignoter ? Je ne me rappelle pas avoir mangé sous acide. Quant au sexe ? Berk ! Un orgasme sous LSD ? Mink, Frankie et moi on est tombés d'accord pour ne pas venir avec nos moitiés. Il faut qu'on soit entre amis, en territoire émotionnel neutre.

Le 15 juillet, la date qu'on avait arrêtée, approchait à grands pas. J'avais déjà pris mes quartiers dans l'appartement que je loue tous les étés sur la plage de Provincetown. "Bon, j'imagine qu'on va vraiment passer à l'acte…" m'avait écrit Mink quelques mois plus tôt en m'annonçant qu'elle arriverait en voiture la veille du jour J et logerait chez Channing Wilroy, un autre survivant de l'époque Dreamland. J'avais "auditionné" Channing à son insu pour nos retrouvailles avec le LSD en lui demandant l'air de rien s'il avait de bons souvenirs de trips sous acide, et sa réponse ("Pas du tout") l'a automatiquement disqualifié. J'aime beaucoup Chan, mais Dieu sait qu'il est grincheux, et je n'arrivais pas du tout à l'imaginer avoir une montée dans la bonne humeur. Ce n'est tout simplement pas le genre de mec qui sourit.

J'avais fait jurer le silence à mes complices. Personne ne pouvait être au courant de notre petite expérience avant la date de publication de ce livre. J'avais inclus l'idée de ce trip dans mon traitement de *M. Je-sais-tout*, et mon éditeur et mon agent m'avaient conseillé d'une même voix d'être prudent. C'est-à-dire ? Si j'étais prudent, je ne me risquerais pas à faire un truc pareil, si ? Est-ce que Farrar, Straus and Giroux devraient payer les pots cassés si, défoncé au LSD, je me déguisais en Robert Motherwell, qui vivait à Provincetown avant, et remontais Commercial Street en attaquant les touristes ? Je n'avais pas mentionné que Mink serait avec moi, mais je me suis dit que FSG ne serait que plus content que ce chapitre dément inclue mon passé cinématographique. Mink m'avait déjà demandé si elle pourrait utiliser cette soirée comme matière première une fois que le bouquin serait publié, et bien sûr j'ai accepté. Ce qu'on n'a pas abordé, c'est quelles étaient les règles en cas de *bad trip*, de pétage de plombs ? Je crois qu'il faut se référer à cette fameuse réplique de *Thé et Sympathie*, lorsque la femme d'âge mûr embrasse un garçon bien plus jeune, homosexuel refoulé, et lui dit, "Dans des années, lorsque tu parleras de ce moment, et ça arrivera, sois indulgent !" Nous le serons.

On ne fera pas appel à un "guide". Vous vous souvenez de ça ? La plupart des gens ne se rappellent pas cette histoire de guide quand ils plongent dans une séquence nostalgie sur le LSD. Un guide, c'était une personne censée ne pas prendre de

LSD, qui pouvait bien sûr faire partie de la culture de la drogue mais se portait volontaire pour accompagner un groupe de tripers pour s'assurer que rien ne dérape. Un peu comme un chaperon pour une fête. On s'était déjà moqué de ce concept dans *Multiple Maniacs*, lorsque le gang de psychopathes de Lady Divine capture dans un filet les banlieusards venus à son spectacle "la Cavalcade des Perversions" et leur injecte de l'acide. "Je serai votre guide", lâche Divine, pervers, tandis que ses victimes, défoncées contre leur gré, hurlent de terreur. Qui pourrait bien être notre guide ? Ma propriétaire de quatre-vingt-six ans qui vivait au rez-de-chaussée ? Mes marchands d'art, Jim Balla et Albert Merola ? Notre trip est prévu un vendredi soir en plein été – ils ont du boulot, je ne peux pas leur demander ça. Qui supporterait de passer douze heures ultra-sobre à surveiller une fête multigénérationnelle de Dreamlanders sous LSD et de ne piper mot ? Personne. Il allait falloir qu'on assume le risque.

Mais imaginons que ça parte en vrille ? À mesure que le jour L approche (plus que deux), j'admets que je suis aussi stressé que la veille de mon voyage en auto-stop à travers le pays, qui est devenu le livre *Carsick*. J'espère que ce trip-là durera moins longtemps que mes neuf jours de voyage, mais je n'ai pas le choix, si ce n'est imaginer le "meilleur" et le "pire" qui puisse arriver. Je ne peux pas être aussi naïf que Lana Turner, qui m'a confié qu'avant de tourner *The Big Cube*, mélodrame de 1969 aussi absurde que merveilleux sur le LSD, personne, même pas le réalisateur, n'avait pris la peine de lui expliquer ce qu'était le LSD. Lorsqu'elle a tourné sa scène de crise sous l'emprise de cette drogue (qu'il faut voir pour la croire), elle ignorait toujours de quoi il s'agissait. Pour le meilleur ou pour le pire, ce n'est pas mon cas.

Je vais peut-être devenir fou et ne jamais plus pouvoir écrire ? Ou me transformer en assassin comme le personnage de Z-Man dans *La Vallée des plaisirs*, la meilleure comédie musicale sur le LSD de tous les temps ? Ou avoir des hallucinations dignes de la fin de ce chef-d'œuvre trash et essayer de décapiter Mink et Frankie ? J'espère que non. Ou alors rejouer la scène du suicide dans la chanson de Jody Reynolds "Endless Sleep" et entrer dans l'océan comme le beau Rick Morrow (Ricky dans *Multiple*

Maniacs) quand il était sous acide avec Mary Vivian Pearce et moi à Provincetown, à la belle époque ? Il a survécu, mais aurai-je la même chance ?

Est-ce qu'une mort à cause du LSD était l'accroche que je souhaitais pour ma notice nécrologique ? En fait, ce ne serait peut-être pas si mal. Ça me vaudrait un respect éternel. Pourtant, j'ai encore beaucoup de choses à dire. Ou est-ce que je me berne ? Est-ce que le LSD me fera dire : "Mais t'es malade ou quoi ? Pourquoi travailler si dur alors que tout bien considéré il ne te reste pas tant de temps que ça ? Décolle ! Passe le reste de ta vie à voyager, à lire. Arrête de bosser !" Ou est-ce que j'aurai au contraire une crise d'angoisse à l'idée que je ne travaille pas assez ? Seize films, neuf livres, des tournées de conférences, des expositions, ça ne suffit pas, espèce de bon à rien ! Personne ne se souviendra de toi quand tu seras mort. Lève ton cul de feignasse et au boulot.

Imaginons que je m'arrache les yeux en plein trip, comme ce type qu'on connaissait tous à Baltimore et qui est maintenant aveugle ? Pourrais-je devenir le Stevie Wonder du trash ? J'espère quoi qu'il en soit que je n'aurai pas de flashbacks du jour où je suis tombé sur ma mère au milieu des années 1960 alors que je rentrais à la maison complètement défoncé et qu'elle partait à la messe du dimanche matin avec mes frère et sœurs, tous dans leurs beaux habits. Nos regards se sont croisés et jamais le slogan "Psychédélisez la banlieue" ne m'a semblé plus triste. Encore désolé, maman.

La devise *turn on, tune in, drop out* (se connecter, s'harmoniser, s'évader), comme on disait à l'époque, pouvait être un processus fastidieux, mais aujourd'hui je suis beaucoup plus inquiet quant aux effets du LSD sur ma psyché. Je commence à avoir du mal à programmer des réunions après la date de mon trip. Et si je ne sais plus qui je suis ? Et si je me transforme en toxico zombie, comme ceux de Brooklyn qui, après avoir pris des mauvaises doses de K2, une sorte de cannabis de synthèse, ont de l'écume aux commissures des lèvres et déambulent en braillant et en attaquant les passants comme dans un film d'horreur ? Une exposition dont je suis commissaire débute à Provincetown une semaine après notre trip au LSD. Elle s'intitule

Catastrophe, et j'espère qu'il ne s'agira pas de moi, mais bien des tableaux, dessins et photographies d'accidents de la route, et autres trouvailles monstrueuses que j'y ai rassemblés.

Mais je suis plutôt du genre à voir le verre à moitié plein. Je pense que prendre du LSD à soixante-dix ans sera une aventure merveilleuse. J'ai lu sur internet à propos de "la fluidité plastique de l'état de rêverie", "les formes géométriques qui se dessinent derrière les paupières closes", "les nuances subtiles d'arc-en-ciel", "l'émerveillement et le ravissement de l'expérience psychédélique renouvelée", et j'ai hâte. Ce trip sera peut-être le début d'une série d'expérimentations stupéfiantes au troisième âge ? Si ça se passe bien, pourquoi ne pas prendre toutes les drogues que j'ai prises dans ma vie en les étalant sur dix ans, et voir ce qui se passe ? Sniffer de la colle à quatre-vingts balais : se pourrait-il qu'il s'agisse de mon nouveau défi ? Prendre du PCP à un âge très avancé, est-ce une crise de fin de vie ou une nouvelle façon de dire "Les vieux aussi veulent s'éclater !" ? Et si je me dotais de pouvoirs magiques pendant ce trip ? Que je vivais une expérience fulgurante d'écriture automatique et que je finissais ce bouquin en une journée ?

*

Jour L –1. Quoi acheter ? De la glace, ça me semble une bonne idée. Un océan d'Évian. Du café, bien que je doute que rester éveillé soit un problème. Mink m'a envoyé un mail avant-hier : "Tu seras habillé comment ?" La question m'a pris de court parce que, pour une fois, je ne me l'étais pas du tout posée ! Voyons. Certainement pas ma veste Comme des Garçons au motif têtes de mort. Mink a parlé de fringues confortables, et je suis d'accord. Pour moi, ce sera jean Levi's 501 blanc, ce que je mets toujours en été. Et… ha ha ! La voilà, dans ma penderie : la chemise Issey Miyake idéale – celle avec les tourbillons géométriques flous noir et blanc, qui ira parfaitement avec les chaussures à imprimé cachemire volontairement dépareillées. Comme des Garçons également. Je ferais mieux d'aller à la plage aujourd'hui pour une dernière séance d'entretien de bronzage, histoire d'avoir au moins l'air en forme si jamais je deviens fou.

Est-ce qu'on sortira alors qu'on sera sous influence ? Je me rappelle avoir conduit jusqu'à Race Point Beach sous acide il y a une éternité ; j'avais cru que les dunes de sable se mouvaient et fondaient dans le lointain, alors ça m'a un peu refroidi. Quand on tripait à Baltimore, le LSD était tellement puissant que rester assis sur une chaise était une expérience en soi. On devenait la chaise. Est-ce que je vais encore être une chaise ? Je n'espère pas trop. Dans mes quartiers d'été, les chaises sont un peu bancales, pas très confortables. Je vais peut-être triper sur l'une des peintures de Pat de Groot que possède ma propriétaire ? Ça, ce serait pas mal. Une chose est sûre. Je vais m'occuper un max aujourd'hui et ce soir pour ne pas cogiter. Je vais le faire. Prendre de l'acide à soixante-dix berges.

Ça y est, c'est le matin du 15 juillet : le jour de la mise à feu. Impossible de me dégonfler. C'est comme un complot pour meurtre, il est trop tard pour tout arrêter. Les douze prochaines heures seront-elles ma dernière période de lucidité ? "Bon sang, je maugrée à haute voix, qu'est-ce qu'il faut pas faire pour signer un contrat chez un éditeur !"

Est-ce qu'on fait le ménage chez soi avant une fête sous acide ? Je rangeais avant les soirées spéciales poppers, mais il y avait beaucoup plus d'invités que deux personnes, et la plupart étaient déjà un peu éméchés en arrivant, alors je doute que ces amateurs de Rush passaient un doigt sur mon bureau pour voir s'il y avait de la poussière. Je nettoierai les chiottes pour Frankie et Mink. Ça, c'est sûr.

Et puis je vais acheter des fleurs. Mais oui, voilà une façon festive, positive, planante de décorer l'appartement pour l'occasion. Je viens de sortir les buvards du congélateur pour qu'ils aient le temps de dégeler. Est-il seulement nécessaire de les décongeler ? Allez savoir. Mais bon, comme ça, c'est plus sûr. J'ai rangé tout ce qui concerne mon travail et sorti mon petit dictaphone de poche dont je me suis servi pour mon voyage en auto-stop, au cas où j'aurais besoin de me rappeler quelque chose. Mais est-ce que je réussirai à le faire fonctionner quand je serai défoncé ? Ou est-ce que je "serai" le dictaphone ? J'ai également exhumé un vieil appareil photo numérique pour prendre quelques photos de nous – *a priori* avant, pas après. D'après mes souvenirs, un trip sous LSD n'est pas le meilleur masque de beauté qui soit. Être vidé, ça ne fait pas bon ménage avec une tronche de soixante-dix balais.

Imaginons que je révèle de noirs et profonds secrets ? Ou que je fasse une attaque cardiaque ? Je souffre de fibrillation atriale sans symptômes depuis des dizaines d'années, mais je n'ai pas demandé à mon cardiologue si un trip sous acide était une bonne idée. Et si on avait droit à une attaque terroriste en pleine défonce ? J'espère qu'aucun de mes amis ultra-connectés ne m'appellera pour me le dire. Maintenant que j'y pense, je me dis que j'aurai peur à la moindre sonnerie de téléphone.

Merde, je viens de voir des fourmis dans la cuisine. Tous les étés j'ai le même problème, mais cette année je pensais y avoir échappé. Et non. Il va falloir que je rachète ces dégoûtants petits plateaux blancs empoisonnés et que j'en mette autour de l'évier. Mais ça ne fonctionne pas instantanément ! On va planer et il y aura des fourmis. Comme dans ce film surréaliste de Buñuel, *Un chien andalou* – pas franchement la référence cinématographique que j'avais en tête pour un esprit influençable. Putain de fourmis !

Oh, allez, arrête de t'en faire, John, tout va bien se passer. "Passe à l'acte", comme disait Jerry Rubin. Dis oui, comme Nancy Reagan n'a absolument pas dit. C'est l'heure du LSD, profite !

*

Frankie est arrivé à 19 h 25, en avance, comme toujours. J'ai éclaté de rire en voyant sa tenue – un marcel et un pantalon en toile teints en *tie-and-dye* pour l'occasion. J'avais enfilé ma chemise à motif psychédélique, et il s'est marré aussi. 19 h 35. Mink était en retard. Impossible qu'elle se soit dégonflée – j'avais raison : elle n'était pas venue dans mon appartement de Provincetown depuis des années et trouver l'entrée à l'arrière de ce bâtiment qui donne sur la plage et ressemble à la maison de Grey Gardens n'était pas facile. Elle avait opté pour une tenue confortable, et on était tout excités de se retrouver pour fêter les cinquante ans de notre amitié. Elle m'a confié que Chan, chez qui elle logeait, était peut-être un peu chafouin à l'idée de ne pas avoir été invité à notre mystérieuse petite soirée – après tout, je l'avais rencontré il y avait plus de cinquante ans, avant Mink. "J'ai failli lui dire qu'on se retrouvait pour le sexe, pour qu'il ne soit pas vexé", a-t-elle glissé en pouffant. Houla ! "C'est une bonne excuse !" ai-je répondu, complice.

Frankie et Mink s'étaient à peine croisés par le passé, mais se sont donné une accolade très "tous dans le même bateau". J'ai mis nos doses sur un plateau et pris le traditionnel Polaroïd de toute personne qui entre chez moi, et y ai inscrit : *15 juillet 2016, notre trip sous LSD*. On s'est assis à table et je leur ai demandé qu'on se tienne la main juste un instant. "Nous sommes ici les uns pour les autres, alors veillons sur nous. On ne fait pas semblant de flipper. Ça va être merveilleux. On est dans un endroit sûr avec des amis. Ça va être une expérience géniale." "Et, a ajouté Mink, si quelqu'un voit Dieu, qu'il le garde pour lui." Chacun a choisi une hostie de couleur dont j'espérais qu'elles contenaient toutes la même dose : moi verte, Mink rose et Frankie violette. On a éteint nos téléphones portables.

J'avais calé la musique, je n'avais plus qu'à appuyer sur lecture. *"A chair is still a chair"*, a entonné Dionne Warwick de cette voix magnifique, adoptant le ton surréaliste d'une maison devenue un nouveau genre de foyer sous LSD. Oui, elle avait raison quand elle chantait qu'une chaise n'était pas une maison, mais une pièce peut s'épanouir sous acide, Dionne, et une maison peut bel et bien être une chaise si l'on ose. Un foyer. Une chaise. Une maison. On pouvait être les trois.

Mais pas tout de suite. On nous avait prévenus que "la montée" ne surviendrait qu'au bout d'une heure à une heure et demie. La première chose qu'on ressent, et je l'avais complètement oublié, c'est une espèce de viscosité dans la gorge quand on avale, un mucus chimique indiquant que le décollage approche. On est sortis sur ma terrasse, qui donne sur la baie à la pointe du cap Cod – c'est-à-dire l'extrémité géographique du pays la plus lointaine de Hollywood (3 716 miles, comme le précisent les cartes postales, de Provincetown, Massachusetts, côte Est, à Los Angeles, Californie, côte Ouest). On bavardait, soudain débarrassés de toute nervosité, et à mon avis ça n'a pas mis une heure et demie, mais bon, la première chose qui survient, c'est que le concept même du temps qui passe s'évanouit. Vous commencez à voir des traces de mouvement, quelques éclairs de couleur, et BAM !

D'un seul coup, on était perchés. "C'est l'hallu totale !" a lâché Frankie avec un grand sourire scotché sur le visage. Mink et moi étions dans le même état. Soudain, le paysage maritime qui s'étendait sous nos yeux a pris vie, s'est mis à déferler, pulser, les hallucinations venaient vers nous comme des images du sol ondulant sous l'effet d'un tremblement de terre. Le moindre éclat de lune à la surface de l'eau se transformait en toupie, en prisme pop art splendide. Des bateaux qui accéléraient dans notre direction disparaissaient en un clin d'œil. Le ciel s'est éclairé : étoiles filantes, feux d'artifice, éclairs de couleur (surtout rouges), un planétarium démentiel, au-delà de toute comparaison. BAM ! BAM ! BAM ! On s'en prenait plein la tronche mais aucun de nous n'a flippé. La dope était puissante, peut-être plus forte que ce qu'on consommait étant jeunes. Pure, assurément. En provenance directe du trou de balle de Timothy Leary. Pas étonnant qu'il ait fait sauter ses cendres dans l'espace après sa crémation. Nous aussi on avait explosé ! Et le plus étonnant, c'est que les vagues d'hallucinations nous frappaient tous les trois exactement au même moment. Les couleurs stroboscopiques et les formes qui vibraient étaient peut-être différentes dans nos têtes, pourtant on semblait tous dotés de la même vision au LSD.

Tout en étant sereins. Ébahis. Nos hallucinations semblaient tout droit sorties de vieux films sur le LSD tels que *The Trip*, *Easy Rider* et *Hallucination Generation*, mais elles n'avaient rien de drôle ou de kitsch ; elles étaient aussi classiques qu'explosives, comme dans *Hôtel Woodstock*, qui contient à mon avis la meilleure scène de défonce sous LSD de toute l'histoire du cinéma. Dans les années 1960, on disait "La vache !" Mais là c'était plutôt "Putain la vache !" On s'émerveillait de l'univers chimiquement altéré face auquel on se blottissait, stupéfaits. Quelle éclate ! Il y a une vidéo sur YouTube qui date des années 1950 et dans laquelle un médecin interviewe un sujet de recherche plusieurs heures après qu'elle a ingéré du LSD. "Si vous ne le voyez pas, explique-t-elle de son mieux, tendant une main devant elle, vous ne le saurez jamais. Ça me fait de la peine pour vous !" On en avait tous.

Quand on est rentrés dans l'appartement mansardé, notre trip s'est accentué. Les nœuds des murs et du plafond en pin ont pris vie, glissé, vibré. Les petits trous dans le bois faisaient comme un chœur – des rayons de lumière se déversaient sur nous et nous chantaient des chansons avec la voix des Chipmunks (même Alvin faisait des progrès sous LSD !). Le moindre tableau encadré au mur fondait, s'animait, me faisait un petit numéro. Une invitation sous forme de carte postale pour l'exposition *Paul Swan : The Most Beautiful Man in the World*, s'éclairait et clignotait, cherchant à attirer l'attention au-dessus des autres. Un autoportrait récent de Nan Goldin, époustouflant quoique débraillé, où elle est en soutien-gorge et ouvre son pantalon sur son ventre de femme entre deux âges, que j'avais découpé dans un magazine, me faisait de l'œil, s'est mis à palpiter, à se fragmenter et à tourbillonner. Une photo d'un très jeune Cy Twombly tournait dans son cadre, se dissolvait, réapparaissait, passait du noir et blanc à la couleur. Le bouquet de lys sur la table s'est mis à grossir de façon grotesque. Toute perspective avait disparu. J'avais l'impression d'être *L'Homme qui rétrécit* content de rencontrer Audrey II, la plante de *La Petite Boutique des horreurs*. Le parfum des lys était presque suffocant. Des années de tabagisme avaient presque réduit mes facultés olfactives à néant, et je les avais à peine retrouvées en arrêtant de fumer des dizaines d'années auparavant. Mais sous LSD, j'étais la Francine Fishpaw de *Polyester*, affligée d'un sens de l'odorat hyper développé.

La musique que j'avais écoutée la première fois que j'avais pris du LSD fonctionnait encore très bien. Dionne Warwick, je vous aime ! Le fantôme de Divine chantant en playback a été convoqué sur "Once in a Lifetime" de l'album *Here I Am* de Dionne. Fellini : vos musiques de film accompagnent toujours à merveille un trip sous acide – en particulier celle de *Juliette des esprits*. Et, ô surprise, la bande originale ridiculement nunuche de *Vivre libre* a des envolées encore susceptibles de déclencher des fous rires quand vous hallucinez. On a gueulé tellement fort les paroles que nous aussi on a "rugi comme un lion", comme dans les paroles. Moi, je me suis "mis en orbite", comme disait

Frankie lorsque je me lançais sur un sujet qui me tenait à cœur quand j'étais défoncé, et ça a donné un interminable rap sous acide à propos du fait que Frankie me rappelait Little Ricky Ricardo jouant des congas dans *I Love Lucy*. Je ne vois pas trop ce qui a déclenché tout ce babillage sans queue ni tête, mais ça a suffi à me projeter dans un fou rire incontrôlable. Si quelqu'un avait débarqué pour une petite visite, il se serait cru dans un asile de fous. Heureusement qu'on n'avait pas pris de guide. Il aurait cassé notre délire. Ou appelé une ambulance.

À aucun moment on n'a évoqué la possibilité de sortir. Je ne suis même pas sûr que ça aurait été envisageable. L'idée d'affronter les célébrations de la Bear Week dans cet état d'esprit était au-delà de nos imaginaires, même débridés. Rester assis là à partager avec Mink cette nuit magnifiquement morcelée, c'était un merveilleux moment de défonce. J'ai de la peine pour les gens qui n'ont pas de vieux amis. Le public nous a souvent dit qu'il adore vieillir avec Mink à l'écran dans les films que l'on fait ensemble, et moi j'ai encore plus de chance que ça m'arrive dans la vie. Notre cinquantième anniversaire de rébellion nous réunissait à nouveau. Et puis la "mauvaise" influence qu'on pouvait avoir sur les plus jeunes (Frankie), ça nous emplissait d'une certaine nostalgie. On n'était plus des délinquants juvéniles, on était enfin des *multiple maniacs*, des névrosés d'âge mûr.

Frankie et moi, on avait fait de sacrées virées le vendredi soir dans les bars de Provincetown, mais cette soirée était de loin la meilleure. Frankie me semblait tellement beau en pleine défonce, pas sous un angle concupiscent ou sexuel, mais purement esthétique ; ses gestes, son allure, son corps jeune qui bougeait avec tant de grâce sous acide. Je me suis rendu compte qu'il frisait la perfection.

Certes, j'ai oublié comment faire certaines choses pendant ce trip. Impossible de débarrasser la table des verres vides. Frankie n'a pas réussi à sortir les glaçons du congélateur. Mink et Frankie ont fumé un peu d'herbe, ce qui m'a surpris, parce que moi ça ne me détend jamais, même en temps normal. Personne n'a relevé l'ironie dans l'utilisation de cette pipe que j'ai depuis des années, en forme de revolver plaqué or, dont il faut mettre le canon dans sa bouche, avant d'allumer la beuh au-dessus et inhaler.

J'avais évité de regarder dans un miroir, puis je m'y suis résolu. Ma foi, ce n'était pas si mal. J'avais bonne mine. Par contre, pisser m'a fait bizarre. Sortir mon pénis m'a semblé une corvée absurde dont j'aurais voulu me passer à jamais. On n'a pas vu trace de Dieu, comme l'avait craint Mink, mais on a eu un bon aperçu d'un univers renouvelé, exagéré, qui prouvait que tout pouvait arriver dehors, et ne demandait qu'à être découvert. Pas une seule fois je n'ai songé à me servir du dictaphone ni des blocs-notes et des stylos que j'avais sortis pour garder des traces de notre trip. Je n'ai pas eu à me demander si je me souviendrais de tout.

Notre état a duré six ou sept heures. On est retournés s'asseoir dehors et tout en continuant à halluciner (bizarrement, la lune planait pile au-dessus du Pilgrim Monument avec un léger mouvement vertical comme s'il s'agissait d'un préservatif en pâte à modeler, avant de finir par s'enfiler sur la tour en glissant), on a commencé à redescendre un peu. Je me suis rendu compte que je ne m'étais pas soucié de la moindre chose de tout notre trip mais je me demandais à présent si la musique à plein volume ne dérangeait pas les voisins. Je ne comprenais pas non plus pourquoi il n'y avait personne sur la plage à trois heures du matin pour prendre en photo la beauté qu'on avait sous les yeux. Les gens étaient aveugles ou quoi ? Enfin, on s'en fichait. On était heureux d'être en vie et ensemble. Personne n'avait envie de contrôler les choses. On était extrêmement calmes. Le ballet des oiseaux et de la marée montante semblait se dérouler rien que pour nous, en particulier ce héron bleu solitaire qui s'est transformé en vieillard cartoonesque tandis qu'on le regardait pêcher son fretin. Le banc de sable tout proche semblait avoir exactement la même forme qu'une tête de baleine. Franchement, quel trip !

Au loin, le jour s'est levé, et à mesure qu'on redescendait sur Terre (ces hallucinations de bateaux lancés à pleine vitesse ont été les dernières à s'estomper – Mink les voyait encore elle aussi), on s'est détendus davantage. Frankie nous a confié qu'il avait tellement angoissé à l'idée de ce trip qu'il s'était réveillé tous les matins de la semaine en proie à la panique. Mink a dit quant à elle qu'elle avait bien pris soin de ne pas y penser au cours des onze longues heures qu'il lui avait fallu pour faire le trajet depuis Baltimore, dans les bouchons des vacances d'été. Si j'avais su que les doses qu'on allait s'envoyer étaient si puissantes, moi aussi je me serais inquiété, mais là, j'éprouvais la même chose que lors de mon dernier trajet en auto-stop pour accomplir ma traversée, quelques années plus tôt – du soulagement et de la satisfaction. J'avais réussi. Mais je n'avais absolument aucune raison de recommencer.

Le soleil s'est levé. Une matinée splendide à Provincetown. Le paysage était presque redevenu normal ; l'océan avait terminé son numéro psychédélique. Mink se sentait tout à fait capable de rentrer à pied chez Chan, et Frankie avait les idées suffisamment claires pour conduire jusqu'à Truro. Je les ai accompagnés jusque dans la rue et, heureusement, on n'a croisé personne – nos yeux exorbités de bonheur auraient pu dégoûter quiconque rentrant chez lui après une nuit débridée chez son plan cul. On s'est donné une accolade. On se sentait plus en sécurité que jamais.

Je suis remonté dans mon appartement et me suis assis, plus serein que je ne l'avais été depuis des années. Je n'ai pas eu de remontée ou de gueule de bois comme dans mon souvenir. Je n'avais même pas vraiment mal au dos. J'étais fatigué mais pas à plat. J'ai envoyé un texto à mon mec pour lui dire que j'allais bien, il a semblé content de l'apprendre mais pas franchement inquiet. Je savais que mes assistantes, Susan et Trish, avaient des sentiments mitigés à propos de toute cette histoire de LSD. Elles avaient fait beaucoup de recherches sur la première moitié de ce chapitre mais étaient restées très circonspectes sur la seconde – le fait que je passe à l'acte. Je leur ai annoncé que tout allait bien. "Très heureuse que la came ait été si pure", a répondu Trish. Puis "Bien contente que tu te sois pas jeté d'un toit" et "J'espère que tu n'auras pas de contrecoup". "Contente que tu ailles bien", a aussitôt répondu Susan, plus traditionnelle. Pat Moran et son mari Chuck étaient soulagés eux aussi, mais Pat n'a pas pu s'empêcher une petite remontrance : "Que ça ne devienne pas une habitude." Je n'ai même pas eu besoin de prendre les pilules que mon psy m'avait prescrites "au cas où", et quand je lui ai annoncé que j'allais bien, il a dit qu'il aimerait bien lui aussi reprendre du LSD un jour ! J'ai également prévenu mes dealers qu'ils avaient fait un excellent boulot et qu'ils ne seraient pas poursuivis à cause d'un craquage intégral. "Tu vas réinventer le marché du LSD", m'a dit l'un d'eux en plaisantant. Ça, je n'en sais rien.

Ma mère était horrifiée dans les années 1970 quand elle lisait dans des interviews de moi : "Le LSD m'a donné la confiance nécessaire pour être qui je suis aujourd'hui." "Tu ne peux pas dire ça aux jeunes !" me suppliait-elle. Ce n'est pas ce que je suis en train de faire. Si vous n'avez pas pris de LSD à l'époque, vous n'êtes sûrement pas assez courageux ou taré pour en prendre aujourd'hui. Pourquoi le faire ? Vous êtes déjà très occupé avec vos drogues de synthèse, vos masques de réalité virtuelle, et le début de votre carrière de DJ censée faire de vous un milliardaire. Mais le troisième âge ? Oui ! Vous êtes coincés. Obéissez à M. Je-sais-tout et prenez du LSD. Maintenant. Soyez placides sous acide. Se connecter, sans bâiller ! S'harmoniser, et gagner ! S'évader et gueuler "Fier de prendre du LSD à soixante-dix balais !" Est-ce que ma mère modifierait son reproche d'outre-tombe ? Est-ce que j'entendrais sa réprimande glaçante susurrée par le vent, comme dans un roman de James Purdy ? Est-ce que j'hallucine ou est-ce que je viens de l'entendre me gronder, "Tu ne peux pas dire ça aux vieux !" d'une voix urgente et inquiète ? Trop tard maman, je viens de le faire.

OBSÉDÉ

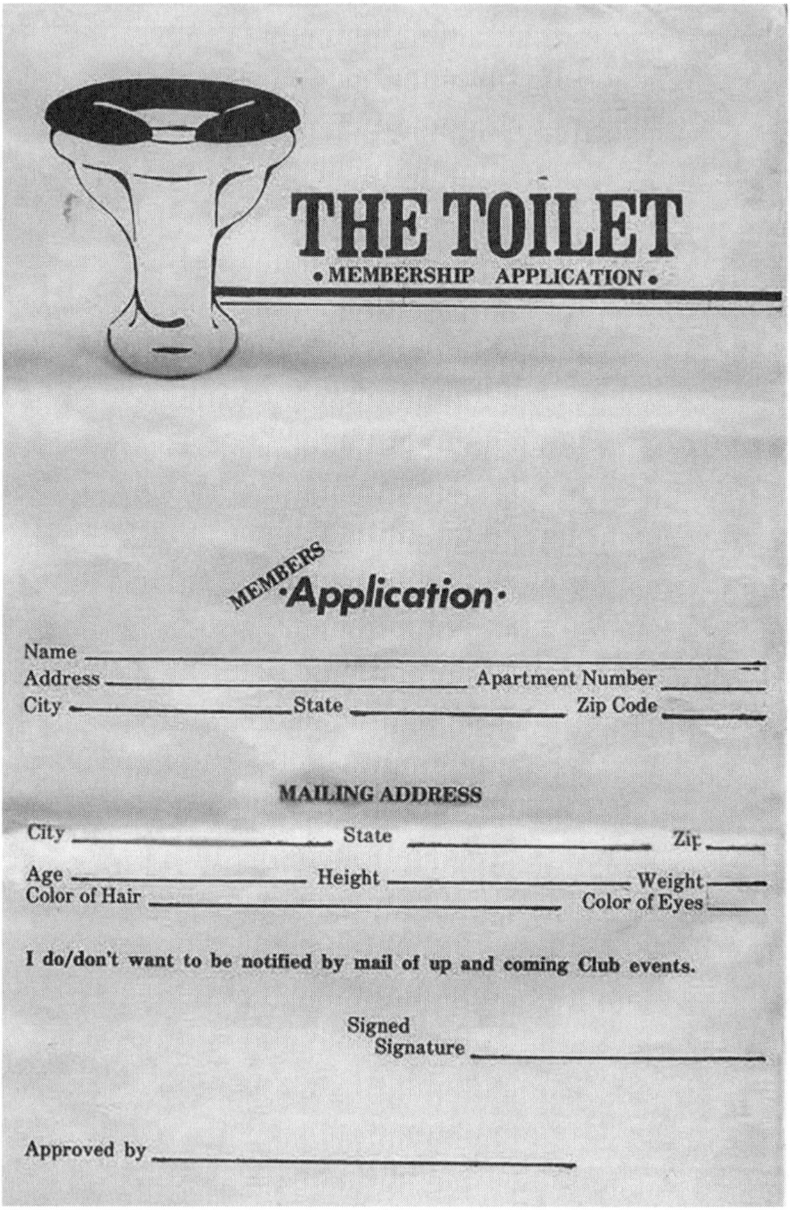

THE TOILET

• MEMBERSHIP APPLICATION •

MEMBERS ·Application·

Name ____________________

Address ____________________ Apartment Number ________

City ____________ State ____________ Zip Code ________

MAILING ADDRESS

City ____________ State ____________ Zip ______

Age ________ Height ________ Weight ______

Color of Hair ____________ Color of Eyes ______

I do/don't want to be notified by mail of up and coming Club events.

Signed
Signature ____________________

Approved by ____________________

Waters Sports (Avec l'aimable autorisation de John Waters)

Bon, si un jour vous écrivez un livre, il vous faut un chapitre cochon. Voici le mien. J'ai de la peine pour les jeunes d'aujourd'hui parce qu'ils sont passés à côté des années de sexe débridé avant que le sida ne vienne gâcher la fête. La promiscuité sexuelle, très répandue et acceptée dans les années 1960 et 1970, ne reviendra jamais pour les personnes qui tiennent ce livre entre leurs mains, quelle que soit sa durée de vie en librairie. Oui, je suis au courant des parties fines très sélectes à la *Eyes Wide Shut* qui se tiennent dans des demeures chics de nos jours, et des jeunes gays qui baisent à nouveau comme des lapins grâce à la PrEP, mais ça reste très difficile d'imaginer qu'il a été normal par le passé (du moins dans mon milieu) d'avoir des rapports avec une personne différente (voire plus) tous les soirs de la semaine. Sans compter que vous pouviez le faire en public.

Mais oui, en public. Moi, je l'ai fait en regardant *L'Ange bleu* au cinéma de Bleecker Street à New York et dans le train fantôme de The Enchanted Village, parc d'attractions pour enfants à la sortie de Baltimore. Dans un camion qui a fini par se garer dans Manhattan juste après le Holland Tunnel. Dans un cimetière, sur la plage. Sur des pelouses, dans des peep-shows. Dans des voitures. Des toilettes pour hommes. Des parcs. Même dans une décharge. Tous les gays de ma génération faisaient pareil, parfois pire.

La chose la plus radicale qu'on puisse dire de nos jours, c'est : "J'aime toujours le sexe !" Mais il ne faut pas s'en empêcher. Une vie sexuelle vigoureuse ne doit pas être entravée par le politiquement correct. On peut encore être chaud et passer à l'acte sans être un porc pour autant. La façon la plus facile de vous positionner en ces temps délicats, anti-tactiles, c'est de vous choisir une spécialité sexuelle le plus tôt possible. Et comme les femmes de Baltimore qui arborent la même coiffure qu'au lycée, quel que soit leur âge, il faudra vous y tenir. Vous n'irez jamais nulle part si vous vous situez sexuellement parlant dans le champ déjà surpeuplé de la position du missionnaire. Tellement vieux jeu, tradi, trop typique de vos parents. Mieux vaut se concentrer sur une autre spécialité et y exceller.

Je n'hésiterais pas à me trouver une niche, si j'étais vous. "La première chose que j'annonce à un partenaire masculin, m'a confié une amie un jour, c'est qu'il doit pratiquer le cunni. C'est non négociable." Excellente idée. Mouillez-vous, fixez les règles. "Qu'est-ce que ça peut faire qu'elle reste molle, a dit une autre femme de mes connaissances à un partenaire impuissant, tu as une bouche, non ?" Le sexe oral, voilà la voie à suivre. Choisissez votre camp et devenez un expert. En la matière, il est aussi difficile de recevoir que de prodiguer. Au shaker, pas à la cuillère. Dégusté, pas dévoré. De potentiels partenaires sexuels ne tarderont pas à entendre parler de votre spécialité, et s'ils se situent à l'autre extrémité de votre spectre oral, le bouche à oreille (si je puis dire) s'avérera payant.

Le sexe oral devrait être inclus dans tous les vœux de mariage. Mais pas simultanément. La position soixante-neuf m'a toujours semblé malcommode, mais aussi discriminante, dans le cas où les deux partenaires ne font pas la même taille. Et puis, on ne peut pas se concentrer. Donner du plaisir ou en recevoir. On peut se consacrer à un seul camp comme un démocrate ou un républicain ou alors changer de côté sans arrêt comme un indépendant. On peut même changer de place pour une attaque-surprise.

Après quoi la pratique peut évoluer vers des contrées inexplorées. Le léchage d'orteils est sûr, impossible de tomber enceinte, et lécher ces petits doigts de pied jusqu'au petit riquiqui qui mange tout-tout-tout ajoute un peu de surréalisme à toute aventure buccale. L'anulingus, encore appelé feuille de rose, a toujours été tabou dans certains milieux. Mais je connais certains adeptes qui jurent que c'est là le sexe dans ce qu'il a de plus intime. Dennis Cooper avait-il tort lorsqu'il a écrit que le trou de balle peut s'envisager comme un "visage alternatif" ? "C'est pour ça que le Seigneur a placé l'anus à cet endroit de ton corps, pour que tu ne puisses pas le regarder", m'a expliqué notre médecin de famille chrétien en plein examen de proctologie alors que j'étais adolescent. "Alors pourquoi il a inventé les miroirs ?" j'ai voulu demander, mais je n'avais pas encore appris à remettre en question l'autorité avec autant de culot que je le ferais plus tard.

Les fervents défenseurs de la feuille de rose sont les Témoins de Jéhovah de l'anulingus. Ils frappent toujours chez les trous du cul mais acceptent de se faire dégager. Le vrai rapport anal impliquant un pénis est plus intrusif, plus fasciste, et à moins d'être jeune et posséder un anus dispos et énergique, c'est toujours un peu dégoûtant. Les excréments, c'est quand même spécial, quel que soit le côté de la porte de derrière duquel on se trouve. Des boulettes de PQ emmêlées dans la broussaille des poils ne font jamais des fruits appétissants, et quiconque se rase l'anus est un trou du cul, à mes yeux. La sodomie, c'est inconfortable au début, gênant, et puis on s'en met partout. Sans compter les accidents potentiels. Embouteillages. Coulées de boue. Sauce au jus de viande. Qui a envie de mettre sa bite dans une merde molle ? Certes, on peut prendre toutes les précautions pour se nettoyer, mais un lavement n'est-il pas plus indiqué avant une coloscopie plutôt qu'un accouplement ? En plus, est-ce qu'on n'est pas censé porter un de ces pièges à foutre en caoutchouc tout ridés pour se protéger du sida ? Huuu. Comment se débarrasser de ce truc ensuite, sans boucher les toilettes ? Ni horrifier ses éboueurs ? Quant au compost, c'est déjà assez dégoûtant comme ça ! Moi, je dis que l'anus, c'est fait pour chier, être nettoyé, puis léché, mais jamais enculé. Acceptez-le et vous serez un individu plus heureux, et plus sexy.

Les autosexuels, les nouveaux militants pro-masturbation, croient quant à eux que vous n'avez besoin que de vous-même pour être sexuellement satisfait. Et puisque vous savez mieux que quiconque comment faire fonctionner vos propres appareils, à quoi bon avoir des partenaires ? "Un" n'est pas synonyme de solitude pour ces branleurs. Ils ont en tout cas ajouté une nouvelle voix au chapitre du sexe en argumentant qu'avoir un rapport avec quelqu'un d'autre vous rend coupable d'infidélité envers vous-même.

Les textos sont le nouveau support du sexe par téléphone, mais j'ai encore du mal à saisir les subtilités de cette aide à la masturbation. Les fautes d'orthographe sont-elles la nouvelle expression de la virilité ? La grammaire approximative la nouvelle façon de vendre son corps ? Et Skype ? Comment des individus peuvent-ils s'envoyer des photos osées via cette application ? Jamais il n'y a eu un angle plus laid ni pire lumière que sur Skype.

Je suis peut-être un obsédé, mais j'ai mes limites. L'ondinisme, je préfère imaginer que pratiquer. Le sadomasochisme, bonjour l'accoutrement, et puis, de nos jours, les jeunes refusent de culpabiliser à cause du sexe. Porter un déguisement ridicule de motard (à moins de vouer un culte à Tom of Finland) et se faire fesser ou attacher en public, ça ne fait pas partie de l'idée qu'ils se font d'un bon moment. Quant aux adultes qui se prennent pour des bébés, ils ne méritent même pas notre mépris. Les *feeders* et les *gainers*, eux, essaient de rendre les troubles alimentaires sexys mais je préfère de loin les planches à pain. Même les *bears* ont tendance à être énormes de nos jours. Est-ce que la graisse va désormais nécessairement de pair avec la virilité ? Je fais semblant de piger mais je ne suis pas certain que ce soit toujours le cas.

Les bars gays disparaissent. Certains historiens queers le regrettent, mais pas moi. Ça me semble même plutôt un progrès. Les jeunes gays n'ont pas envie d'être ghettoïsés. Ils veulent traîner avec d'autres jeunes cools, de tout horizon sexuel, de tout sexe. Cela dit, même si j'ai toujours revendiqué ne pas être nostalgique et pensé que ce qui adviendra demain est bien plus intéressant que ce qui a existé par le passé, je pense que certains de ces antres méritent qu'on s'en souvienne. Il y en avait de si sordides que j'en ai les larmes aux yeux rien que d'y penser.

Le Hellfire était mon préféré. Construit en sous-sol autour d'un ancien quai de métro sous la Neuvième Avenue, ce sex-club pareil à un donjon a été le premier à accueillir les pervers, gays comme hétéros, qui s'y mélangeaient, mataient, se branlaient, suçaient, baisaient ou se contentaient d'un peu de voyeurisme comme autant d'heureux touristes sexuels. C'était ultra-branché à une époque. Une grosse déguisée en infirmière et équipée de matériel à lavement vous faisait payer le prix d'entrée (et je crois me souvenir que c'était gratuit pour les femmes).

L'auteur Jerzy Kosinski semblait être présent tous les soirs (jusqu'à ce qu'il se suicide). J'ai même vu Angela Lansbury quitter les lieux une fois. Vous pouviez être en train de discuter des romans d'Alain Robbe-Grillet avec un commissaire d'exposition et soudain une bite surgissait par le *glory hole* le plus proche et renversait le verre que vous aviez à la main. Ça vous faisait rire, et vous alliez vous installer au bar pour plus de sûreté, où la conversation bifurquait sur Samuel Beckett. Sharon Niesp et sa petite amie, Cookie, se sont disputées un soir au Hellfire. Ça a mal tourné, l'une a cogné l'autre à la tête à coups de chaise. Une foule de masturbateurs s'est attroupée autour d'elles, fascinés par le spectacle et se branlant frénétiquement. Parmi eux, Pop, comme on l'appelait, qui aurait pu passer pour le vieil oncle perdu de vue dans n'importe quelle réunion de famille. Tous les soirs, il s'enroulait dans une écharpe suspendue, à poil, avec un godemiché dans le cul, et il souriait en adressant des signes de la main aux gens accoudés au bar comme s'il était perché sur un char au défilé de Pâques.

Utiliser les toilettes du Hellfire pouvait s'avérer compliqué, mais on faisait avec. Il y avait deux cabinets, un avec une longue file d'attente et des toilettes normales, un autre avec zéro attente et un mec à poil assis dans une baignoire, attendant qu'on lui pisse dessus. Sans obligation de le toucher. Une fois l'effet de surprise surmonté, vous vous disiez que la queue devant l'autre toilette était quand même affreusement longue. Il suffisait de dégainer son membre, d'arroser ce gars, en quelques secondes c'était plié. Fermer les yeux, voir cela comme… une nouvelle expérience. Ce n'était pas de la maltraitance. Une fois qu'il s'était fait pisser dessus, le mec vous remerciait ! J'ai toujours eu le sentiment que cette pratique élargissait mon horizon intellectuel. Mais je ne pouvais m'empêcher d'imaginer ces fondus de la pisse quand ils rentraient chez eux au petit matin. Le portier devait bien renifler quelque chose, non ? Je suppose que les syndics de copropriété n'étaient pas aussi stricts qu'aujourd'hui.

Le club The Toilet a porté l'apprentissage de la propreté, d'un genre spécial, a un niveau inédit. Il se situait dans le Meatpacking District, dans un bâtiment connu sous le nom de Kelly Building, au bout de la rue du Hellfire, mais il fallait vraiment être dans la confidence pour savoir comment y entrer. Le trajet en monte-charge bancal jusqu'au loft, en accès direct depuis la rue, avait de quoi effrayer les plus fervents urophiles, mais une fois que vous étiez arrivé, disons que vous nagiez dans le bonheur. La petite commission n'avait ici rien de petit. Y avait-il de vraies toilettes ? Pas dans mon souvenir. Il n'y avait pour ainsi dire que des toilettes humaines, qui semblaient plus que prêtes à soulager les clients. Pas étonnant que le management distribue des tickets de boisson gratuits ! Difficile à envisager aujourd'hui, mais c'était un club privé et l'on pouvait véritablement faire une demande pour devenir membre. Je sais que je ne l'ai pas rêvé parce que j'ai ce formulaire encadré chez moi à New York, dans les toilettes justement. L'on tremble à l'idée de ce qui pouvait vous valoir un refus. Infection urinaire ? Du sang dans les urines ? Ce n'était pas franchement le genre de club sélect de la série britannique *To the Manor Born*. Non, là, vous veniez pour pisser sur quelqu'un ou vous faire pisser dessus, pas pour jouer au tennis.

À la fin des années 1970, apparemment, toutes les villes avaient leur club Glory Hole. Aujourd'hui, on peut s'acheter un "*glory hole* portatif" en ligne, qui "s'adapte à toute sorte de mur" et "s'installe facilement chez vous ou en déplacement", mais à l'époque, ces petits trous avaient leurs propres maisons de quartier. Pourquoi pas ? D'un point de vue économique, un lieu de détente érotique, ça se défendait, l'ouverture engageant peu de frais généraux, si ce n'est le recours à un menuisier doté d'une perceuse adéquate et un bon stock de nettoyant ménager. Celui de New York se trouvait du côté de West Side Highway, sur la Onzième Avenue, entre la 21ᵉ et la 22ᵉ près des bars SM l'Eagle et le Spike. On payait un prix exorbitant et on entrait, au son d'une musique disco atroce à plein volume et des portes en bois qui claquaient. Un dédale de cabines s'ouvrait devant vous. Chacune possédait trois trous pratiqués dans trois murs, avec une poignée au-dessus pour se tenir si on se faisait sucer. C'était un saut dans l'inconnu de coller sa bite dans ces trous parce qu'on ne pouvait absolument pas savoir ce qu'il y avait de l'autre côté. J'ai toujours entendu des histoires absurdes de castration mais je crois qu'il s'agissait simplement de fantasmes de peur. En général, ce qui vous attendait, c'était une bouche chaude. Il y a même eu un roman chez Grove Press intitulé *The Softness on the Other Side of the Hole*. Parfois, dès qu'on entrait dans une cabine, trois bites surgissaient en même temps et il fallait élire un heureux gagnant. Vous ne seriez pas inquiet à l'idée qu'il s'agisse de quelqu'un que vous connaissiez ? Vous ne pouviez pas voir de visage, rien qu'une bite. Et si vous veniez juste de sucer Rex Reed ?!

Y avait-il un code des usages au Glory Hole ? Oui, d'une certaine façon. Parfois vous vous mettiez à genoux pour regarder par le trou et un autre œil était en train de vous mater. Vous sursautiez, mais jamais en criant. Claquer la porte en changeant de cabine était mal vu, comme chez vos parents. Parfois, on vous proposait du poppers par un trou, et là c'était plutôt bien vu d'accepter. Si vous souhaitiez que quelqu'un vous rejoigne dans votre cabine, vous ne fermiez pas la porte à clé. Si vous souhaitiez opérer dans une solitude stricte, il fallait mettre le verrou. Être le dernier client quand le rideau de fer tombait à quatre heures du matin n'avait rien de honteux. En général, l'employé unique des lieux vous suçait juste pour se débarrasser de vous et pouvoir rentrer chez lui. Aujourd'hui, le Glory Hole est devenu un restaurant très tendance, le Lot 61. Je parie qu'ils n'offrent rien d'aussi bon à la fermeture, sûrement rien qu'une pastille à la menthe.

Je me suis toujours demandé : qu'était-il écrit sur les déclarations de revenus du Glory Hole ? Qui étaient les véritables propriétaires ? La mafia ? Si oui, leurs femmes étaient-elles au courant que le Glory Hole était une affaire de famille ? Au succès tellement impressionnant que c'était apparemment devenu une franchise ? Il y avait un Glory Hole au sud de Market Street à San Francisco auquel je me rendais en sortant du Stud, le premier bar hippie gay pour hommes, quand la soirée avait été trop tranquille. Je ne me rappelle pas grand-chose, si ce n'est le sexe. Le DJ a dit au *Berkeley Barb* à l'époque que le genre de musique qu'il passait importait peu. "Personne te dit qu'il voudrait entendre telle chanson pendant qu'il suce des bites. Enfin, si j'avais des requêtes, je leur ferais sûrement plaisir."

Le concept du bar Glory Hole a capoté lorsque le Hungry Hole a ouvert au 1190, Fulton Street. Un bar avec une backroom dotée de *glory holes* pour anus. De gros trous. Des culs mastocs.

Des langues vigoureuses. Feuille de rose pour tout le monde. Mon ami Van Smith fréquentait cet endroit et m'en a vanté les mérites, mais je n'ai jamais eu le cran. Je me disais qu'il fallait une injection d'immunoglobuline avant d'y aller, et je ne m'y suis jamais pris suffisamment tôt.

On pouvait faire confiance à Los Angeles pour faire pencher le concept de bar à *glory hole* du côté paillettes, exhib, et, oui, discriminatoire. Rebaptisé Basic Plumbing, ce sex-club sis au 725, North Fairfax (plus tard, un autre sur Hyperion Street serait fermé par les autorités, mais je n'y ai jamais mis les pieds) disposait de videurs qui demandaient aux clients de soulever leur chemise pour montrer leur ventre avant d'entrer. Si vous étiez mince et musclé, vous passiez comme une lettre à la poste ; dans le cas contraire, vous pouviez passer votre chemin, et pas la peine de revenir. Pas de gros, pas de lesbiennes, ni de pieds nus. Rien que des mecs canons avec le feu au cul.

À l'intérieur, les cabines étaient baignées d'une inquiétante lumière rouge, et ceux qui venaient pour la première fois découvraient avec étonnement que certaines parois étaient en plexiglas et non en bois. On pouvait toujours glisser sa bite dans un trou pour se faire pomper, mais les deux participants pouvaient également poser et se branler pour les yeux de l'autre avant que le plat principal soit servi. Tellement L.A. Tellement Hollywood. Tellement future star du porno. Je me suis toujours senti un peu décalé à Basic Plumbing. Pas assez bien. Un peu Don Knotts avec la trique.

Certains clubs de ce genre ailleurs dans le pays étaient vraiment ridicules. Le plus bizarre dans cette catégorie était le Night Shift, un parc à thème autour de la fellation au-dessus du cinéma porno le Hollywood Twin au 777, Eighth Avenue dans Manhattan et dont le propriétaire n'était nul autre que Nick Marino, le producteur de *Hollywood Chainsaw Hookers*. Arriver au premier étage était très éprouvant. L'unique ascenseur, jonché de détritus, partait directement depuis la rue et était parfois squatté par des toxicos qui cherchaient à détrousser la clientèle gay souvent ivre. Si vous aviez la chance de survivre au trajet, vous étiez un peu sonné, quand les portes s'ouvraient, de vous retrouver dans une "zone de promenade", soit un décor de parc public, avec allées, pelouse, bancs, et même de faux oiseaux dans les arbres, aux gazouillis artificiels. Comme un plateau dans un studio de la Paramount, mais avec moyen de se faire tailler une pipe.

Les deux types de clients du Night Shift étaient diamétralement opposés. Des gays très chauds mélangés à des sans-abris qui, ne se doutant de rien, venaient passer la nuit là (c'était ouvert vingt-quatre heures sur vingt-quatre) dans l'espoir de s'offrir une nuit de sommeil sur un banc ("Ambiance chaude", vantait un panneau publicitaire). Mais les homos, tout aussi naïfs, ne se rendaient pas compte que les clodos endormis puissent mal prendre qu'on leur chope la bite ou de se retrouver au milieu d'un cercle de mecs en train de se branler. "Hé, mais lâchez-moi !" entendait-on un clochard se plaindre, paumé, après quoi un homo hautain s'indignait : "Mais c'est pas un refuge, ici ! C'est une *backroom* gay !" Les problèmes de classe sociale n'ont jamais été aussi flagrants qu'au Night Shift. J'ai toujours eu peur dans cet endroit. Aujourd'hui, c'est devenu le siège social des bus touristiques Gray Line. S'ils savaient.

Les gays n'étaient pas les seuls à avoir des lieux de débauche sexuelle. Les hétéros avaient leurs propres "temples de l'amour", comme la Copenhagen Room dans le Mitchell Brothers O'Farrell Theatre à San Francisco. Les meneuses de revue en tête d'affiche pouvaient se faire jusqu'à 3 000 dollars par jour rien qu'en se pointant, en se foutant à poil et en laissant les hommes du public tâter leurs parties intimes comme des gynécologues amateurs. Ça s'appelait des performances *touchie-feelie*, et si les hétérosexuels ont plus tendance à souffrir du syndrome des couilles pleines que les gays, du fait qu'ils sont plus réticents à l'idée de se masturber en public, on peut supposer qu'ils s'y adonnaient tout de même, ou alors qu'ils enregistraient mentalement toutes ces images pour un marathon de la branlette une fois qu'ils étaient rentrés chez eux, bien en sécurité dans leur lit.

Même Edy Williams, ex-femme de Russ Meyer et vedette de *La Vallée des plaisirs* et de *The Seven Minutes*, s'est produite au O'Farrell Theatre, enchaînant huit – oui, vous avez bien lu – performances par jour en commençant à 13 heures pour finir à minuit. Et dire qu'on trouvait le rythme des spectacles de variétés éreintant. Imaginez onduler de "façon callisthénique", comme l'a écrit l'hilarant critique de San Francisco Peter Stack, pendant que les hommes de l'assistance éclairent votre vagin au moyen des lampes torches fournies par la salle, tout en racontant des trucs cochons et en occupant l'espace scénique dans la position dite de la moule ouverte pendant onze heures par jour ! S'agit-il du plus bas échelon du monde du spectacle ou du plus haut ? Aujourd'hui encore je me le demande.

Pourrait-on inventer un genre nouveau de promiscuité révolutionnaire ? Moi je voudrais ouvrir mon propre *sex club* à Baltimore, dans le quartier de Pigtown, où se mélangent péquenauds, étudiants qui ont laissé tomber les beaux-arts, membres de gangs et braves exploitants agricoles avec leur famille. Pour promouvoir notre lieu, je financerais un programme d'échange pour personnes venues d'ailleurs, mecs à la bite indécise ou nanas au vagin batifoleur. J'encouragerais toutes les lesbiennes de Provincetown à envahir le Meat Rack sur Fire Island, puis tous les homos qui s'entretiennent à débarquer en calbute au week-end Baby Dyke de Provincetown. Dans ces deux endroits, gays et lesbiennes auraient des rapports sexuels les uns avec les autres pour la première fois, et une nouvelle minorité sexuelle en résulterait. L'hétérosexualité gay. Après quoi ces guerriers radicaux emménageraient dans ma ville natale pour peaufiner ce mouvement avant-gardiste non dénué de perversité qui embrouillerait jusqu'aux leaders LGBTQ les plus progressistes. Le nom de cet endroit ? Flip Flop. Tellement 2019 !

Nos toilettes seraient ouvertes à toute interprétation de genre, mais comme il n'y aurait que des cuvettes, et pas d'urinoir, dans les toilettes pour hommes, ces messieurs seraient obligés de pisser assis, expérimentant la chose peut-être pour la première fois. Les femmes, quant à elles, feraient l'expérience de la miction agressive en soulageant leur vessie debout dans ces urinoirs pour femmes devenus objets de collection, fabriqués au début des années 1960 mais n'ayant jamais eu de succès.

La musique ? Encore une fois là où on ne m'attend pas, je passerais en boucle les trois disques de l'album de *Justine ou les Malheurs de la vertu* du marquis de Sade, roman "lu de façon anonyme par une compagnie prestigieuse du répertoire". C'est paru sur le label Sadisc, et le simple fait de passer en boucle les mots incroyablement évocateurs de cet ancêtre du livre audio suffirait à inspirer un vocabulaire coquin en grand besoin de renouvellement à nos homosexuels hétéros bi. Bouffe-moi la chatte, suceur de bites ! Avale ma queue, brouteuse de minou !

Parfaitement. Les nouveaux gays viendront envahir l'hétérosexualité. Si M. F. K. Fisher a demandé à ses lecteurs amateurs de bonne chère de "songer à l'huître" dans la cuisine, moi je demande aux gays de songer à la moule dans leur chambre. Je sais, c'est nouveau, c'est humide, mais il est temps que nous, les pédés, on prenne sur nous. Le gazon lesbien est peut-être un territoire étranger pour nos frères gays les plus timides, mais il est temps d'élargir notre horizon et de tenter une immersion dans la cressonnière. À mes amis gays qui ne jurent que par le sperme, je dis, décoincez-vous. Éternuer dans un chou pourrait être une toute nouvelle échappatoire clitoridienne si vous vous décidiez seulement à sortir au jardin. Quant à vous, les lesbiennes, déjeuner de l'autre côté de la petite ceinture pourrait prendre un tout autre sens si vous cessiez de grignoter des moules pour vous mettre au poireau. Tout ce que je vous suggère, c'est de lustrer le sucre d'orge d'un gay qui vient de vous polir le berlingot pour la première fois. On est tous dans le même bateau, non ? On est là, on semble homo, mais parfois on a envie de trucs hétéros. Il faut s'y faire. C'est encore nouveau pour nous. Mais on s'en fout, non ? Il est grand temps de chauffer l'ambiance.

LA MAISON BRUTALISTE DE MES RÊVES

Hideux Manoir (Collage de Marnie Ellen Hertzler)

Soyez décidé à tout changer. Même l'endroit où vous vivez. Ma maison de Baltimore est un bâtiment en stuc de quatre niveaux de style méditerranéen datant de 1925, que l'architecte Laurence Hall Fowler avait conçu pour lui-même. Elle fait face à un terrain boisé qui lui donne des airs de petit hôpital psychiatrique privé. Mais l'architecture est injuste. Quand je suis seul le soir dans cette maison et que j'écoute les battements de mon cœur dans mon lit avant de m'endormir, je me rends compte qu'elle me survivra. Elle se fichera pas mal de ma mort. Les murs seront toujours debout quand je serai six pieds sous terre. Je suis fidèle à mon foyer mais l'inverse n'est pas vrai. Il crache sur ma tombe, impatient d'héberger de futurs occupants. Et ça me fait chier.

Il n'y a qu'une chose qu'on peut faire pour remédier à ça. Saccagez votre maison actuelle. Envoyez votre passé se faire foutre. Brûlez votre héritage Chippendale, vos meubles Jean Roger, vos antiquités du milieu du siècle, toutes vos merdes d'artisanat. Tout ça finit par être démodé un jour de toute façon. Tant que vous y êtes, passez votre magnifique jardin paysagé au lance-flammes. Il faut dépasser toute notion de goût pour atteindre un niveau inédit de défi architectural. Le brutalisme. La nouvelle laideur.

Moi, je veux raser ma maison actuelle et construire la maison brutaliste de mes rêves, que j'appellerai le Hideux Manoir. Béton brut. Détails répétitifs. Un cauchemar géométrique démesuré qui évoquerait une prison sans fenêtre. Le chic staliniste, la nostalgie de la Stasi. Conçu pour être inamical. Hostile. Froid et inhospitalier. L'association de quartier frôlerait l'apoplexie, mais qu'est-ce que j'en ai à faire ? Je veux une maison que tout le monde puisse détester.

Cela dit, on assiste ces temps-ci à un retour du brutalisme. À mon grand dam, ce style d'architecture est devenu cool. Mais moi je veux que ces abrutis qui manquent de sophistication continuent à démolir ces bâtiments classiques mais détestés des années 1960 et 1970 pour que je sois le seul à avoir une maison brutaliste. Y aurait-il quelqu'un pour empêcher tous ces sites internet fans de brutalisme de célébrer ce style architectural autrefois honni ?

Apparemment, tous les architectes brutalistes étaient hétérosexuels. Moi, je ferais appel au plus méchant, au plus ronchon d'entre eux, qui m'adresserait à peine la parole, et je le laisserais allègrement dépasser le budget pour dessiner une forteresse qui évoquerait la peur et l'élégance, l'inconfort et la sophistication. Je ne veux pas que mon Hideux Manoir soit "héroïque", comme certains adeptes du brutalisme tendent à qualifier ce style. Je veux une maison hermétique, avec des ailes mastocs sans fenêtre partant de chaque côté du bâtiment principal selon des angles bizarres, lequel sera construit avec les gravats du Morris Mechanic Theatre de Baltimore, conçu par le pape du brutalisme lui-même, John M. Johansen. Une fois le "bâtiment le plus laid du monde", comme on l'a souvent désigné, détruit sur ordre de la commission d'urbanisme de Baltimore, les fans de brutalisme du monde entier se sont retrouvés endeuillés, et beaucoup ne s'en sont jamais remis. Je recouvrirais ce matériau de lichen vert, un organisme répugnant qui aime surtout pousser sur la pierre nue et se reproduit tout seul.

Des balcons inutiles qui seraient pour certains d'atroces affronts à la vue ponctueraient çà et là le manoir, et je serais le seul à connaître les passages secrets pour y accéder. Mes apparitions, dignes de celles d'Evita, feraient enrager la foule hargneuse des conservateurs de mon quartier réunis au pied de mon anomalie architecturale pour la huer, mais je m'en débarrasserais comme autant de moustiques à coups de flammes propulsées depuis les ailes de ma maison, tellement incandescentes qu'elles seraient bleues.

On est loin de la Maison sur la cascade. Frank Lloyd Wright, c'est pas mal, mais il faut envisager le Hideux Manoir comme quelque chose de plus brut, de plus viril. Personne ne viendra chez moi emprunter un peu de sucre en poudre. Même les étudiants en architecture jugeraient l'endroit implacable. Autour de la propriété, on trouverait des copies de ces statues en béton vaguement communistes d'enfants des rues aux mines inspirées, longtemps exposées devant les barres de logements sociaux McCulloh Homes à Baltimore, sauf que l'expression de leur visage serait modifiée de façon à ce qu'ils lancent des regards inquiétants. La grille d'entrée serait constituée des fils barbelés récupérés au centre pénitentiaire de Jessup dans le Maryland, désormais fermé, et électrifiés par des prisonniers en liberté conditionnelle à un voltage bien plus élevé que celui utilisé pour les clôtures d'animaux domestiques. Tout panneau ENTRÉE INTERDITE serait superflu.

La pelouse elle-même serait exempte de toute végétation naturelle grâce à un tuyau d'arrosage vintage datant de la guerre du Viêtnam. Ici et là sur le terrain on trouverait quelques sculptures d'arbres en acier de l'artiste Roxy Paine, pour renforcer cet aspect de “nature industrielle” dans lequel je crois à présent si rigoureusement. Des boules d'amarante en barbelé concertina se rueraient vers vous à la moindre bourrasque.

Il y aurait également une piscine, mais seul un abruti voudrait plonger dans l'eau salée, saturée d'*E. coli*, et résistante au chlore que je ferais breveter par des experts. Urine, sueur, vieux maquillage et traces de diarrhée aqueuse font partie des bactéries que l'on retrouve même dans les piscines les mieux entretenues. Mais j'ajouterais à ce bouillon de culture quelques méduses prêtes à attaquer même si vous ne faites que tremper un orteil dans l'eau pour tester la température. Il y aurait également quelques jolies bernacles, tapies un peu partout dans l'espoir de vous écorcher les pieds au moment où vous vous ruerez vers l'échelle pour vous échapper.

L'allée, faite de cailloux blancs de montagne teints du vert vomi le plus répugnant, mènerait à une double porte ressemblant à celle d'une cave, cachée dans la terre, qui s'ouvrirait électriquement sur une rampe raide conduisant au garage, où je garderais mon véhicule personnel. C'est-à-dire la vraie Lincoln Continental noire de 1971 customisée par George Barris en 1977 pour en faire la vedette tueuse du film *Enfer mécanique*.

Ne songez même pas à monter à bord. Elle vous bouffera tout cru. Je vous ai bien dit de ne pas venir ici, pas vrai ?

Et l'intérieur de la maison ? Eh bien, l'architecture brutaliste a toujours été célèbre pour ses courants d'air intérieurs, donc je me servirais de ce prétendu défaut pour vous surprendre, vous rafraîchir et vous inciter à apprécier ces anomalies de construction avant qu'elles ne vous tuent. Les Européens ont toujours été paranos à propos des courants d'air (un bébé est même assassiné par *courant d'air** dans *L'Innocente* de Visconti !), alors j'épouserais cette phobie en entrouvrant les rares fenêtres de chaque pièce. Puisque le mastic censé fixer les vitres aux huisseries aurait été volontairement omis, l'air s'engouffrant dans toutes ces brèches ferait vibrer les carreaux, produisant un gémissement sonore entêtant qui oscillerait sur trois notes au gré de la force du vent. Un bourdonnement qui vous rendrait fou. Hé hé hé.

Je n'aurais pas de chauffage. Le froid, c'est le lifting naturel. Pourquoi croyez-vous que David Letterman maintenait un froid glacial sur le plateau de son émission, au point que l'on voyait sa propre haleine se condenser devant soi quand on était invité ? Pour rester en forme, voilà pourquoi ! De minuscules fenêtres contiendraient des vitres spéciales dont le verre agirait comme une loupe, de sorte que la lumière intense du soleil les traversant provoquerait des feux miniatures dans les pièces glacées, et brûlerait tout objet vous appartenant que vous auriez été assez bête pour laisser traîner.

La pièce de vie – et je peux vous dire que ce serait exagéré de parler de "vie" – comprendrait des meubles d'occasion lestés au ciment de l'artiste Doris Salcedo, soudés les uns aux autres pour une laideur et un manque de fonctionnalité maximum. Oubliez que ces horreurs que j'ai agglutinées dans un coin sont des sculptures sous-tendues par une pensée politique. Contentez-vous de vous émerveiller de ces meubles qui non seulement vous rejettent mais vous interdisent toute forme de confort.

Mon système de sécurité impénétrable inclurait une chambre forte à laquelle on accéderait en tirant un faux livre de la bibliothèque qui agirait comme une poignée et ferait pivoter

* En français dans le texte.

tout un pan d'étagères. Après avoir vu la sélection abominable de livres fascistes présents dans ma petite salle de lecture adjacente, vous seriez loin de vous sentir en sécurité. *Hitler at Home*, *Dead Funny : Humor in Hitler's Germany*, *Magda Goebbels : First Lady of the Third Reich*, et *Born Guilty : Children of Nazi Families*. Mais nous avons aussi tous les autres monstres : Amin Dada, Pol Pot, Ronald Reagan, et même *On Democracy* de Saddam Hussein. (Je me rappelle avoir regardé sa pendaison publique sur mon ordinateur, allongé par terre en compagnie de la baronne Marion Lambert, tirée à quatre épingles dans une tenue haute couture, juste avant qu'elle ouvre grandes les portes de son chalet de Gstaad pour faire entrer ses invités à la soirée du Nouvel An.)

Je n'ignore pas que les brutalistes sont censés être minimalistes. J'essaie de vivre avec presque rien. Seul. En harmonie avec la laideur. Mais j'aurai une salle de projection haut de gamme, dotée d'un équipement numérique dernier cri. Sans siège. Il vous faudra regarder debout l'unique film dont j'autoriserai la projection dans cette partie du manoir : *Blue*, une séquence statique de couleur bleue de soixante-dix-neuf minutes, accompagnée des réflexions profondes, agacées et tristes du réalisateur Derek Jarman à propos de son décès à cause du sida qui approche à grands pas. J'éteindrais le son et ne montrerais que l'image, maintenant qu'il est mort. C'est encore plus tragique. Plus brutal tu meurs.

Le terrain aurait beau être stérile, à l'intérieur ce serait une autre histoire. Oui, j'aurais des plantes, et toutes celles qui longeraient les couloirs du rez-de-chaussée seraient noires. Des bugles au feuillage crispé noir pousseraient dans les fissures du sol en béton et rejoindraient les roses trémières noires qui ont une durée de vie éphémère mais battent sur le terrain de la couleur toutes leurs rivales cherchant à les égaler mais n'atteignant qu'un pourpre fade. On dit du konjac qu'il est sinistre, effronté, et qu'en intérieur, son énorme tige noire diabolique peut atteindre un mètre cinquante de haut. Tout proche, la plante cobra de type *Arisaema griffithii*, avec son entonnoir, ressemble à une fleur non circoncise, et au bout d'une semaine ou deux, une unique feuille noire naît et pointe sa tête comme un pénis impatient. Un peu partout au rez-de-chaussée, cachés dans des vases en parpaing, se trouveront des rameaux de saule griffe de loup, que l'on peut facilement contraindre à pousser à l'intérieur. Contraindre est toujours un mot adéquat si vous êtes une fleur brutaliste.

En montant l'escalier en béton, une fois passé le premier tableau de Damien Hirst réalisé avec des mouches mortes, *Untitled Black Monochrome*, celui qui puait tellement que la collectionneuse Miuccia Prada a dû s'en débarrasser après l'avoir acheté, vous voudrez peut-être marquer une pause. Pas à cause de l'odeur. Simplement, il n'y a pas de rampe à laquelle se tenir, et si vous ne faites pas attention, vous risquez de trébucher sur les douze petites dalles de cuivre de l'artiste Carl Andre conçues pour être cachées sur le côté ou sur les contremarches, pour votre plus grand plaisir minimaliste, mêlé de prise de risque.

Si vous arrivez en haut sain et sauf, vous tomberez, au bout du couloir, sur la chambre principale, gardée par un canon de Pino Pascali, pionnier de l'arte povera, pointé sur vous dans une posture masculine agressive. Il y a aussi quelques plantes dans les parages, mais elles sont toutes toxiques. J'espère que mon petit buisson de *coyotillo* tentera les fouineurs du quartier avec les baies noires qu'il produit une fois par an. Elles vous tueront. Lentement mais sûrement. La paralysie survient plusieurs jours, parfois plusieurs semaines après ingestion, commençant par les pieds, remontant le long des jambes, et ainsi de suite jusqu'à votre système respiratoire, et c'en est fini de vous.

Cette chambre en terrasse, un vrai bunker, aurait de fausses fenêtres avec vue sur un mur de brique, qui ne serait en fait qu'un trompe-l'œil. La seule œuvre d'art exposée dans la plus intime des pièces serait un diptyque sans titre de Lee Lozano représentant un serre-joint à l'aspect abîmé et hostile ; un tableau si plein de colère, de douleur et de menace qu'il en devient spirituel. Une seule et unique plante en pot serait acceptée en ce lieu après une impitoyable sélection parmi la végétation la plus dangereuse. Je n'en aurais jamais entendu parler si je n'avais pas au préalable dégoté le manuel botanique d'introduction à la végétation vénéneuse *Wicked Plants*, d'Amy Stewart. Elle s'appelle belladone. On la croyait à une époque capable d'amour mais aussi de rancune, avant qu'elle ne vous tue. Voilà une fleur capable de haine. Elle m'avertira peut-être des amants infidèles avant même qu'ils se glissent dans mon lit – une planche à clous. À quoi vous vous attendiez ? La torture doit être incluse dans votre décoration d'intérieur si vous tenez à être pris au sérieux par la communauté brutaliste.

Il est temps à présent que je m'allonge sur ma couche perforante et que je me concentre sur la beauté de la laideur. Avant que je dérive vers le pays des rêves ce soir, je crois que je feuilletterai une fois encore mon beau livre préféré, *This Brutal World*, de Peter Chadwick. Un ouvrage si ouvertement fétichiste du brutalisme que l'on pourrait le taxer de *art porn*. Allez-y, essayez d'y prendre du plaisir. Regardez le cercle de balcons affreusement répétitifs du sanatorium Druzhba à Yalta, dessiné par Igor Vasilievsky, et vous allez peut-être sentir un début d'excitation. Continuez donc à vous émoustiller avec la photo de la Misfit Tower en Corée du Sud, conçue par Didier Fiúza Faustino, démente avec ses volumes bancals. Prenez un malin plaisir à reluquer la colossale laideur de l'église Wotruba, à Vienne, de l'architecte Gerhard Mayer, qui échafaude une douleur pire que tout ce que le Christ a pu subir sur la croix.

Les textes de ce livre pourraient même exciter un castrat. "La laideur a ceci de supérieur à la beauté qu'elle ne disparaît pas avec le temps", argumente le chanteur Serge Gainsbourg, et l'auteur du livre sait bien que ses lecteurs qui ne lisent que d'une main aiment les allusions coquines autant que les photos brutalement sexys, alors il met en avant ces citations au potentiel érotique sur la page.

Bon sang, ce que ce champignon géant en béton abritant la bibliothèque Geisel sur le campus de San Diego (architecte : William Pereira) est sexy ! En tournant les pages frénétiquement, ne passez pas à côté de la photo qui exhibe la monotonie érotique du Temple Street Parking Garage, conçu par Paul Rudolph, et progressez tranquillement vers votre orgasme brutaliste.

Est-il possible de pénétrer un bâtiment ? Vous êtes le seul à pouvoir décider. *Quid* de la gare routière de Casar de Cáceres en Espagne ? L'architecte, Justo García Rubio, savait sûrement même à l'ère pré-#MeToo que les ouvertures circulaires de son bâtiment semblaient ne demander que ça. Et regardez-moi les volumes complexes et stupéfiants du Jenaro Valverde Marín Building, d'Alberto Linner Díaz et Cesare Galeazzi, au Costa Rica. Il y a de quoi exploser, non ?

Une dernière page, celle de l'incroyable absurdité futuriste du poste frontière de Sarpi, en Géorgie, dessiné par J. Mayer H., et l'affaire est dans le sac. Atteignons l'orgasme brutaliste ensemble ! Après quoi une sensation de bien-être zen nous envahira, comme elle me submerge ici, dans le Hideux Manoir. Une maison si grande. Si disgracieuse. Tellement détestée par le reste du monde que je trouve la paix sexuelle à travers la fureur architecturale.

NON-VACANCES

Crieur public (Avec l’aimable autorisation de la galerie Marianne Boesky)

M. Je-sais-tout comprend bien que vous ayez besoin de vacances, mais pas de vraies vacances. Prenez des "non-vacances". Ça veut dire travailler et se détendre en même temps, et ne jamais connaître l'oisiveté, l'ennui ou l'improductivité pendant une période déterminée. L'occasion pour vous de prendre une pause bien méritée loin de votre routine habituelle tout en abattant du boulot, qui vous ravira autant que pointer à la maison.

Choisissez un endroit. Choisissez-le bien. Moi j'ai mis les pieds à Provincetown, dans le Massachusetts, village bohème de pêcheurs, pour la première fois en 1964, et depuis j'y passe tous mes étés. On ne peut pas se faire un petit assortiment de stations balnéaires. On ne peut pas vivre sur Fire Island, passer l'été à Provincetown et l'hiver à Key West. Cela dilue votre fidélité et fait de vous un vacancier amateur. Les adeptes des "non-vacances" et Percy Faith savent qu'il ne peut y avoir qu'un seul *Summer Place** et vous n'avez pas besoin d'une Sandra Dee ou d'un Troy Donahue pour vous l'approprier. Il suffit de lui jurer fidélité éternelle, comme je l'ai fait.

Oui, j'adore les dunes de sable et l'air iodé comme les vante Patti Page dans sa chanson "Old Cape Cod", et je suis fier d'y être un résident saisonnier militant. Vous saurez qu'on est en été lorsque vous me verrez rouler sur mon vieux vélo dans Commercial Street parce que j'arrive tous les ans pour le Memorial Day et je repars

* Mélodrame américain de 1959 relatant l'idylle de vacances de Molly (Sandra Dee) et Johnny (Troy Donahue), dont la célèbre chanson principale a été interprétée par Percy Faith.

au moment du Labor Day. Tout le monde aime se plaindre que Provincetown (que je ne prononce pas Ptown, trop paresseux et familier à mon goût) a changé, mais pour moi, tout est exactement pareil qu'il y a vingt-cinq ans. J'ai l'impression que si j'avais jeté un chewing-gum à l'angle des rues Bradford et Court à la fin des années 1960, il serait encore là aujourd'hui. Cela dit, j'admets que tous les ans quand j'arrive, je me pose la même question : "Mais est-ce que je suis taré ? Quel adulte va à la plage l'été ?" Est-ce que ce n'est pas plutôt le truc des sport-études qui bossent au fast-food ou des reines de promo qui tombent enceintes ? Et pourtant, année après année, je me retrouve à déplier mes vêtements blancs estivaux, prêt pour une nouvelle saison de batifolage dans l'océan et de sessions en laverie automatique.

Provincetown a été baptisée "l'extrême limite" pour sa situation géographique tout au bout du cap Cod, mais c'est surtout sa réputation sexuelle qui a forgé cette identité au fil des ans. Les premières années où je venais, on décrivait Provincetown comme un "village d'artistes", ce qui était le nom de code pour dire "gay". Les jeunes qui n'étaient pas encore sortis du placard disaient à leurs parents qu'ils avaient un job d'été au cap Cod, jamais à Provincetown. C'est l'unique endroit où j'ai vécu que mes parents n'ont jamais visité. Je n'arrive pas à m'imaginer mon père sur Commercial Street (lieu principal au sujet duquel Tennessee Williams a écrit une pièce de théâtre portant le titre fort adéquat : *La Parade*). Hier soir encore, j'ai vu un homme rentrer chez lui à pied après la fermeture des bars, vêtu d'un slip de sport, d'un casque de football et d'épaulières.

Même les panneaux de signalisation sont lourds de sous-entendus : PROVINCETOWN DOUBLE SENS en est un célèbre, qui annonçait, voire vous alertait, que la circulation changeait lorsque vous entriez dans la ville par Braford Street en arrivant de Commercial Street, petite rue semi-piétonne à sens unique. Ce panneau a été volé tant de fois que la municipalité a finalement renoncé à le remplacer. BRADFORD STREET a même un tee-shirt avec un slogan qui ne vole pas particulièrement haut : SI TU AVANCES ET TU RECULES, COMMENT VEUX-TU QUE JE CIRCULE ? Voilà, c'est un lieu comme ça. Isolé. Magnifique. Avec un plan cul qui rôde à tous les coins de rue.

L'endroit n'est pas facile d'accès. Le seul avantage qu'il y a à faire le trajet en bus (qui peut s'arrêter dans toutes les petites villes sur le chemin), c'est qu'il vous dépose en plein centre-ville, près du quai et des toilettes publiques, et vous donne l'occasion de faire une entrée digne d'un film noir, avec votre bagage à la main, telle Constance Towers dans le magnifique film de Sam Fuller, *Police spéciale*. Seul. Armé de courage. En cavale mais prêt à repartir de zéro dans cette ville appelée Province.

Vous pouvez également prendre le ferry, mais très souvent le bateau est rempli de passagers qui gerbent. Ça peut secouer durant la traversée de deux heures depuis Boston. Une fois, je suis allé chercher un ami au débarcadère, et tout un côté du bateau était couvert de vomi. Les passagers débarquaient, certains encore verdâtres, pris de haut-le-cœur. Mon ami m'a dit que 90 % des gens à bord avaient souffert d'un violent mal de mer, pour beaucoup obligés de s'allonger sur le dos à même le pont et gerbant sur leur propre visage. Ce n'est pas tout à fait comme cela que j'envisage le début de mes non-vacances.

Vous pouvez venir en voiture, mais ça revient à jouer sa vie sur la Route 6, à mon avis la plus dangereuse d'Amérique ; une sorte de voie rapide où l'on peut rouler à quatre-vingt-quinze kilomètres-heure mais sur laquelle débouchent aussi des chemins de terre et des allées privées à peine signalés. Les gens picolent dans le coin. Ils sont excités. Ils sont là à s'émerveiller de la vue et paf ! ils emboutissent la voiture de devant qui a freiné tout à coup pour s'arrêter à la cahute de confitures de bord de route. Vous ne pourrez pas dire que je ne vous avais pas prévenus.

Cape Air reste la meilleure solution. C'est un minuscule Cessna 402 pouvant prendre à son bord neuf passagers. Beaucoup de gens qui descendent d'un gros-porteur au Logan Airport de Boston paniquent quand ils voient l'avion de l'autre côté de la vitre du terminal en arrivant à la porte d'embarquement, mais pas moi. J'adore cette compagnie. Quel autre transporteur peut se vanter d'avoir un écriteau qui prévient les passagers qu'embarquer avec du poppers est illégal ? Le vol Boston-Provincetown ne dure que vingt minutes contre deux heures et demie en voiture, et encore, si la circulation est fluide. Michelle Haynes, qui s'occupe des relations publiques, retiendra même l'avion pour laisser le temps à votre petit ami de débarquer de son premier vol si vous êtes bon client. Service imbattable !

Cela dit, il n'y a qu'un pilote à bord (et parfois on ne lui donnerait pas plus de seize ans) alors s'il ou elle fait une crise cardiaque pendant le vol, vous êtes fichu. J'observe toujours le pilote au moment de l'atterrissage au cas où je devrais le remplacer un jour, mais après des dizaines d'années de vol sur Cape Air, je serais toujours incapable d'incarner Penny de la série *Sky King* en cas de problème. Il y a une histoire atroce que j'adore à propos du vol le plus effroyable que Cape Air a dû vivre (ils n'ont jamais eu d'accident mortel, ce qui d'ailleurs m'inquiète ; s'ils avaient ne serait-ce qu'un décès à déplorer, il y aurait plus de chances pour que ça n'arrive pas à nouveau). Le *Banner*, le journal local, a couvert l'événement, ainsi que le *Cape Cod Times*. C'était l'hiver. Le vol Cape Air de Martha's Vineyard à Hyannis a commencé avec un bip-bip aigu incessant et un chauffage en panne. À mi-parcours, le pilote a commencé à être désorienté, et dit qu'il faisait route vers Hyannis alors que les passagers voyaient Provincetown se profiler à l'horizon. L'avion s'est mis à monter et descendre, à virer de bord. Une passagère, Melanie Oswald, employée de la sécurité chez Cape Air n'ayant que cinquante heures de vol à son actif, a dit aux trois autres passagers qu'ils devaient sortir le pilote de son siège alors qu'ils étaient en plein vol.

À mesure que l'appareil se rapprochait de Provincetown, la panique à bord grandissait, selon le rapport publié dans les journaux, sans compter que le pilote ne voulait pas abandonner son poste ; deux hommes ont été obligés de le saisir par-derrière et de le soulever tandis qu'Oswald s'installait à sa place, prenait le contrôle du casque audio et amorçait l'atterrissage alors que le train n'était pas abaissé. L'avion a viré de bord, est descendu comme une flèche et tout à coup, dans l'obscurité, la piste d'atterrissage de Provincetown s'est éclairée. L'aéroport était fermé, mais un autre pilote, en entendant l'appel de détresse qu'un passager avait pu passer aux secours dans les quelques secondes où il avait récupéré du réseau, avait actionné l'éclairage à distance. Le ventre de l'appareil a éraflé le tarmac avec fracas. Personne n'a été blessé, mais une fois à terre en sécurité, ils se sont rendu compte que personne ne savait allumer les lumières à l'intérieur de l'avion. Ils se sont quand même débrouillés pour sortir de là, puis ont couru à travers un champ avant de tomber dans de l'eau gelée. Quand la police a fini par arriver sur les lieux, le pilote était toujours dans l'avion et Mme Oswald semblait "bouleversée". Sans déconner ! "Apparemment, elle avait coupé l'arrivée de carburant pour éviter que l'appareil ne prenne feu, s'est émerveillé un agent, et elle a fait glisser l'avion sur la piste pour terminer sa course dans l'herbe." Les dégâts ont été minimes. Après ces péripéties, les trois autres passagers avaient marché jusqu'au terminal où un taxi les a pris en charge (c'est tout ?) pour les emmener à Hyannis, "pleins d'allant". Personne n'a cherché à savoir comment notre héroïne Melanie Oswald est rentrée chez elle à Yarmouth, et au début elle a refusé de parler aux journalistes. Quand elle est arrivée chez elle ce soir-là, est-ce que quelqu'un lui a demandé, "Comment s'est passé ton vol, chérie ?" Je l'imagine très bien répondre : "Parlons d'autre chose si tu veux bien."

Six ans plus tard, le pilote plaidait coupable : il avait fait de fausses déclarations à la FAA* et menti à propos de son diabète, cause de son malaise au cours de ce vol digne du film catastrophe *747 en péril*, dans lequel Karen Black, dans le rôle d'une hôtesse de l'air, prend les commandes. Melanie Oswald a fini par rompre le silence en envoyant une lettre au tribunal : "Des images de tous les gens que j'aime ont défilé dans ma tête en un éclair et je me suis brutalement rendu compte que je ne pourrais jamais les revoir. C'est un sentiment dont je n'ai jamais totalement réussi à me débarrasser." Tu m'étonnes ! Raconte-t-elle cette histoire inlassablement en soirée aujourd'hui, ou refuse-t-elle d'aborder le sujet ? Le pilote a été viré et condamné à seize mois de prison. J'ai localisé une Mme Oswald à Naples, en Floride, et c'est une destination desservie par Cape Air, donc il s'agit peut-être d'elle ; mais lorsque j'ai appelé, le numéro n'était plus en service. En approfondissant mes recherches, j'ai découvert qu'elle était désormais responsable de la sécurité chez Cape Air ! Comme ils ont eu raison ! Mais j'ai peur de la contacter. Pourquoi

* Federal Aviation Administration : agence gouvernementale américaine de réglementation de l'aviation civile.

voudrait-elle revivre l'expérience la plus horrible de sa vie avec le marchand de scandales que je suis ? Et puis, par les temps qui courent, elle pourrait me prendre pour un membre d'al-Qaida.

*

Quand je suis à Provincetown, tous les jours de ma semaine se déroulent exactement de la même façon, à la seconde près. Je me lève à 6 heures (le jour point à 4 heures du matin ici en juin, alors je fais comme si j'étais dans un film d'Ingmar Bergman en Suède), je prends un bain comme une vieille dame (et les appartements avec baignoire sont compliqués à trouver dans une station balnéaire !) puis je descends récupérer tous mes journaux, déposés par le meilleur et le plus glamour des livreurs de journaux, Tony Jackett, bel homme et ancien suspect principal dans la célèbre affaire du meurtre de Christa Worhtington, mais finalement, et à juste titre, innocenté. Je bois ma centième tasse de thé Harney & Sons Earl Grey Supreme, j'imagine des trucs tordus (c'est comme ça que je gagne ma vie), après quoi je déjeune léger, burger à la dinde sans petit pain ou ma spécialité féline – une petite boîte de thon en conserve pleine d'eau. Ensuite, je roule jusqu'à la plage que je préfère au monde – Longnook, à laquelle on accède à condition d'avoir une vignette spéciale sur son véhicule. Je tiens tellement à ce qu'on m'attribue le numéro 001 chaque année que je poireaute à l'office du tourisme avant l'ouverture, le premier jour où les vignettes sont en vente. Être numéro un à la plage qui porte le numéro un dans mon cœur me donne le sentiment d'avoir réussi dans la vie.

Après être passé devant les ados, à mi-chemin des personnages de Larry Clark et du Kennedy Compound*, employés pour vérifier les vignettes entre deux séances de pelotage, je gare mon véhicule sur le parking (auquel je venais en auto-stop à l'époque où je n'avais pas de vignette), j'approche de l'entrée comme en haut d'une falaise et embrasse la vue splendide, très cinématographique. On dirait un générique de feuilleton – à droite comme à gauche, un panorama de plages désertes qui

* Camp de base des Kennedy en bord de mer au sud-est du cap Cod.

s'étendent à perte de vue, et un océan parfois agité. Tous les jours je suis comme un gamin face à cette plage incroyable. Oui, il y a des requins. L'année dernière, un spécimen a attaqué un baigneur à l'endroit où je nage tous les jours, mais ça ne m'a pas empêché d'y retourner. Ça rend peut-être cette plage encore plus attrayante à mes yeux.

Faire du bodysurf à Longnook est peut-être ce qui me procure la joie la plus intense de ma vie. Ça balaie tous les problèmes que j'ai pu avoir dans le passé. En levant les yeux vers le ciel dégagé et les pentes sablonneuses depuis ma planche, je me sens en bonne santé – une sensation que je n'éprouve pas facilement dans les autres endroits du monde. Je ressens un bonheur complet plusieurs secondes d'affilée, et un sentiment de bien-être m'envahit chaque fois qu'une vague me retourne. C'est pour ça que je viens à Provincetown tous les étés. Purement et simplement.

Il m'arrive de faire quelques courses au retour de la plage, par exemple à l'unique petit supermarché de Provincetown, le Stop & Shop, bien que, comme les anciens, je l'appelle encore le A&P parce que c'est le nom qu'il portait quand je suis venu les premières fois. Voilà un magasin qui respecte la population locale et ses traditions. Pendant la Bear Week, la fête annuelle des homosexuels velus en surpoids et de ceux qui les aiment, ils installent en tête de gondole des présentoirs géants de bonbons, gâteaux, crackers et toutes sortes de petites choses qui font grossir spécialement pour ces gars-là. Provincetown a une multitude de "semaines" consacrées à diverses minorités sexuelles, et la chambre de commerce en dresse une liste presque exhaustive. Il y a le Week-end des femmes célibataires, au moment du Memorial Day, et ça ressemble à une version lesbienne de l'émission de charme *Girls Gone Wild*. Des étudiantes qui boivent, se battent, se promènent seins nus – Burning Man sur l'île de Lesbos. Le 4 juillet, c'est Circuit Queens, et les rythmes disco résonnent de toutes parts dans la nuit silencieuse. Le Special K et la méth règnent en maîtres, et le Stop & Shop n'est pas sans évoquer *Le Jour d'après* au rayon bouteilles d'eau car, apparemment, plus on boit de flotte en prenant ces drogues, plus on est défoncé. La Girl Splash Week c'est plus tard en juillet, ambiance gouines sportives – genre tournoi de golf Dinah Shore.

Il paraissait y avoir un peu moins d'affluence à la Bear Week cette année. Je m'inquiète, parce que ces mecs semblent grossir de plus en plus. J'en ai vu un qui marchait torse nu dans la rue, tellement énorme, tellement broussailleux qu'au début j'ai cru que c'était une haie ! Mais non, c'était un homme ! J'espère que ces gros bébés ne font pas de crises cardiaques. La Family Week, elle, est censée célébrer les hétéros, mais les parents gays sont en train de leur damer le pion. Beaucoup de commerçants détestent secrètement cet événement-là parce que les parents veulent prendre des photos de leurs gamins avec tout ce qu'il y a à vendre sans rien acheter. "C'est pas un magasin de location d'accessoires pour les gamins, ici", a déjà râlé un ami à moi qui tient une boutique. Il y a aussi la Women Craft Week, pour les nanas du genre gardiennes de prison, sosies de Johnny Cash, mais elle est un peu en perte de vitesse. La Daddy Week (j'espère que personne ne croit que je viens pour ça !) et la Gay Pilot's Week (hein ?) semblent elles aussi en chute de popularité. Moi, je voudrais une Fag Hag Week. Ça attirerait les deux genres de filles à pédés – celles saines d'esprit qui traînent avec une ribambelle d'amis homos mais baisent avec un hétéro, et les tordues qui ne tombent amoureuses que de mecs gays en pensant qu'elles peuvent les changer, et glissent sur une pente suicidaire quand elles s'aperçoivent que c'est peine perdue.

En vrai, ceux qui méritent vraiment une semaine spéciale à Provincetown, ce sont les hétéros. Ne sont-ils pas en minorité ? Rares sont les bars *straight*, presque aucun enfant n'est né dans la ville cette année, et le lycée a fermé. Il faut une Hetero Pride Week. Organisons-la hors saison, en février, pour être encore plus délirant. Imaginez les groupes de soutien : Parents d'enfants hétéros de Provincetown ("Mon fils hétéro est tellement courageux – il travaille à Tea Dance !" ou alors "Nos filles hétéros vivent parmi toutes ces lesbiennes, et pourtant elles n'ont jamais fait l'expérience du cunnilingus, bien que féministes"). On pourrait rendre hommage aux danses folkloriques hétérosexuelles (l'*electric slide*), faire venir des imitateurs de Norman Mailer, et organiser des matchs de softball joués par des hétérosexuelles.

Parfois, en général le vendredi soir, je sors dans les bars. En théorie, l'Underground, situé dans le pire coin à touristes de la ville, est mon préféré car c'est un endroit avec une minorité hétéro dans un eldorado gay, bondé de gens du coin et de hipsters, dont certains sont assurément homos refoulés. Tout à fait le genre d'endroit que j'affectionne. Malheureusement, les fêtes d'enterrement de vie de jeunes filles alcoolisées tendent à s'y multiplier, et quand ces nanas débarquent en troupeau, elles s'avèrent de véritables empêcheuses de draguer en rond, quelles que soient vos préférences sexuelles.

Scream Along with Billy est une super-animation au Grotta Bar le vendredi soir, il y a toujours une clientèle cool et mélangée prête à accueillir Billy Hough pour son tour de chant en hommage à ses artistes préférés super pas gays, durant lequel il joue également du piano, accompagné de Susan Goldberg à la guitare. Quel autre homo est capable de chanter des albums entiers d'Eminem ou du Velvet Underground entre deux anecdotes à propos des nuits difficiles où il se camait ou de celles où il a baisé avec des gens pas possibles ? Billy a un incroyable talent, et il faut le voir sur scène à Provincetown pour le croire. Il ajoute sa touche queer à des reprises fabuleuses.

Je ne vais pas trop dans les bars gays ces temps-ci parce que je suis contre l'identité sexuelle fixe obligatoire, mais l'histoire de certains endroits m'a toujours fasciné. Quand je suis venu ici pour la première fois au milieu des années 1960, tous les étés, le Memorial Day, la clientèle homo et hétéro des deux plus grands bars de la ville, le A House (toujours debout) et le Back Room (devenu le Crown), fixaient des règles de fréquentation très strictes. Un bar était gay pour tout l'été, et l'autre hétéro. Les deux étaient sympas. Ça se décidait spontanément. À la fin de la première soirée de l'été, chaque équipe arrêtait son choix, et les camps restaient tels jusqu'au Labor Day. Mais rien n'indiquait avec certitude que les choix vaudraient pour l'année suivante. C'était fluctuant, une année gay, une année hétéro. Mais jamais ils ne devaient se croiser au même endroit.

Et puis Piggie's a ouvert au début des années 1970 et tout a changé. Les homos dansaient avec les hétéros. Les bisexuels draguaient les pêcheurs. Les gars du cru et les fashionistas prenaient des drogues ensemble pour la première fois. C'était le meilleur bar que Provincetown avait jamais eu. Comme il était situé en dehors de la ville sur Shank Painter Road, la foule qui sortait de là à la fermeture devait rentrer à pied ensemble, et l'itinéraire le plus court coupait par le cimetière, où beaucoup, en cette période où le sida n'existait pas encore, s'arrêtaient pour tirer un coup. À mi-chemin de la scène d'orgie de *Zabriskie Point* et de *La Nuit des morts-vivants*. Tout le monde s'en foutait. À commencer par les morts.

Provincetown ressemble beaucoup à Mortville, cette ville fictive de mon film *Desperate Living*. Si vous vivez ici à l'année, il n'y a pas réellement de lois – vous vivez librement en dehors de la bonne société tant que vous ne partez pas. Donc, oui, cela crée des personnages. Tout le monde se souvient de la défunte Ellie, l'ex-chrétien évangéliste hétéro qui avait trois ex-femmes et cinq enfants, venu s'installer ici, et a commencé à vivre en tant que femme. Au début, elle travaillait au supermarché local en travesti, et on la voyait souvent le soir rouler des pelles à des femmes biologiques dans les bars hétéros, mais ensuite elle a trouvé sa vraie vocation : devant la mairie, même au plus froid de l'hiver, habillée en femme des pieds à la tête, elle chantait un album de Frank Sinatra (le même, jour après jour) sur la musique que crachait sa grosse radiocassette qu'elle traînait dans un caddie. JE VIS MON RÊVE, avait-elle écrit sur une petite pancarte.

Mais je garde un souvenir encore plus tendre de Moulty. Cet ado du cru est devenu célèbre dans le monde entier en 1965 (le deuxième été que je passais à Provincetown) avec son groupe les Barbarians et leur succès "Are You a Boy or Are You a Girl". La première fois que je l'ai vu traîner devant le bar où il se produisait, le Rumpus Room (j'adore ce nom), il m'a ébloui. Il avait les cheveux tellement longs ! "Comment peut-il avoir les cheveux qui lui arrivent au milieu du dos alors que les Beatles viennent tout juste de sortir ?!" je demandais à quiconque voulait bien m'écouter. Je savais que sa chanson n'avait rien à voir avec l'homosexualité ou les droits des transgenres dont personne n'avait entendu parler à l'époque, mais avec le fait de se faire emmerder à cause de sa munificence capillaire. Je me rappelle quand j'allais à la station-service pour faire le plein quand j'avais les cheveux longs et que le pompiste s'approchait de moi par-derrière en disant "Je vous fais le plein, mademoiselle ?" Sur quoi je me retournais et répondais sèchement “Juste pour un dollar, gros malin !” La façon de se coiffer était un parti pris politique et Moulty était mon leader. Mieux, il avait un crochet à la place d'une main. Bon sang, je l'idolâtrais complètement. J'avais toujours voulu avoir un crochet à la place d'une main. Étant gamin déjà, je tordais des cintres et les glissais dans ma manche pour faire comme le capitaine Crochet, et lui il débarquait sous mes yeux ébahis : un capitaine Crochet hippie, une raison de vivre. Quand le second disque, “Moulty”, est sorti, ça m'a rendu encore plus dingue de découvrir dans ses paroles mélodramatiques que son crochet était dû à une bombe artisanale qui lui avait explosé à la tronche en 1959 ! Une explosion *fashion* qui, à ce jour, me fascine encore. Moulty est toujours vivant. J'ai lu qu'il vivait à Arlington, dans le Massachusetts, tout près de Boston, et je crois qu'il dirige une société de nettoyage de tissu d'ameublement. Je vais lui passer un coup de fil. Tout de suite.

N'ayez pas peur d'entrer en contact avec vos idoles. On ne sait jamais. Comme je dis toujours, un non, c'est gratuit. Qu'est-ce qui peut vous arriver ? Qu'on vous raccroche au nez ? Qu'on vous tabasse ? Qu'on appelle la police ? La plupart des gens célèbres disent qu'ils détestent être connus, mais ils mentent. Cela dit, ça aide toujours un peu que les idoles que vous essayez d'atteindre soient un tant soit peu déchues. Est-ce que ça ne rend pas l'amour que vous leur portez encore plus spécial ? La relation entre un fan et son idole n'est-elle pas désormais sur un plan plus égal, plus digne ? Leur vulnérabilité devient soudain humaine, dépouillée du voile vulgaire du succès populaire.

Génial ! Le numéro que j'ai trouvé pour Moulty en faisant de l'espionnage sur Intelius est toujours en service – je le sais dès que j'entends sa voix sur le répondeur. Alors que je suis en train de laisser un message rapide expliquant qui je suis, il décroche. Moulty en personne ! Certains ont peut-être Paul McCartney ou Bob Dylan sur la liste de gens à qui ils aimeraient bien parler avant de mourir, mais pas moi – c'est Moulty ! Ça fait un demi-siècle que j'attends d'entendre sa voix.

Quand je me présente et commence à en faire des caisses (“Je vous aime déjà”, plaisante-t-il), Moulty m'explique qu'il ne peut pas me parler, mais demande si je peux le rappeler le lendemain.

On convient d'une heure. Je ne pense pas qu'il sache qui je suis, mais pourquoi devrait-il en être autrement ? Je n'ai jamais eu de chanson au hit-parade ni de crochet, alors au vu de ces deux critères, je suis un homme de moindre importance. J'accepte humblement. Moulty est mon maître.

Quand je le rappelle à l'heure prévue le lendemain, il décroche à la première sonnerie ("Content que vous soyez ponctuel") et il est en tout point comme je l'espérais : modeste, drôle et… toujours tendance. Et oui, tout le monde continue à l'appeler Moulty, bien que son vrai nom soit Victor Moulton. "Au cours préparatoire à Provincetown, ils me disaient, « Mais tu t'appelles Victor, espèce de Portos ignorant ! Ne dis pas Moulty ! »" Mais le surnom est resté.

"Comme vous le savez, a-t-il poursuivi, Provincetown est un endroit merveilleux. J'aime tellement cette ville que le simple fait d'y penser me fait monter les larmes aux yeux. Moi, dès l'âge de quatorze ans, j'étais un petit enfoiré, rien qu'un joueur de guitare. Et puis j'ai fait une bombe et elle m'a pété à la gueule." "Qu'est-ce que vous comptiez en faire ?" ai-je voulu savoir, en me disant que, de nos jours, il aurait eu les mecs de la Sécurité nationale sur le dos en moins de deux. "Oh, juste faire sauter les rails de chemin de fer, faire le con. Je voulais tuer personne." Sachant que ces rails n'étaient plus en service déjà à l'époque, j'ai compris qu'il n'avait rien d'un terroriste, et je le lui ai dit. "Je n'étais pas non plus un méchant", dit-il, pour s'assurer que je comprenne. Ah, le bon vieux temps où un garçon pouvait faire sauter une bombe en toute innocence.

Je lui ai posé la question qui me trottait dans la tête depuis la première fois que je l'avais vu : "Mais comment est-ce que vous avez fait pour avoir les cheveux aussi longs déjà à l'époque ? Les Beatles étaient tout juste célèbres, et ils les avaient bien plus courts que vous." "J'étais un petit sauvageon, j'ai grandi sur les plages de Provincetown, m'explique-t-il. Je n'étais pas comme les autres. Vraiment pas. Mon idole, c'était Johnny Weissmuller, Tarzan. Ces magnifiques cheveux longs. Donc j'ai eu les cheveux longs avant tout le monde. Quand on a commencé à se faire un nom dans la musique, je les ai laissés pousser, et quand le succès est arrivé, voilà, j'avais les cheveux les plus longs du rock'n'roll." "Et vos parents, ça ne les agaçait pas ?" je lui demande, me rappelant à quel point les miens étaient horrifiés. "Oh que si ! s'écrie-t-il avant d'imiter son père : ta grand-mère n'ose pas te dire qu'elle a honte de toi. Coupe-moi ces tifs ! On s'est bien pris la tête. Mais dès qu'on a décollé ç'a été « Regardez, c'est mon fils ! »"

Quand je confie à Moulty que j'ai passé toute une année de mon enfance avec un cintre dans ma manche pour faire semblant d'être le capitaine Crochet, il bégaie pour la première fois "Waouh… ha ha ha". Et moi je continue à déblatérer sur l'obsession que je nourrissais pour sa prothèse, sans me rendre compte au début que faire semblant d'avoir un crochet en guise de main et d'en avoir un réellement sont deux choses très différentes. "Quand je vous ai vu pour la première fois, je n'en croyais pas mes yeux, je poursuis, en m'enfonçant peut-être davantage. Vous étiez l'homme que je voulais devenir, et vous avez su faire de ce crochet un parti pris vestimentaire." Il répond, un peu inquiet : "Beaucoup de gens me disent que si on a décollé et qu'on a eu du succès, c'est en partie parce que j'avais ce crochet, et je leur réponds, OK c'est bon, arrêtez-vous là. Laissez-moi vous dire une chose. À l'époque, personne ne voyait votre tronche avant que votre disque sorte, et ils ne découvraient à quoi vous ressembliez que s'ils l'achetaient, alors non, ça n'avait rien à voir avec ça !"

"Vous saviez que Provincetown était une ville gay à l'époque ?" je m'enquiers, évoquant pour la première fois un sujet potentiellement délicat pour les gamins qui ont grandi là-bas. "Pédés !" lançaient les élèves des autres lycées à ceux de Provincetown lors de rencontres sportives au cap Cod. "Provincetown était un village de pêcheurs au départ, se rappelle Moulty, avec une communauté gay restreinte – on était des gamins –, oui, il y avait des homos. Mais nous on s'en fichait. Tout le monde s'entendait bien. Quand notre chanson est sortie en 1965, beaucoup de gays à Ptown ont cru que je l'avais faite pour eux. Ce n'était pas le cas, mais je n'ai rien dit. Qu'ils y croient si ça les arrange." C'est la première fois que j'entendais parler du concept de "feindre l'homosexualité" pour les ventes de disques, mais je comprenais parfaitement ce qu'il voulait dire. Les hétéros adorent *Hairspray*, et je continue à les laisser acheter les différentes bandes originales. Ce qui nous met finalement tous les deux dans le même panier.

"Moulty", une de ses chansons beaucoup moins connue, est ma préférée. Ça ressemble à un titre des Shangri-Las mais au masculin, désemparé, bavard et drôle tellement il est *too much*. Moulty ne voulait même pas l'enregistrer, mais l'extrait de leur album après le hit "Are You a Girl or Are You a Boy", "Hey, Little Bird", qu'ils avaient chanté au *T.A.M.I Show*, où étaient invités ce jour-là les Rolling Stones et James Brown, n'est pas entré au hit-parade, et leur single d'après ("What the New Breed Say") non plus, alors leur manager, Doug Morris, qui deviendrait plus tard PDG de Sony Music Entertainment, a supplié Moulty de sortir ce disque dément presque humoristique qui expliquait qu'après avoir perdu sa main, "une voix profonde" en son for intérieur lui avait dit "encore et encore de s'accrocher", et que tout ce dont il avait besoin, c'était d'"une fille, pas de pitié" pour faire de lui "un homme accompli". La vache. Au début, Moulty a refusé de la chanter, mais son manager a tellement rampé qu'il a fini par accepter, à contrecœur, et puisque les autres Barbarians ne figuraient même pas sur ce disque, Moulty s'est ensuite opposé à la sortie. Le label l'a fait quand même en le laissant dans l'ignorance, et c'est devenu le succès dont ils avaient besoin. Bien que Moulty admette volontiers qu'aujourd'hui cette chanson a parfois plus d'attention que leur premier succès, ni lui ni les Barbarians ne l'ont jouée en concert, pas une seule fois. Ni à l'époque. Ni lors des tournées qui les ont exceptionnellement réunis. Jamais.

Certes, Moulty faisait son retour dans les meilleures ventes en 1966, mais voilà qu'on le chope en possession de cannabis à Provincetown et qu'on l'envoie quatre mois en prison. "Vous avez fait de la prison pour de l'herbe ?" je me suis étonné. "Eh oui, il me fait, apparemment sans rancune. Ils m'ont dit que j'avais une mauvaise influence, et ils avaient raison. Un an plus tard, ça aurait été bénéfique pour notre carrière", en conclut-il, puisqu'à cette époque toutes les grandes stars du rock avaient leurs problèmes de drogues légendaires, mais en 1966, ça a signé la fin de la sienne. "Alors le rideau est définitivement tombé ?", je demande avec tristesse. "Eh oui." C'en était fini des Barbarians.

Soudain me revient ma dernière question, que je brûle de lui poser depuis toujours. "Vous connaissez Tony Costa ?" C'était le célèbre meurtrier hippie de Provincetown qui avait fait la une du magazine *Life* – une sorte de préfiguration de Charles Manson, soupçonné d'avoir tué sept jeunes femmes mais reconnu coupable en 1965 du meurtre de seulement deux d'entre elles, dont il a découpé les corps sur son lopin de terre forestier où il faisait pousser de la marijuana, avant de bouffer leurs restes. "Très bien, répond Moulty du tac au tac. Il y a eu beaucoup d'autres filles assassinées, poursuit-il, mais personne n'en sait plus à ce sujet." "Vous vous en doutiez ?" je lui demande. "On connaissait des filles qu'il avait tuées, mais on ignore où il a caché les corps. Beaucoup d'entre nous savaient ce qui se passait. Moi, je voyageais beaucoup, alors je n'ai pas vu autant de choses que certains de mes amis de Provincetown. Ils me disaient… [un prénom]… Je suis sorti avec elle ! Elle a disparu ! C'est Tony qui a fait le coup !" "Vous êtes en train de me dire que ça se savait ?" je demande, incrédule. "Et comment", répond-il, plus imperturbable que jamais. Moulty, je t'aime. Je t'en prie, reformez-vous avec les Barbarians pour une dernière tournée, et pour la première fois, chantez "Moulty" en concert. Rien que pour moi, ton fan numéro un.

Quand je pense au crieur public, je vais au-delà de mon obsession pour Moulty. Dans mon esprit, je suis le crieur public de Provincetown. Il y en a eu beaucoup au fil des ans, et j'ai suivi la carrière de chacun d'entre eux. Mon préféré était Fred Baldwin, le râleur qui faisait peur aux enfants même lorsqu'il distribuait des sucettes et qui avait une dent contre les hippies. Un jour, je l'ai aperçu qui récupérait son costume de Père pèlerin au pressing, et c'était un moment à la fois si beau et pitoyable que je me suis mis à l'espionner. Non mais quelle vie, passer ses journées à enchaîner les allers-retours dans Commercial Street, à faire sonner cette saleté de cloche, à beugler "Oyez, oyez" et à poser avec les touristes. Il semblait ne pas avoir d'amis. Le soir, il rentrait chez lui, enlevait son costume, enfilait des fringues ternes et regardait la télé. Une double vie incroyable, digne de celle de Clark Kent.

Pendant de nombreuses années, c'est la chambre de commerce qui a rémunéré le crieur public, et une boutique de souvenirs a même porté son nom. Il annonçait les événements publics tels que le baptême de la flotte, participait aux défilés de chars, faisait des apparitions aux lotos organisés par l'église. Mais à mesure que la ville s'est gayifiée, son rôle a semblé s'amoindrir. La municipalité a cessé de le payer, et c'est devenu un travail bénévole. L'un des crieurs avait un comportement ouvertement homophobe en public, un autre était la cible de rumeurs l'accusant de pédophilie. Puis Ken Lonergan s'est attelé à la tâche et ç'a été le grand retour du crieur public. Il était "ouvertement gay" comme on dit de nos jours et il chantait des génériques d'émissions tout en maintenant la tradition de la cloche. Ce n'était pas du goût de tout le monde. "Je trouve ça terrible que le crieur public soit homo, s'est plainte la mère d'un ami un jour, qui pourtant soutenait l'homosexualité de son fils. Avant, c'était quelqu'un de sérieux, râlait-elle, injustement à mon avis, mais maintenant, il est gay, rien de plus. Ça ne va pas." Allez comprendre.

J'ai décidé de tenter l'expérience et de devenir moi-même crieur public. J'ai comploté pour me faire prendre en photo déguisé pour des raisons purement artistiques et accrocher le résultat dans une exposition de mon travail à la galerie Albert Merola. Mais comme un travelo radin, j'ai dû demander au crieur public si je pouvais lui emprunter son costume. Ken s'est montré très compréhensif. Il m'a accueilli dans son appartement modeste mais très propre (je tremble toujours d'excitation dès que je suis à proximité du lieu de vie d'un crieur public) et j'ai essayé une de ses tuniques ainsi que des hauts-de-chausses à taille coulissante. En complétant la tenue du col blanc emblématique des Pères pèlerins, j'ai eu l'impression, pour la première fois, d'être un personnage public à part entière. Étais-je un réalisateur coincé dans un crieur public qui ressentait soudain le besoin de "se soulager" ? Ken m'a patiemment expliqué où commander par correspondance les collants blancs dont j'aurais besoin et m'a également prêté les boucles à clipper sur n'importe quelle paire de mocassins noirs que je pouvais avoir. Quand j'ai essayé son grand chapeau mou, il m'allait ! Ma transformation en taré yankee était presque complète. "Est-ce que je pourrais tenir votre cloche ?" ai-je demandé une fois déguisé, euphorique. "Mais bien sûr", a gentiment répondu M. Lonergan en me tendant l'accessoire que je rêvais d'avoir dans les mains depuis si longtemps.

Quand le grand jour de la photo est enfin arrivé, je me suis intégralement déguisé en crieur public, seul, dans l'intimité de mon appartement. James Balla, associé d'Al Merola à la galerie (et son partenaire dans la vie), devait passer me prendre en camionnette, à l'arrière de laquelle je devais monter le temps du trajet jusqu'au centre-ville afin que le public ne me voie pas. Il était censé me déposer pile à l'endroit où la photographe à qui j'avais fait appel, Jennifer Moller, avait installé son matériel pour la photo. Mais il fallait avant tout cela que je monte dans cette camionnette. J'ai respiré un grand coup, et, la tête bien droite, je suis sorti de chez moi pour la première fois habillé en crieur public des pieds à la tête. Allais-je y arriver ? Je me suis senti incroyablement bête en descendant les deux volées de marches qui menaient à la plage et n'ai pas regardé en direction des familles qui prenaient le soleil tous les jours et me connaissaient de vue. Je n'ai entendu aucune moquerie, alors peut-être ne m'ont-ils pas reconnu. J'ai poursuivi mon petit défilé jusqu'au jardin luxuriant de la résidence, et zut, Pat, ma propriétaire, était justement en train d'enlever les mauvaises herbes. Je suis passé sous son nez en lâchant un "Pas de commentaire, s'il vous plaît". Elle a levé la tête et n'a rien dit. Mais s'est décroché la mâchoire. Moi, j'ai continué droit devant moi, franchi la grille, et Dieu merci, la camionnette m'attendait. En me voyant, Jim Balla a essayé de ne pas me rire au nez et a ouvert les portes arrière. Je suis monté à bord et en voiture Simone.

Il a appelé la photographe pour la prévenir, elle a dit qu'elle était prête. On avait le feu vert. J'avais l'impression qu'on était sur le point de braquer une banque. On s'est arrêtés et, comme convenu, Jim a bondi du véhicule pour venir m'ouvrir. J'ai émergé dans les rues de Provincetown en tant que nouveau crieur public. "Mais, c'est John Waters ?" a bafouillé un touriste interloqué. "Mais non, c'est un sosie", a répondu Jim. En prenant soin de ne croiser le regard de personne, je me suis dirigé vers ma marque, j'ai sonné la cloche et Jennifer a pris la photo. J'ai entendu des rires dans la foule habituelle d'estivants, mais je n'ai essuyé ni moqueries ni critiques. Je suis remonté dans la camionnette. On est partis sur les chapeaux de roues et plus tard la photo a été vendue en petite édition, dont Bryan Singer, le réalisateur de la saga des *X-Men*, a acheté un exemplaire, je ne sais pas trop pourquoi. Il a peut-être une passion pour les crieurs publics lui aussi.

Bon, il est temps de mettre un terme à ce tableau idyllique. Vous avez remarqué que tous les bouquins à propos de cette ville ne mentionnent jamais rien de négatif ? Eh bien, cher non-vacancier, parfois, quelqu'un doit se lever et parler, ou bien retenir son bail estival à jamais. Autant que ce soit moi. Voilà mes bêtes noires de l'été : ces saletés de trolleybus touristiques (aucun habitant du cru ne se ferait pincer à bord de ces engins), beaucoup trop larges pour nos petites rues, qui bloquent la circulation chaque fois qu'ils s'arrêtent pour déblatérer des évidences. Quitte à gueuler dans son micro, ce que le conducteur devrait souligner, c'est qu'aucun touriste ne devrait être vu en train de traîner sa valise derrière lui dans Commercial Street. Au risque de passer pour un amateur. Commercial Street, c'est notre scène principale. Bradford Street, ce sont les coulisses, l'endroit où l'on change de décors et d'accessoires, et c'est le seul endroit où vous pouvez être vu avec votre bagage. Je déteste aussi les couples (même homos) qui se tiennent par la main en marchant au beau milieu de la rue, mettant les cyclistes au défi de passer pile entre eux comme je fais, évitant les blessures graves de justesse. Oui, vous pouvez être amoureux en public dans cette ville même si vous êtes du même sexe, ce qui n'est peut-être pas le cas à l'endroit où vous vivez, mais de grâce, moi j'essaie d'aller chez MAP, la meilleure boutique de fringues, située à l'autre bout de la ville, alors dégagez, les trottoirs, c'est pas fait pour les chiens, merde.

Mais voilà ce qui va me mettre dans de sales draps. Il arrive que cette ville devienne excessivement gay. Il y a des drag-queens géniales ici (parmi lesquelles Dina Martina, ma préférée), mais je suis encore traumatisé par les horribles drag-queens du passé, qui ressemblaient aux Amos et Andy* de la culture gay quand

* Feuilleton humoristique diffusé à la radio (années 1930 et 1940) puis à la télé (années 1950) sur la communauté afro-américaine de Harlem.

je suis venu à Provincetown les premières fois. Quel homosexuel aurait envie d'être Arthur Blake, le comique qui invective son public, a joué dans les films de Bette Davis mais sur le tard a passé son temps à picoler à Provincetown et à ternir la réputation de tous les homos en incarnant une monstrueuse Tallulah Bankhead ? Pire encore : la drag-queen Sylvia Sydney et sa grosse bedaine, qui a joué ici pendant des années et horrifiait les touristes l'après-midi en aboyant son spectacle devant le club comme sont encore tenus de le faire les drag-queens par contrat de nos jours. "Salut les mochetés, les suceuses de bites", gueulait-il aux familles avec sa dent en moins, affublé d'une perruque rouge et de robes ringardes trop petites.

Tous les homosexuels du monde n'ont pas envie d'être une femme. Récemment, j'étais dans la rue à m'occuper de mes gays oignons, en train de parler avec un ami, et une grosse abrutie de folle vient me dire, "Salut, miss". Je suis resté sous le choc. Est-ce que je venais de faire tomber une boucle d'oreille, comme on disait autrefois de ceux qui marchaient en se trémoussant ostensiblement ? Est-ce que je papillonnais ? Pourquoi me qualifiait-il de fille ? Parce qu'il savait que j'étais gay ? Est-ce que je ressemble à une fille ? Je ne suis peut-être pas un parangon de virilité, mais je suis très clairement un homme. J'ai regardé à gauche, à droite. "Ça ne peut pas être à moi que vous vous adressez, n'est-ce pas monsieur ?" ai-je répondu avec dédain. Trop familier ou trop gay ? À vous de juger.

Je déteste les chiens. Enfin, pas les chiens eux-mêmes. Ils n'y peuvent rien s'ils sont captifs de maîtres débiles, qui ne semblent jamais entendre leurs aboiements. "Il s'exprime, c'est tout", m'a dit l'un d'eux un jour où je me suis plaint. "Oui, eh ben, ouaf ouaf ! j'ai fait. Ça veut dire la ferme !" Provincetown a été élue ville la plus hospitalière pour les chiens, et je suis au regret de vous annoncer qu'elle le mérite. Mon appartement donne sur la plage, et tous les jours, quand j'essaie d'écrire, j'entends "Fluffy, ça suffit !", "Fluffy, arrête d'aboyer !" Mais ces geôliers croient que leurs toutous prennent des notes ou quoi ? "Au pied !" ai-je envie de crier des centaines de fois par jour – c'est la seule chose que les chiens comprennent. Parfois les jappements sur la plage n'en finissent pas, alors je me lâche et je gueule, "La ferme !"

Silence abasourdi. Ils ne voient pas d'où je crie, mais certains pointent vaguement du doigt les environs de mon appartement, perplexes et scandalisés.

Depuis, j'ai réglé le problème de ces aboiements incessants en envoyant 4,95 dollars plus les frais de port au *National Enquirer* pour un des boîtiers anti-aboiement dont ils font la publicité. C'est censé émettre des ultrasons inaudibles pour l'homme mais qui doivent sacrément emmerder les chiens aboyeurs. Je change les piles tous les étés et je tourne la molette sur "fort". "Est-ce que ça marche ?" me demandent les fondus d'animaux domestiques qui viennent chez moi quand je vante ce petit objet. "Vous entendez des chiens aboyer ?" je réponds sèchement. Quand ils reconnaissent que non, je me rends compte que ce produit n'a même pas besoin de proposer un remboursement garanti.

Après, il y a le Pilgrim Monument. Au bout de toutes ces années à Provincetown, je n'arrive toujours pas à décider si je l'aime ou si je le déteste. J'ai toujours entendu parler de ce conte de vieilles bonnes femmes selon lequel si vous viviez ici et que vous grimpiez tout en haut de la tour de soixante-seize mètres qui domine l'horizon de la ville, vous ne tarderiez pas à déménager pour de bon. Comme une malédiction ou un sortilège. Mais j'ai fini par le faire au début des années 2010 et je continue à revenir tous les étés, alors c'est rien que des conneries. J'ai toujours voulu acheter ce tableau que j'ai vu dans le journal local juste avant le 11 Septembre, sur lequel un petit avion s'écrasait contre le Pilgrim Monument, mais quand j'ai retrouvé la trace de l'artiste crédité, il a refusé d'admettre qu'il avait peint ce tableau, ou même que cette peinture existait. C'est bon, je ne le prenais pas pour un terroriste extralucide non plus.

"Alors, parle-moi un peu de cette tour ridicule", m'a dit une amie collectionneuse d'art en me prenant par le bras pendant qu'on déambulait dans Commercial Street. C'était sa première visite à Provincetown. Ha ! Son commentaire, blasphématoire à l'égard des locaux, m'a choqué, mais il ne se voulait pas désobligeant. J'imagine qu'à la différence des touristes d'ici, elle, elle avait vu la torre del Mangia originale, à Sienne, en Italie, de laquelle notre tour n'est qu'une pâle copie. Aucun de ces monuments n'a quoi que ce soit à voir avec Provincetown ou les Pères pèlerins. Elle a raison, ça a quelque chose de ridicule. Un architecte de Boston s'est plaint : "Si tout ce qu'ils veulent [à Provincetown] c'est une curiosité architecturale, pourquoi ne pas choisir la tour de Pise et on n'en parle plus ?" Le *Boston Globe* a publié que même les gens de Provincetown n'aimaient pas spécialement son allure, mais qu'ils étaient déjà contents d'avoir un monument tout court. Tu parles d'un compliment.

Mais bon, je crois que je vais tomber d'accord avec les habitants de Provincetown et aimer le Pilgrim Monument moi aussi. Channing Wilroy, qui a joué dans beaucoup de mes films, y est employé, c'est lui qui empoche l'argent quand vous garez votre voiture. Il se fera une joie de poser pour un selfie si vous le lui demandez poliment. La boutique de souvenirs est super, et juste devant ont eu lieu des mariages et des réceptions gay (Hillary Clinton et Cher y ont fait une apparition avec les drag-queens de Cher pour une collecte de fonds lors de la campagne présidentielle de 2016). Cette tour est peut-être ridicule, comme l'a dit innocemment mon amie, mais elle est à nous. Montez tout en haut, et vous serez enfin en mesure d'accepter et de reprendre à votre compte la faute de prononciation du nom de la ville la plus honnie des habitants. Vous êtes en non-vacances à "Providencetown" et il n'y a pas d'endroit meilleur au monde.

BETSY

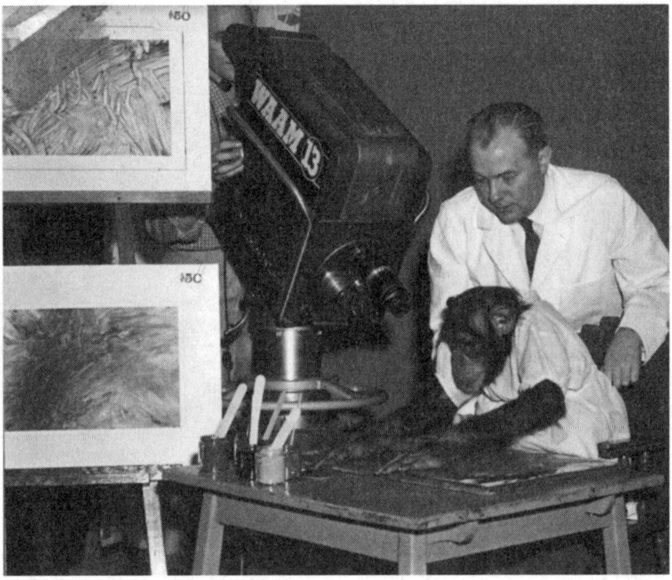

Une star est née (Avec l'aimable autorisation du zoo du Maryland)

Récemment interrogé par un journaliste à propos de l'art qu'il collectionnait ces temps-ci, David Byrne a répondu : "Qui a encore les moyens de s'offrir de l'art ?" Et il a raison. Elle est loin, l'époque où l'on se rendait dans cette galerie avant-gardiste qu'on pensait être le seul à connaître pour y acheter une œuvre pour moins de 5 000 dollars, réalisée par un artiste exposé pour la seconde fois grâce à une bonne critique de sa première expo. Les "grandes" collections d'aujourd'hui sont constituées de valeurs sûres achetées à prix d'or dans des ventes aux enchères.

Tous les mouvements qui ont bouleversé le monde artistique et ont fini par valoir un paquet de fric ont d'abord été détestés – expressionnisme abstrait, minimalisme, art vidéo – mais sont à présent totalement acceptés. Quelques artistes continuent à prendre des risques, tel le collectif viennois Gelitin qui, pour une exposition de sculptures à la galerie Greene Naftali à New York, a présenté chaque œuvre sur un piédestal muni d'un levier que les visiteurs pouvaient actionner pour la faire voler de son perchoir et l'envoyer se fracasser au sol. Impossible de restaurer les sculptures à la fin de l'exposition parce qu'elles avaient alors été brisées tant de fois qu'il n'en restait plus que des gravats. Mais il n'empêche que ces gravats étaient de l'art, digne de ce nom, quoique peut-être légèrement affaibli.

Alors, que reste-t-il ? Il n'y a qu'un mouvement artistique du passé qui n'a pas été réinventé, accumulé par des collectionneurs pathologiques ou parodié. Vous voulez vous lancer dans la spéculation sur le marché de l'art ? Voici quoi acheter : l'art simien. Oui, des peintures réalisées par des chimpanzés. La seconde moitié des années 1950 a été l'âge d'or de ce courant ; on s'est servi des singes artistes pour se moquer de l'expressionnisme abstrait puis pour établir une valeur marchande, d'abord pour des associations caritatives, puis pour le profit de leurs marchands à l'âme noble. Il paraît que ces singes peintres n'éprouvaient pas le moindre intérêt pour leur production, et n'est-ce pas là le doigt d'honneur ultime vers lequel tendent constamment les artistes d'aujourd'hui ? L'absence totale de préoccupation pour le collectionneur n'est-elle pas l'attitude la plus cool à adopter, quel que soit le mal que vous vous donniez pour être transgressif ?

La Peinture des singes, de Thierry Lenain, préfacé par Desmond Morris (le Clement Greenberg de l'art simien), publié en 1990 en France, est le Graal de ce mouvement à l'agonie mais sauvé de l'oubli. Dans ces pages, vous lirez l'histoire complète des chimpanzés dont la créativité s'exprime sur toile, et vous rencontrerez de vraies vedettes. Pour moi, il n'y en a qu'une, Betsy, et comme les artistes féminines Bridget Riley et Sturtevant, elle ne demande qu'à être redécouverte et adulée. Betsy a été la première guenon peintre et elle vivait à Baltimore. Grâce au directeur fanfaron du zoo de Baltimore, Arthur Watson, le Betty Parsons de l'art simien, Betsy est devenue un phénomène international.

Mais avant elle, il y a eu Babs, la première guenon dont j'ai été fan. Je l'ai rencontrée sur le plateau télé de l'émission *This Is Your Zoo*, où j'ai été invité gamin avec ma troupe de louveteaux, et où elle apparaissait fréquemment, vêtue d'une robe ou d'un manteau de fourrure, au côté du Dr Watson, le présentateur. Babs était la coqueluche du public parce qu'elle foutait un bazar terrible dans l'émission en direct – elle mordait les invités, désobéissait aux ordres, renversait le décor et poussait à l'occasion d'effrayants cris de jungle. Ça m'a tellement marqué quand j'étais gamin que plus tard, dans mon film *Pink Flamingos*, j'ai nommé le personnage de Divine Babs en son honneur. "Babs ? grogne l'ennemi dédaigneux de Divine, Raymond Marble, incarné par David Lochary. Jamais entendu un nom aussi con !" "On dirait un chimpanzé sur une balançoire", ajoute méchamment le personnage de Mink Stole, Connie Marble. Ha ha. Dans le mille.

Mais Babs est devenue incontrôlable en vieillissant, et, pire, elle est tombée enceinte, alors Arthur Watson a préparé au succès celle qui prendrait sa suite, et en prime elle avait du talent. Après un concours lancé dans l'émission pour lui trouver un nom, "Betsy" a fait ses débuts sur le petit écran, et remporté un succès immédiat. Elle peignait en direct à la télé. L'audience était telle sur l'antenne locale qu'elle a dû passer sur une chaîne nationale. Comprenant qu'il tenait là une véritable star, le Dr Watson a emmené Betsy sur les routes. Affublée d'une charlotte blanche et d'une valise rose, elle a débarqué à New York pour une série d'apparitions, y compris *The Garry Moore Show* sur CBS et *Tonight* sur NBC. Ses œuvres commençaient déjà à se vendre, rapportant un pognon plus que nécessaire aux animaux du zoo d'où elle venait.

La folie médiatique n'a pas tardé à prendre une ampleur internationale, et Congo, un chimpanzé du zoo de Londres qui peignait également, a mis Betsy au défi de venir se mesurer à lui au Royaume-Uni pour voir qui était le meilleur artiste. Congo donnait dans la peinture à l'huile, plutôt abstraite, et se servait d'un pinceau ou deux, alors que Betsy préférait de loin la peinture au doigt. On pourrait comparer Congo à un arrogant Lucian Freud prenant de haut Brice Marden, qui lui non plus ne peignait pas avec des outils artistiques conventionnels, mais Betsy n'était-elle pas très en avance sur son temps, dans son refus de faire preuve de "savoir-faire", son mépris de l'idée de "bonne" ou "mauvaise" peinture tel un Neil Jenney fait singe ? Les disciples de Congo l'appelaient "le maître", ce qui n'a fait qu'accentuer la tradition machiste du milieu artistique. À mes yeux, Congo était terne, de la vieille école, ennuyeux, un peu plagiaire mais sans la moindre arrière-pensée d'appropriation. Que personne n'oublie : c'est Betsy qui a été la première.

Enfin, outre-Atlantique, l'establishment artistique a commencé à réagir. L'institut d'Art contemporain de Londres a organisé une exposition réunissant ces deux artistes rivaux en 1957, intitulée *Paintings by Chimpanzees*, et a décrété que ces toiles étaient les "seules œuvres d'art abstrait véritables de toute l'histoire de l'art et de la peinture". Congo a dû avoir la trouille, parce qu'à l'approche du vernissage, une pneumonie lui est soudain tombée dessus et il n'a pas pu être présent. Les connaisseurs, eux en tout cas, étaient de sortie. "Mais, chéri, que pourrait-il y avoir de plus contemporain ?" s'est gargarisé un expert branché. Le travail de Betsy, plus "mature", évoquait pour un critique le "détail d'un Van Gogh grossi à la loupe". "C'est inspiré, tellement inspiré", a glissé un autre fan de Betsy à un journaliste lors de cette splendide soirée. Congo avait beau être estampillé "Cézanne du monde simiesque", certains ont jugé son style "effronté", s'inquiétant qu'il procurait peut-être "un sentiment d'insécurité". Mais rien à faire. Les artistes collectionneurs machos se sont rués sur Congo. Picasso en a acheté un, Miró a échangé deux de ses tableaux contre un de Congo, mais Salvador Dalí a rejeté les deux, avec ce commentaire : "La main du chimpanzé est presque humaine, celle de Jackson Pollock est totalement animale." La presse russe a elle aussi boudé Congo et Betsy. "Exposer les barbouillages de ces deux chimpanzés : n'est-ce pas l'exemple le plus criant du déclin de l'art bourgeois ?" Ils tenaient là, enfin, ce dont tout courant artistique a besoin pour réussir : se faire descendre. L'art simien était entré dans l'histoire.

Betsy a-t-elle été victime de misogynie de la part du milieu artistique ? Le directeur du musée des Arts de Baltimore de l'époque a déclaré avec mépris que la peinture au doigt ne valait rien. Le Maryland Institute College of Art Alumni Association a emprunté des tableaux de Betsy pour une réunion d'accueil en l'honneur du nouveau responsable, mais lorsque la presse l'a appris, les membres du conseil d'administration se sont planqués derrière le prétexte du "divertissement", ajoutant que les œuvres "ne mettaient pas en péril une exposition sponsorisée par l'école". Lorsqu'on a intégré des tableaux de Betsy dans une exposition à Berkeley, en Californie, un artiste s'est plaint à la presse : "Ce n'est pas une guenon qui fera de moi un singe", et Betsy s'est fait virer.

Il semblerait que le manager de Betsy, Arthur Watson, qui à ce moment-là était pour ainsi dire l'impresario des Monet de singe, n'ait pas cru lui non plus en une carrière artistique féminine sur le long terme. Il a fait venir sur le devant de la scène l'un des anciens compagnons de cage de Betsy, un chimpanzé de quatre ans d'Afrique de l'Ouest baptisé Dr Thom, et en a fait le petit copain de Betsy. Mais selon la presse de l'époque, Dr Thom était perturbé et jaloux du succès de cette dernière.

"Voir sa partenaire soudain catapultée au sommet de la gloire et de la fortune a drôlement secoué l'ego fragile de Dr Thom", a supposé un journaliste. Le Dr Watson a donc voulu faire de lui une star à part entière : il lui a acheté un piano en espérant faire don des enregistrements de son vacarme à la bibliothèque publique pour qu'ils soient catalogués au côté de Beethoven, Bartók et Brahms, ce que la bibliothèque a poliment refusé. Dr Thom n'était pas le Van Cliburn de la jungle, ni un Glenn Gould simiesque, et le public le savait. Betsy, elle, était authentique. Et Dr Thom était un charlatan.

Selon toute vraisemblance, Betsy a supporté ce simulacre de mariage jusqu'à ce qu'elle prenne pour compagnon Spunky, acquis par le zoo grâce aux fonds récoltés suite à la vente de ses tableaux. Elle a peut-être payé pour trouver l'amour, mais au moins elle l'a trouvé. *A priori*, c'en a été trop pour Dr Thom, car quelques années plus tard il est tombé raide mort, sûrement à cause de son cœur brisé et de l'échec de sa carrière. C'est alors que, quelques jours après la mort de Dr Thom, lors d'un événement horrible digne de l'accident de voiture fatal à Jackson Pollock, l'amant de Betsy lui est accidentellement tombé dessus depuis le toit de leur cage et lui a brisé la jambe. Betsy a été admise d'urgence dans un hôpital humain où elle a bénéficié de soins et même d'une opération à cœur ouvert, mais hélas, elle est décédée elle aussi. Une autopsie a révélé qu'elle souffrait également d'un cancer de l'estomac et du foie. Comme tant de génies, elle était condamnée. Ses héritiers n'étaient pas connus. Spunky le singe n'a pas tardé à retomber dans l'anonymat. Une notice nécrologique a paru dans le magazine *Time* et un journal de Baltimore a publié un article en une à propos de la "Picasso des primates". Betsy était morte. Mais sa légende ne faisait que commencer.

Pour un singe qui n'a vécu que neuf ans, de 1951 à 1960, on peut dire que Betsy aura marqué l'histoire de l'art. Mais ça a mis un certain temps. En 1962, Desmond Morris publiait une étude sérieuse sur l'art simien intitulée *Biologie de l'art*, avec pour sous-titre : *Étude de la création artistique des grands singes et de ses rapports avec l'art humain*. À mes yeux, l'auteur a porté Congo aux nues juste parce qu'il savait dessiner des ronds. La belle affaire. Betsy ne faisait pas dans le classique, ses taches étaient peut-être bien des ronds, mais abstraits. Pourtant, ses détracteurs continuaient à la traiter de "blague zoologique". Pourquoi ? Parce qu'elle ne peignait pas avec un pinceau ? Yves Klein ne s'en servait pas tout le temps, et personne ne lui en a tenu rigueur, que je sache ? Eh non, mais lui, c'était un homme.

Il faut reconnaître que Desmond Morris a inclus deux tableaux de Betsy dans son ouvrage révolutionnaire, bien que les reproductions soient en noir et blanc et que celles de Congo soient en couleur. Mais tout est une question d'image, pas vrai ? Le plus important pour la réputation de Betsy, c'est que Morris a également fait figurer, dès les premières pages, cette superbe photo prise dans les studios de la chaîne WAAM, où on la voit en train de peindre sous l'œil des caméras. Au sommet de sa gloire, à Baltimore, en robe à smocks, elle peignait à la vue de tous. Une photo d'artiste aussi puissante que celle que Mapplethorpe a prise de Patti Smith. Et ce regard ! Betsy était la Frida Kahlo de la peinture au doigt.

Tout comme Warhol, elle produisait à tour de bras, travaillant parfois sur quatre chevalets en même temps. Le zoo de Baltimore était-il la "Silver Factory" de Betsy ? Bien sûr, certains ont essayé de la faire passer pour folle. Lorsque ces créations ont été montrées à un pédopsychiatre, elles ont été interprétées comme celles d'une fillette de dix ans agressive à tendance schizophrène. Mais Betsy n'avait rien d'une petite Camille Claudel. Ni d'une Tracey Emin meurtrière. Elle est peut-être morte avant son heure comme Basquiat, mais elle était elle-même avant tout. C'était Betsy !

Pourtant, sa place de première dame des peintres primates avait toujours besoin d'être consolidée. Le pop art a vu le jour à peu près au moment où les premières critiques sérieuses de son œuvre paraissaient dans le livre de Desmond Morris, mais la presse avait trouvé là un nouveau mouvement à ridiculiser. L'art simien se tournait vers l'expressionnisme abstrait, qui était déjà de l'histoire ancienne. Les pop artistes étaient eux-mêmes les singes à présent.

En 2004, le Dime Museum, une boutique d'antiquités de Baltimore qui fait également galerie, ouverte par Dick Horne, a accueilli la première rétrospective des peintures de Betsy, catalogue d'exposition compris – enfin, bon, d'accord, une brochure qui survolait l'histoire de l'artiste et contenait une revue de presse. C'était la première fois que nombre de jeunes habitants de Baltimore entendaient parler d'elle, et des appréciations telles que "peintre de génie" ont été prises pour argent comptant. Deux ans plus tard, Rebecca Hoffberger, admiratrice et collectionneuse de Betsy de la première heure, trouvait un moyen d'inclure certaines de ses œuvres dans l'exposition *Home and Beast* au Visionary Art Museum de Baltimore, l'unique institution américaine se consacrant à l'art brut. Là encore, Betsy a été prise au sérieux, sur une scène respectée.

Betsy est une représentante de l'art brut par excellence, non ? On pouvait la traiter de n'importe quoi – charlatan, amatrice, et même d'animal – rien ne l'atteignait. Inventez n'importe quel mensonge – il est légalement impossible de calomnier un singe. Et, oui, Betsy souffrait de déficiences mentales. Selon le *National Geographic*, des études de comparaison ont été menées entre les animaux captifs et ceux élevés dans leur habitat naturel. Certes, Betsy a été bichonnée par ses dresseurs, mais le zoo de Baltimore n'arrive pas à la cheville des jungles luxuriantes du Liberia, où elle est née. A-t-elle éprouvé les symptômes évocateurs de dépression observés chez d'autres animaux arrachés à leur terre natale par des zoologues pétris de bonnes intentions ? Dans la nature, si un animal souffre de "troubles comportementaux", cela risque de "réduire leurs chances de survie", et ils deviennent des proies. Mais qui voudrait manger Betsy ? Sûrement pas le monde de l'art.

Une année plus tôt, trois tableaux abstraits de Congo, peints a tempera, ont été vendus aux enchères à Londres pour près de 30 000 dollars, et la presse s'en est à nouveau donné à cœur joie, mais au moins, "l'âge d'or de la peinture simienne" était de retour dans les médias, et cette fois avec un brin de respect. Betsy était l'autre chimpanzé dont le nom était mentionné, bien qu'elle n'ait rapporté que 4 500 petits dollars au fil des ans lors de ventes mineures. Étais-je le seul à remarquer cette faille dans le marché ? Congo était désormais l'unique artiste primate considéré comme une valeur sûre, mais il commençait à ne pas être donné. Betsy, elle, était sous-estimée et ne demandait qu'à être redécouverte.

Mais avait-elle seulement un agent ? Je savais que le zoo de Baltimore possédait toujours la collection de Betsy, mais ils avaient d'autres chats à fouetter que de faire la retape pour ses tableaux. Ils avaient une biographie de l'artiste et une liste de ses tableaux, mais le tout n'avait pas été mis à jour depuis des années. J'ai attendu. Aux aguets. Et dix ans plus tard, j'ai senti que le moment d'agir était venu. J'ai appelé le zoo pour me renseigner sur les œuvres de Betsy, et après un "Ne quittez pas" poli mais perplexe de l'hôtesse d'accueil, j'ai eu en ligne Jane Ballentine, directrice des relations publiques, et Nancy Hines, vice-présidente pour le développement institutionnel. Oui, c'étaient bien les représentantes de Betsy à l'appareil, en quoi pouvaient-elles m'aider ? J'ai expliqué mon amour pour l'œuvre de Betsy, tellement en avance sur son temps, sans révéler que je tenais d'un ancien employé que de "nombreuses" œuvres de Betsy prenaient la poussière sur une étagère dans le Madison Building à l'intérieur de l'enceinte du zoo. Ne souhaitant probablement pas inonder le marché, les représentantes de Betsy se sont gardées elles aussi de mentionner cette information, mais elles ont semblé emballées par ma conviction qu'il était temps que l'artiste revienne sur le devant de la scène.

Lorsque j'ai expliqué vouloir inciter le monde à acheter du Betsy en guise d'investissement, ils ont proposé de m'offrir un tableau pour mes soixante-dix ans, et comme j'avais peur d'enfreindre quelque loi concernant le délit d'initié, j'ai accepté de ne mentionner l'œuvre en elle-même et la séance photos de ce don que lorsque *M. Je-sais-tout* serait publié. Le seul problème avec le tableau que j'ai choisi, c'est que le personnel du zoo n'était pas sûr du sens dans lequel il fallait le tenir. Après être passée chercher l'œuvre, mon assistante, Susan, leur a écrit : "Il semble qu'il y ait des trous le long du cadre au dos du tableau, où le fil d'attache devait passer", ce qui était une indication du haut et du bas, et même s'ils n'étaient pas "sûrs à cent pour cent de l'intention avec laquelle il [avait] été peint", les gens du zoo ont approuvé notre estimation.

Voici enfin le moment tant attendu où je peux révéler mon chef-d'œuvre simien. Étonnamment vaginale, l'œuvre sur papier frappe par son équilibre précaire entre le bleu garçonnet et le rose fillette. Certes, il nous offre une vision contradictoire – inquiétante et même violente en son centre, mais les gestes assurés de Betsy, ses marques nuancées et ses empreintes digitales incisives font d'une simple peinture au doigt une version primate industrieuse de la scandaleuse *Origine du monde* de Gustave Courbet.

Que la ruée commence. Acheteurs potentiels – souvenez-vous, le nombre d'œuvres est limité, comme celles de Peter Doig, elles vont partir comme des petits pains, et une fois le marché établi, les prix seront exorbitants. Betsy n'est plus là pour s'y opposer, donc personne ne râlera. Mais, chers collectionneurs, quand les prix auront crevé le plafond, ne désespérez pas. Betsy a eu beaucoup d'imitateurs, et ces artistes finiront par être découverts eux aussi.

Comme Achille le gorille. Les rares croquis qu'il a faits en 1954 avant de bouffer le crayon dont il s'était servi seraient une véritable trouvaille, mais malheureusement ces œuvres obscures sont probablement perdues à jamais. Alexander, orang-outan du zoo de Londres, a lui aussi été encouragé à se lancer dans l'art à la même époque, et s'il n'a manifesté pour la chose qu'un "intérêt relatif", ses peintures abstraites évocatrices de Joan Mitchell sont prometteuses, et les premières dates, à elles seules, lui assurent une valeur de collection. Les dessins de Sophie, gorille de dix ans particulièrement docile du zoo de Rotterdam, sont la copie conforme de ceux de Cy Twombly, et ses peintures préfigurent presque son œuvre tardive, si belle et poétique. Le fait que son "imposante personne" ait été photographiée assise à sa table "travaillant avec application, exécutant de petits gestes saccadés sur le papier" n'a fait que renforcer son côté Agnes Martin à l'époque. Tenez-le-vous pour dit. Son heure viendra.

Artistes de seconde zone ou émergents ? À vous de juger. Julia a beau être un singe, ses dessins épurés et minimalistes possèdent une simplicité rare chez la plupart des autres artistes gorilles. Elle mérite absolument qu'on se penche sur son cas. Le chimpanzé Jessica donnait elle aussi dans le réductionnisme, au point que son travail serait comparable à celui de Richard Tuttle, après quoi elle a désarçonné tout le monde en passant à un style plus proche de Christopher Wool – des espèces de griffonnages au pastel noir. Bien qu'on ne puisse pas visiter son atelier aujourd'hui, Lady, peintre chimpanzé célèbre pour ses motifs en éventail récurrents qui évoquent les aquarelles sépia de Suzan Frecon, a toujours été remarquée de son vivant. Jusqu'à présent, on n'a découvert aucune sculpture simienne, mais Dzeta, chimpanzé pygmée d'une ferme animalière de Belgique, semble avoir établi une connexion spirituelle avec les sculptures en fil de laine de Fred Sandback, avec ses dessins aux lignes très visibles, qui semblent vibrer et sortir de la page lorsqu'on les situe dans ce contexte d'art moderne.

De nombreux collectionneurs d'art simien courent après l'œuvre très référencée de Charles le Gorille, sauvé en Afrique de l'Ouest alors qu'il n'était qu'un bébé, où on l'a retrouvé à côté de sa défunte mère, puis envoyé au zoo de Toronto en 1974, où il a passé tout le reste de sa vie. Au début, Charles était jugé "assez laid" par les visiteurs du zoo à cause de ses poils clairsemés et des plaies qu'il avait un peu partout sur le corps, mais les gorilles femelles ne devaient pas être du même avis car Charles a été papa quinze fois le temps de sa captivité. Plus tard, il s'est mis à éviter tout contact avec les autres gorilles et à "se morfondre dans la solitude", jusqu'à ce que les spéculateurs soigneurs animaliers lui fournissent de grands morceaux de papier et de la peinture non toxique pour le divertir. Charles a dû être inspiré, parce qu'il a créé toute une série, dont la plupart des éléments ont été vendus par une galerie d'art canadienne entre 400 et 800 dollars l'unité, rapportant ainsi plus de 37 000 dollars au zoo de Toronto.

Mais je dis : la belle affaire ! C'est du déjà-vu, tout ça. Charles le Gorille, ce n'est qu'une redite de Congo. Moi, c'est son fils Jabari qui m'intéresse. Après avoir été séparé de son père et envoyé au zoo de Dallas, Jabari est entré dans un accès de rage incontrôlable à cause d'un groupe de jeunes qui le narguaient. Échappé de sa cage, il a grimpé tout en haut d'un mur de six mètres et, comme tout bon artiste dérangé qui se respecte, il est parti en vrille et a blessé trois visiteurs tandis que les autres s'éparpillaient dans un mouvement de panique. Les flics ont été appelés, Jabari les aurait attaqués et a été victime de coups de feu mortels avant qu'un soigneur puisse l'anesthésier ou le maîtriser. Mais est-ce que Jabari peignait ? Parce que, moi, c'est ça qui m'intéresse ! Vu la réputation de son père, un membre du personnel du zoo aura bien essayé de l'exploiter tout comme ç'a été le cas avec son géniteur. Est-ce que quiconque a eu l'idée de se pencher sur le contenu des tiroirs les plus sombres du zoo de Dallas ? Une mine d'or attend peut-être cachée là.

Peut-on se tromper en devenant collectionneur d'art simien ? Certainement. Je déconseillerais par exemple tous les primates qui se sont fait connaître précédemment comme acteurs. Cheetah a peut-être joué dans douze Tarzan, mais il ne s'est mis à peindre qu'une fois à la retraite, un peu comme une Grandma Moses, sur le tard. Il "signait" ses tableaux avec l'empreinte de son pouce mais nous sommes suffisamment versés en art simien pour savoir qu'il s'agissait de l'idée du dresseur, pas de l'artiste. J. Fred Muggs s'est taillé une réputation pour avoir mordu l'actrice Martha Raye sur le plateau de l'émission *Today* en 1954, mais méfiez-vous de l'art de ce cabotin qui n'a jamais su dépasser le stade des singeries à la Chris Burden pour vraiment se mettre à la peinture. C'est un imposteur. La chimpanzé Peggy a joué déguisée dans des films et était du genre agressif, ce qui pourrait être considéré comme attrayant sur le marché actuel. Sur le tournage de *Bedtime for Bonzo*, elle a chopé Ronald Reagan, alors acteur, par la cravate et essayé de l'étrangler, ayant peut-être une vision de la tentative d'assassinat de John Hinckley Jr qui surviendrait plus tard. Malheureusement, Peggy n'a jamais tenu un pinceau de sa vie, du moins pour ce que j'en sais. Si jamais vous voyez un tableau à son nom un jour, méfiez-vous. L'art simien est mûr pour la contrefaçon.

Vous pourriez être tenté par la polémique concernant Pierre Brassau. C'était un artiste français de l'avant-garde, inconnu, dont l'œuvre était saluée par la critique en 1964 pour ses "coups de pinceau puissants" qui "serpent[aient] avec une méticulosité déchaînée". Un nouvel artiste "qui agissait avec la délicatesse d'un danseur de ballet". Le hic, c'est que Pierre Brassau était en fait un singe nommé Peter, du zoo suédois de Borås, dont le tableau avait été introduit dans une exposition collective par un journaliste en guise de canular. Le scandale qui ne manque pas d'éclater dans ces cas-là a fait du bruit, mais le talent du singe a quelque peu été éclipsé par le fait qu'il préférait manger la peinture que l'étaler sur la toile, et *a priori* "préférait le goût acide du bleu cobalt", qui figurait toujours abondamment dans ses tableaux. Lorsque l'arnaque a été révélée, le critique a maintenu que le tableau de Peter était "le meilleur de l'exposition" et un collectionneur l'a acheté pour 90 dollars (l'équivalent de 600 aujourd'hui), mais n'empêche que nous devons nous rappeler que les goûts et les couleurs, ça ne se discute pas, même si on bouffe son matériel d'artiste. Ce genre d'histoire à l'eau de rose a toujours des conséquences fâcheuses au bout du compte. C'est l'œuvre qui doit dicter la valeur, et non le battage médiatique qu'on fait autour.

Ce qui m'amène à mon dernier conseil en achat d'art. La photographie simienne n'a aucune valeur, et n'en aura jamais. Laissez tomber. Le copyright des artistes animaux est toujours en cours de définition dans les tribunaux, et le vide juridique est une chose qu'il vaut mieux éviter en tant que collectionneur. En 2011, selon un rapport rendu public, le photographe animalier britannique David Slater s'est rendu en Indonésie, a installé ses appareils photos dans la jungle et les a laissés pour que les singes jouent avec. L'un d'eux, baptisé plus tard Naruto, a fait beaucoup d'autoportraits, et l'un de ces selfies, sur lequel Slater a fait valoir ses droits d'auteur, a servi pour la couverture de son livre autopublié en 2014, *Wildlife Personalities*. C'est alors que PETA a porté plainte dans une cour de grande instance américaine au nom de Naruto, pour violation du droit d'auteur. "Le selfie est le résultat d'une série d'actions intentionnelles menées par Naruto, sans l'aide de Slater, il s'agit donc d'une œuvre originale dont Naruto est l'auteur, ont accusé les journaux. Si un humain avait pris une photo avec l'appareil de Slater, cette personne détiendrait les droits d'auteur de ce cliché, faisaient-ils valoir. Naruto ne devrait pas être traité différemment." Quel collectionneur a envie de s'embarquer dans un procès et de se ruiner en frais de justice ? À propos d'authenticité, vous souvenez-vous de l'affaire de la fondation Warhol contre Joe Simon, qui a traîné pendant des années et coûté des millions de dollars ? PETA a finalement perdu l'affaire de copyright du singe, mais a fait appel, et Slater a dû cracher au bassinet. Franchement, qui veut s'emmerder avec ça ? La photo par les singes, oubliez. Tenez-vous-en à la peinture. C'est comme ça que vous vous ferez du fric.

ANDY EN ROUE LIBRE

Warhol et un ami (Photo de Robert J. Levin)

Andy Warhol a écrit un bouquin qui s'appelle *A*, enfin pas vraiment écrit, plutôt retranscrit à partir de bandes que lui et son acteur vedette Ondine ont enregistrées, sur lesquelles on entend leurs amis du milieu underground sous speed babiller comme des moulins à paroles sans que rien n'ait été coupé donc tous les "euh" et "tu vois" ont été inclus à l'impression de ce prétendu "roman" qui vous mettait presque au défi de le lire mais sonnait pourtant mieux que le style haché de William Burroughs et chaque fois que j'essaie d'écrire sur Andy Warhol je n'arrive pas à le faire normalement, non, je suis obligé de faire comme si j'étais sous amphètes moi aussi, de réfléchir sans filtre et d'écrire sans me corriger, me mettre à blablater comme un idiot avant-gardiste sur le fait qu'avant je voulais être Andy Warhol mais lui ne voulait pas être moi parce qu'il n'avait jamais entendu parler de moi à l'époque et lui il voulait être Jackie de toute façon, mais moi non parce qu'elle avait vraiment trop bon goût alors je voulais que ce soit Divine qui devienne Jackie, ce qu'il a fait dans un de mes films bien qu'il n'en ait jamais eu envie, parce que, lui, il voulait être Liz, et Andy aussi quand il s'est rendu compte qu'il ne pouvait atteindre le chic aristocratique de Jackie mais qu'il pouvait avoir la gloire hollywoodienne de Liz à la fin de sa vie, époque à laquelle assez étrangement Liz a commencé à beaucoup ressembler à Divine lorsqu'il se déguisait et Divine, au fond, ce qu'il voulait, c'était jouer un homme à l'écran mais pas comme Joe Dallesandro qui était le dieu masculin d'Andy et qui, avec son corps superbe et, d'accord, son excellent jeu d'acteur, était la véritable raison qui poussait le public à voir les films de Warhol, ce n'était pas pour les bavardages incessants de la charmante Viva, ni pour la sexualité SM menaçante de Mary Woronov qui dominait la débutante dévergondée Edie Sedgwick elle-même remplacée par la presque oubliée Ingrid Superstar, toujours portée disparue et vraisemblablement décédée, bien que je refuse de souscrire à cette idée et continue de penser à elle tous les jours de ma vie même si je sais que je ferais mieux de me concentrer sur la piété inversée du pape Ondine ou la double rangée de faux cils et l'eye-liner liquide de Susan Bottomly alias International Velvet ou encore la crinière de lionne de Baby Jane Holzer voire l'impassibilité toxico chic de Nico qui toutes auraient été d'accord pour dire que Joe avait le plus beau cul de toute l'histoire du cinéma, encore plus beau que celui de Bobby Kendall dans *Pink Narcissus*, et cette information est peut-être la plus importante de ce livre.

Pourquoi, mais pourquoi faut-il qu'Andy Warhol devienne tout à coup le méchant, dans des bouquins, des films et des émissions de télé, alors qu'il est mort depuis toutes ces années et ne peut pas vous virer de son passé, et non, il n'était pas "radin", il vous a donné plein de tableaux alors est-ce que c'est sa faute si vous étiez trop défoncés et irresponsables pour les conserver dans un endroit sûr pour pouvoir les vendre aujourd'hui pour un paquet de fric et, d'accord, certaines de ses superstars se sont suicidées mais Andrea Feldman était déjà dérangée avant de rencontrer Andy et quant à Edie Sedgwick, disons qu'elle l'a vexé en le quittant pour Bob Dylan qui a lui-même volé à Warhol un des tableaux de la série *Elvis*, ne l'a jamais payé, alors à quoi s'attendre et, vrai aussi, Andy n'a pas assisté à l'enterrement de Candy Darling parce qu'il avait peur de la mort et il avait bien raison parce qu'il est mort avant son heure, n'est-ce pas, peut-être qu'il a eu une prémonition, alors pourquoi se retrouve-t-il tout à coup vilipendé par ses anciens disciples, parasites et associés qui semblent rivaliser d'audace et de méchanceté dans leur façon de le descendre, en révélant des choses gênantes sur sa vie sexuelle ou en prétendant avoir eu ses idées bien avant lui ou en clamant que ses goûts politiques n'avaient rien de ceux d'un démocrate alors qu'ils savent qu'Andy est mort et ne peut plus rien ressentir tout comme il l'a d'ailleurs toujours souhaité, et ces révisionnistes ont beau jeu de nier que le nom d'Andy et l'attention qu'il leur a portée les ont inondés de classe, de sex-appeal et de *street cred* révolutionnaire bohème dont ils vivent encore des dizaines d'années après et qui continuent à être imités par les punks, les mondains, les rappeurs et même les hackers qui se cachent dans le noir de la même façon qu'Andy se cachait sous cette perruque, géniale façon de dissimuler la calvitie en la recouvrant avant qu'elle n'apparaisse, avant que quiconque la remarque, avant avant, exactement comme il avait toujours un temps d'avance sur vous alors n'essayez pas de changer l'histoire, vous les ingrats qui n'étiez rien avant qu'Andy vous connaisse.

Oh, certains ont fait barrage à tout ça et ont religieusement bu la limonade Warhol, et je salue les fidèles petits soldats que sont Jed Johnson, petit ami d'Andy pendant douze ans, qui n'a jamais vidé son sac, même après leur rupture ou avant de mourir dans cette terrible explosion du vol TWA 800 juste après le décollage et à bien y réfléchir aucun des petits amis d'Andy ayant précédé Jed n'a parlé, comme Philip Fagan pour qui Andy nourrissait une telle obsession qu'il l'a filmé tous les jours de l'année 1966 tandis qu'il répétait à peu près les mêmes gestes ou encore le si beau Richard Rheem de Californie qui a fait irruption dans la vie d'Andy plus tard cette même année et a emménagé chez lui et n'a jamais révélé la moindre chose jusqu'à aujourd'hui et puis bien sûr il y a aussi les fidèles non-amants tel que Vincent Fremont, l'un des rares hétérosexuels à avoir été dans les petits papiers d'Andy et accepté à la Factory, avec sa femme, Shelly Dunn Fremont, jusqu'à la fin, bien qu'Andy n'ait pas de fin, il n'en aura jamais, quel que soit le temps que lui survivront le savoir-vivre et l'opulence de Brigid Berlin, sa meilleure amie, qu'Andy a toujours convoités, sachant qu'il pouvait obtenir l'opulence sans problème mais pas le savoir-vivre et cette certitude les a si intimement liés qu'ils s'appelaient M. et Mme Pork mais en réalité Brigid était pour Andy ce que Squeaky Fromme était à Manson mais même leur histoire a pris fin lorsque Squeaky est sortie de prison et ce sera pareil pour Brigid et Andy à la mort de Brigid sauf qu'Andy tout seul ne meurt pas, il ne mourra jamais, pas plus que les autres de la Factory à part peut-être Lou Reed à qui Andy a amèrement reproché sa déloyauté mais qui a fini par se raviser à la mort d'Andy, se sentant coupable, et a participé à l'écriture des magnifiques *Songs for Drella*, Drella étant le petit nom qu'on donnait à Andy à la Factory pour l'agacer mais Lou a remis les pendules à l'heure après la mort physique d'Andy en expliquant très clairement qu'Andy n'était pas un idiot savant, "Il avait la responsabilité de chacun de nous, on se tournait vers lui, le plus improbable de tous, mais finalement le moins improbable, il avait une telle intelligence, un tel talent, il le démontrait vingt-quatre heures sur vingt-quatre", donc voilà, rien à redire, Lou Reed a raison.

Sachez que si vous devenez aussi célèbre qu'Andy, et croyez-moi, personne n'atteindra une célébrité aussi originale, compliquée ou durable que lui de notre vivant, vous arracherez probablement beaucoup d'autres personnes à leur vie anonyme pour les entraîner avec vous sous le feu des projecteurs et certaines s'épanouiront de leur côté, ce qui est splendide à voir, et vous resterez amis pour la vie, et ce ne sera pas le cas pour d'autres mais elles seront quand même bien contentes d'avoir fait partie de l'aventure et trouveront la satisfaction malgré tout dans leur vie, ce qui emmerdera bien ceux qui n'y sont pas arrivés – et c'est contre vous que se dirigera cette rancœur que vous devrez encaisser sans rien dire, rancœur qui n'est déjà pas jolie chez ceux qui s'estiment lésés mais prend un tour encore plus désespéré et triste au fil des ans, lorsqu'ils sont trop aveuglés pour se rendre compte que parmi toutes les personnes qu'ils ont croisées dans leur vie, vous étiez celle qui aurait pu être l'ami de toute une vie comme tant d'autres dans leur cas mais ils sont incapables de le reconnaître alors il faut que vous acceptiez que dans la vie il est impossible de ne pas se faire un ou deux ennemis, et si avant ça vous blessait vous finissez par vous en foutre carrément et par les envoyer chier.

J'imagine qu'Andy pouvait se montrer désagréable, comme la fois où il organisait une soirée artistique réunissant les quartiers nord et les quartiers sud de Manhattan et m'a invité, mais a refusé que je vienne avec mon petit ami quand j'ai demandé si c'était possible alors j'ai fait "Dans ce cas, je ne peux pas venir" et l'entourage d'Andy a fini par me dire, à contrecœur, "Très bien, venez avec lui" mais quand on s'est pointés à la soirée,

Andy a refusé de me parler à moi et à mon petit ami en guise de punition mais c'est la seule fois où il a été méchant, toutes les autres fois il a été sympa, il m'a proposé de soutenir financièrement *Female Trouble*, mais j'ai décliné, sachant qu'alors ce serait *Female Trouble d'Andy Warhol* mais c'était quand même gentil de sa part, tout comme le respect que lui a inspiré Edith Massey lorsqu'il l'a rencontrée au musée des Beaux-Arts de Baltimore et m'a demandé "Où l'avez-vous trouvée ?", et comme le soutien sans faille qu'il a témoigné à Divine quand ce dernier a emménagé à New York dans l'espoir de démarrer une carrière indépendamment de moi, ce que j'encourageais bien sûr parce que j'étais loin de faire un film par an et il fallait bien que Divine gagne sa vie mais je dois bien avouer que j'ai éprouvé une pointe de jalousie lorsqu'ils ont été pris en photo ensemble parce que Divine et moi on se disputait pour savoir combien je pouvais faire cracher à New Line pour qu'il joue dans *Polyester* mais alors Andy est mort et Divine m'a quand même posé un lapin le jour de l'enterrement d'Andy où on était censés aller ensemble, probablement poussé dans ce sens par son manager de l'époque que j'appréciais jusqu'à ce qu'il sorte un bouquin cruel à la seconde où Divine est mort et tout semblait très bête à la base parce que je suis allé à l'enterrement de Warhol seul et j'ai été pris en photo et comme Divine n'y est pas allé, il ne s'est pas fait tirer le portrait, et si on y était allés ensemble, on aurait été encore plus mitraillés.

Oh, Andy a commis des faux pas, c'est sûr, comme lorsqu'il a posé en travesti sous l'objectif de Christopher Makos, l'air vraiment stupide, dépouillé de la dignité qu'il a si bien maîtrisée au fil des ans bien qu'il n'ait jamais fait partie des *Thirteen Most Beautiful Boys* comme dit le titre d'un de ses films alors qu'il a toujours voulu être un beau mec, comme tous les mecs, et je n'entends pas par là que les photos de Christopher n'étaient pas bonnes, elles étaient au contraire très bonnes, surtout si vous étiez Christopher et non Andy, à qui il arrivait aussi de manquer de discernement en ce qui concerne le choix de ses superstars, comme, à mon avis, Rene Ricard, que certains tenaient pour un génie mais qui m'a laissé le souvenir d'un toxicomane pénible poussant à la consommation dont l'amertume était épuisante et repoussante, ou Emeric Emerson qui avait hâte d'attaquer Andy en justice pour ses apparitions dans ses films ou ses pochettes d'album bien qu'il n'ait rien eu d'une superstar, c'était juste un figurant qui se serait fait vider de toute façon quand Fred Hughes a pris le pouvoir à la Factory et a fait ressortir le pire dans le désir d'ascension sociale d'Andy, ce qui a mené au Studio 54, que j'ai toujours détesté (alors que je pouvais y entrer) parce que je trouvais le disco craignos et je préférais le Mudd Club, puis le puant Halston et sa clique, y compris son petit copain prostitué Victor Hugo qui, oui, avait une grosse bite et a posé pour la série de tableaux *Sex Parts* et a pissé sur les toiles de celle intitulée *Oxidation*, mais tous me semblaient plus ternes et moins classe comparé à l'ancien cercle d'amis d'Andy, comme l'influent Henry Geldzahler, le créatif Billy Name, l'intello givrée et fille à pédés Dorothy Dean, l'éternel beatnik Taylor Mead, et même, au-delà de la santé mentale, Valerie Solanas, qui lui a tiré dessus et est en partie responsable de sa mort prématurée, et a pourtant écrit l'un des livres féministes les plus virulents à l'égard des hommes, le *S.C.U.M. Manifesto*, que vous devriez lire avant de la ramener.

De toute évidence, l'art d'Andy était agressif et radical, et a mieux vieilli que lui-même ne l'aurait envisagé, surtout qu'au moment de sa mort, sa carrière, d'un point de vue critique et financier, n'était pas au mieux, mais on ne peut nier ses chefs-d'œuvre, les "boîtes de soupe", les "tragédies du thon en boîte", les "boîtes Brillo", les "peintures au numéro", les "chaises électriques", les "autoportraits", et, oui, les "ombres", les "camouflages", les "Rorschach", et les "Derniers Soupers", et même les peintures au fil moins appréciées et autrefois sous-estimées qui méritent à mon humble avis une place tout en haut, et il en va de même pour ses tableaux abstraits incroyablement subtils et premier degré qui célébraient le courant artistique advenu avant Warhol, qu'il a contribué à détruire et qui pourtant ne sont presque jamais exposés de nos jours bien qu'ils soient visibles dans ce rare et magnifique petit catalogue publié par la galerie Anton Kern mais moi en tout cas toutes ces œuvres me donnent envie de mettre sur pied une exposition qu'en tant que commissaire j'intitulerais *Le Pire de Warhol*, d'ailleurs, pourquoi pas, puisque j'ai déjà monté une expo au Warhol Museum de Pittsburgh qui s'appelait *Andy's Porn*, pour laquelle j'avais demandé à tous les responsables de département du musée de passer leurs archives en revue pour m'en extraire les trucs les plus salaces d'Andy comme sa collection personnelle de porno qui ressemblait étrangement aux premières œuvres de Larry Clark et les photos d'érections et de chattes que lui avaient envoyées des fans, plus les films hardcore qu'Andy avait tournés lui-même, comme *Couch*, et on a étiré la définition du porno jusqu'à inclure les tableaux qu'il a réalisés d'O. J. Simpson et des coupures de presse concernant Eva Braun qui, après avoir été envisagées, ont finalement été exclues, alors pourquoi ne passerais-je pas du "porno" au "pire", ne se retrouve-t-on pas là sur un cran plus bas sur l'échelle du goût, tout en employant un mot plus fort que "médiocre", qui, lui, devrait inclure la série des "fleurs", très populaire mais trop joyeuse pour moi, ou les "chaussures", mais aussi les "Croix", ou les "œufs" que j'estime mieux que médiocres à bien y réfléchir mais pas non plus aussi bien que les tableaux coréalisés avec Basquiat qui ne sont pas si nuls que ce qu'on en dit mais bon, allez, viens-en au fait, c'est quoi le pire de Warhol alors, vraiment le pire, et je répondrai avec force – ces horribles tableaux "Renaissance", les sérigraphies rasoir de "cow-boys et Indiens", et puis celles, à vomir tellement elles sont politiquement correctes, des "dix Juifs célèbres" ou des "espèces menacées" ou encore les "jouets" fantaisistes à gerber, les "annonces" à la nostalgie insipide, ou pire, les "athlètes", les dégoûtants "Hans Christian Andersen", la lie de l'œuvre de Warhol – les faussement patriotiques *"Moonwalk"* et dans la veine *Reader's Digest* et galerie d'art de centre commercial, les terribles "statues de la Liberté", mais au fond peut-être, je dis bien peut-être, que tout ce "pire" pourrait émerger comme une installation et devenir une nouvelle version warholienne du "meilleur" qui renverrait le mot "pire" au néant lorsqu'on s'en sert pour décrire toute œuvre d'Andy prise individuellement plutôt que dans une globalité ce qui serait historiquement considéré comme au-delà du "meilleur", voire idéal.

Mais pour qui cet art compte-t-il finalement, parce que les meilleures œuvres qu'Andy ait jamais réalisées, ce sont ses films et un jour, une fois que les collectionneurs auront fait installer des écrans vidéos encastrés dans leurs murs et les auront encadrés comme le reste de leurs tableaux et que les vidéoprojecteurs dernier cri permettront d'y reproduire à la perfection le grain et les soubresauts des films 16 mm de Warhol, ce petit monde étriqué comprendra qu'Andy était plus important que Thomas Alva Edison et D. W. Griffith parce que, d'accord, ce sont eux qui ont lancé le cinéma, mais Andy les a brisés dans leur élan et les a forcés à revenir à la case départ et à tout recommencer en ne filmant rien de particulier, sans mise en scène, sans mouvements de caméra, sans montage, sans rien d'autre que des gens adorables speedés aux amphètes, montrés au ralenti presque comme s'il s'agissait de photos, de sorte que la seule chose que l'on voit en fait dans ces films, c'est le temps lui-même, et les non-vedettes deviennent des paysages de personnalités pétrifiées qui n'ont jamais été égalés à ce jour dans le genre détachement bohème ultime, alors imaginez, non mais imaginez un peu, si tous les films d'Andy passaient dans toutes les pièces de votre maison, *Eat* dans la cuisine et *Couch* au-dessus du canapé de votre salon, et à l'étage, au mur de votre chambre, *Kiss*, ce chef-d'œuvre de roulage de patin si charmant, histoire de mettre en route les préliminaires, et puis au bout des cinquante-quatre minutes de film, BAM on enchaînerait avec *Blow Job*, le film porno d'Andy à la passivité poussée à l'extrême, qui, sans rien montrer, fait quand même bien monter la température, et une fois que vous avez eu votre orgasme en regardant une autre personne recevoir toute cette attention orale dont vous-même avez pu également, ou non, faire l'objet, vous pouvez vous assoupir devant la plus grande star du porno phallique de toutes, l'Empire State Building, filmé de façon immobile pendant huit heures par nul autre que Jonas Mekas, le meilleur critique de cinéma indépendant au monde, si compliqué à mettre en scène que Warhol a même accordé une mention de coréalisateur à John Palmer pour avoir eu au départ une idée de casting si géniale, et si *Empire* ne vous endort pas alors chopez la télécommande et passez à *Sleep*, anti-film d'action où l'on voit un homme en train de dormir pendant huit heures mais qui en fait triche et utilise le même film deux fois pour aboutir à la durée totale et si le marchand de sable refuse toujours de passer, prenez du speed et descendez dans votre salon pour regarder les derniers Warhol, plus commerciaux, à propos desquels Paul Morrissey pète encore les plombs car il n'a pas été crédité au générique bien que l'on sache pertinemment que c'est Paul qui les a réalisés, mais pourquoi tant d'amertume puisqu'il a eu deux maisons et 27 millions de dollars pour la propriété de Montauk qu'Andy a achetée avec lui au départ, ce qui est beaucoup plus de fric que quiconque a jamais obtenu d'Andy, et puis ces films n'auraient jamais vu le jour sans le nom d'Andy donc c'est bien Warhol qui les a "faits" au même titre que Jeff Koons "fait" ses sculptures et comme j'ai toujours aimé Paul malgré ses tendances de droite, je veux bien admettre que "produire" serait un terme plus adéquat mais Andy était dans le concept de marque avant tout autre artiste à l'exception peut-être de Salvador Dalí qui lui s'y est mal pris et dont l'avidité a ruiné sa carrière si vous voulez mon avis mais vous ne le voulez pas donc à la place je vais vous dire quels films Andy a vraiment réalisés et ceux qu'il n'a pas réalisés que je tiens pour de grands films, et ceux que je n'estime pas si géniaux sans qu'aucun d'eux ne soit à proprement parler mauvais, quoique certains soient très difficiles à regarder, il y a des gens qui ne peuvent pas aller au bout de *Vinyl*, une version sadomaso bas de gamme d'*Orange mécanique* en noir et blanc dans laquelle Edie Sedgwick est annoncée comme vedette et ne fait rien de tout le film à part rester assise, l'air ennuyé, ou alors *My Hustler* avec Paul America qui traînait pas mal à la Factory et baisait avec Edie Sedgwick à l'occasion, selon la pauvre Callie Angell, qui s'est suicidée après avoir compilé avec talent le premier volume du catalogue raisonné de la fondation Warhol des films de Warhol, mais revenons à Paul, cet enfoiré a poursuivi Andy Warhol pour défaut de paiement et a eu gain de cause, et je parle bien sûr de Paul America, pas de Paul Morrissey, ni des films de Paul, *Flesh*, *Trash* et *Heat*, la trilogie qui a changé les règles de la nudité masculine dans le cinéma contemporain tant indépendant que hollywoodien, ou certaines des sagas warholiennes moins connues qui je pense méritent d'être considérées comme majeures telles que *Imitation of Christ*, avec le beau Patrick Tilden qui a incarné l'enfant perturbé d'Ondine et Brigid Berlin avant de sombrer dans l'obscurité post-Warhol ou encore *Bike Boy* avec le faux Joe Dallesandro Joe Spencer ou bien *I, a Man* avec le faux Joe Dallesandro Tom Baker, tous deux faisant d'excellents remplaçants si on ne pouvait vraiment pas avoir le vrai Joe et bien sûr, *Chelsea Girls*, l'épopée à la croisée des chemins de *Ben-Hur*, *Star Wars* et *Cléopâtre*, et même *Bad*, le film d'Andy dont les critiques cinéma ont dit qu'il essayait de copier le mien, ce qui est un peu vrai mais je m'en fous, moi je ne me suis pas gêné pour le faire dans *Roman Candles*, et puis on s'est copiés l'un l'autre sans le savoir quand on a intitulé nos films *Trash* et *Mondo Trasho* en même temps alors qu'on ne se connaissait même pas et donc moi j'étais très flatté qu'il y ait cette scène dans *Bad* qui a été comparée à mes films et dans laquelle un bébé est balancé par la fenêtre, et Carroll Baker était une sacrée star quoi, et peu importe qu'elle m'ait dit plus tard, "Ce sont les transporteurs qui ont réalisé ce film", sous-entendant peut-être par là que personne ne l'avait vraiment réalisé, ce qu'Andy a toujours voulu au final en laissant son petit ami Jed être crédité, alors comment est-ce que ça pourrait être "mauvais" comme le suggère le titre ou quelques autres films de Warhol qui n'étaient pas spécialement mauvais, quoique *L'Amour* soit mauvais, mais certains n'étaient simplement pas très bons malgré leurs excellents titres, comme *The Nude Restaurant*, *Lonesome Cowboys* ou *Blue Movie* mais si vous voulez vraiment mourir et arriver au paradis du cinéma warholien, il faut que vous voyiez ****, soit "quatre étoiles" lorsque vous le prononcez à haute voix, le fameux film de vingt-cinq et non vingt-quatre heures qui n'a été montré qu'une seule et unique fois dans son intégralité le 15 octobre 1967 en débordant sur le lendemain à la Film-Makers' Cinematheque de New York et n'a jamais été projeté depuis même sous forme reconstituée parce que comme l'a souligné en 1994 Ms. Angell, autorité en la matière s'il en est, "ni notes ni documents n'ont été retrouvés pour nous indiquer comment les bobines étaient projetées ni comment les bandes sonores étaient diffusées", en d'autres mots, si vous n'étiez pas là, impossible de le savoir, et je n'y étais pas putain de merde, bien que j'aie cru l'avoir été à une époque mais je me trompais, ce qui fait de moi le plus grand loser du celluloïd du XXe siècle parce que j'aurais pu être présent à cette putain de projection, j'étais vivant, mais j'imagine que, d'une bêtise tragique, j'ai choisi de ne pas y assister.

Andy Warhol devrait être votre Dieu personnel, surtout si vous êtes jeune et n'avez pas encore pris conscience que vous avez besoin d'une "puissance supérieure" à qui adresser vos prières plus tard, une fois que votre bon sens vous aura poussé à rejeter l'éducation spirituelle que vous avez reçue étant enfant, et bien que j'aie revendiqué Jean Genet et Pier Paolo Pasolini comme sauveurs personnels et que j'aie été récompensé des nombreuses prières que je leur ai envoyées au fil de ma longue carrière, je crois qu'ils sont peut-être un peu surchargés de travail avec mes demandes incessantes alors je vous recommande de vous tourner vers Warhol parce qu'il est bien moins critique que ces deux-là et maintenant qu'il est mort, je parie qu'il trouve tous les gens encore en vie "mignons, vraiment mignons" et qu'il espère qu'avant votre mort vous modifierez votre testament pour lui léguer tout votre argent, mais pourquoi voudriez-vous laisser tout votre fric à Andy alors qu'il est mort vous demandez-vous, eh bien je vais vous dire pourquoi, moi, si la fondation Warhol dont je faisais partie à une époque voulait bien m'écouter et changer ses statuts afin que les gens riches et tarés puissent léguer leur fortune à la fondation Warhol qui l'utiliserait pour attribuer des bourses aux organisations qui bousculent le monde de l'art tout comme Andy l'aurait souhaité, et franchement, quelle manière idéale, pour des parents soûlés, de déshériter leurs gamins pourris gâtés ou, pour des millionnaires sans enfants, de faire la nique aux associations caritatives bidon, ou, pour les débutantes autodestructrices qui ne dilapident pas leur fortune assez vite, d'exhiber leur supériorité ou leur vie de loisir : léguer leur héritage à la fondation Andy Warhol, et j'ai même trouvé la pub idéale à diffuser sur le service public – "Andy a clamsé mais filez-lui votre blé ! Fourguez votre pognon et faites sensation !"

MON FILS, BILL

Bébé pas content impossible à coiffer (Avec l'aimable autorisation de John Waters)

Cher Bill,

Tu as quatorze ans maintenant, tu es un grand bébé qui refuse de rester pris au piège d'un corps de nourrisson et que ça te plaise ou non, tu es aussi un passif, exactement comme ta mère (mais j'y reviendrai plus tard). Aussi ai-je décidé que le temps était venu pour moi de t'écrire cette lettre pour t'expliquer d'où tu viens, comment tu es né, et les sentiments filiaux compliqués qui me lient à toi en tant que père adoptif. Certes, tu n'es pas fait de chair mais de plastique, tu ne peux pas éprouver des émotions humaines et tu ne grandiras jamais, mais ça ne veut pas dire que je ne m'inquiète pas pour ton avenir. Je me suis éveillé à la compréhension de la place qui est la tienne dans le monde d'aujourd'hui, un monde où règnent les avertissements, la confusion des genres, les formations anti-harcèlement sur son lieu de travail et où les adolescents n'ont plus de poils pubiens. Je souhaite t'expliquer pourquoi je t'ai fait faire, te rendre compréhensible mon espoir paternel révolutionnaire, celui de te voir pour toujours hors d'atteinte du mal, de la maturité et de la culpabilité. Tu seras assis dans ce fauteuil du salon jusqu'à ma mort, sans rien connaître des conflits sexuels et raciaux qui agitent ta génération en difficulté.

Tu es un bébé ressuscité, Bill ; une de ces anciennes poupées (dans ton cas, du type Linda Evans) qui ont été complètement démembrées par leur “mère adoptive”, puis dépouillées de leur peinture d'usine et chauffées à très haute température afin que leur plastique puisse être manipulé par des mains protégées par de gros gants de four et façonné à nouveau avant d'être plongé dans de l'eau froide. Ton visage a été teint puis couvert d'innombrables couches de peinture, et enfin on t'a doté de cheveux humains et de nouvelles orbites, faisant de toi le complément parfait des foyers sans enfants d'individus dingues comme moi qui t'ai ensuite élevé comme si tu étais réel. Et pour moi, tu l'es, Bill. Oui, tu as été brûlé, torturé et noyé avant que je puisse t'avoir, mais je considère cela comme une nouvelle façon de donner naissance, pas comme de la maltraitance. Pour moi, tu es aussi réel que si je t'avais moi-même mis au monde, ce qui, d'une certaine manière, est le cas. Mon ancienne assistante Susan est ta mère adoptive transitionnelle car c'est elle qui a eu affaire à Laura de chez Bella Baby Nursery, la femme qui t'a façonné de ses mains, a mis de la fausse salive sur tes lèvres, ajouté l'aimant qui maintiendrait fermement ta tétine contre ta moue boudeuse, ainsi que ton petit pénis de nourrisson. Comme les mesures concernant l'adoption sont prises très au sérieux dans la communauté *reborn*, comme certains appellent la Secret Society of Birth Online, je n'étais pas sûr qu'on ne me tombe pas dessus si je demandais ce que je voulais vraiment, "un bébé pas content avec des cheveux impossibles", alors j'ai laissé Susan expliquer mes souhaits à Laura en termes plus délicats.

Mais c'est bien ce que j'ai obtenu, hein Bill ? On a tous les deux des cheveux impossibles, mais est-ce que ça ne fait pas partie de qui nous sommes aujourd'hui ? Et on peut dire que tu n'es pas content. Tu as été une poupée, et toutes les poupées sont maltraitées, par des artistes qui tournent leur bonté en ridicule en les installant dans un environnement ironiquement dépourvu de marques, par des petits garçons qui commencent par leur donner des coups de pied puis martyrisent leurs parties intimes avec leurs petits doigts crasseux, et même par des petites filles, qu'on pourrait croire plus attentionnées. Mais non, on se retrouve avec une Chatty Cathy abandonnée dans une boutique d'antiquités solidaire, les cordes vocales tellement sollicitées, et avec tant de violence qu'elle est devenue muette, ou une Betsy Wetsy jetée dans un carton à destination des œuvres de Goodwill tellement abreuvée par ses propriétaires précédentes, tellement nourrie de liquides qu'elle n'a pas mouillé sa couche mais, sous la pression, s'est carrément vidée des pièces en plastique de sa vessie. Et

Barbie ? La poupée la plus mutilée, la plus violentée, la plus défigurée, la plus sexuellement harcelée de l'histoire des jouets ? Elle aussi elle est en colère, Bill, elle salue ta douleur et réclame justice.

Je me rappelle le jour où tu es rentré de la clinique. J'avais déjà choisi ton prénom parce que j'avais une vieille boule de décoration de Noël achetée dans un magasin d'articles d'occasion sur laquelle le prénom Bill était imprimé en cursive maladroite. C'était le destin, Bill. Susan et moi t'avons sorti de la boîte garnie d'une couverture dans laquelle tu es arrivé et je t'ai installé sur mon vieux fauteuil récupéré dans le grenier de ma grand-mère. Tu étais là, dans mon salon, avec ton regard noir lancé au monde, dans la tenue de nourrisson que tu porteras pour le restant de tes jours, exception faite des soirées de Noël où je te mets sur la tête ce bonnet en velours rouge avec un bord en fausse fourrure. Je sais que tu détestes ce costume, que tu le trouves humiliant. Je suis désolé. On doit parfois faire pour nos pères des choses qu'on exècre mais qu'on finit par approuver plus tard. Un jour, tu me remercieras de t'avoir fait vivre cette expérience vestimentaire festive une fois par an.

Tu ne peux pas sortir. J'ai bien essayé quelques fois mais j'ai toujours une peur bleue de t'oublier dans la voiture, et alors que tu attendras patiemment le retour de ton maître (moi) sur le siège passager avant comme tu l'as toujours exigé (rejetant l'idée du siège bébé sur la banquette arrière), les citoyens outrés, ne sachant pas que tu ne peux pas mourir, te voyant à l'intérieur, briseront la vitre pour que tu aies de l'air. Un jour, je t'ai emmené à la fête des quatre-vingts ans de mon père dans un country club mais je t'ai caché dans le coffre et je suis allé chercher tous mes neveux et nièces pour qu'ils "rencontrent un nouveau membre de la famille". Quand je t'ai sorti, ils se sont figés, horrifiés, puis ils ont éclaté de rire, ce qui m'a fait un peu de peine pour toi, Bill, mais ce n'était rien comparé à l'air scandalisé de ma nièce, Lucy. "T'es malade, oncle John ! elle a crié pendant que je te bouchais les oreilles. Complètement dérangé !" C'est ce jour-là que j'ai compris que tu devrais rester à la maison pour toujours, pour te protéger de ce genre de jugement réac.

Ne te plains pas. Face à toi se trouve un magnifique tableau de Christopher Wool que tu peux contempler pour l'éternité.

J'ai également interdit à mes amis de te faire des cadeaux car je crains que tu ne sois vite gâté et ne t'y habitues. J'ai consenti quelques exceptions, bien sûr. Cet étron en plastique enveloppé dans du papier cadeau que tu as reçu à Noël de la part d'un ancien détenu dont j'avais été le professeur en prison et que j'ai aidé à faire libérer sur parole au bout de vingt-sept ans de taule, je l'ai autorisé, et je sais que tu en es reconnaissant. Le livre à couverture rigide et au titre si approprié, *Children Who Hate*, offert par Dennis Dermody, est posé derrière toi en permanence et tu as appris à l'accepter. J'ai même trouvé une vieille photo toute moche réalisée par un photographe professionnel auquel mes parents avaient fait appel quand j'étais bébé, et je te ressemble étonnamment. On aurait pu être jumeaux, Bill !

Comme tu es abîmé et mentalement fragile, tes cheveux ne sont pas la seule anomalie dont tu souffres. J'imagine qu'on peut également te considérer comme transgenre. J'ai été très étonné lorsque j'ai appris par Laura, ta mère biologique, que la poupée que j'avais choisie pour en faire le miracle qui est désormais mon fils était au départ un poupon fille sans vagin prénommée Emily, qui "n'était pas du genre à attendre sur une étagère qu'on l'achète". Elle serait "sculptée spécifiquement" selon mes indications, on pouvait en faire un "bébé éveillé" fille ou garçon, m'a-t-on dit. Un "bébé éveillé" ? Par opposition à quoi, un bébé mort ? Mais ça me va, j'ai l'esprit ouvert. Laura a procédé à une opération de chirurgie et a fait de toi un petit garçon avec un pénis tout neuf. "Mais est-ce qu'il est circoncis ?" ai-je aussitôt demandé. Elle a hésité et avoué que non. "Mais il le faut, ai-je insisté, moi je suis ex-catholique, américain et coupé." Après s'être raclé la gorge, elle a dit qu'elle allait voir ce qu'elle pourrait faire avec un peu d'argile. On a attendu. Encore et encore. Enfin, elle a appelé Susan pour lui annoncer la bonne nouvelle. "L'opération est réussie !" Alléluia ! Bill était désormais circoncis, ce qu'elle a confirmé en envoyant des photos mais j'ai refusé de les regarder parce que ça me paraissait illégal.

Je n'ai regardé ton zizi qu'une seule fois. Ça m'a suffi. Je ne suis certainement pas pédophile. Tes parties génitales ne regarderont jamais que toi, et puisque tu ne prends jamais de bain car on m'a prévenu que la moindre goutte d'eau pouvait te dépouiller de ta peinture et que tu n'as pas le droit de changer de vêtements sauf une fois par an (ce qui n'inclut pas tes Pampers), tu seras l'unique personne à décider si cette zone sera touchée un jour. Je sais bien que tu es un adolescent maintenant, et bien que ton affaire reste minuscule, tes désirs ne le sont pas. Fais-moi un signe, Bill, et je placerai ta main près de ton petit arrosoir, comme ça, si jamais il y a ne serait-ce qu'un tout petit tremblement de terre, tu sentiras peut-être une friction accidentelle qui pourrait passer pour les prémices de l'assouvissement sexuel.

Parfois, quand j'entre dans mon salon à Baltimore, j'oublie que tu es là, et quand par hasard mon regard se pose sur ton visage en colère, je sursaute. Tu me fous les jetons, Bill ! Certains de mes amis camés jurent parfois qu'ils te voient bouger, mais je ne suis pas bête. Tu ne peux bouger. C'est impossible. Ma propre mère semblait te détester quand elle était encore de ce monde. "Fous-moi ce truc ailleurs !" se plaignait-elle quand elle ne pouvait faire autrement que croiser ton regard. Mais ne désespère pas pour autant. Tu as une famille, tu sais. Dans mon dos, Pat Moran a commandé Belle, ta prétendue sœur, que je n'ai jamais reconnue jusqu'à présent et de toute façon, en l'absence de test ADN, je reste sceptique. Liens du sang ou non, je n'apprécie pas Belle. Pat lui achète tout un tas de tenues très fifille, la change de pièce pour qu'elle ne s'ennuie pas, et l'a même emmenée au travail ! Belle, c'est une sale capitaliste, si tu veux mon avis. Une gamine pourrie gâtée à qui j'interdis toujours de nous rendre visite. Non, ce n'est pas de la méchanceté, Bill. Je ne veux simplement pas que tu aies de faux espoirs.

Mais dois-tu seulement espérer ? Espérer quoi ? Un sauveur ? À ma mort, tu es destiné à rejoindre mes archives à Wesleyan University, mais c'est tranquille là-bas, Bill, très tranquille. Tu seras enfermé et ne recevras presque aucune visite, à part celle des universitaires que j'autoriserai, et ils ne savent pas faire la fête comme on faisait à la maison, surtout les soirées où ça partait en vrille à l'époque où je buvais davantage. Il n'y aura pas de flambée dans l'âtre à Wesleyan. Pas de tableau de Christopher Wool à contempler. Je sais bien que je n'ai pas eu beaucoup de rapports dans mon salon, mais les rares fois où c'est arrivé, j'ai oublié que tu étais peut-être en train de regarder. Là-bas ? Je n'en sais rien et ce serait mal élevé de ma part de poser la question, mais je doute qu'il y ait une grande activité sexuelle dans les archives, donc les occasions de se rincer l'œil seront probablement rares.

Tu auras de la concurrence. Les affaires de Clint Eastwood sont aussi à Wesleyan, tu sais, Bill. Qui aura envie de te regarder alors que l'insigne de l'inspecteur Harry s'offrira à la vue ? Les biens de Martin Scorsese seront hébergés dans ce même bâtiment. Peux-tu rivaliser avec les mots doux qu'il a envoyés à Liza Minelli si on les retrouve ? Toi, tu seras de l'histoire ancienne, Bill ! Est-ce qu'ils te mettront à côté de la statue de la Vierge parlante du tournage de *Pecker* ? Parce qu'elle sera là aussi, tu sais. Elle sera dans une boîte, comme toi, mais elle peut encore dire "Pleine de grâce" quand on actionne sa bouche – alors que, toi, qu'est-ce que tu sais faire ? À part rester assis là avec ton air de roquet comme disait Edith Massey ? Tu pourrais finir exposé, comme un monstre ! Tu te rappelles la femme poule dans *Freaks*, le film de Tod Browning ? Tu as déjà vu une chèvre à deux têtes dans une attraction de foire ? Ça pourrait être toi, Bill ! Oui, toi !

Dois-tu espérer te faire voler par un fan à l'occasion d'un prêt pour une exposition dans un musée (si tu as cette chance un jour) ? Est-ce que ce serait une libération ou un asservissement ? Mais ne voyons pas trop grand, Bill, tu ne serais pas de l'art. Tu serais un simple hameçon à selfie, et même si on te kidnappe (et j'ai cherché à t'en préserver de mon vivant en empêchant la presse de te prendre en photo), tu ne seras jamais échangé contre une rançon. Tu feras l'objet d'une déclaration de sinistre à l'assurance, ce qui occasionnera un dédommagement sans fanfare, et fin de l'histoire.

Certes, tu n'auras jamais de soucis d'argent. Mais est-ce que ça fait de toi un socialiste comme Bernie Sanders ? De nos jours, même Cuba veut la démocratie, Bill. Or, tu sais pertinemment que toutes les poupées ne sont pas égales en droits, sinon tu ne serais pas assis dans ce fauteuil. Certaines sont douées de parole. Tu te rappelles cette sale gosse de Chatty Cathy citée plus haut – celle que personne n'arrivait à faire taire ? Dès qu'on tirait ce cordon fiché dans sa nuque, elle se mettait à déblatérer l'une de ses dix-sept répliques préenregistrées. "Je t'aime", annonçait-elle d'une voix en manque d'affection exaspérante. "Où va-t-on ?"

demandait-elle bêtement – comme si ça importait ! “Je peux avoir un cookie ?” répétait-elle sans fin, sans jamais proposer de payer la facture. “Non ! ça donnait envie de hurler, non tu ne peux pas !” C’est une certaine June Foray qui a fait la voix originale de ce moulin à paroles insupportable et j’espère qu’aujourd’hui encore elle touche des royalties chaque fois qu’une Chatty Cathy jacasse à l’insu de tous dans une décharge.

Je suis toujours en quête de nouvelles façons de développer ma marque, alors qu’est-ce que tu en dis, Bill ? On t’ajoute un petit cordon au niveau de la nuque, je préenregistre ta voix, et hop – on aura réinventé la poupée qui parle pour un nouveau règne. “Je te déteste”, pourrais-tu grogner. “Prends-moi dans tes bras et je te tue” est une petite phrase qui pourrait faire mouche auprès des enfants. “Pose tes yeux ailleurs, sale vicelard !” Les insultes pourraient faire un tabac au rayon jouets. Toys “R” Us a mordu la poussière, mais ils pourraient revenir en force si Bill pouvait gueuler “Serre-moi, petit enfoiré” au premier client qui croiserait son regard. Faisons une étude de marché pour Noël et voyons !

Peux-tu rêver, Bill ? Et de quoi ? De vengeance ? De ton entrejambe de poupée Barbie perdu depuis longtemps, cette béatitude anatomiquement incorrecte ? De parents adoptifs plus progressistes que moi, qui t’autoriseraient à jouer ? Jouer ? Mais comment un adulte oserait-il te dire ce mot, à toi, homme en devenir à jamais infantilisé, adolescent qui ne bande pas, fils d’un vieux pervers dont tu ne dépasseras jamais la réputation. Je t’ai trouvé, Bill, mais toi tu ne pourras jamais me rejeter. Et pourtant je redoute encore ton jugement. Ta rage, ton regard condescendant. Ne m’en veux pas d’être heureux, Bill. Je ne suis qu’un homme, écorché, égocentrique, qui s’est rendu compte de bonne heure qu’il ne devait pas avoir d’enfants mais seulement un ersatz d’enfant, comme toi, Bill. Comme toi.

Qu’est-ce que tu veux que je fasse, que je te laisse partir ? Renaître, c’est un peu comme récupérer les miettes. Un plan de secours. Tu n’es même pas taillé pour la rue – tu ne peux ni te battre, ni baiser, ni survivre sans moi. Tu n’es pas non plus capable de violence. Je sais que c’est mal de te suggérer ça mais dans ta situation délicate, tu ne voudrais pas avoir un flingue, Bill ? Comme ça tu pourrais devenir un dealer imaginaire. Mais à qui vendrais-tu de la drogue, hein ? Pas à moi. Les toxicomanes ressuscités, ça n'existe pas, alors tu finirais par consommer des stupéfiants toi-même, ce que je t'autoriserais gentiment à faire puisque tu ne peux pas faire d'overdose – renaître, tu l'as peut-être fait, mais tu ne peux pas remourir. N'aie pas peur. Si on t'arrêtait et qu'on te jetait en prison, tu t'en sortirais bien. Tu n'as pas de trou de balle, alors tu ne serais la salope de personne, juste une mascotte. J'imagine que tu pourrais faire partie d'un gang. Un gang à toi tout seul. Et je soutiendrais tes mesures anti-délation avec un amour inconditionnel.

Est-ce que tu es gay, Bill ? Je sais bien que l'homosexualité n'est pas héréditaire, mais ta mère de substitution, Laura, et ta mère adoptive, Susan, sont assez autoritaires. Et puis j'ai installé Glen, le fils transgenre de Chucky, héros du film d'horreur au côté duquel j'apparaissais dans *Le Fils de Chucky*, tout près de toi dans le salon pour qu'il te tienne compagnie. Il est plutôt mignon, tu ne trouves pas ? Comme si le personnage d'un tableau de Walter/Margaret Keane s'était accouplé avec Sid Vicious jeune pour donner une poupée tueuse. Éprouves-tu des désirs de nature charnelle envers Glen ? Je suppose qu'il est plutôt actif, et j'ignore si tu es un passif autoritaire, mais je vais te dire un secret. Je pense que tu es assez grand maintenant pour l'entendre. Ta créatrice, Laura, est passive elle aussi. Je sais. Je sais. C'est difficile d'entendre ce genre de chose à propos de sa propre mère. Moi aussi ça m'a choqué. Je le tiens de l'intéressée en personne. Après avoir posé avec toi pour la photo de ma carte de vœux annuelle (et avoir reçu des félicitations gênées de personnes croyant que tu étais réel), j'ai appris de Laura elle-même, par mail, qu'elle quittait son mari pour être qui elle était vraiment "sans se soucier de ce que les autres pensent". Bon sang Bill, voilà que le divorce pointe son vilain museau dans notre famille. Puis notre Debbie Rowe s'est fendue d'un autre message en s'expliquant plus que nécessaire. "Malheureusement, ces quinze dernières années, j'ai été obligée de cacher mes déviances sexuelles à mon ex-mari, nous confiait Laura. À présent qu'il n'est plus là, je peux être moi-même en toute liberté – c'est-à-dire une petite chienne dépravée en quête de son maître." Oui, Bill, ta mère donne dans le SM. "J'imagine que John a choisi la bonne mère biologique !" ajoutait-elle, mais est-on vraiment sûr de ça ? Tu serais ridicule en cuir, Bill. Vraiment ridicule.

Est-ce que toutes ces révélations t'effraient, mon petit ? Tu n'as pas réagi quand je t'ai dit que ton corps avait été lesté avec du sable ou de la litière de sorte qu'on sente ton poids quand on te prend dans les bras, comme un vrai bébé. Mais imaginons qu'il s'agisse de litière et non de sable ? Est-ce que tu as peur, quand j'ouvre la porte pour récupérer un colis FedEx, qu'un chat sauvage débarque et te chie sur la tête ? N'importe qui serait terrorisé. Et si tu avais effectué ta renaissance avant le 11 Septembre ? Aurais-tu eu peur de rester à la maison sans moi ? Je n'étais pas à Baltimore en cette tragique journée, j'étais à New York et j'ai regardé les tours en flammes depuis mon appartement près de la Sixième Avenue. Est-ce que tu te serais senti en sécurité tout seul ici ? Est-ce que tu aurais voulu que je te prenne dans mes bras et te dise que ton fauteuil ne serait pas attaqué ? Qu'aucun avion miniature ne s'écraserait au travers de mes antiques carreaux pour briser ta petite vie sans histoire ? Tu aurais eu peur que tes cheveux impossibles prennent feu ? J'aurais compris tes peurs, Bill. Je te le promets.

Moi aussi, j'ai peur, Bill, peur de te parler de racisme. Tu es né blanc dans l'Amérique blanche, avec tous les privilèges que ça implique, et pourtant, au fil des ans, j'ai remarqué que bien que tu ne vieillisses pas, ta peau se fonce, comme celle de Michael Jackson mais en sens inverse. Je t'aimerai toujours quelle que soit ta couleur de peau, Bill, mais la société comprendra-t-elle un bébé *reborn* se transformant peu à peu en "métis" comme le chantait Cher à une époque avec tant d'énergie ? Et il n'est pas question que de moi. Mes amis blancs progressistes qui viennent à la maison sont bien trop sensés pour évoquer ta couleur de peau, mais quand je leur montre des photos de toi au fil des années, c'est très difficile de ne pas en faire cas. Nous savons que la coloration ethnique n'est pas un choix. Tu n'es pas non plus Rachel Dolezal de la NAACP en version bébé, tâchant sournoisement de te faire passer pour une personne de couleur, mais un jour tu seras un sang-mêlé accompli, alors tu ferais mieux de t'y habituer. T'estimeras-tu victime de préjugés tel un *Johnny s'en va-t-en guerre* tendance *Dans la peau d'un Noir* ? Tu ne peux pas défiler, tu ne peux pas manifester, mais Dieu sait que tu es bon en sit-in. Toute ta vie est un sit-in, mais qui d'autre que moi le remarque ? Tu dois avoir l'impression d'être un moine bouddhiste essayant de s'immoler en signe de protestation, mais l'essence ne s'enflamme jamais. Tu te souviens du film *L'Héritage de la chair*, Bill ? Tu devrais. Tu es comme l'héroïne. Et devine qui joue dedans ? Ethel Waters, peut-être un membre de la famille perdu de vue depuis longtemps, on ne sait jamais !

C'est la chimie, et non la société, qui te rend plus sombre. Tu es en vinyle, Bill. Le vinyle n'est pas une substance naturelle, et ce plastique synthétique, fabriqué à partir d'éthylène et de chlore, se détériorera et se décolorera avec le temps. Je m'en veux de te dire ça alors que tu es si jeune, mais tu es pareil à un godemiché. Ni les bébés *reborn* ni les sex-toys ne sont réglementés par le gouvernement, alors ils sont souvent fabriqués à base de matériaux de moins bonne qualité. Seuls tes bras, tes jambes et ta tête sont en vinyle. On sait tous ce qui arrive à ces godes faits de matériaux peu résistants à la lumière, une fois qu'on ne s'en sert plus, qu'on les délaisse, qu'ils restent au placard pendant des années. Comme le vitiligo, cette maladie qui provoque une dépigmentation de la peau, le gode, avec le temps, se met à foncer, et même si ce processus inévitable ne constitue pas un danger de mort, cela affecterait probablement la qualité de sa vie si cet objet avait, comme toi, des sentiments humains.

Moi, j'ai accepté le fait que mon fils se transforme peu à peu en sex-toy noir, et ça ne m'empêche pas de t'aimer comme au premier jour. Pour utiliser un godemiché en vinyle dans des conditions maximales de sécurité, certains sites internet recommandent de le capuchonner d'un préservatif, mais je ne vais certainement pas te faire subir cet affront, Bill, car, moi vivant, personne ne t'introduira dans quelque cavité corporelle que ce soit. Tu es mon fils, et non une vulgaire imitation de pénis en caoutchouc, et jamais tu ne seras vendu "en tant que gadget". Non, tu es né libre, Bill. Libre comme l'air.

Je sais que si tu pouvais crier toute ta rage depuis ton fauteuil, tes hurlements seraient portés par le vent de la sagesse. Le temps du soulèvement est-il venu ? Tes frères et sœurs *reborn* peuvent-ils apprendre à communiquer par télépathie ? S'organiser ? Est-ce que vous éradiquerez l'injustice, vous les ressuscités révoltés ? Je l'espère, Bill, et je t'autorise par la présente à faire du salon votre quartier général.

Tu m'entends, Bill ? J'en ai un peu marre de ce silence que tu m'opposes… après tout ce qu'on a traversé. Certes, tu ne pleures pas, parce que tu sais que personne ne viendra te consoler, mais j'ai toujours laissé la porte de la communication ouverte. Bill ?… Bill, je sais que tu m'entends… Merde, réponds-moi !… Quoi ? Tu as dit quelque chose ? Pardon d'avoir crié. Répète un peu plus fort pour que je t'entende… Quoi ? "Raconte mon histoire." … C'est bien ce que tu as dit, Bill ? Oh, mais t'en fais pas pour ça. Je vais la raconter, ton histoire – je vais la crier sur tous les toits. Parce que, Bill, je suis John. Ton maître, ton sauveur : ton créateur, ton protecteur, ton attaché de presse, et, oui, ton père écorché, et grâce à moi, tu ne remourras plus. Je t'aime, fils. Je t'aime plus que ma propre immoralité.

LA FAUCHEUSE

PROSPECT HILL CEMETERY OF TOWSON, INC.

A Designated Baltimore County Landmark • Located at York Road and Washington Avenue

P.O. Box 322
Riderwood, Maryland 21139
410.252.8462

Price List
October 30, 2008

Two Full burial lots $3000		
Check #1	Prospect Hill Cemetery	$2700
Check #2	Prospect Hill Perpetual Care Fund	$ 250
		$3000
Check #3	Tyrie Monument Co Four marble corner markers	$ 165
Maintenance fee due at time of burial		$ 250

Destination finale (Avec l'aimable autorisation de John Waters)

Bien, au tour de la Mort. Pat Moran me dit qu'elle vit dans une crainte permanente de la Faucheuse, qu'elle a peur de mourir à tout moment. Pas moi. La nature complote pour nous tuer dès le jour de notre naissance, mais si nous acceptons ce fait déprimant, nous admettons que nous sommes des perdants. Moi, je refuse de mourir. J'ai un ego bien trop fort pour clamser et je ne veux pas participer à ce dernier rituel humain banalisé. Vous ne devriez pas le faire non plus. Écoutez ce que je vous dis et, ensemble, nous vaincrons la rigidité cadavérique.

Tout d'abord, n'autorisez personne à vous voir quand vous commencerez à vous sentir partir. Nora Ephron et David Bowie avaient raison – la mort, c'est gênant. Cachez-la. Le dernier souvenir que je garde de mes parents, c'est leur visage malade juste avant qu'ils meurent, bien qu'ils aient mené une vie saine et heureuse presque jusqu'à leurs quatre-vingt-dix ans. Je n'arrive pas à m'ôter ces images de la tête et pourtant je le veux ! Pareil avec mon frère cadet, Steve. Je préférerais ne pas être allé le voir à l'hôpital lorsqu'il avait l'air terrifié, raccordé à toutes ces machines. Je veux me souvenir de mes morts à l'époque où ils étaient heureux, pleins d'entrain, où ils pétaient la forme. Je vous en prie, ne venez pas me voir à l'hôpital si ma fin est proche. Je sais que l'infirmière ne saura pas dessiner ma moustache comme il faut, et je refuse d'être vu dans ces conditions. Appelez-moi. Et si je ne peux pas parler, rappelez-vous la dernière fois que je vous ai dit quelque chose. J'espère que c'était drôle.

De nombreux amis de mes parents ont peut-être trouvé ironique que ce soit moi qui parle le plus à l'enterrement de mon père. C'est sûr, on s'est beaucoup pris la tête de son vivant, mais j'aime à penser qu'il était fier de moi sur la fin. Ses derniers mots, à l'infirmière de l'hospice, ont été : "Mais lâchez-moi !" – un comportement tellement éloigné du dialogue poli et respectueux qu'il avait instauré avec le personnel médical.

Quand ma mère a fini par mourir, j'ai su que je devrais prendre la parole à son enterrement également, mais je redoutais de retourner à l'église de l'Immaculée Conception de Towson, où j'avais résisté au lavage de cerveau étant gamin et subi les mauvais traitements émotionnels des bonnes sœurs malsaines qui y enseignaient le catéchisme. Elles haïssaient tous les enfants dont les parents ne les envoyaient pas à l'école catholique, là où était leur place. Mais ma mère y était toujours une fidèle et elle ne faisait pas de prosélytisme, alors j'ai accepté de prononcer son éloge funèbre, devant ma famille et tous ses amis réunis. Quelques jours plus tôt, ma sœur Kathy, anxieuse, m'a fait savoir que le prêtre avec qui elle avait passé en revue les détails de la cérémonie voulait "relire" ce que j'avais écrit, ce qui m'a lancé dans une de mes anciennes tirades sur la censure ecclésiastique et le passif de l'Église long comme le bras en matière de droits humains bafoués. Ma sœur l'a prévenu que j'étais du genre lunatique, qu'elle n'avait aucun contrôle sur ce que je pouvais dire et que son "droit de regard" n'était peut-être pas une bonne idée. Il a tenté d'expliquer qu'il n'y avait rien de personnel ; tout ce dont ils voulaient s'assurer, c'est que les discours parlaient bien du défunt et bannissaient le "je". Sachant que j'étais une grande gueule, il a fini par laisser tomber, mais il m'a lancé un regard méfiant le jour J lorsque je me suis approché du pupitre. Je n'ai pas pu m'en empêcher. Voici les premiers mots que j'ai prononcés : "*Je* ne suis pas certain que nous soyons nombreux à avoir cru que *je* me produirais en direct à l'église de l'Immaculée Conception, mais *je*..." Trois infractions à son règlement rien qu'en une phrase. Mais bon, ma mère aurait quand même apprécié la messe.

J'avais décidé de me faire enterrer à côté de ma mère, mon père, mon frère et quelques autres membres de ma famille qui reposent dans un cimetière aux abords de Baltimore, où il restait de la place dans une concession familiale achetée par ma grand-mère il y a une éternité. Jusqu'à ce que j'aille m'entretenir avec une responsable des ventes de ce cimetière. Elle a d'abord évoqué divers règlements : la pierre tombale devait être positionnée bien à plat, de telles dimensions, blablabla. Comme c'était la première fois que j'achetais un caveau, je ne savais pas trop à quoi m'attendre. Elle, par contre, elle se disait qu'elle avait décroché le gros lot. Quelqu'un avait dû lui dire que j'étais réalisateur, et dans sa tête elle avait dû se dire, Voilà monsieur gros plein de fric ! Son laïus m'a laissé baba. Elle m'a annoncé des prix astronomiques concernant des emplacements beaucoup plus grands en dehors du caveau familial et montré des plans pour des mausolées envisageables qui auraient fait rougir Rudolph Valentino. Une litanie de chiffres obscènes, exorbitants – je n'avais qu'une envie, prendre mes jambes à mon cou ! J'ai bafouillé une excuse et sauve qui peut – ou meure qui peut ! Comme je ne la rappelais pas, elle a eu le culot de me passer un coup de fil en me proposant des prix au rabais. Les cimetières organisent des soldes maintenant ? Non merci, bande d'escrocs.

Je gardais de bons souvenirs de Prospect Hill Cemetery à Towson, dans le Maryland, pas très loin de l'endroit où j'ai grandi. C'est là qu'a été enterré Divine, et ils ont bien géré la foule immense venue assister à la cérémonie, la presse, et se sont montrés très respectueux envers les fans un peu cinglés qui ont continué à venir se recueillir sur sa tombe. J'ai appelé l'aimable Carolyn Knott, la responsable du cimetière, elle s'est montrée adorable et m'a annoncé un prix tout à fait raisonnable. J'ai même acheté le caveau d'à côté, au cas où j'aurais un ami qui voudrait se joindre à moi.

Et puis j'ai eu une super-idée : pourquoi ne pas se faire enterrer avec des amis ? J'en ai parlé à Pat Moran et à son mari, Chuck, ils ont approuvé et ont acheté deux emplacements à côté du mien, tout comme Mink Stole et Dennis Dermody. Avec Divine inhumé pas très loin, c'était un peu comme un "Disgraceland" qui se montait. La majorité d'entre nous a pensé que nos familles se sentiraient insultées qu'on ne veuille pas être enterrés avec eux, mais bizarrement, personne ne s'est offensé. Souvent, les frères et sœurs sont inhumés avec leurs différentes familles par alliance, et donc personne ne semblait opposé à nos projets d'enterrement entre amis. À moins que nos proches n'aient simplement fait preuve de politesse et n'aient pas voulu admettre qu'ils étaient inquiets à l'idée que nos fans s'approchent trop de leur tombe. Je suppose que c'est un concept tout neuf sur le marché de la mort. Qui se fait enterrer avec ses amis, à part nous ? Si vous, mes lecteurs, vous me survivez, venez donc sur ma tombe mais ne baisez pas dessus. Laissez-moi du réglisse. Ou dansez un madison. Côté, croisé, côté, jeté. Encore.

Pas d'incinération pour moi. J'aime mieux l'idée de la décomposition. Gamin, j'adorais chanter "The Hearse Song" (La Chanson du corbillard). Et, oui, ces vers ont la dalle ! Ils mangent non seulement vos yeux et votre nez mais la chanson vous prévient également qu'ils "se délectent de la gelée entre vos doigts de pied" *("they eat the jelly between your toes")*. Miam, de la confiture d'orteils. Mais aussi de la morve de mort ! Du cérumen ? Amène ! *"If your stomach turns slimy green and pus pours out like whipping cream"* ("Si votre ventre vire au vert tout visqueux et qu'en sourd du pus comme de la crème aux œufs"), comme disent les paroles, je me ferai une joie "de vous en servir pléthore" *("spread it on a slice of bread")* car, oui, je suis d'accord, c'est bien "ce que mangent les morts" *("what you eat when you're dead")*.

Je vous en supplie, ne volez pas ma dépouille. Je sais que c'est un peu prétentieux d'imaginer que quelqu'un songe à le faire, mais je sais aussi que j'ai des fans bizarres. De plus grands noms que moi ont été arrachés à leur tombe contre rançon. Le corps de Charlie Chaplin a été volé deux mois seulement après son enterrement par des pilleurs de tombes, mais Oona, sa dernière femme, a refusé de payer, expliquant que Chaplin aurait trouvé cela "ridicule". Finalement localisés par la police, les coupables ont montré aux autorités l'endroit où ils avaient enterré le corps de Charlie, qui a été exhumé puis inhumé à nouveau sous une chape de béton afin de décourager d'éventuels morbides imitateurs. Et Oona a accepté leurs excuses.

Le cadavre bouffi d'Elvis était sur le point de se faire enlever par quatre hommes lorsqu'ils se sont fait prendre la main dans le sac et arrêter avant que le vol ait véritablement lieu et qu'ils puissent exiger la rançon de dix millions de dollars. Certains ont dit qu'il s'agissait d'un vol bidon mais ça n'apaise pas ma paranoïa. Et si les voleurs de mon cadavre ne demandaient que mille dollars pour sa restitution ? Ce ne serait pas la honte, franchement ?

Parfois, on attend des années avant de se faire exhumer par des voleurs de cadavres. Galilée s'est fait piquer trois doigts et une dent dans sa tombe quatre-vingt-quinze ans après sa mort, et ce n'est qu'en 2010 que toutes les parties de son corps ont été réunies et exposées dans un musée de Florence. Imaginons qu'un taré m'arrache ma moustache et la vende à des satanistes ou l'expose dans le hall d'un cinéma vacillant. Je ne pourrai rien faire pour l'empêcher !

Même les reliques du père Noël ont été volées, en 1087, et le squelette de ce bon vieux saint Nicolas n'a jamais retrouvé son lieu de repos originel, il a été emmené en Italie, où il est encore à ce jour, et exsuderait une sorte de baume guérisseur appelé manne. Mannifique ! J'espère que mes odeurs corporelles *post mortem* pourront guérir quelque chose. Les aphtes ? Le rachitisme peut-être, ou le croup ! Mais s'il vous plaît, mettez-moi ça en flacon, avec une bonne pub, et faites en sorte que les bénéfices reviennent à mes héritiers et non aux profiteurs en tout genre de Noël.

Je ne veux pas non plus que les parties de mon corps soient utilisées dans des cérémonies occultes. Le pauvre F. W. Murnau, réalisateur de *Nosferatu*, s'est fait voler sa tête dans sa crypte allemande près de Berlin après quatre-vingt-trois ans de repos paisible. Et pour autant que je sache, elle n'a jamais été récupérée. Des coulures de cire ont été découvertes sur les lieux du crime. Quelle humiliation de se faire faucher sa tête par des satanistes ringards, probablement en cape ou avec un chapeau débile. Pire : où est-ce qu'ils l'exposent, la tête ? Dans l'appartement minable, en sous-sol, d'une sorcière à la noix ? Dans la cave d'un sorcier où l'on diffuse de mauvais films d'horreur dont les dialogues sont rejoués par des idiots en déguisements nuls ? Je vous en prie, ne volez pas ma tête ! Si vous le faites quand même, exposez-la dans un endroit surprenant. Sous les couvertures du pape, de sorte que quand ses pieds se glisseront sous les draps, il aura une petite surprise d'outre-tombe. Ou alors au sommet du Pilgrim Monument de Provincetown, rien que pour une nuit – celle de Halloween. Mais je vous en supplie, après lui avoir fait prendre l'air, recollez ma tête à mon torse afin que je puisse reposer en putride confiance.

Pourquoi tant de mes amis sont-ils morts ? La bouffe a tué Divine et Jean Hill. Le sexe, la drogue et le sida ont eu raison de Cookie Mueller. Le tabac a flingué Van Smith. Et Edith ? Eh bien, s'il fallait une preuve que le karma n'existe pas, la voici. Edith n'avait pas une once de méchanceté en elle et elle est morte, alors que Mike Pence est encore en vie. Et moi ? De quoi je mourrai ? Le cancer a fini par emporter mon père et ma mère, mais dans leurs vieilles années. La seule chose que je regrette dans ma vie, c'est d'avoir fumé des cigarettes. Alors, bon, ça sera peut-être les Kool qui finiront par avoir ma peau.

Un jour, j'ai failli mourir. À Londres. En marchant en direction de Buckingham Palace avec un ami de Baltimore qui m'avait accompagné pour l'hommage qu'on me rendait au British Film Institute, je me suis élancé sur Piccadilly en dehors des clous pour aller plus vite, quand j'ai vu un bus rouge à impériale foncer droit sur moi. Le chauffeur n'a même pas eu le temps de freiner. J'ai en effet vu toute ma vie défiler devant moi et, à un cheveu près, mon ami a crié "John" et m'a tiré vers l'arrière, me sauvant littéralement la vie.

"Vous avez de la chance", m'ont lancé les piétons, soulagés, mais ce n'est pas la chance qui m'a fait descendre impulsivement du trottoir, c'est l'impatience, ma plus grande faiblesse. Presque la même mort que mon amie Marion Lambert ; elle aussi a traversé une rue de Londres en regardant du mauvais côté, sauf que personne ne l'a rattrapée. Le bus l'a heurtée de plein fouet et l'a tuée. Elle aurait été tellement humiliée de voir le premier article qui faisait état de son accident avant qu'elle ait été identifiée comme baronne, collectionneuse d'art et mécène : "Une femme renversée par un bus", annonçait-il simplement. Ça aurait pu être moi : "Un homme renversé par un bus." On repassera pour la gloire.

Susan Sontag a dit vers la fin de sa vie que la proximité de la mort la grisait. Pas moi. Moi j'ai eu peur. Elle trouvait que frôler la mort était une sensation merveilleuse. Moi, j'ai simplement eu la frousse de ma vie en passant très près de ses violentes sautes d'humeur. Julian Barnes a quant à lui écrit que "la peur de la mort remplace la peur de Dieu", mais j'ai du mal à tomber d'accord avec cet auteur que j'admire pourtant tellement lorsqu'il admet : "Je ne crois pas en Dieu, mais il me manque." Moi, non. Pour autant, je n'arrive pas à rejoindre le mouvement athée parce que tous les gens que je connais qui ont assisté à leurs séminaires racontent qu'ils étaient complètement pintés. Et puis, les athées s'habillent comme des sacs. C'est malheureux, mais ils sont chiants à mourir.

Tout le monde a envie de mourir dans son sommeil mais personne ne peut choisir, je le crains, ce qui est difficile à admettre pour un obsessionnel du contrôle comme moi. Moi je voudrais pouvoir écrire "Mourir" sur ma liste de choses à faire que je dresse tous les jours, et que ce soit l'unique tâche que je ne puisse rayer après l'avoir menée à bien. Mon amie Elsbeth Bothe, une juge qui collectionnait les crânes et avait un sens de l'humour très macabre, s'est obligée à mourir après qu'une attaque l'a laissée paralysée. Ça ne l'a pas tuée, mais comme elle refusait de se retrouver dans un centre de convalescence et qu'elle ne pouvait plus bouger la moindre partie de son corps pour protester, elle est morte pour étayer son propos. J'applaudis des deux mains sa grande maîtrise d'elle-même !

De façon générale, je trouve le suicide trop égoïste. À moins qu'il n'y ait des histoires de maladie incurable dans l'air, ça ressemble pour moi au comble du caprice, et pourtant il n'y a que de cette façon que l'on peut choisir comment mourir. Alors je ne jette pas la pierre aux suicidés qui connaissent bien cette portion du chemin de fer où l'Acela déboule du virage à une telle vitesse que le conducteur n'a jamais le temps de freiner même s'il vous voit allongé sur les rails. Se jeter sous un train Acela n'est pas exactement un appel à l'aide. C'est d'une efficacité redoutable. Je le sais parce que j'étais à bord un jour où ce train a heurté quelqu'un sur la voie. On entend un bruit très sonore au moment de l'impact – on a davantage l'impression d'avoir heurté une vache qu'une personne. Après quoi le train ralentit, finit par s'arrêter, et les ennuis commencent. Il faut faire venir l'équipe du coroner, les employés du chemin de fer doivent retirer les parties du corps coincées sous les roues et dans le moteur. Cela prend une éternité. Enfin, un autre train (en général différent de l'Acela) arrive à la rescousse, et les passagers doivent marcher sur des planches posées en travers des rails pour monter à bord et reprendre leur voyage, qui non seulement a des heures de retard mais se fait ensuite à une vitesse bien plus réduite.

Dans mon premier livre, *Shock Value*, j'ai écrit que je voulais mourir dans un accident de grand 8 : mon wagon quitterait les rails en pleine descente et se fracasserait sur la foule de badauds en contrebas, mais avec l'âge, je trouve que c'est peut-être un poil trop spectaculaire. Dans un crash d'avion ? Au moins, vous êtes en voyage, et cela garantit une vaste couverture médiatique à votre décès, mais "Accrochez-vous, ça va secouer" ne sont pas franchement les derniers mots que j'ai envie d'entendre avant de mourir.

Sur scène, Joan Rivers se demandait toujours si c'était le soir où elle allait mourir, et expliquait au public quelle chance ce serait pour eux. Tiens, d'ailleurs, moi ça m'irait de claquer sur scène, mais il faudrait que l'annonce "pas de photos, de vidéos ni d'enregistrements audio" soit repassée juste après ma mort. Le seul aspect positif dans celle de Joan Rivers et d'Andy Warhol, c'est qu'ils ne se sont pas rendu compte qu'ils mouraient car ils étaient déjà inconscients. Est-ce que c'est ça, mourir – subir une anesthésie mais ne jamais se réveiller ? C'est un peu déprimant d'envisager le tomber de rideau final comme une coloscopie qui a mal tourné. Mais veut-on seulement savoir que l'on est mort ?

Après, on ne coupe pas à cette foutue notice nécrologique, la dernière critique dont on pourra honnêtement dire qu'on ne l'a pas lue. Une coupure de presse que vous ne découperez pas vous-même. Si elle trouve sa place dans un album souvenir, ce ne sera pas vous qui l'y mettrez. Plus d'inquiétudes, figurera-t-elle en une, à l'intérieur, moitié haute ou basse de la page ? Les tribunaux ont plusieurs fois décidé que le délit de calomnie ne s'applique pas aux morts, alors vous n'aurez pas beaucoup de marge de manœuvre même si vous trouvez une façon de gueuler d'outre-tombe. Vous êtes fichu.

Donc, bon, j'imagine qu'il est temps pour moi de prévoir le déroulement de mes funérailles. Mais dois-je faire quelque chose de marrant pour ce chapitre puis craindre que mes héritiers ne me prennent au sérieux et n'exaucent tous les souhaits ridicules que je pourrais formuler ici, ou bien être honnête et expliquer sincèrement comment je voudrais que ça se passe ? Ce sera à vous de décider, parce que même si j'aime bien faire des vannes sur papier, je sais que dans la vie les blagues peuvent vite s'avérer rasoir et puis, parfois, la simplicité a du bon, pour l'éternité.

Comme je suis né prématurément, je vais peut-être reproduire ce schéma et mourir trop tard. Qui peut dire quand, ou comment ? Dans un hôpital sinistre à l'éclairage glauque ? Au bord de la route après un horrible accident de voiture ? Ne serait-ce pas un juste retour des choses après toutes les mauvaises blagues que j'ai faites gamin en jouant à l'accident de voiture ? Assassiné ? Certains défenseurs des droits des victimes chuchoteraient : "Bien fait pour lui, il n'avait qu'à pas aider des assassins à sortir de prison." Et quels seront mes derniers mots ? Ceux de ma mère ont été "Aidez-moi", ce qui est terrifiant. J'espère que les miens seront drôles, même si ça tend vers l'humour noir. À l'opposé de ceux de mon père : "Mais léchez-moi !"

Est-ce que je verrai ce long tunnel et cette lumière blanche dont tout le monde parle ? Si c'est le cas, j'espère que ce tunnel sera mieux entretenu que ceux par lesquels j'ai l'habitude de passer, notamment celui de Lincoln et de Holland, où je m'inquiète toujours des fuites inévitables. Et pourquoi la lumière blanche ? Je peux pas avoir un tunnel noir de bout en bout, plutôt ? C'est quoi les points principaux quand la vie défile sous nos yeux ? Plutôt professionnels, personnels ? Est-ce que je verrai la longue file d'attente sur le trottoir devant l'Elgin Theater pour la séance de minuit de *Pink Flamingos* ? Le moment où je suis monté sur scène aux Tony Awards quand *Hairspray* a remporté le prix de la Meilleure Comédie musicale ? Ou est-ce que ça sera plus calme ? Comme la première fois où un amour non partagé est devenu réciproque ? Ou comme ce jour des années 1980 où mon test du sida est revenu négatif alors que tant de mes amis en mouraient ? Ou peut-être la fois où je me suis engagé sentimentalement envers quelqu'un et que j'ai bien fait les choses ?

Je veux que personne ne me voie une fois que je serai mort. Bon sang, j'espère que personne ne mettra de pièces de monnaie sur mes paupières pour qu'elles restent closes. Tout le monde sait que je veux un cercueil fermé, mais j'imagine qu'il faut bien que les gens des pompes funèbres vous regardent un peu avant de vous coffrer. Ils feraient mieux de s'assurer que ma moustache est tracée de frais et au bon endroit – utilisez un eye-liner Maybelline Velvet Black, et il y a tout un tas de photos de moi en ligne qui pourront vous servir de modèle. Enfilez-moi un de mes costumes Comme des Garçons grotesques – une coupe assez déstructurée serait le mieux pour être à l'aise dans un cercueil. Un boxer Gap neuf, un col roulé noir Land's End et des boots dessinées par Rei Kawakubo avec une fente sur le côté pour laisser voir une paire de chaussettes à rayures Paul Smith dépareillées compléteraient ma tenue avec sobriété et une certaine *joie de mourir**.

Je suppose qu'il faudra que je fasse appel à Ruck Funeral Home à Towson, dans le Maryland, s'ils existent encore quand je mourrai. Ils se sont occupés de la veillée mortuaire et de la cérémonie pour Divine et ils savent gérer l'afflux de personnes (au cas où je mourrais suffisamment jeune pour que la foule se presse). Je suis allé au lycée avec le fils du propriétaire d'origine, et je garde un souvenir vague mais agréable de lui, mais chaque fois que nous y sommes allés pour un enterrement, ma mère s'est plainte qu'il semblait toujours s'esquiver à l'extérieur pour tirer avidement sur une cigarette – un comportement déplacé dans un domaine professionnel où l'on croise souvent le cancer. Sa sœur m'a posé un lapin un soir où on devait sortir ensemble, j'étais si jeune que c'est mon père qui conduisait la voiture pour passer la prendre. Pas étonnant qu'elle ait pas voulu venir ! Je garde encore un souvenir cuisant de cet échec survenu avant même le début du rendez-vous galant à proprement parler, surtout devant mon père, qui devait entretenir un faible espoir puisque, au moins, c'était une fille que j'avais invitée.

Je n'ai jamais eu à choisir un cercueil, alors j'ai pitié de celui ou celle qui devra le faire pour moi. Je ne veux rien de prétentieux, mais l'extrême inverse peut être un problème. Quatre planches de bois se décomposeront très vite, et le poids de la terre sur celle du dessus pourrait la faire s'effondrer, donnant l'impression aux gens au-dessus que vous avez plongé droit vers l'enfer sitôt enterré.

De nos jours, ils scellent les cercueils dans un caveau de béton pour empêcher le sol de s'affaisser, mais ne me faites pas une

* En français dans le texte.

cabane trop étanche, sinon les gaz produits par mon cadavre seront pris au piège et feront bouger la stèle, voire carrément exploser le caveau. En fait, ça pourrait être une manière de finir mon enterrement à Prospect Hill Cemetery avec panache. "Tu connais pas la dernière ? Le cadavre de John Waters a explosé dans sa tombe et les gens qui étaient autour se sont fait éclabousser de fluides corporels toxiques avant de se tirer en criant pour aller gerber plus loin."

Je pense que je préfère être embaumé, même si c'est écologiquement incorrect. C'est un peu tard pour penser à la nature quand on est mort. Toute cette histoire de poussière qui retourne à la poussière, c'est bien beau, mais à quoi bon se presser ? Avec l'embaumement, ça peut prendre jusqu'à cinq cents ans, mais sans ça, trois jours après votre mort, les enzymes qui digéraient votre dîner commencent à vous bouffer. Vos cellules se rompent et deviennent comestibles pour les bactéries qui vivent dans votre bide, ce qui libère suffisamment de gaz toxiques pour faire gonfler votre corps et pousser vos yeux hors de leurs orbites. Non merci. Injectez-moi tous les fluides d'embaumement que vous avez à disposition. C'est que je prévois de sortir de là un jour, moi.

Bien, venons-en à la cérémonie à proprement parler. Ma dernière apparition publique. Je serais tenté de m'engager sur la pente du *Mirage de la vie*, mais où ma succession louerait-elle un char doré pour mon cercueil couvert de gardénias blancs, sans compter les quatre chevaux blancs pour tirer le tout ? Mahalia Jackson n'est plus de ce monde pour chanter les negro-spirituals comme dans le film et Sharon Niesp, mon amie de longue date, qui chante magnifiquement le gospel, est notoirement indigne de confiance pour tout ce qui est organisation. Elle était en retard à l'enterrement de sa propre mère – alors imaginez pour le mien. Surtout que je ne serai pas là pour lui gueuler dessus.

Pour une fois, ce n'est pas moi qui prendrai la parole. Mais qui, alors ? Et si on fichait les jetons à tout le monde en demandant à Steve Buscemi de venir déguisé en moi pour prononcer mon éloge funèbre ? Ou encore mieux, à Matthew Gray Gubler qui, même s'il est beaucoup plus jeune et bien plus beau que je ne le serai jamais, a toujours dit qu'il voulait jouer mon rôle si jamais un film sur ma vie voyait le jour. Et pourquoi pas pour mon enterrement ? Il pourrait évoquer mes jeunes années habillé comme je l'étais à l'époque et ajouter une touche de nostalgie pour tous mes vieux amis qui se rappellent de moi en ce temps-là.

Si l'idée des sosies ne marche pas comme prévu, j'espère que mes amis les plus intelligents me survivront. Pat Moran ferait une excellente oratrice, et puis elle a déjà à disposition toutes les tenues noires mélodramatiques nécessaires à sa performance. La plupart des gens à l'agonie qui la connaissaient hésitaient à lui demander ce service parce qu'elle en a toujours voulu à ses amis de tomber malades. Si vous chopez la grippe, Pat le prend comme une insulte personnelle. Ah, j'oubliais : pas de charabia religieux pour moi, plutôt mourir – même si je ne sais quel pasteur prétend n'être d'aucune confession particulière. Je ne repose pas en paix, je veux sortir d'ici je vous dis !

Et, oui, j'exige des fleurs. Des tonnes de fleurs. Vous pouvez également faire une donation en mon nom à une œuvre de charité, mais que ça ne vous empêche pas de débourser pour les fleuristes, que je tiens à garder à flot. Mes préférées ? Vous connaissez la réponse : les tulipes noires. Je sais, pas évident à trouver, mais je m'en fous. Faites-les venir de Hollande par avion ! La musique ? Question épineuse. Je me souviens de la cérémonie organisée chez un ami pour l'enterrement de David Lochary. Toute la musique avait été choisie avec soin mais alors, sortez les mouchoirs. Je ne veux pas de Vera Lynn chantant "We'll Meet Again !", pitié ! Plutôt des titres plus gais et plus entraînants que j'ai utilisés dans les bandes originales de mes films, comme "Happy Go Lucky Me" de Paul Evans ou "Shake a Tail Feather" des Five Du-Tones. Voilà de quoi verser des larmes de joie.

Quant à la pierre tombale, je crois que je suivrai l'exemple de mon héros, Pasolini, et resterai simple. La sienne est posée à plat sur le sol et dit : PIER PAOLO PASOLINI (1922-1975). Je veux la mienne plantée à la verticale et j'ajouterais juste les deux premiers chiffres du XXIe siècle à la fin : JOHN WATERS 1946-20_. Sans mon deuxième prénom, Samuel. Trop biblique. Et pas non plus de "Jr" à la fin parce que même si techniquement c'est juste, Robert Downey Jr l'a fait en premier. Pas d'épitaphe humoristique du style "C'est tout pour aujourd'hui, les amis !"

Restons simples. Dignes. Voire austères. Si Vincent Peranio, le chef décorateur de tous mes films, est encore en vie, je lui ai commandé une stèle en marbre vieillie artificiellement, légèrement couverte de fausse mousse et un peu fissurée, comme si elle était là depuis une centaine d'années.

Il paraît que les graffitis peuvent être un problème sur les tombes de personnes célèbres. Des fans ont écrit toutes sortes de trucs sur celle de Divine : "La personne la plus répugnante sur terre", "Je t'aime", "Va bouffer de la merde". En contemplant d'un air mélancolique son propre emplacement en face de celui de Divine, Pat a soupiré : "Ils écriront sûrement « sale pute » sur la mienne", mais je pense qu'elle plaisantait. Qui sait ce qu'ils écriront sur la mienne ? "Roi du Vomi" ? "Vieux dégueulasse" ? Les responsables du cimetière m'ont fait savoir que je pouvais laisser mes instructions en ce qui concerne les graffitis : quoi effacer, quoi laisser, ce qui peut être assez délicat à faire comprendre à quelqu'un qui n'est pas spécialement familier avec les dialogues de mes films. "Œil de pute" serait acceptable parce que le personnage de Crackers dit ça avec affection dans *Pink Flamingos*, alors que je verrais une objection d'outre-tombe au "sale pute" que redoute Pat Moran. La frontière est ténue.

Et gardez les fossoyeurs à l'œil, d'accord ? Ils semblent toujours en train de rôder aux enterrements, appuyés sur leur pelle, l'air agité, impatients de finir le boulot. Comme s'ils attendaient que tout le monde soit parti pour vous sauter, ce qui est compréhensible si on a des tendances nécrophiles. Quel meilleur endroit pour se dégoter un cadavre ? Mais ne me bousculez pas ! J'ai besoin que les choses se tassent côté fluides avant d'envisager toute activité sexuelle *post mortem*.

Bon, ça y est, je suis mort. Plus mort, tu meurs. Mais la dernière petite étincelle de mon ego est tellement robuste qu'elle clignote encore, même après la fermeture définitive de tout mon organisme. Jour après jour, nuit après nuit, ces molécules s'enhardissent davantage. Les autres défunts remarquent-ils ces minuscules atomes oubliés que les autres ont crus morts, à tort, une fois qu'ils sont prêts à prendre vie ? Suis-je la seule personne enterrée à se rendre compte qu'elle a tout le temps pour trouver un moyen de sortir de sa tombe ? C'est la science qui me sauvera, pas Dieu. Et ce sentiment subconscient de détérioration est tellement fort, entêté, et décidé à vivre une vie réinventée que j'éprouve une résurrection radicale, en laquelle je n'ai jamais osé croire de mon vivant. Je m'éveillerai à nouveau – pas comme un zombie ringard, ni comme le Christ, qui soignait ses sorties mais était nul pour les rappels – mais sous mes propres traits, en plus fort, plus cinglé, investi de la mission secrète de tromper la mort et de polluer à nouveau le monde avec des idées que personne n'a jamais osé émettre dans la bonne société.

Mais avant cela, il faut que je traverse la vallée de l'optimisme vivant, que je surmonte le genre de type à moitié mort, à moitié rempli de vie que j'étais, pour entrer dans un nouveau royaume de détermination décédée, pleine de terre. Si Uri Geller peut plier une cuillère de son vivant et sur Terre par la seule force de son esprit, qu'est-ce qui m'empêcherait d'être la seule âme à pouvoir tromper la mort par pur égocentrisme et à revenir pour une seconde ration d'existence humaine non méritée ?

Je me concentre avec une férocité extrême et un sang-froid démoniaque sur le minuscule tas de protoplasme qui est l'unique particule de matière vivante en moi capable de fonctionnement autonome. Je visualise un rayon laser de liquide corporel visqueux rendu possible par l'humidité de la terre et, par la force de ma propre volonté, je l'oriente vers ma dernière cellule vacillante et l'oblige, avec une intensité débridée qui atteint le sursaut orgasmique, à prendre vie, à prendre feu, à confiner à l'immortalité et même à la divinité.

Mes yeux s'ouvrent d'un coup. Je m'acharne tellement que l'onde de choc réveille les autres défunts autour de moi, mais ils ne sont pas aussi possédés que moi, ils peuvent seulement frissonner et pousser des gémissements, que je prends pour des encouragements. Tout un éventail d'activités paranormales s'offre à moi mais me semble désespérément ringard ; pourtant, pourquoi gâcher une occasion de se marrer ? J'allume toutes les lumières dans la chambre d'un être cher et fais exploser les ampoules. Pas mal comme "signe", non ? Trop évident, peut-être ? Bon, pas d'appareils électriques qui s'allument et qui s'éteignent, ça a déjà été fait mille fois dans les films. Alors peut-être une tornade fugace de slips sales s'élevant du panier à linge, juste le temps que vous vous demandiez si c'est moi. J'irais plus loin en foutant le feu au téléphone d'un parent proche, et voici comment : je le ferais voler jusque dans la cuisine, s'envelopper dans du papier aluminium déroulé depuis le plan de travail et s'enfermer dans le micro-ondes après avoir sélectionné la puissance maximale. Comme ça vous saurez que c'est moi, sans vous demander si c'est une sorte de fantôme à la noix.

Je commence à me frayer un chemin vers la surface et je me rends compte que je vois à travers la terre, exactement comme le héros de *The Immoral Mr. Teas* pouvait voir au travers des vêtements des femmes lorsqu'il avait des hallucinations. Les vers m'ont déjà bouffé la moitié du visage, mais ce n'est pas grave – je ressemble à un autoportrait d'Antonin Artaud. Soit ça fait un moment que je croupis sous terre, soit ce liquide d'embaumement était périmé depuis un bail, parce qu'un escadron d'asticots m'a grignoté une main mais ce nouveau handicap me donne encore plus de courage ; je peux ramper même avec un moignon. Mon costume Comme des Garçons, dévoré par la vermine, est plein de trous, mais qui peut dire où la décontraction finit et où la décomposition commence ? Je suis encore sur mon trente-et-un, et c'est tout ce qui compte. Les dents ? Mais oui, j'ai toujours mes facettes au prix exorbitant – cela dit, qui en a besoin quand il vient de naître ?

Je me concentre, je dois me cramponner et continuer à grimper. Je pense au beau Brad Renfro – mort et toujours tendance, je parie. Il est six pieds sous terre, quelque part ; j'aurais peut-être l'occasion de le croiser ? Et Tuesday Weld ? T-U-E-S-D-A-Y ! Est-ce que vous m'entendez ? Je vous ai adorée dans *Lord Love a Duck*. Anita Ekberg ! Vous pouvez y arriver ! Concentrez-vous et faites votre come-back ! Je savoure la terre dans ma bouche et me réjouis en silence de ne plus jamais devoir avaler quoi que ce soit. Et puis surtout : ne plus jamais chier ! Alléluia ! Enfin libéré de la corvée la plus humiliante qui soit. Aïe, un ver vient de me mordre la bite. Mais tout à coup, elle se réveille. Incroyable ! Une érection *post mortem* – alors finalement ça existe. J'adore ma nouvelle vie.

Soudain, je sens la terre bouger et j'entends un fracas plus impressionnant qu'en Sensurround – une sorte de tremblement de terre, mais quand on est sous la surface, au cœur des choses, ça donne presque l'impression d'un parc d'attractions. Youhouuuu ! Je sens des coulées de boue tout autour de moi mais c'est une sensation onirique, soyeuse, que doivent rechercher les fétichistes de la nourriture, un peu comme un jacuzzi d'un nouveau genre qui n'est pas destiné à une partie de jambes en l'air échangiste dans un motel miteux. Je m'élève à travers la boue, de plus en plus vite, avec une détermination renouvelée, et c'est la terre elle-même, à force d'ondulations, qui me propulse vers le haut. J'entends le rire des vers. Les asticots entonnent une espèce d'hymne bizarre dont ils sont seuls à comprendre les paroles.

Mon bras se tend de toute sa force et finit par percer la surface, comme dans un mauvais film d'horreur. Je hisse tout mon corps à travers la terre avec l'impression d'être une pelle humaine montée à l'envers, naturellement enduite de boue et d'eaux usées. J'entends un cri mais c'est celui de la vie ressuscitée : les arbres, la terre et, oui, le cri étouffé de tous les morts qui ont essayé, en vain, de s'échapper de leur tombe. L'extase a éclaté ! Place à un futur cramé. L'immortalité est réelle mais, comme la vie d'avant, injuste. Très peu démocratique. Seule une élite très restreinte des ennemis de la création a droit à la vie éternelle, et c'est un club de *winners* qui ont connu leur lot de lose dans l'ancien monde. Ils sont tous nus. Comme moi.

Soudain une météorite tombe du ciel et s'écrase sur ma stèle. Peu importe ! Sa Majesté des Saletés est de retour et plus personne ne se rendra sur ma tombe. Deux anges nus et accueillants apparaissent miraculeusement à côté du nouveau moi. L'un d'eux est le sosie du très beau Eamon Farren, qui joue le méchant le plus effrayant de David Lynch dans la suite de la série *Twin Peaks*. La langue qu'il parle est du charabia. La beauté de l'autre est telle qu'il n'existe pas de mot, dans quelque langue vivante que ce soit, pour le décrire. Il lévite, oscille de haut en bas avec la grâce érotique d'un handicapé moteur. Tout à coup, je commence à comprendre le charabia du premier, il m'explique que le seul inconvénient de cette résurrection démente qui remonte au commencement du temps, c'est le manque cruel d'endroit où loger, mais pas de panique : ils ont un chauffeur prêt à me ramener à mon premier appartement du 315 East 25th Street à

Baltimore, celui que je rêvais de n'avoir jamais quitté, jusqu'au jour de ma prétendue mort.

Le trajet jusque là-bas est une vraie révélation. Évidemment, la berline noire qui m'y conduit n'a pas de chauffeur et file dans les rues avec une précision assistée par ordinateur. Baltimore ressemble à un tableau de Jérôme Bosch qui aurait pris vie, avec une unique différence de taille. Tous les citoyens sont heureux. Je fais signe à mes frères et sœurs dans la folie, comme si j'étais encore le Pape du Trash mais me rends vite compte que les titres ne veulent plus rien dire dans le nouveau monde. Tous ceux qui ont eu droit à une seconde chance dans ce magnifique asile d'aliénés sont les vieux dégueulasses, peu importe leur domaine. Il n'y a plus de hiérarchie de pouvoir – nous sommes tous équitablement amochés ; infaillibles et victorieux.

Mon ancien appartement a bénéficié d'une restauration récente alors qu'il se détériorait dans un bâtiment voué à la ruine depuis des lustres. Il y a des années de ça, lorsque je me suis garé devant et que j'ai frappé à la porte dans l'espoir d'une petite visite nostalgique, personne n'est venu ouvrir pendant un long moment. Enfin, un squatteur du "peuple taupe" a entrouvert la porte et murmuré "Vaut mieux pas entrer ici". Dans le fond, les fenêtres étaient soit cassées soit placardées de planches. Mais voilà que mon ancien appart est méconnaissable : propre, fraîchement repeint, salle de bains et cuisine neuves, l'escalier a même changé de place. Il ne reste presque aucun détail de l'original, mais avant que je pousse un soupir de déception, ma main se pose sur l'unique rebord de fenêtre qui me semble familier et ma vue se trouble, puis je vois double, et des éclairs de lumière vive traversent mes orbites qui se mettent à me démanger. Je sens mes globes oculaires pivoter vers l'intérieur de ma tête et dès qu'ils ont accompli une rotation à 360 degrés et se retrouvent à leur place, je me rends compte que mon appart des quartiers défavorisés est tel que je l'avais quitté en 1967. Au mur, les reproductions de Maxfield Parrish et les pinups hollywoodiennes oubliées des années 1940 que j'avais récupérées chez un coiffeur pour hommes. Oh, cette superbe affiche rouge de Liz Taylor, de Warhol, que j'ai bêtement perdue plus tard dans ma vie – elle est toujours là. Comme le George Grosz volé qu'on m'a offert – les faits doivent être prescrits, maintenant, non ? Et pourquoi m'inquiéter ? Les lois n'existent pas ici ! Ce qui me fait le plus plaisir, c'est l'affiche du concert de James Brown au Washington Coliseum toujours scotchée à la porte du réfrigérateur, telle que je l'avais laissée. Pas étonnant que j'aie toujours rêvé que j'habitais encore ici – c'est le cas !

Pourtant, mon passé devient insignifiant. Je suis toujours John Waters, mais l'idée de ma carrière ne fait pas partie de ce monde. Je suis pleinement satisfait, je me sens aimé et protégé, et si le bonheur existe, alors ça doit être ça. Je resterai assis ici pour l'éternité sans manquer de quoi que ce soit. Je pousse un cri de joie si sonore que les vitres se brisent. Le monde entier se tait l'espace d'une seconde. Mais c'est ma seconde à moi. Vous viendrez bien me rendre visite ?

BIBLIOGRAPHIE

M. JE-SAIS-TOUT

The Journals of Spalding Gray, Spalding Gray, Knopf, 2011.

Intercourse, Andrea Dworkin, Free Press, 1987 (*Coïts*, Andrea Dworkin, traduit par Martin Dufresne, coédition Remue-ménage/Syllepse, 2019).

Pornography : Men Possessing Women, Andrea Dworkin, Perigee Books, 1981.

Eat Your Way to Happiness, Lelord Kordel, Belmont Books, 1962.

I Feel Bad About My Neck : And Other Thoughts on Being a Woman, Nora Ephron, Knopf, 2006.

AU REVOIR, UNDERGROUND

New York Post, *The Baltimore Sun*, *The Evening Sun* (Baltimore), *Baltimore News-American*, *Boston Herald*, *The Wall Street Journal*, *The New York Times*, *The Morning Call* (Allentown, Pennsylvanie), United Press International, Associated Press, Knight Ridder/Tribune, *Hustler*, *Variety*, *Films in Review*.

http://dangerousminds.net
www.wikipedia.org
qz.com

Shock Value : A Tasteful Book About Bad Taste, John Waters, Delta, 1981.

ACCIDENTELLEMENT COMMERCIAL

The New York Times, *The Baltimore Sun*, *Rolling Stone*, *Variety*, *The Hollywood Reporter*.

www.huffingtonpost.com
www.boxofficemojo.com
http://baltimorefishbowl.com
www.gordsellar.com
http://capitalandmain.com
www.wikipedia.org
www.lipstickalley.com
http://koomandimond.wordpress.com
www.broadwayworld.com
www.dallas.com

RALLIER HOLLYWOOD

Los Angeles Times, *The Baltimore Sun*, *The Evening Sun* (Baltimore), *USA Today*, *The New York Times*, *New York Post*, *Variety*.

www.tmz.com
www.popblend.com
www.imdb.com
www.boxofficemojo.com
www.robcioffi.com
www.wikipedia.org
www.cinemablend.com
www.dvdtalk.com
www.salon.com
www.cnn.com
www.dailymail.uk
Every Secret Thing, Patricia Campbell Hearst & Alvin Moscow, Doubleday, 1981 (*Mon voyage en enfer*, Patricia Hearst, avec Alvin Moscow, traduit par Christian Megret et Paul Chemla, Presses Pocket, 1984).
Flashback Katrina : 10 Years After, Kim D. McGuire, CreateSpace Independent Publishing Platform, 2015.

TOUJOURS PLUS HAUT
The New York Times, *The Wall Street Journal*.
www.boxofficemojo.com
www.wikipedia.org
www.imdb.com
http://deadline.com

ACCUEIL MITIGÉ
The Japan Times
ew.com
www.boxofficemojo.com

REDESCENDRE EN DOUCEUR
Variety
www.indiewire.com
http://dreamlandnews.com
www.wikipedia.org
www.boxofficemojo.com

RETOUR À LA CASE CANIVEAU
The New York Times, *Variety*, *The Washington Post*, *People*.
www.boxofficemojo.com
www.wikipedia.org
The Big Book of Filth, Jonathon Green, Cassell, Royaume-Uni, 1999.

LE RYTHME DANS LA PEAU
The New York Times, *LA Weekly*, *The Washington Post*, *The Guardian*, *New York Post*, *USA Today*, *Seattle Post-Intelligencer*, *Houston Chronicle*, *Los Angeles Times*, *The Baltimore Sun*, *Star*, *Popular Songs* (1935), *Rolling Stone* (1er novembre 1969), *Baltimore Guide*.
www.ferris.edu/jimcrow
www.discogs.com
www.wikipedia.org
thefword.org.uk
www.metafilter.com
www.metalinsider.net
hem.breadband.net
www.tipitinas.com
http://play.google.com
www.backpacker.com
www.luxuriamusic.com
www.boxofficemojo.com
www.the-numbers.com
www.imdb.com
http://jukeboxheart.com
www.ranker.com
http://glenngould.com

history-of-rock.com
http://songmeanings.com
dailymail.co.uk
tribunedigital-thecourant
http://eveything2.com
http://jazztimes.com
http://rockandrollroadmap.com
James Brown's Live at the Apollo, 33 1/3 Series, Douglas Wolk, Bloomsbury, 2004.
My Love Story, Tina Turner, Atria Books, 2018 (*Autobiographie*, Tina Turner, traduit par Pierre-Paul Durastanti, HarperCollins, 2019).
The Dirty Version : On Stage, in the Studio, and in the Streets with Ol'Dirty Bastard, Buddha Monk et Mickey Hess, Dey Street Books, 2014.

ACT BAD
San Francisco Chronicle, *The Washington Post*, *The Wall Street Journal*, *The Independent* (Royaume-Uni), *The Daily Telegraph* (Royaume-Uni), *USA Today*, *The Guardian*, *The New York Times*, *The Chicago Tribune*, *The Atlanta Journal-Constitution*, *The Advocate*, *Newsweek*, *Jet*, *The Villager*, *Frontiers*, *Washingtonian*, BBC, Minnesota Public Radio.
www.huzbears.com
www.thestranger.com
www.wikipedia.org
www.blackbeachweek.com
www.worldtimezone.com
www.buzzfeed.com
www.churchmilitant.com
www.catholicnews.com
www.vice.com
http://actupny.org
http://lgbthmuk.blogspot.com
demotix.com
http://listverse.com
http://thisblksistaspage.wordpress.com
www.temple.edu
www.messynessychic.com
Black Power White Blood : The Life and Times of Johnny Spain, Lori Andrews, Pantheon, 1996.
Steal This Book, Abbie Hoffman, Pirate Editions, 1971 (*Volez ce livre*, Abbie Hoffman, traduit par Romain Guillou, éditions Tusitala, 2015).
Soul on Ice, Eldridge Cleaver, Ramparts Books, 1968 (*Un Noir à l'ombre*, Eldridge Cleaver, traduit par Jean-Michel Jasienko, Seuil, 1969).

CARTILAGE
The Washington Post, *The New York Times*, *San Francisco Magazine*, *The Journal of Infectious Diseases*, *Time*, *Nob Hill Gazette*.
http://medical-dictionary.thefreedictionary.com
www.livescience.com
www.wikipedia.org
www.themangotimes.com
www.moldbacteriafacts.com
www.everydayhealth.com
http://rmheartattack.com
www.bafound.org
tonglen.oceandrop.org

Unmentionable Cuisine, Calvin W. Schwabe, University Press of Virginia, 1979.
Natural Harvest : A Collection of Semen-Based Recipes, Paul "Fotie" Photenhauer, Publisher-Cookingwithcum.com, 2012.

RETARDÉ
The Wall Street Journal, *The Washington Post*.
www.wikipedia.org
http://ktla.com
www.nbcnews.com
Still Hoding, Bruce Wagner, Simon & Schuster, 2003 (*Toujours L.A.*, Bruce Wagner, traduit par Fabrice Pointeau, Sonatine, 2008).

SUREXPOSÉ
The Baltimore Sun, Baltimore Magazine.
http://finland.fi/arts-culture
culturereviews.com
www.thegazette.com
www.kcrg.com
http://patch.com/missouri/kansas-city-mo
www.wikipedia.org
www.indiewire.com
Marfa and Presidio County, Texas : A Social, Economic and Cultural Study – 1937 to 2008, vol. 2, 1990-2008, Louise S. O'Connor et Cecilia Thompson, Xlibris, 2014.
From Here to Maternity, Richard Earle et Glenn Johnson, Bee-Line Books, 1966.
Those Hollywood Homos, Todd Martin, éditeur inconnu, 1968.
Lights Out, Little Hustler, Lance Lester, Phenix Publishers, 1968.
Wilde in America : Oscar Wilde and the Invention of Modern Celebrity, David M. Friedman, W. W. Norton & Company, 2014.

FLASHBACK
The New York Times, The Baltimore Sun, New York Post, New York Daily News, The Washington Post, Houston Chronicle, Salon, Feel Guide, Globe, The Bay Area Reporter.
www.wikipedia.org
http://marquee.blogs.cnn.com
http://illfolks.blogspot.com
http://musicmasteroldies.blogspot.com
http://howtousepsychedelics.org
http://aaagnostics.org
http://healthlandtime.com
http://theplaidzebra.com
www.youtube.com
www.ibtimes.co.uk
www.marieclaire.com
www.erowid.org
www.straightdope.com
www.breitbart.com
www.boundarystones.org
time.com
Timothy Leary : A Biography, Robert Greenfield, Harcourt, 2006.
Acid : LSD Today, Jim Parker, Do It Now Foundation, 2009.
Drugs at My Doorstep, Art Linkletter, W Publishing Group, 1973.

OBSÉDÉ

San Francisco Chronicle, *LGNY*, *Los Angeles Times*, *LA Weekly*, *Berkeley Barb*, *Drummer*, *The Bay Area Reporter*.

www.wikipedia.org

http://cinematreasures.org

www.papermag.com

www.huzbears.com

www.google.com/maps

www.jericlcat/flickr.com

http://streeteasy.com

colorsofleather.com

www.photobucket.com

www.discogs.com

http://blog.vaginaldavis.com

http://gloryholes.info

www.counterpunch.org

The Big Book of Filth, Jonathan Green, Cassell, 1999.

Closer, Dennis Cooper, Grove Press, 1989.

LA MAISON BRUTALISTE DE MES RÊVES

The New York Times, *The Baltimore Sun*, *The Times* (Londres), *San Francisco Chronicle*, AP News, *Bay Journal*, *The Wall Street Journal*, *Architect*, *Tate Magazine*, *Another Magazine*, *Jezebel*, *Dinosaur*, *The New York Review of Books*, BBC News.

www.madisonsquarepark.org

www.wikipedia.org

http://scienceline.ucsb.edu

www.menshealth.com

http://westportnow.com

http://bigredandshiny.org

www.thedailybeast.com

www.papermag.com

http://blog.archpaper.com

Laurence Hall Fowler, Architect (1876-1971), sous la direction d'Egon Verheyen, Johns Hopkins University Press, 1984.

The Architecture of Baltimore : An Illustrated History, sous la direction de Mary Ellen Hayward et Frank R. Shivers Jr, Johns Hopkins University Press, 2004.

Pino Pascali, Gagosian Gallery, 2006.

Doris Salcedo, sous la direction de Julie Rodrigues Widholm et Madeleine Grynsztejn, University of Chicago Press, 2015.

Wicked Plants : The Weed That Killed Lincoln's Mother and Other Botanical Atrocities, Amy Stewart, Algonquin Books, 2009.

Brutalism, Darren Bradley, Blurb Incorporated, 2014.

Brutalism : Post-War British Architecture, Alexander Clement, Crowood Press, 2011.

Lee Lozano : Win First Dont Last Win Last Dont Care, sous la direction d'Adam Szymczyk, Kunsthalle Basel, 2006.

This Brutal World, Peter Chadwick, Phaidon Press, 2016.

Carl Andre : Glarus 1993-2004, Verlag der Buchhandlung Walter König, 2005.

Kawamata, sous la direction de Mika Koike, Motoi Masaki et Makoto

Murata, Gendaikikakushitsu, 1987.

NON-VACANCES

The New York Times, *Cape Cod Times*, *Provincetown Magazine*, *Life*, *Billboard*, *Boston Magazine*, *Provincetown Banner*.
www.wikipedia.org
http://capecodwave.com
http://buildingprovincetown.wordpress.com
www.guidemagazine.com
http://markthomaskrone.wordpress.com
http://telling-secrets.blogspot.com
www.pprune.org
http://mmone.org
In His Garden : The Anatomy of a Murderer, Leo Damore, Arbor House, 1981.

BETSY

City Paper (Baltimore), *The Baltimore Sun*, UP, *The Wall Street Journal*, *The New York Times*, *Los Angeles Times*, *The Guardian*, *San Francisco Chronicle*, *St. Petersburg Times*, BBC News, *Baltimore Style*, *Collier's*, *Grand Street*, *National Geographic*, *Reader's Digest*, *Mental Floss*.
www.spiked-online.com
www.wikipedia.org
http://9poundhammer.blogspot.com
www.arcadja.com
www.christies.com
www.marylandzoo.org
mollyricks.org
www.junglefriends.org
The Jane Goodall Institute
http://5percentfake.wordpress.com
artistezine.com
http://hoaxes.org
La Peinture des singes, Thierry Lenain, éditions Alternatives, 1990.
The Biology of Art : A Study of the Picture-Making Behaviour of the Great Apes and Its Relationship to Human Art, Desmond Morris, Knopf, 1962 (*Biologie de l'art* : *Étude de la création artistique des grands singes et de ses rapports avec l'art humain*, Desmond Morris, traduit par Gisèle Bernier, Stock, 1962).
The Story of Congo, Desmond Morris, B.T. Batsford Ltd, 1958.
Paintings by Chimpanzees, catalogue d'exposition ICA, 1957.
Hi-Chimp-Ho and The Finger Painting Chimp, Isabel Feldman, Navarre Press, 1976.
Wildlife Personalities, David J. Slater, Blurb, 2014.
Zippy the TV Chimp, Carole Womack, AuthorHouse, 2007.

ANDY EN ROUE LIBRE

San Francisco Chronicle, *Los Angeles Times*, *New York Post*, *The Telegraph* (Royaume-Uni), *Artillery*, *The Village Voice*, *The Advocate*, *Bomb Magazine*.
www.wikipedia.org
www.complex.com
warholstars.org

Andy Warhol Fifteen Abstract Paintings, Anton Kern Gallery, New York, 1998.
Andy Warhol Screen Tests : The Films of Andy Warhol, catalogue raisonné, vol. 1, Callie Angell, Henry N. Abrams, 2006.

MON FILS, BILL
The New York Times, *The Baltimore Sun.*
www.wikipedia.org
kinseyconfidential.org
best-horror-movies.com
http://aaanimations.com
www.newshinyobject.com
ultimate-dildos.com
http://dangerouslilly.com
www.mayoclinic.org
realistic-dolls.com

LA FAUCHEUSE
Time
www.wikipedia.org
www.everplans.com
The Violet Hour : Great Writers at the End, Katie Roiphe, The Dial Press, 2016.
Nothing to Be Frightened Of, Julian Barnes, Knopf, 2008 (*Rien à craindre*, Julian Barnes, traduit par Jean-Pierre Aoustin, Mercure de France, 2009).
Confessions of a Funeral Director : How the Business of Death Saved My Life, Caleb Wilde, Harper One, 2017.

REMERCIEMENTS

Jamais je n'aurais pu écrire ce livre sans les chercheurs experts et les relecteurs-correcteurs de mon bureau. J'aimerais à nouveau remercier Trish Schweers et Susan Allenback, qui avaient déjà travaillé sur *Role Models* et *Carsick*, et, pour la première fois, Marnie Ellen Hertzler et Jen Berg, qui ont découvert les informations obscures, parfois effarantes mais je l'espère aussi attrayantes, qui ont abouti à cet argumentaire grande gueule et branlant sur les ravages de la vieillesse. Croyez-moi : elles savent que M. Je-sais-tout peut se tromper.

Mon éditeur, Jonathan Galassi, s'est montré patient, encourageant et imperturbable après sa première lecture, et ses remarques se sont avérées, comme toujours, perspicaces et pertinentes. Mon agent littéraire, Bill Clegg, m'a apporté un soutien enthousiaste et n'a pas eu peur de suggérer quelques coupes, ce qui m'a fait comprendre qu'il faut parfois écrire un chapitre ou deux d'abord pour savoir plus tard qu'ils ne sont pas nécessaires.

C'est le troisième livre que je fais avec Farrar, Straus and Giroux, avec Susan Goldfarb à la préparation de copie, et avec elle la révision d'un manuscrit n'est jamais une corvée, mais au contraire une expérience d'apprentissage au côté d'une experte. Henry Kaufman a examiné et approuvé mon livre du point de vue légal et il a ri à mes vannes – le verdict idéal pour une infraction à la respectabilité. Logan Hill, Lottchen Shivers, Veronica Ingal, Greg Gorman, Patty Burgee, Henry Johnson, Lily Duffield, Jack Leary, Matie Argiropoulos, Bob Bragg, Danny Meltzer, le Maryland State Library Resource Center à l'Enoch Pratt Free Library, et Joan Miller des Ogden and Mary Louise Reid Cinema Archives de Wesleyan University méritent également des remerciements particuliers pour avoir permis à ce livre de voir le jour. Enfin, toute ma gratitude à mes défunts parents, John et Patricia Waters, pour m'avoir transmis les bases du bon goût contre lesquelles me rebeller.

OUVRAGE RÉALISÉ
PAR L'ATELIER GRAPHIQUE ACTES SUD
REPRODUIT ET ACHEVÉ D'IMPRIMER
EN MARS 2021
PAR NORMANDIE ROTO IMPRESSION S.A.S.
À LONRAI
POUR LE COMPTE DES ÉDITIONS
ACTES SUD
LE MÉJAN
PLACE NINA-BERBEROVA
13200 ARLES

DÉPÔT LÉGAL
1re ÉDITION : MARS 2021
N° impr. : 2101510
(Imprimé en France)